图解：全面深化海关业务改革促进跨境贸易高度便利

ILLUSTRATED COMPREHENSIVELY DEEPEN THE REFORM OF CUSTOMS OPERATIONS TO FACILITATE CROSS-BORDER TRADE

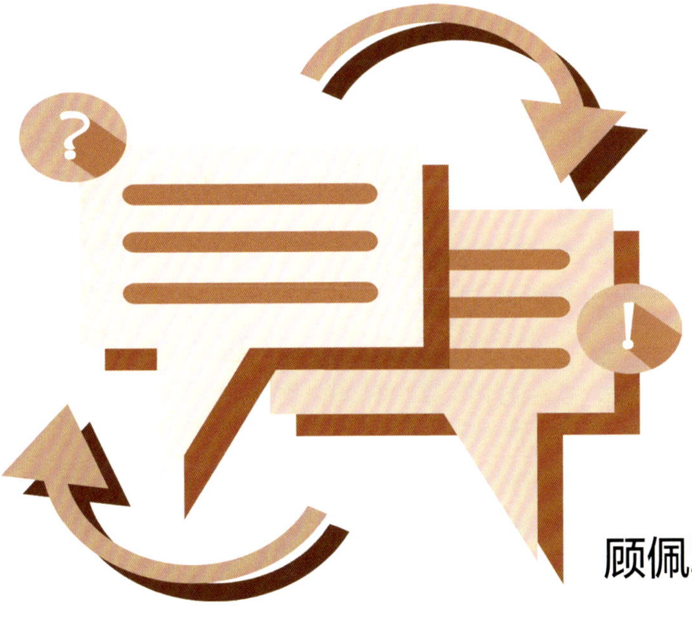

顾佩军 编著

中国海关出版社有限公司
·北京·

图书在版编目（CIP）数据

图解：全面深化海关业务改革，促进跨境贸易高度便利/顾佩军编著.—北京：中国海关出版社有限公司，2019.11

ISBN 978-7-5175-0396-5

Ⅰ.①图… Ⅱ.①顾… Ⅲ.①海关管理—体制改革—中国—图解 Ⅳ.①F752.52-64

中国版本图书馆CIP数据核字(2019)第221579号

图解：全面深化海关业务改革，促进跨境贸易高度便利

TUJIE:QUANMIAN SHENHUA HAIGUAN YEWU GAIGE，CUJIN KUAJING MAOYI GAODU BIANLI

编　　著：顾佩军
策　　划：普　娜
责任编辑：杨　升
出版发行：中国海关出版社有限公司
社　　址：北京市朝阳区东四环南路甲1号　　邮政编码：100023
网　　址：www. hgcbs. com. cn
编 辑 部：01065194242-7530（电话）　　01065194231（传真）
发 行 部：01065194221/4238/4246（电话）　　01065194233（传真）
社办书店：01065195616（电话/传真）　　01065194262/63（邮购电话）
印　　刷：北京鑫益晖印刷有限公司　　经　　销：新华书店
开　　本：787mm×1092mm　1/16
印　　张：16.5　　字　　数：500千字
版　　次：2019年11月第1版
印　　次：2019年11月第1次印刷
书　　号：ISBN 978-7-5175-0396-5
定　　价：120.00元

序
FOREWORD

新海关、新职能、新使命

一、本书的基本内容：形成并支撑“新海关、新职能、新使命”的海关业务改革基本形态

（一）关检深度融合，铸就新海关及其新职能与新使命

2018 年 4 月，出入境检验检疫管理职责和队伍划入海关。这是中国海关近 70 年来所经历的一次在管理体制与组织机构、管理职能与职责、业务运行机制与作业模式等各方面深受影响并需要全面优化、整合的重大变革。关检合一，铸就了一个崭新的海关，并使其有了检验检疫等新的管理职能。由此，有效实施进出境卫生检疫、进口食品安全与国门生物安全防控、进出口商品检验等俨然成为海关把关服务的新使命。

关检合一，使海关原有的管理体制与组织架构在整合后有了重大变化，而检验检疫业务融入海关，也使海关的执法管理增加了新的对象和新的内容，其管理方式与手段则有了多方面的创新、拓展与延伸。按照“两变两不变” 的总体工作思路，关检业务融合后，新海关的执法内容拓宽，管理手段延伸，业务架构不变，作业流程不变。

为全面实现包括检验检疫在内的海关进出境管理目标，海关以流程整合优化为主线，以风险集中统一防控为重点，以信息系统一体化为支撑，理顺职责关系，优化职能配置，将检验检疫作业全面融入全国通关一体化整体框架和流程，并对海关原有的通关管理运行机制、作业模式，特别是作业流程作出相应的完善、优化，真正实现“统一申报单证、统一作业系统、统一风险研判、统一指令下达、统一现场执法”，从而建立起全面融合了检验检疫业务的新的全国海关通关一体化业务管理体系。

（二）全面深化海关业务改革，践行新海关的新职能与新使命

在全国海关按照优化协同高效原则，大力推进关检业务融合，海关监管、检验检疫两大口岸通关作业环节历史性融为一体，海关通关流程和环节正得到大幅精简优化之时，2019 年 1 月，海关总署署长、党委书记倪岳峰在 2019 年全国海关工作会议上代表海关总署党委作了题为《锲而不舍　一以贯之　奋力建设新时代中国特色社会主义新海关》的讲话。明确提出新的一年在“全面深化理念模式创新，纵深推进改革强关”方面的重点工作，也被视为 2019 年海关全面业务改革的重大举措，即：

构建新型海关监管机制。主要以实施《海关全面深化业务改革 2020 框架方案》，持续深化重点领域和关键环节改革为核心目标。

深入推进全国通关一体化改革。主要是发挥国务院口岸工作部际联席会议机制作用，在海关牵头和推动下深化口岸大通关建设。

促进综合保税区升级发展和自贸试验区监管制度创新。主要是海关全面落实《国务院关于促进综合保税区高水平开放高质量发展的若干意见》，便利企业内销，促进研发创新，推进物流便利化，培育贸易新业态。

持续优化口岸营商环境。主要是海关加大营商环境改革力度，开展新一轮跨境贸易便利化专项行动。

落实“放管服”改革部署。主要是统筹推进与海关相关的 “互联网＋监管”等清单的运用，推动“双随机、一公开”向海关执法领域拓展，实现海关通关管理“选、查、处”分离，完善“互联网＋海关”一体化平台等。

在全面深化海关业务改革的同时，海关采取强化实际监管、完善卫生检疫“三道”防线、加强国门生物安全防控、严把进出口食品安全关、优化商品检验监管、促进外贸进出口稳中提质、推进口岸扩大开放等措施，充分体现海关强化监管优化服务，切实做到依法把关的执法理念和管理策略。

因此，高效完成“全面深化理念模式创新，纵深推进改革强关”方面的重点工作，必然成为实践新海关的新职能与新使命的重要途径。

二、本书的预期效果：学习海关业务改革，适时提高在新海关体制下履行新职能、新使命的能力

学习了解进而基本掌握已实施、正在实施以及将实施的海关重大业务改革项目和重要改革措施的工作原理和作业规范，是一项海关人必须打破思维“惯性”，克服思想“惰性”，戒除心理“任性”，全面学习，勇于担当的义务和责任。这种学习将使我们的视野变得豁然开朗，使进出境货物通关管理的现实世界成为一本移动的海关管理事务宝典，对于在进出境管理岗位上的海关关员或各层级的领导干部能否胜任所承担的工作职责尤为重要。然而，近些年由于海关业务（特别是进出境通关业务）改革的频率较快、幅度较宽、专业性很强，使无论原先是在海关还是在检验检疫部门工作的这些同志，对业务改革等学习都可能陷入一个难以透彻理解和系统把握的困境。而对于众多虽未直接参与，但其担负的业务工作职责与进出境通关一体化管理密切相关或处于各方协同监管范畴内

的海关及相关企业的人员来说，除了有限的业务管理直接体验外，他们很难有机会接受与“关检融合”、《海关全面深化业务改革2020框架方案》等相关的专项业务培训，因而更难以掌握这些知识和技能。

本书的出版，希望能帮助读者提高关检深度融合背景下“新通关一体化业务管理体系”以及“全面深化海关业务改革”的学习效率，通过学习与工作实践相结合，不断提高读者履行业务岗位职责的能力。

三、本书的框架结构与编写体例

（一）本书的框架结构

本书内容分为上、下两篇，上、下篇之间存在内容与时序的承前启后关系，但均以“全国海关通关一体化管理框架和作业流程”作为业务改革创新的基点。

上篇共六章，除第一章为关检融合概要之外，其他各章基本按照关检业务融合涉及的海关业务领域及作业顺序组合排列。即第二章关检融合下的隶属海关功能化建设；第三章关检风险业务融合与关检企业信用管理融合；第四章进出境通关监管作业的关检融合；第五章后续监管关检业务“多查合一”全面融合；第六章海关作业场所（场地）优化整合。

下篇共三章，内容基本涵盖了2019年海关全面业务改革的重大举措。其中“构建新型海关监管机制（《海关全面深化业务改革2020框架方案》）”“促进综合保税区升级发展和自贸试验区监管制度创新”“持续优化口岸营商环境”均单独列章。“落实‘放管服’改革部署”则与海关相关的改革内容分散安排在上、下篇各章。

（二）本书的编写体例

本书各章下设“节”，每一节涉及若干具体内容，均以一个读者关注的问题作为切入点，行文与布局都讲求实用与实效，结论明确。对于学习落实新海关体制下“新全国海关通关一体化业务管理体系”和2019年海关全面业务改革的重大举措的读者来说，用本书作引导，可避免产生学习上的畏难情绪，从而为准确理解因“关检合一”而推动的“通关一体化业务管理体系”等整体性改革以及《海关全面深化业务改革2020框架方案》涉及的“两次申报”“两段准入”等创新性改革的基本原理奠定基础。

本书在阐述或介绍“关检深度融合，铸就新海关及其新职能与新使命”与“全面深化海关业务改革，践行新海关的新职能与新使命”的基本内容时，对于需要深入解析的“海关业务基础知识”，以“重点内容解读”的方式进行图文描述，对于需要扩展延伸的相关知识，以“关联知识延伸”的方式进行图文介绍。

考虑到仅以文字描述为内容载体的传统编书方式已经与当今读图时代人们的阅读习惯有些格格不入，特别对初学海关业务知识的人来说读懂专业性极强的书籍内容可能存在困难，为此，本书结合文本的内容描述，设计编写了200余幅图解，试图用它们来解决有关内容的逻辑结构、操作流程、概念、结论等难以仅通过文字解读清楚的内容。这些生动形象的图解表现形式，不仅能为读者带来视觉上的震撼与惊喜，更可以借助图解传达准确、丰富的信息，有助于读者直观理解和记忆。相信从事进出境海关管理的海关及企业的专家也可以从中受益。

本书述及的内容均以“全国海关通关一体化管理框架和作业流程”作为基点，为提高学习效果，建议读者在阅读本书时，参考2018年由中国海关出版社出版的《图解：全国海关通关一体化》。

2019年10月于上海

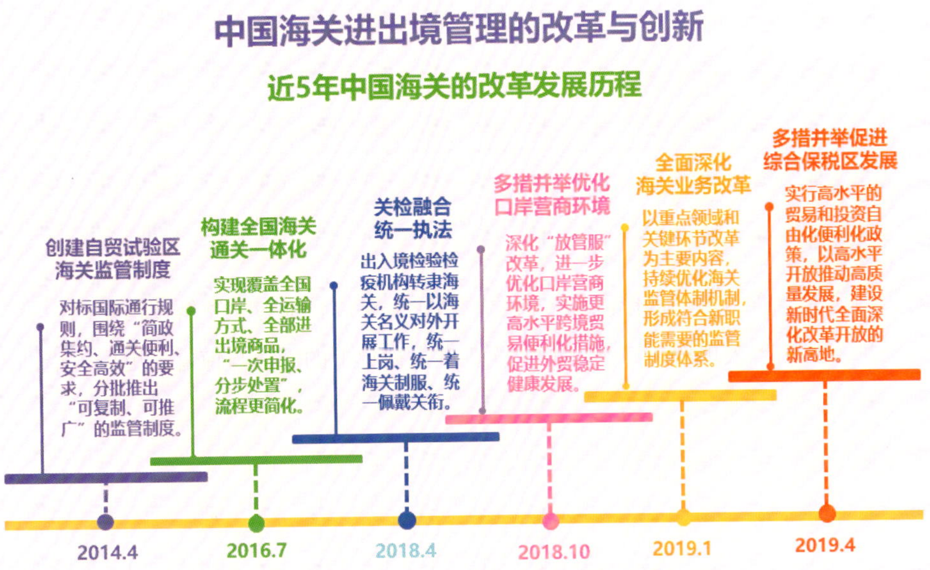
中国海关进出境管理的改革与创新
近5年中国海关的改革发展历程
创建自贸试验区海关监管制度
对标国际通行规则，围绕“简政集约、通关便利、安全高效”的要求，分批推出“可复制、可推广”的监管制度。
构建全国海关通关一体化
实现覆盖全国口岸、全运输方式、全部进出境商品，“一次申报、分步处置”，流程更简化。
关检融合统一执法
出入境检验检疫机构转隶海关，统一以海关名义对外开展工作，统一上岗、统一着海关制服、统一佩戴关衔。
多措并举优化口岸营商环境
深化“放管服”改革，进一步优化口岸营商环境，实施更高水平跨境贸易便利化措施，促进外贸稳定健康发展。
全面深化海关业务改革
以重点领域和关键环节改革为主要内容，持续优化海关监管体制机制，形成符合新职能需要的监管制度体系。
多措并举促进综合保税区发展
实行高水平的贸易和投资自由化便利化政策，以高水平开放推动高质量发展，建设新时代全面深化改革开放的新高地。
2014.4
2016.7
2018.4
2018.10
2019.1
2019.4

▲中国海关进出境管理的改革与创新

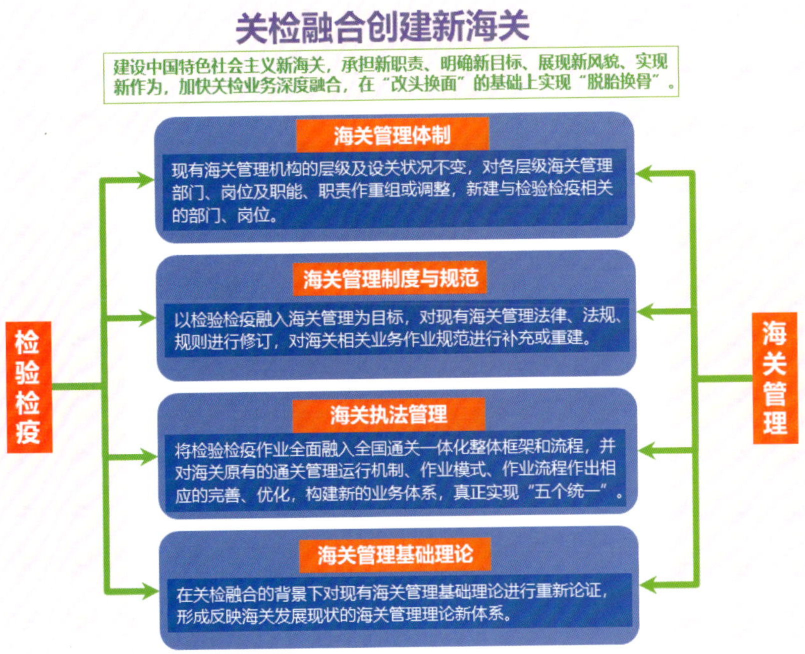
关检融合创建新海关
建设中国特色社会主义新海关，承担新职责、明确新目标、展现新风貌、实现新作为，加快关检业务深度融合，在“改头换面”的基础上实现“脱胎换骨”。
海关管理体制
现有海关管理机构的层级及设关状况不变，对各层级海关管理部门、岗位及职能、职责作重组或调整，新建与检验检疫相关的部门、岗位。
海关管理制度与规范
以检验检疫融入海关管理为目标，对现有海关管理法律、法规、规则进行修订，对海关相关业务作业规范进行补充或重建。
海关执法管理
将检验检疫作业全面融入全国通关一体化整体框架和流程，并对海关原有的通关管理运行机制、作业模式、作业流程作出相应的完善、优化，构建新的业务体系，真正实现“五个统一”。
海关管理基础理论
在关检融合的背景下对现有海关管理基础理论进行重新论证，形成反映海关发展现状的海关管理理论新体系。
检验检疫
海关管理

▲关检融合创建新海关

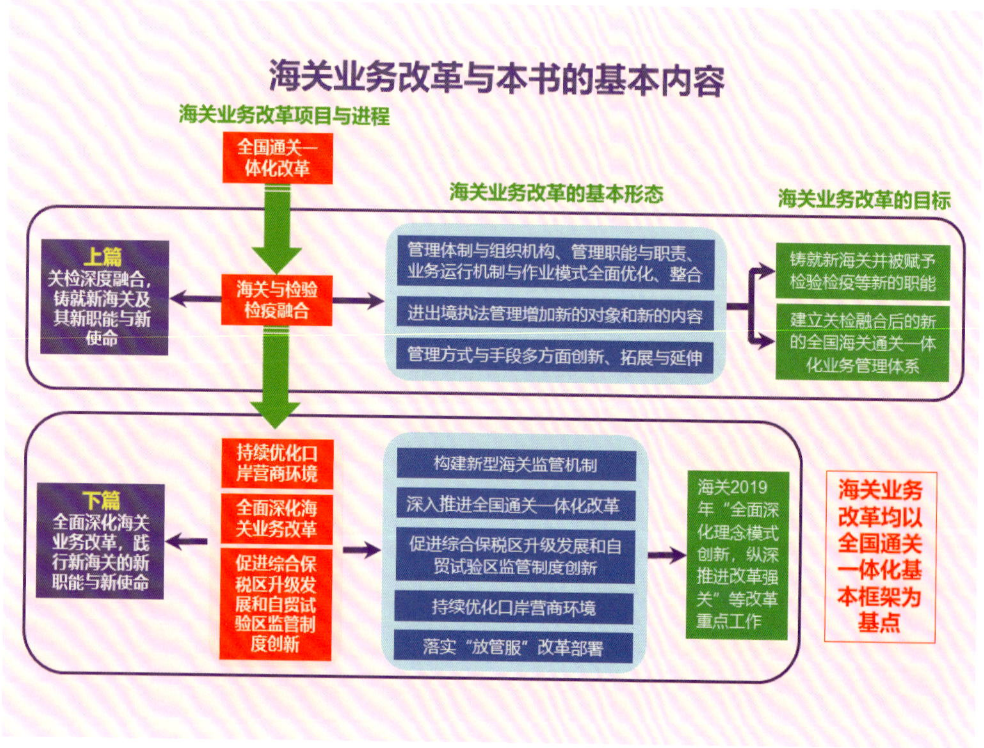

海关业务改革与本书的基本内容
海关业务改革项目与进程
全国通关一体化改革
海关业务改革的基本形态
海关业务改革的目标
上篇
关检深度融合，铸就新海关及其新职能与新使命
海关与检验检疫融合
管理体制与组织机构、管理职能与职责、业务运行机制与作业模式全面优化、整合
进出境执法管理增加新的对象和新的内容
管理方式与手段多方面创新、拓展与延伸
铸就新海关并被赋予检验检疫等新的职能
建立关检融合后的新的全国海关通关一体化业务管理体系
持续优化口岸营商环境
全面深化海关业务改革
促进综合保税区升级发展和自贸试验区监管制度创新
下篇
全面深化海关业务改革，践行新海关的新职能与新使命
构建新型海关监管机制
深入推进全国通关一体化改革
促进综合保税区升级发展和自贸试验区监管制度创新
持续优化口岸营商环境
落实“放管服”改革部署
海关2019年“全面深化理念模式创新，纵深推进改革强关”等改革重点工作
海关业务改革均以全国通关一体化基本框架为基点

▲海关业务改革与本书的基本内容

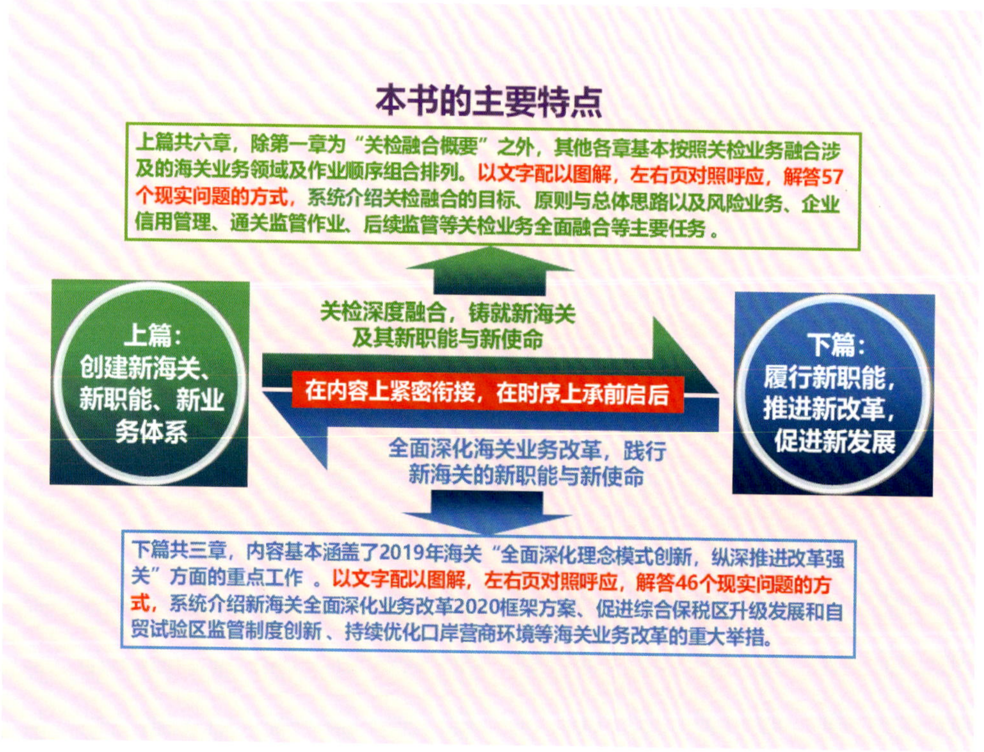

本书的主要特点
上篇共六章，除第一章为“关检融合概要”之外，其他各章基本按照关检业务融合涉及的海关业务领域及作业顺序组合排列。以文字配以图解，左右页对照呼应，解答57个现实问题的方式，系统介绍关检融合的目标、原则与总体思路以及风险业务、企业信用管理、通关监管作业、后续监管等关检业务全面融合等主要任务。
上篇：创建新海关、新职能、新业务体系
关检深度融合，铸就新海关及其新职能与新使命
在内容上紧密衔接，在时序上承前启后
全面深化海关业务改革，践行新海关的新职能与新使命
下篇：履行新职能，推进新改革，促进新发展
下篇共三章，内容基本涵盖了2019年海关“全面深化理念模式创新，纵深推进改革强关”方面的重点工作。以文字配以图解，左右页对照呼应，解答46个现实问题的方式，系统介绍新海关全面深化业务改革2020框架方案、促进综合保税区升级发展和自贸试验区监管制度创新、持续优化口岸营商环境等海关业务改革的重大举措。

▲本书的主要特点

目录
CONTENTS

本书阅读导航

本书阅读导航

篇序号：
本书分为上下两篇。
上篇：关检深度融合，铸就新海关及其新职能与新使命。
下篇：全面深化海关业务改革，践行新海关的新职能与新使命。

章标题：
本章所要讨论的主题。

节标题：
本节所要探讨的主题。

正文小标题：
明确揭示正文中每一段文字的思想内容。

正文：
通俗易懂的文字描述，让读者能轻松阅读、理解。

重点内容解读：
对正文涉及的重点内容进行更为详尽的分析说明。

关联知识延伸：
对与正文内容相关，且需要延伸了解的重要知识进行介绍。

第一章
全面深化海关业务改革 2020

第一节　全面深化海关业务改革的总体要求

1
全面深化海关业务改革的总体要求是什么？
——以习近平新时代中国特色社会主义思想和党的十九大精神为指导，通过全面深化海关业务改革，践行新海关的新职能，履行新使命。

1.1　指导思想

以习近平新时代中国特色社会主义思想和党的十九大精神为指导，增强“四个意识”、坚定“四个自信”、做到“两个维护”，践行以人民为中心的发展思想和总体国家安全观，紧扣重要战略机遇新内涵，坚持底线思维，提高防控能力，推进政治建关、改革强关、依法把关、科技兴关、从严治关。

1.2　原则

以“统一执法、分类施策、精准监管、协同高效”为原则。

1.3　目标

重点内容解读：关于主要目标

2020 年是完成党的十八届三中全会全面深化改革任务的重要时间节点，是我国决胜全面建成小康社会、实施“十三五”规划的收官之年，也是实现海关全面深化改革总体方案和“十三五”发展规划目标的时间节点。在此期间，海关所面临的形势要求、职责任务、条件基础等发生了深刻变化，有必要对 2020 年前的海关改革作出新的制度性安排。基于新海关的新职能与新使命，方案以 5 个方面的重点领域和关键环节改革为主要内容，持续优化海关监管体制机制，形成符合新职能需要的监管制度体系。

经实践检验、行之有效的改革举措可以通过法律法规的调整予以固化，为构建科学完备的海关法律制度体系奠定坚实的实践基础。同时，坚持深化改革与防控三大风险同步设计，通过科学随机抽查、严密寄递监管、规范指标体系、强化运行监控、深化大数据应用等改革举措，加强权力运行监督、扎紧制度笼子，一体推进不敢腐、不能腐、不想腐，特别是在不能腐上取得实效。

问题标题：

本书所要解决的具体认知和实践问题。

图解标题：

图解的主题有时是针对正文所探讨的重点，有时是对正文内容的补充，其形式有助于帮助读者深入领悟。

改革任务分阶段推进落实

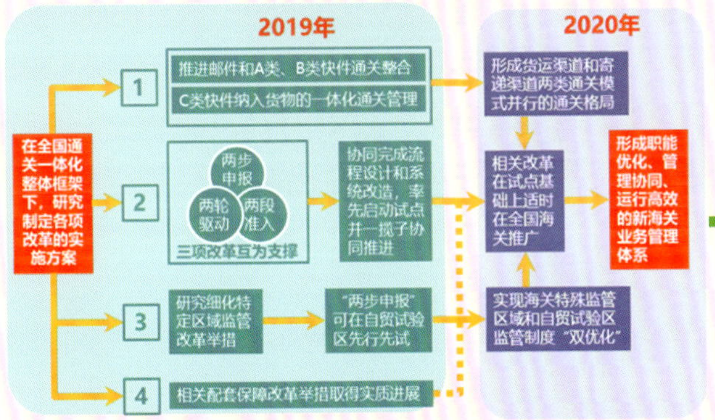

2019年
2020年
在全国通关一体化整体框架下，研究制定各项改革的实施方案
1
推进邮件和A类、B类快件通关整合
C类快件纳入货物的一体化通关管理
形成货运渠道和寄递渠道两类通关模式并行的通关格局
2
两步申报
两轮驱动
两段准入
三项改革互为支撑
协同完成流程设计和系统改造，率先启动试点并一揽子协同推进
相关改革在试点基础上适时在全国海关推广
形成职能优化、管理协同、运行高效的新海关业务管理体系
3
研究细化特定区域监管改革举措
"两步申报"可在自贸试验区先行先试
实现海关特殊监管区域和自贸试验区监管制度"双优化"
4
相关配套保障改革措施取得实质进展

海关实施“两段准入”

在“一次申报、分步处置”作业模式下：

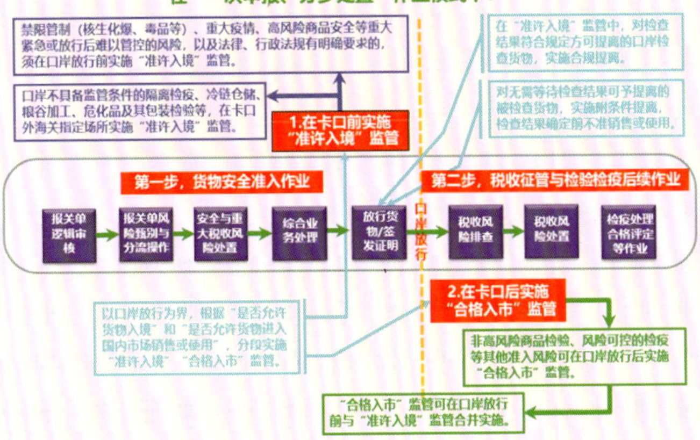

禁限管制（核生化爆、毒品等）、重大疫情、高风险商品安全等重大紧急或放行后难以管控的风险，以及法律、行政法规有明确要求的，须在口岸放行前实施“准许入境”监管。
口岸不具备监管条件的隔离检疫、冷链仓储、粮谷加工、危化品及其包装检验等，在卡口外海关指定场所实施“准许入境”监管。
1.在卡口前实施“准许入境”监管
在“准许入境”监管中，对检查结果符合规定方可提离的口岸检查货物，实施合规提离。
对无需等待检查结果可予提离的被检查货物，实施附条件提离，检查结果确定前不准销售或使用。
第一步，货物安全准入作业
第二步，税收征管与检验检疫后续作业
报关单逻辑审核
报关单风险甄别与分流操作
安全与重大税收风险处置
综合业务处理
放行货物/签发证明
口岸放行
税收风险排查
税收风险处置
检疫处理合格评定等作业
2.在卡口后实施“合格入市”监管
以口岸放行为界，根据“是否允许货物入境”和“是否允许货物进入国内市场销售或使用”，分段实施“准许入境”“合格入市”监管。
非高风险商品检验、风险可控的检疫等其他准入风险可在口岸放行后实施“合格入市”监管。
“合格入市”监管可在口岸放行前与“准许入境”监管合并实施。

逻辑结构图：

将正文对模式、机制的隐晦叙述，用清晰的结构式图表加以呈现。

总结评述：

对图解的内容作出评述。

作业流程图：

将正文对管理活动的文字描述，按阶段、步骤划分，并将它们按顺序连接。

概念具象图：

将难懂的抽象概念运用具象图表表示出来，让读者更形象直观地理解。

上篇

关检深度融合，铸就新海关及其新职能与新使命

第一章
关检融合概要

将出入境检验检疫管理职责和队伍划入海关，是以习近平同志为核心的党中央作出的重要决策。全国海关提高政治站位，增强大局观念，充分认识机构改革的重大意义，以强烈的政治责任感和历史使命感，认真落实中央机构改革部署。

迅速行动有序推进。海关总署通过制定机构改革组织实施方案，明确“时间表”“路线图”，严格按照党中央明确的步骤环节和时间节点推进机构改革。2018 年 4 月 18 日，海关总署机关实现集中办公。4 月 20 日，2.4 万余名新转隶人员在一线旅检、查验和窗口岗位统一上岗，统一着海关制服，统一佩戴关衔，统一以海关名义对外开展工作；全国 306 个对外开放口岸统一使用“中国海关”标识。全国海关机构设置更加科学；坚决服从党中央部署，克服困难，圆满完成武警海关执勤兵力撤收工作；平稳推进缉私管理体制调整。

深入推进关检融合。全国海关按照优化协同高效原则，大力推进关检业务融合，2018 年 6 月 1 日取消通关单，8 月 1 日报关单、报检单合二为一，申报单证、作业系统、风险研判、指令下达、现场执法实现“五个统一”，海关监管、检验检疫两大口岸通关作业环节历史性地融为一体。在干部使用上一碗水端平，严格标准、选优配强，72 个厅局级领导班子 381 名厅局级干部全部调整到位。关检融合改革工作进展顺利，营造了亲如一家的良好氛围。

机构改革红利持续释放。机构改革后，海关通关流程和环节大幅精简优化，原报关、报检共 229 个申报项目合并精简至 105 个，企业和群众获得感大幅提升，海关得到地方政府、进出口企业、人民群众的广泛好评，各大主流媒体对此进行大量宣传报道，中央电视台新闻联播多次播出。海关机构改革的成效得到中央领导同志的充分肯定，海关总署在国务院机构改革推进会上做典型经验介绍。

第一节　关检融合的目标、原则与总体思路

1 **海关在关检融合的改革中，将实现什么目标？遵循哪些原则？贯彻怎样的总体思路？**
——实现“五个统一”，遵循“四个结合”，坚持“两变两不变”。

1.1　目标

海关以流程整合优化为主线，以风险集中统一防控为重点，以信息系统一体化为支撑，理顺职责关系，优化职能配置，将检验检疫作业全面融入全国通关一体化整体框架和流程，实现“统一申报单证、统一作业系统、统一风险研判、统一指令下达、统一现场执法”。

重点内容解读：关于实现“五个统一”

（1）统一申报单证

统一申报单证指按照“依法依规、去繁就简”原则，对海关原报关单和检验检疫原报检单申报项目进行梳理整合，通过合并共有项、删除极少使用项，将原报关单、报检单合计 229 个货物申报项目精简到 105 个，大幅减少企业申报项目。整合后的新版报关单以原报关单的 48 个项目为基础，增加部分原报检单的内容形成了具有 56 个项目的新报关单打印格式。

（2）统一作业系统

统一作业系统指原海关通关管理系统 (H2010) 和原检验检疫主干系统 (e-CIQ) 接审单的职责功能整合为新一代通关管理系统 (H2018)，海关现场综合业务与检验检疫检务业务统一在一个系统中办理，在整合申报的基础上实现关检综合业务后台统一办理，这是关检融合后第一个真正意义上实现统一作业的系统模块。

（3）统一风险研判

统一风险研判指把涉及口岸公共卫生、生物、进出口商品和食品安全等风险均纳入海关安全准入风险（含准出），进行全面融合，并构建新海关风险管理框架。通过拓宽风险防控领域，延伸风险管理链条，优化资源配置，提高防控效能，加强风险分析，提升查发能力，实现对进出境通关事项实施集中统一研判、处置和整体防控的目标。

（4）统一指令下达

统一指令下达指把原检验检疫全国审单布控中心负责的对审单规则、抽批规则加工、加载和分中心负责的设定安控标准、动态风险布控等，并入海关总署一级风险防控中心。由海关风险防控系统根据预设参数、指令，对报关单数据进行风险甄别和分流，统一开展下达或加载布控查验指令和安全准入风险参数，以及放行前验估指令；协调处置下达本业务领域内重大安全准入风险的实时处置和跨关区安全准入风险的实货验估指令等。

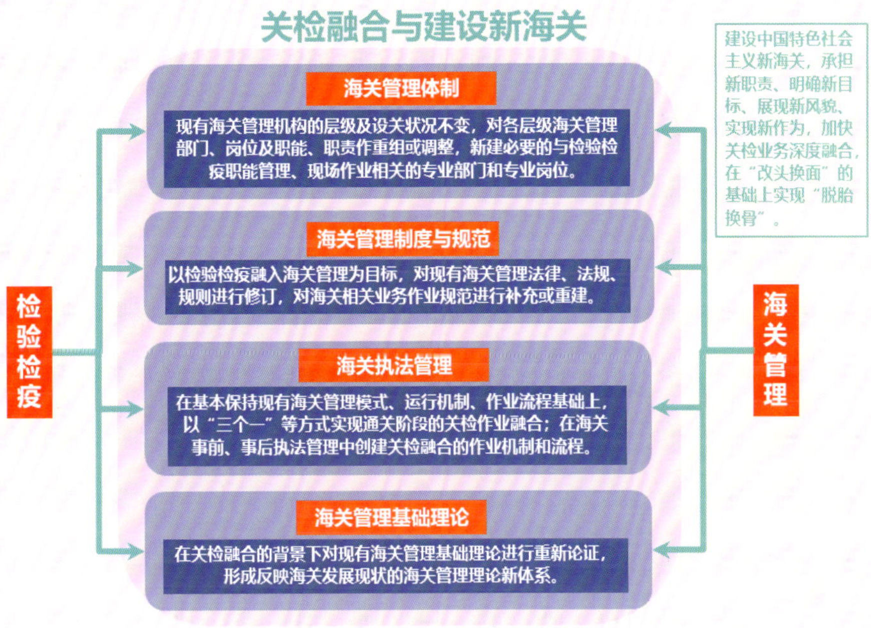
关检融合与建设新海关
海关管理体制
现有海关管理机构的层级及设关状况不变，对各层级海关管理部门、岗位及职能、职责作重组或调整，新建必要的与检验检疫职能管理、现场作业相关的专业部门和专业岗位。
海关管理制度与规范
以检验检疫融入海关管理为目标，对现有海关管理法律、法规、规则进行修订，对海关相关业务作业规范进行补充或重建。
海关执法管理
在基本保持现有海关管理模式、运行机制、作业流程基础上，以“三个一”等方式实现通关阶段的关检作业融合；在海关事前、事后执法管理中创建关检融合的作业机制和流程。
海关管理基础理论
在关检融合的背景下对现有海关管理基础理论进行重新论证，形成反映海关发展现状的海关管理理论新体系。
检验检疫
海关管理
建设中国特色社会主义新海关，承担新职责、明确新目标、展现新风貌、实现新作为，加快关检业务深度融合，在“改头换面”的基础上实现“脱胎换骨”。

▲关检融合与建设新海关

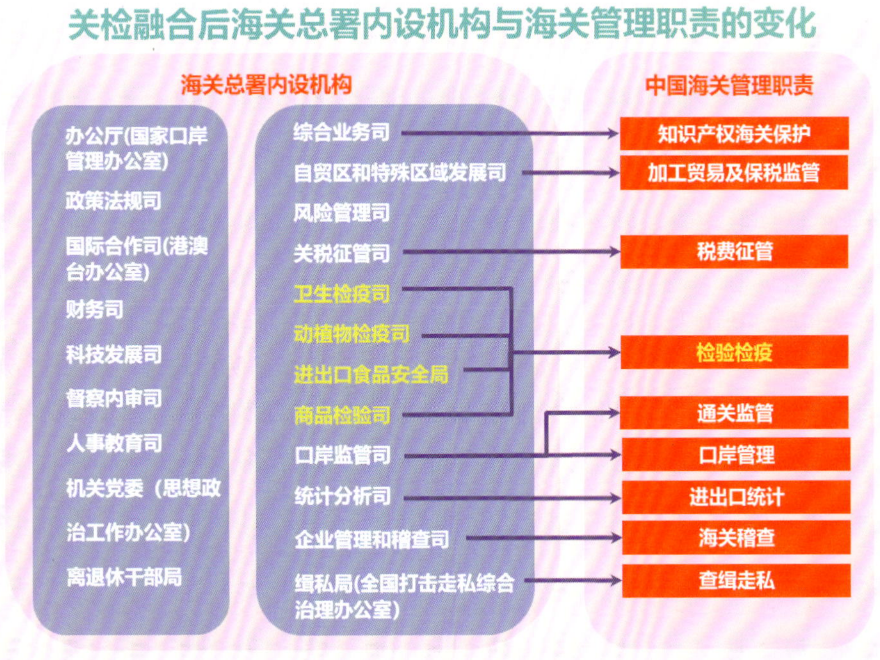
关检融合后海关总署内设机构与海关管理职责的变化
海关总署内设机构
办公厅(国家口岸管理办公室)
政策法规司
国际合作司(港澳台办公室)
财务司
科技发展司
督察内审司
人事教育司
机关党委（思想政治工作办公室)
离退休干部局
综合业务司
自贸区和特殊区域发展司
风险管理司
关税征管司
卫生检疫司
动植物检疫司
进出口食品安全局
商品检验司
口岸监管司
统计分析司
企业管理和稽查司
缉私局(全国打击走私综合治理办公室)
中国海关管理职责
知识产权海关保护
加工贸易及保税监管
税费征管
检验检疫
通关监管
口岸管理
进出口统计
海关稽查
查缉走私

▲关检融合后海关总署内设机构与海关管理职责的变化

（5）统一现场执法

统一现场执法指关检融合后，口岸型海关和属地型海关分别增加相应的检验检疫功能与职责，通过构建新的现场查验组织，在保留现场查验有特殊专业性要求的岗位设置的基础上，实施“查检合一”统一执法；通过整合后续监管职责，融合企业稽查、核查，对进入国内市场商品的抽查，对进出口商品安全问题追溯调查，对企业遵守检验检疫法规状况的检查等形式，拓展“多查合一”后续执法。

1.2 原则

海关结合全国通关一体化实际，遵循全面融合与平稳过渡相结合、强化监管与简化手续相结合、维护安全与促进便利相结合、防范风险与提升获得感相结合的原则，推进关检业务全面融合。

1.3 总体思路

总体思路是“两变两不变”。

执法内容拓宽，将检验检疫作业融入全国通关一体化整体框架和流程，在“两中心”与现场作业各岗位、各环节整合检验检疫工作职责与内容；

管理手段延伸，将管理进一步延伸至进出境商品的境外和境内生产、加工、存放、使用单位管理等环节；

业务架构不变，保持全国通关一体化“中心—现场”式基本架构；

作业流程不变，保持“一次申报、分步处置”的基本流程。

重点内容解读1：关于融入海关的检验检疫工作职责与内容

（1）国境卫生检疫

国境卫生检疫是指海关依法在国际通航的港口、机场以及陆地边境和国界江河的口岸，对入、出境的人员、交通工具、运输设备以及可能传播检疫传染病的行李、货物、邮包、人体组织及生物制品、尸体及骸骨、病媒生物、特殊物品、环境卫生、食品和饮用水卫生等实施的对传染病检疫、监测和卫生监督。国境卫生检疫的工作内容主要包括检疫查验、传染病监测、卫生监督和卫生处理四大任务。国境卫生检疫是一项政策性和技术性很强的工作。其目的是运用卫生技术手段，通过行政管理的形式和配套法规制度，防止传染病由国外传入或者由国内传出，保护人体健康，维护国家卫生主权。

（2）动植物检疫

动植物检疫是指海关通过对外行使国家主权、履行国际规则义务，执行动植物检疫法律法规，防止动物疫病和危险性植物有害生物传入、传出国境，保护农林牧渔业生产安全、生态安全、人和动物生命健康安全，所采取的强制性检查和处理措施。实施强制性的动植物检疫已成为世界各国的普遍制度。动植物检疫主要包括检疫准入、检疫审批、境外预检、指定口岸、口岸查验、检疫处理、后续监管等过程。

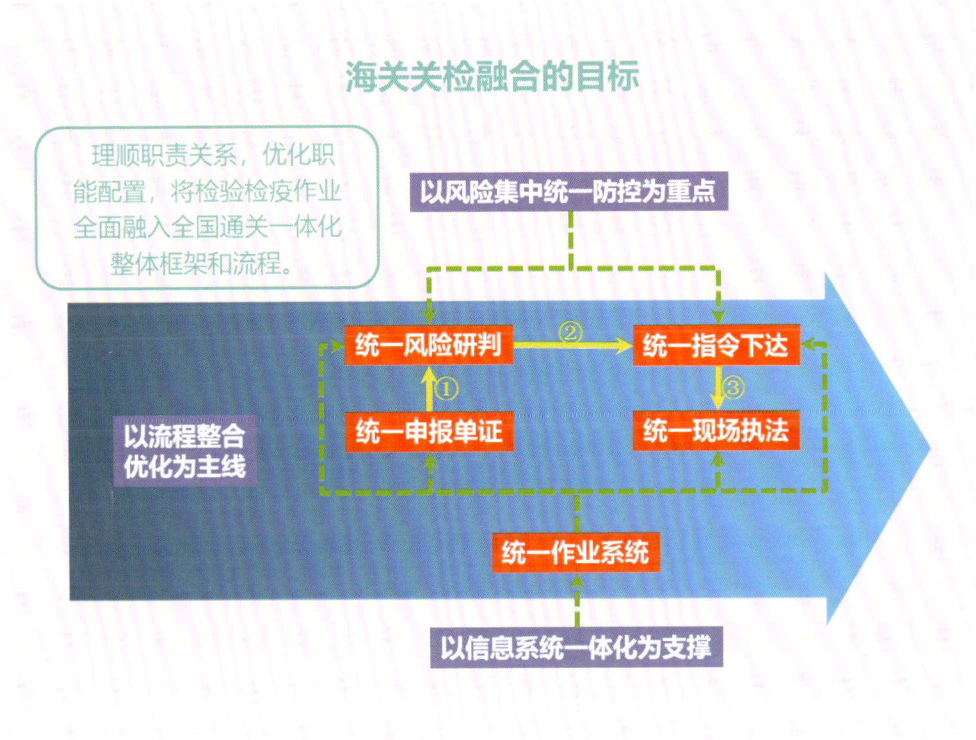
海关关检融合的目标
理顺职责关系，优化职能配置，将检验检疫作业全面融入全国通关一体化整体框架和流程。
以风险集中统一防控为重点
统一风险研判
②
统一指令下达
①
③
统一申报单证
统一现场执法
以流程整合优化为主线
统一作业系统
以信息系统一体化为支撑

▲海关关检融合的目标

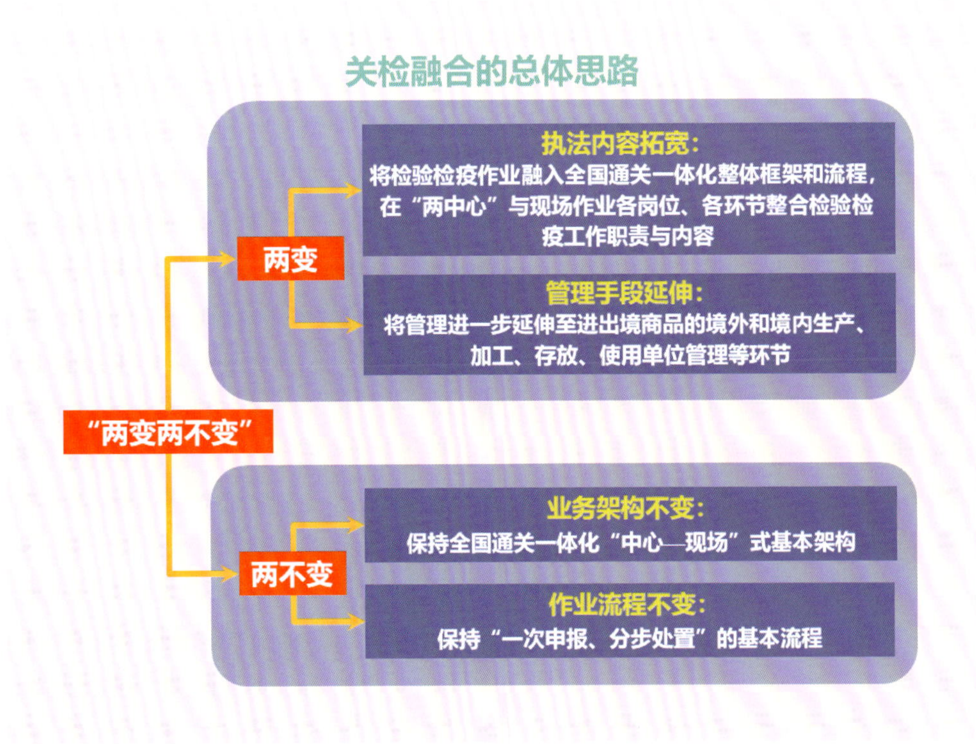
关检融合的总体思路
“两变两不变”
两变
执法内容拓宽：
将检验检疫作业融入全国通关一体化整体框架和流程，在“两中心”与现场作业各岗位、各环节整合检验检疫工作职责与内容
管理手段延伸：
将管理进一步延伸至进出境商品的境外和境内生产、加工、存放、使用单位管理等环节
两不变
业务架构不变：
保持全国通关一体化“中心—现场”式基本架构
作业流程不变：
保持“一次申报、分步处置”的基本流程

▲关检融合的总体思路

（3）进出口食品安全监管

进出口食品安全监管是指海关为保证进出口食品安全，保障公众身体健康和生命安全，根据法律法规的规定，对进出口食品生产经营活动、进出口食品生产经营者和输华食品出口国家（地区）食品安全管理体系等实施的行政监督管理，督促检查进出口食品相关方执行食品安全法律法规的情况，并对其违法行为进行约束的过程。

海关对进出口食品安全监管的主要内容为检验检疫和监督管理，包括对进出口食品的检验检疫，对进出口食品的生产经营企业、进口食品的出口国家（地区）食品安全管理体系等的监督管理。

（4）进出口商品检验

进出口商品检验是指海关为确定列入目录的进出口商品是否符合国家技术规范的强制性要求所进行的合格评定活动。合格评定的程序包括：抽样、检验和检查；评估、验证和合格保证；注册、认可和批准以及各项的组合。进出口商品检验的实质就是由合格保证等监督管理措施以及抽样、检验等具体检验措施相组合的合格评定程序。列入目录的进口商品未经检验合格的，不准销售、使用；列入目录的出口商品未经检验合格的，不准出口。

海关对其他进出口商品，根据国家规定实施抽查检验。海关总署根据情况可以公布抽查检验结果、发布预警通告、采取必要防范措施或者向有关部门通报抽查检验情况。

重点内容解读 2：关于海关管理向境内外延伸（以动植物检疫为例）

（1）境外预检

根据风险评估结果和海关总署与输出国家（地区）主管部门签署的双边动植物检疫协议，对高风险的进境动植物及其产品实行境外预检。所有进境大中动物尤其是种用动物，须由海关总署派遣动物检疫人员赴产地实施境外预检。对进境烟叶、苗木、水果、粮食、肉类、水产品等，视情况实施境外预检制度。

境外预检工作内容主要有：与输出国家或地区主管部门商定检疫计划，了解输出动植物及其产品所在地和农场的动植物疫情，参与农场检疫或产品抽查检验，确认活动物或植物种苗隔离场所资质，掌握实验室检测情况，落实活动物运输路线要求，确认出口检疫证书内容等。

（2）境内生产、加工、存放、使用单位的管理

这是指海关对进境动植物隔离检疫及指定生产、加工、存放企业的监管。隔离检疫是将进境动植物限定在指定的隔离场（圃）内饲养或种植，在其饲养或生长期间进行检疫、观察、检测和处理的一项强制性措施。指定生产、加工、存放企业是指对高风险的动植物产品限定生产、加工企业，确保达成产品加工的目的和产品的安全流转。

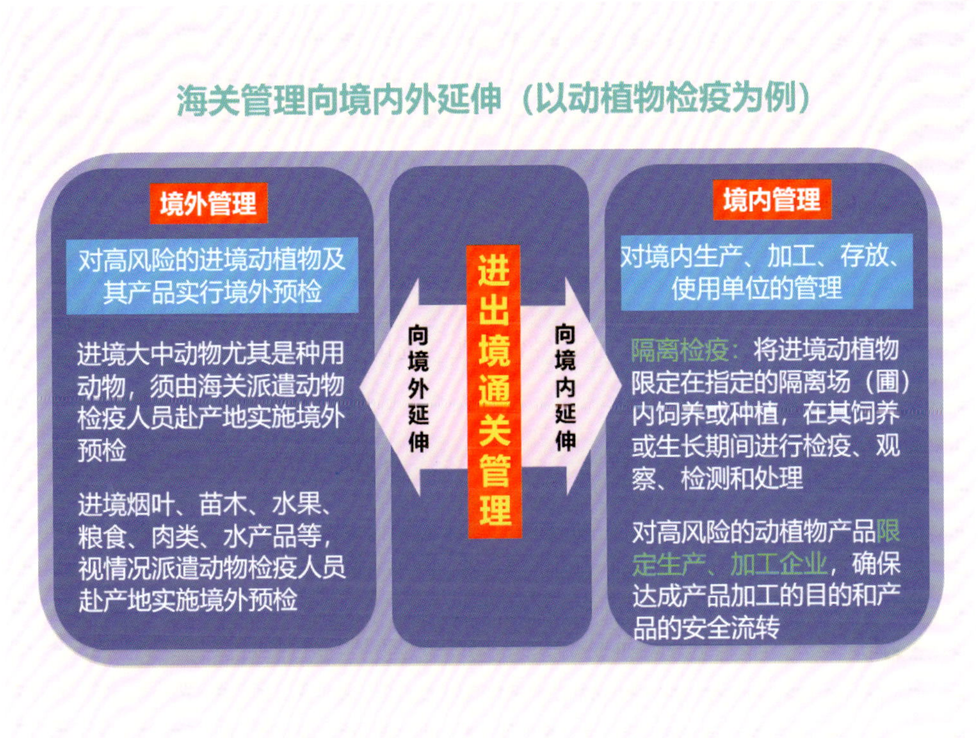
海关管理向境内外延伸（以动植物检疫为例）
境外管理
对高风险的进境动植物及其产品实行境外预检
进境大中动物尤其是种用动物，须由海关派遣动物检疫人员赴产地实施境外预检
进境烟叶、苗木、水果、粮食、肉类、水产品等，视情况派遣动物检疫人员赴产地实施境外预检
向境外延伸
进出境通关管理
向境内延伸
境内管理
对境内生产、加工、存放、使用单位的管理
隔离检疫：将进境动植物限定在指定的隔离场（圃）内饲养或种植，在其饲养或生长期间进行检疫、观察、检测和处理
对高风险的动植物产品限定生产、加工企业，确保达成产品加工的目的和产品的安全流转

▲海关管理向境内外延伸（以动植物检疫为例）

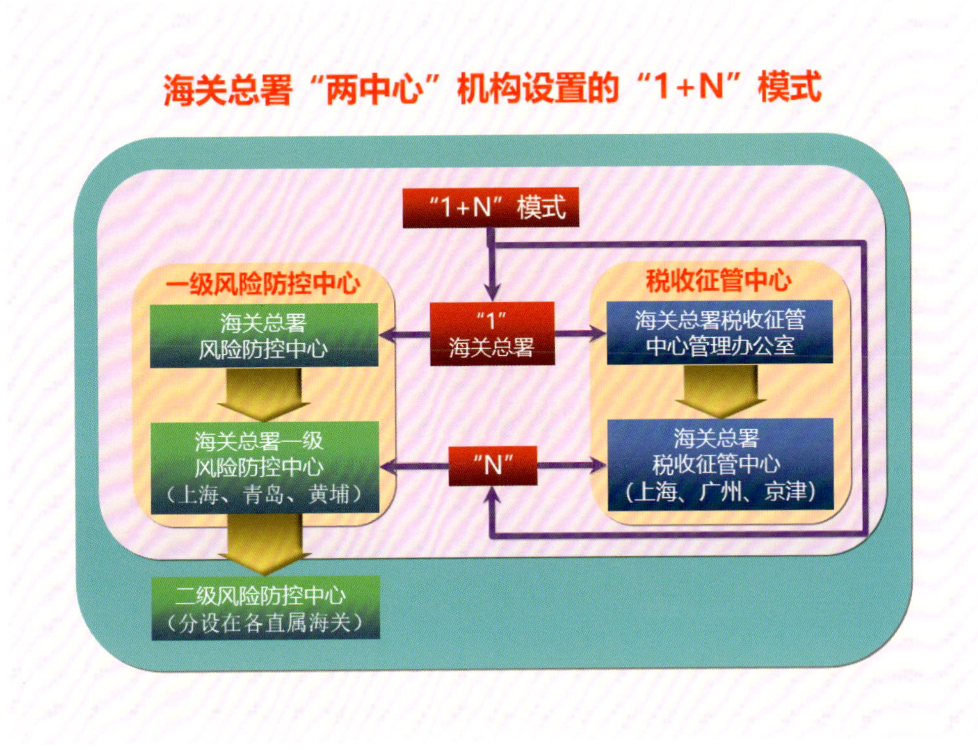
海关总署“两中心”机构设置的“1+N”模式
“1+N”模式
一级风险防控中心
海关总署风险防控中心
海关总署一级风险防控中心（上海、青岛、黄埔）
二级风险防控中心（分设在各直属海关）
“1”海关总署
“N”
税收征管中心
海关总署税收征管中心管理办公室
海关总署税收征管中心（上海、广州、京津）

▲海关总署“两中心”机构设置的“1+N”模式

重点内容解读3：关于“中心—现场”式两级决策与执行模式的基本架构

在全国海关通关一体化管理格局下，海关决策、指挥、执行模式进行革命性改革，创建“中心—现场”式两级决策与执行模式。即改革前海关总署具有决策、指挥和监督权，而在实践中海关总署主要通过制定规范、明确标准等方式进行间接指挥，缺少对业务的直接指挥。全国通关一体化改革将应由海关总署管理的、涉及全国业务的“指挥权”收上来，强化了海关总署对业务运行的直接指挥。海关执法管理的“决策与执行”模式由“海关总署—直属海关—隶属海关”三级变为“中心—现场”两级，将过去由各关分头进行的布控指令设置、税收要素审核变为由海关总署通过“两中心”下达指令直接指挥，统一进行安全准入和税收风险防控，同时相应改革在税收征管等方面以直属海关为单位的考核方式。

重点内容解读4：融入检验检疫作业内容的“一次申报、分步处置”基本流程

“一次申报、分步处置”是指改变海关现行接受申报、审单、查验、征税、放行的“串联式”作业流程，基于舱单提前传输，通过风险防控中心、税收征管中心对舱单和报关单风险甄别及业务现场处置作业环节的前推后移，在企业完成报关和税款自报自缴手续后，安全准入风险主要在口岸通关现场处置，税收风险主要在货物放行后处置的新型通关管理模式。其流程为：

（1）货物申报前作业

包括：

①舱单传输前的作业；

②舱单传输后至报关单申报前的作业；

③税款担保备案。

（2）货物现场通关时作业

包括：

①企业报关报税；

②报关单风险甄别与处置；

③货物放行。

（3）货物放行后作业

包括：

①税收风险数据筛选与研判；

②税收风险处置；

③放行后综合风险评估与处置。

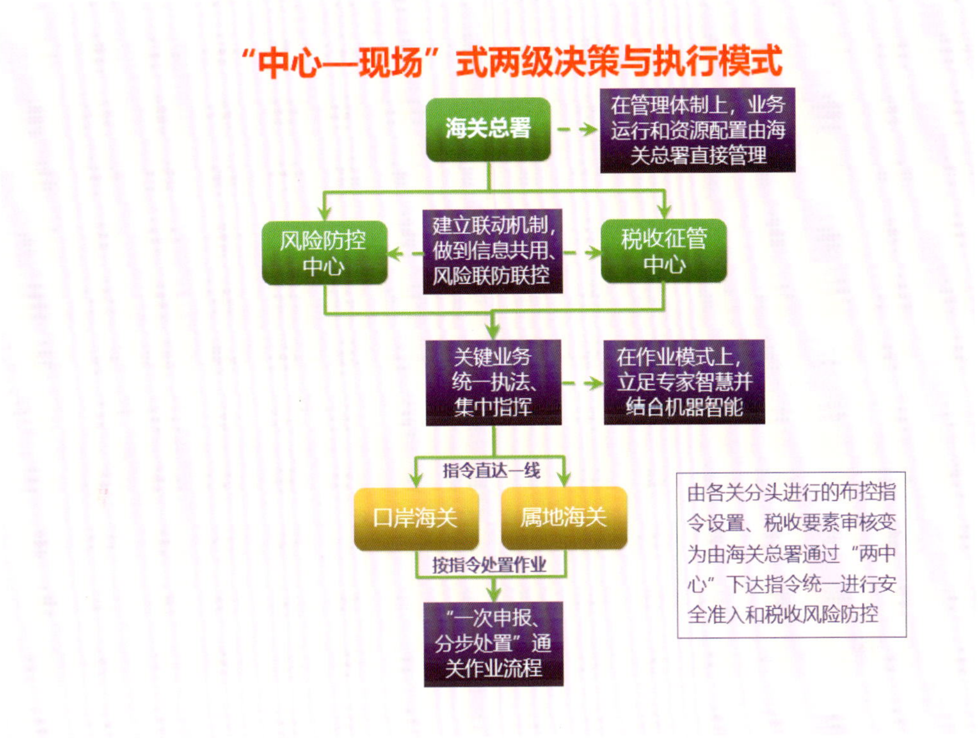

"中心—现场"式两级决策与执行模式
海关总署
在管理体制上，业务运行和资源配置由海关总署直接管理
风险防控中心
建立联动机制，做到信息共用、风险联防联控
税收征管中心
关键业务统一执法、集中指挥
在作业模式上，立足专家智慧并结合机器智能
指令直达一线
口岸海关
属地海关
按指令处置作业
"一次申报、分步处置"通关作业流程
由各关分头进行的布控指令设置、税收要素审核变为由海关总署通过"两中心"下达指令统一进行安全准入和税收风险防控

▲"中心—现场"式两级决策与执行模式

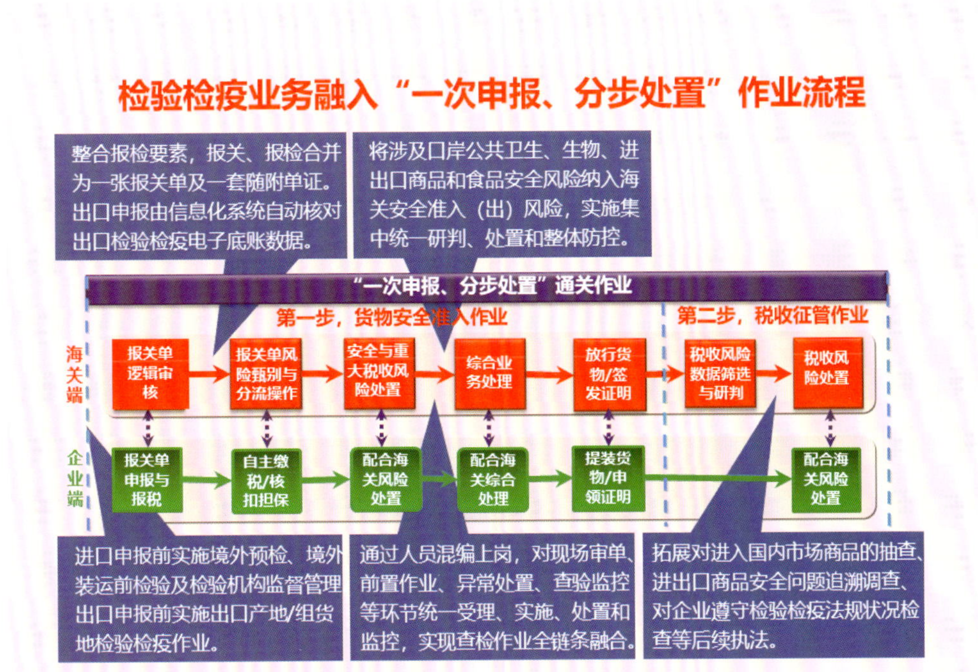

检验检疫业务融入"一次申报、分步处置"作业流程
整合报检要素，报关、报检合并为一张报关单及一套随附单证。出口申报由信息化系统自动核对出口检验检疫电子底账数据。
将涉及口岸公共卫生、生物、进出口商品和食品安全风险纳入海关安全准入（出）风险，实施集中统一研判、处置和整体防控。
"一次申报、分步处置"通关作业
第一步，货物安全准入作业
第二步，税收征管作业
海关端
报关单逻辑审核
报关单风险甄别与分流操作
安全与重大税收风险处置
综合业务处理
放行货物/签发证明
税收风险数据筛选与研判
税收风险处置
企业端
报关单申报与报税
自主缴税/核扣担保
配合海关风险处置
配合海关综合处理
提装货物/申领证明
配合海关风险处置
进口申报前实施境外预检、境外装运前检验及检验机构监督管理出口申报前实施出口产地/组货地检验检疫作业。
通过人员混编上岗，对现场审单、前置作业、异常处置、查验监控等环节统一受理、实施、处置和监控，实现查检作业全链条融合。
拓展对进入国内市场商品的抽查、进出口商品安全问题追溯调查、对企业遵守检验检疫法规状况检查等后续执法。

▲检验检疫业务融入"一次申报、分步处置"作业流程

第二节　关检融合的主要任务

1 原检验检疫风险怎样纳入海关既有的安全准入风险体系？——实施集中统一研判、处置和整体防控。

关检融合的首要任务是将涉及口岸公共卫生、生物、进出口商品和食品安全等风险均纳入海关安全准入风险（含准出，下同）体系，实施集中统一研判、处置和整体防控。

业务职能管理部门研究提出本业务领域安全准入全过程管理要求，风险防控中心结合业务职能管理部门的管理要求，集中统一加工加载安全准入风险参数、规则和指令，对经筛选的风险目标实施集中研判，并统一下达指令。现场海关执行风险防控中心指令并反馈作业结果。

税收征管中心发现涉及安全准入相关风险的，按照有关联系配合办法，配合风险防控中心和现场海关进行协同处置。

重点内容解读：关于口岸公共卫生、生物、进出口商品和食品安全的海关管理

（1）口岸公共卫生安全的海关管理

这是指海关通过口岸疾病预防控制、突发公共卫生事件应急管理、口岸卫生监督管理、国际旅行健康服务和口岸核生化反恐等综合性的风险管理措施，使国家没有因国际上传染病病原体不断变异，疫情暴发的频次越来越密、波及范围越来越广、输入风险越来越大而发生病媒生物通过出入境口岸入侵我国的风险。口岸公共卫生安全关乎人民的根本利益，是国家安全体系的重要组成部分，也是外经贸平稳健康发展的重要基础和前提。进一步加强口岸传染病风险预警决策系统建设，增设境外检疫监测哨点，进一步实施“关口前移”，建立重大疫情输入防范机制和基于传染病的地理信息系统分析、大数据信息比对的精准检疫模式，提升全球传染病疫情监测预警能力。在实际工作中，口岸公共卫生安全工作主要是通过对出入境人员卫生检疫、传染病监测、特殊物品监管、核生化反恐、交通工具卫生监管、卫生监督和卫生处理等措施，防止外来管制性生物进入我国而产生危害。

（2）国门生物安全的海关管理

这是指国家避免因管制性生物通过出入境口岸进出国境而产生危害的状态，以及维护这种安全而采取的措施。具体而言，国门生物安全是指通过海关动植物检疫等综合性的风险管理措施，使国家没有因管制性生物通过出入境口岸进出国境而对本国的生物、人体生命健康、生态系统或生态环境、物种资源、农业生产等产生危害的客观状态。国门生物安全涉及农林业生产安全、人身安全、生态安全、经济安全（包括国际贸易）及社会安全等，是国家安全的重要组成部分。在实际工作中，国门生物安全工作主要是

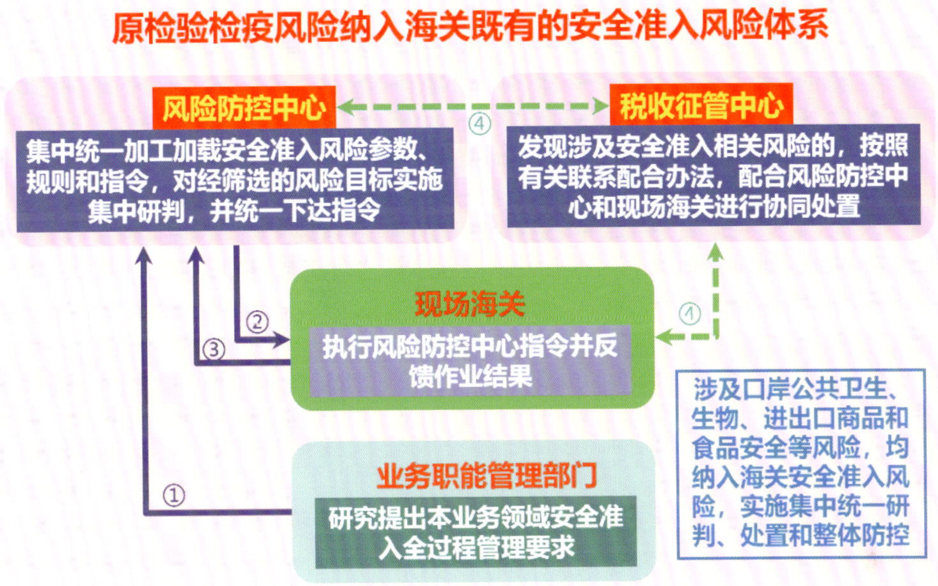
原检验检疫风险纳入海关既有的安全准入风险体系
风险防控中心
集中统一加工加载安全准入风险参数、规则和指令，对经筛选的风险目标实施集中研判，并统一下达指令
税收征管中心
发现涉及安全准入相关风险的，按照有关联系配合办法，配合风险防控中心和现场海关进行协同处置
④
现场海关
执行风险防控中心指令并反馈作业结果
①
②
③
业务职能管理部门
研究提出本业务领域安全准入全过程管理要求
①
涉及口岸公共卫生、生物、进出口商品和食品安全等风险，均纳入海关安全准入风险，实施集中统一研判、处置和整体防控

▲原检验检疫风险纳入海关既有的安全准入风险体系

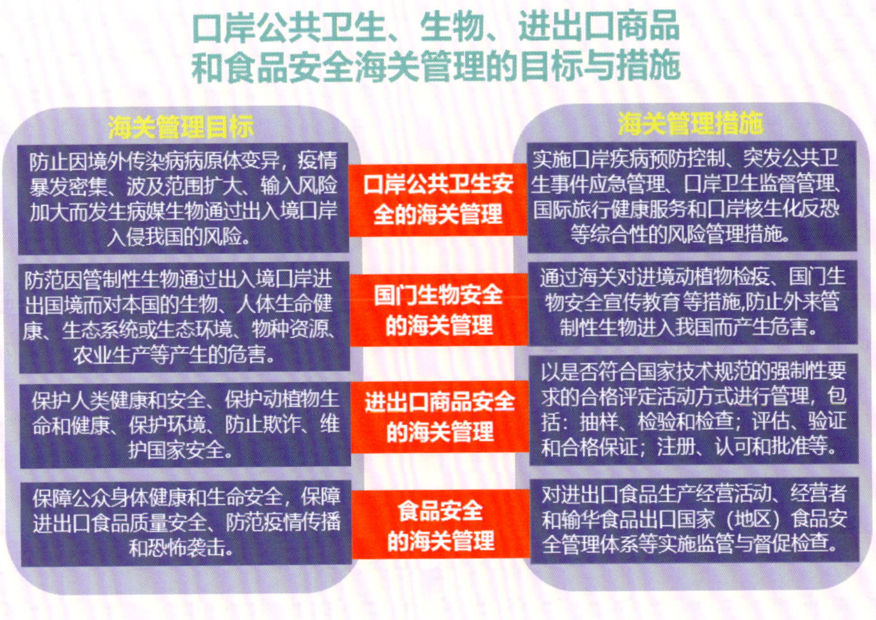
口岸公共卫生、生物、进出口商品和食品安全海关管理的目标与措施
海关管理目标
海关管理措施
防止因境外传染病病原体变异，疫情暴发密集、波及范围扩大、输入风险加大而发生病媒生物通过出入境口岸入侵我国的风险。
口岸公共卫生安全的海关管理
实施口岸疾病预防控制、突发公共卫生事件应急管理、口岸卫生监督管理、国际旅行健康服务和口岸核生化反恐等综合性的风险管理措施。
防范因管制性生物通过出入境口岸进出国境而对本国的生物、人体生命健康、生态系统或生态环境、物种资源、农业生产等产生的危害。
国门生物安全的海关管理
通过海关对进境动植物检疫、国门生物安全宣传教育等措施,防止外来管制性生物进入我国而产生危害。
保护人类健康和安全、保护动植物生命和健康、保护环境、防止欺诈、维护国家安全。
进出口商品安全的海关管理
以是否符合国家技术规范的强制性要求的合格评定活动方式进行管理，包括：抽样、检验和检查；评估、验证和合格保证；注册、认可和批准等。
保障公众身体健康和生命安全，保障进出口食品质量安全、防范疫情传播和恐怖袭击。
食品安全的海关管理
对进出口食品生产经营活动、经营者和输华食品出口国家（地区）食品安全管理体系等实施监管与督促检查。

▲口岸公共卫生、生物、进出口商品和食品安全海关管理的目标与措施

通过海关对进境动植物检疫、国门生物安全宣传教育等措施，防止外来管制性生物进入我国而产生危害。

（3）进出口商品安全的海关管理

这是指海关对列入目录的进出口商品以及法律、行政法规规定须经海关检验的其他进出口商品实施检验（以下称法定检验），对法定检验以外的进出口商品，实施抽查检验，以保护人类健康和安全、保护动植物生命和健康、保护环境、防止欺诈、维护国家安全所采取的措施。检验以是否符合国家技术规范的强制性要求的合格评定活动方式进行，合格评定程序包括：抽样、检验和检查；评估、验证和合格保证；注册、认可和批准以及各项的组合。

根据进出口商品状况，海关对涉及安全、卫生、环境保护，国内外消费者投诉较多，退货数量较大，发生过较大质量事故以及国内外有新的特殊技术要求的进出口商品进行汇总分析，制定并公布抽查商品目录和抽查计划，包括商品名称、检验依据、抽样要求、检测项目、判定依据、实施时间等。主管海关负责管理和组织实施所辖地区的进出口商品抽查检验工作。海关总署根据情况可以公布抽查检验结果、发布预警通告、采取必要防范措施或者向有关部门通报抽查检验情况。

（4）食品安全的海关管理

这是指海关为保证进出口食品安全，保障公众身体健康和生命安全，根据法律法规的规定，对进出口食品生产经营活动、进出口食品生产经营者和输华食品出口国家（地区）食品安全管理体系等实施的行政监督管理，督促检查进出口食品相关方执行食品安全法律法规的情况，并对其违法行为进行约束的过程。

海关实施进出口食品安全管理不仅要承担严守国门安全的职责，保障进出口食品质量安全、防范疫情传播和恐怖袭击，还要服务国家粮食安全和宏观调控、国家开放发展和国家外交大局，保障我国贸易政策实施、促进外贸增长以及解决主要战略伙伴的食品安全和贸易关系问题。

2 原检验检疫作业内容怎样融入海关对风险防控的作业体系？——原检验检疫作业内容分别融入海关对风险防控的职能管理和作业实施部门。

2.1 原检验检疫审单布控部门作业内容分别并入海关一级、二级风险防控中心

将原检验检疫全国审单布控中心负责的审单规则、抽批规则加工加载，以及原检验检疫全国审单布控分中心负责的安控标准、动态风险布控等，并入海关总署一级风险防控中心统一实施。

将原直属检验检疫局审单布控中心负责的检验检疫证书电子数据审核、未抽中货物的合格评定等，并入二级风险防控中心实施，必要时可下达指令由现场海关综合业

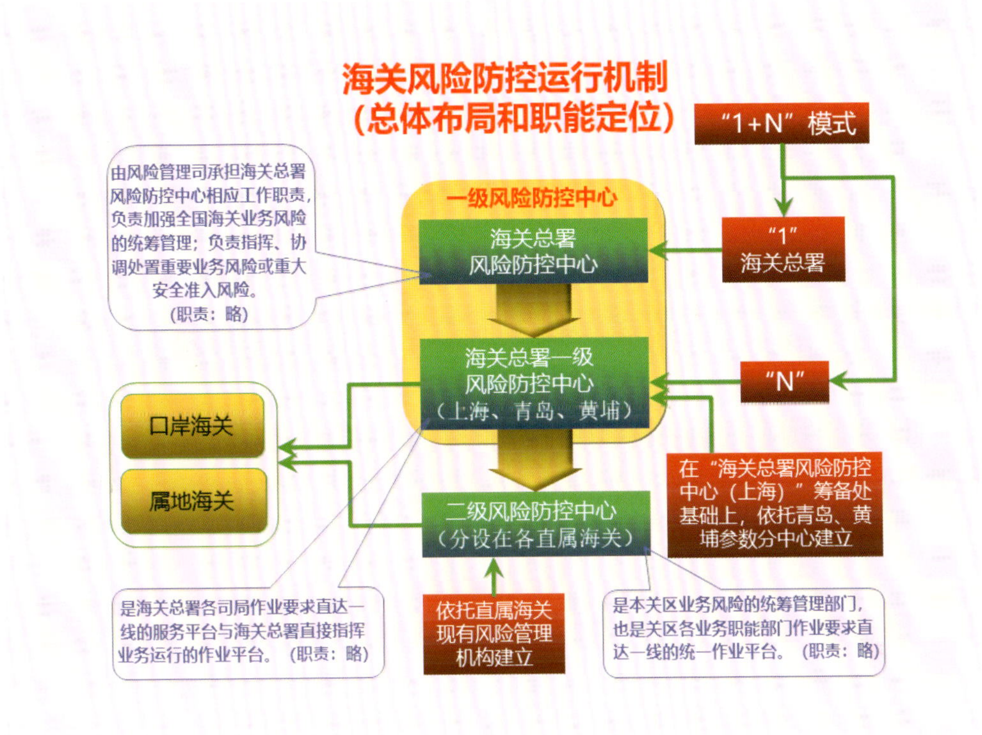
海关风险防控运行机制
（总体布局和职能定位）
"1+N"模式
一级风险防控中心
海关总署
风险防控中心
"1"
海关总署
由风险管理司承担海关总署风险防控中心相应工作职责，负责加强全国海关业务风险的统筹管理；负责指挥、协调处置重要业务风险或重大安全准入风险。
（职责：略）
海关总署一级
风险防控中心
（上海、青岛、黄埔）
"N"
口岸海关
属地海关
在"海关总署风险防控中心（上海）"筹备处基础上，依托青岛、黄埔参数分中心建立
二级风险防控中心
（分设在各直属海关）
是海关总署各司局作业要求直达一线的服务平台与海关总署直接指挥业务运行的作业平台。（职责：略）
依托直属海关现有风险管理机构建立
是本关区业务风险的统筹管理部门，也是关区各业务职能部门作业要求直达一线的统一作业平台。（职责：略）

▲海关风险防控运行机制（总体布局和职能定位）

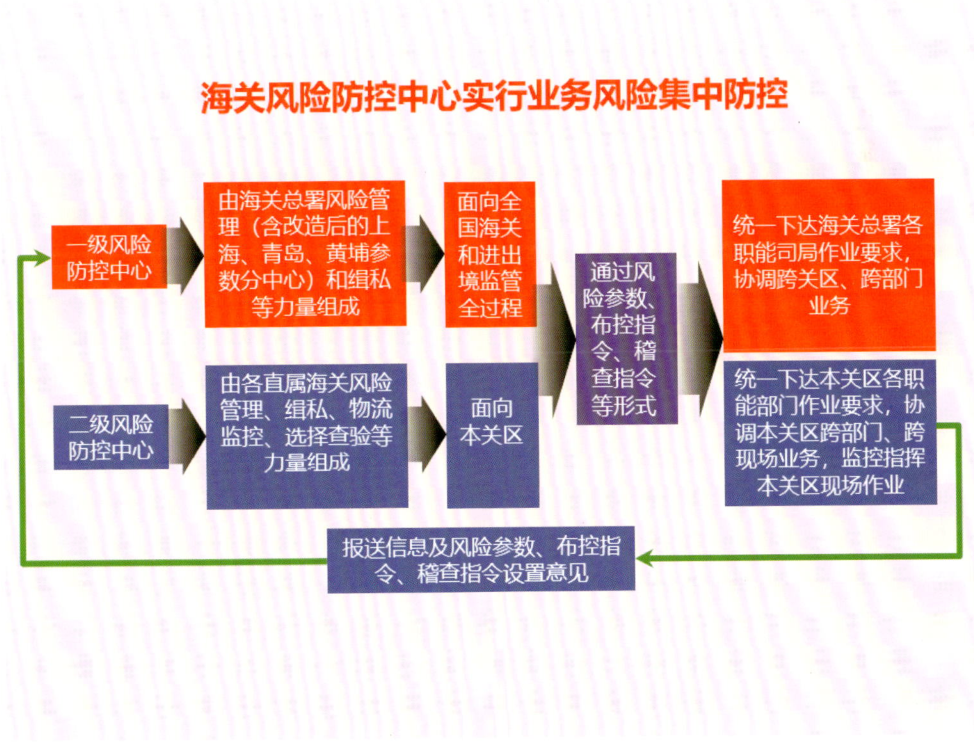
海关风险防控中心实行业务风险集中防控
一级风险防控中心
由海关总署风险管理（含改造后的上海、青岛、黄埔参数分中心）和缉私等力量组成
面向全国海关和进出境监管全过程
通过风险参数、布控指令、稽查指令等形式
统一下达海关总署各职能司局作业要求，协调跨关区、跨部门业务
二级风险防控中心
由各直属海关风险管理、缉私、物流监控、选择查验等力量组成
面向本关区
统一下达本关区各职能部门作业要求，协调本关区跨部门、跨现场业务，监控指挥本关区现场作业
报送信息及风险参数、布控指令、稽查指令设置意见

▲海关风险防控中心实行业务风险集中防控

务部门辅助实施纸质单证审核，或由现场海关查验部门核对货证。

2.2 原检验检疫现场检务部门作业并入现场海关综合业务部门

将原检验检疫现场检务部门负责的报检受理、检验检疫单证审核、签证等，并入现场海关综合业务部门负责实施。

2.3 原检验检疫现场施检部门作业并入现场海关查验部门

将原检验检疫现场施检部门负责的检验、检疫、查验（核对货证）、鉴定、初筛鉴定、抽样送检、合格评定、检疫处理监管、拟证等，并入现场海关查验部门负责实施，通过联合作业、委托授权、职责调整等步骤，逐步实现通关监管“查检合一”。

重点内容解读：关检融合后海关风险防控职能管理和作业实施部门的工作任务

（1）海关风险防控职能管理部门的工作任务

①海关总署一级风险防控中心（局）的工作任务

舱单分析岗。其原有职责是加工加载舱单、运输工具安全准入风险参数；研判处置高风险舱单、系统抽查的舱单和监控条件筛选出的舱单数据；监控舱单布控查验指令的执行情况；为业务现场执行舱单布控查验指令提供技术支持等。

风险处置岗。其原有职责是加工加载报关单安全准入风险参数；审核经税收征管中心调整归类后涉及安全准入风险的报关单；为业务现场执行安全准入风险参数及布控查验指令提供技术支持；实施选择查验，按照规范细化布控查验指令等。

原检验检疫全国审单布控中心负责的审单规则、抽批规则加工加载，以及原检验检疫全国审单布控分中心负责的安控标准、动态风险布控等，并入海关总署一级风险防控中心。

②直属海关二级风险防控中心的工作任务

其原有职责是结合关区业务结构和业务特点，通过布控指令、稽（核）查指令等服务执法一线，推动优化关区监管资源配置，统筹处置本关区范围内的业务风险，侧重直接处置本关区特性安全准入风险，并向一级风险防控中心报送信息及风险参数、布控指令、稽（核）查指令等设置建议。

原直属检验检疫局审单布控中心负责的检验检疫证书电子数据审核、未抽中货物的合格评定等，并入二级风险防控中心实施。

（2）现场海关的工作任务

综合业务岗。其原有职责是归口办理修撤单、退补税及少量有纸业务处置（如未联网证件核注、特殊贸易方式有纸单证以及部分无纸转有纸报关单等）。

原检验检疫现场检务部门负责的报检受理、检验检疫单证审核、签证等工作任务并入该岗位的主管部门负责实施。

运输工具检查岗。其主要职责是按照风险防控中心要求实施国际航行船舶（含邮轮游艇）、来往港澳小型船舶、进出境航空器（含公务机）、进出境铁路列车等运输

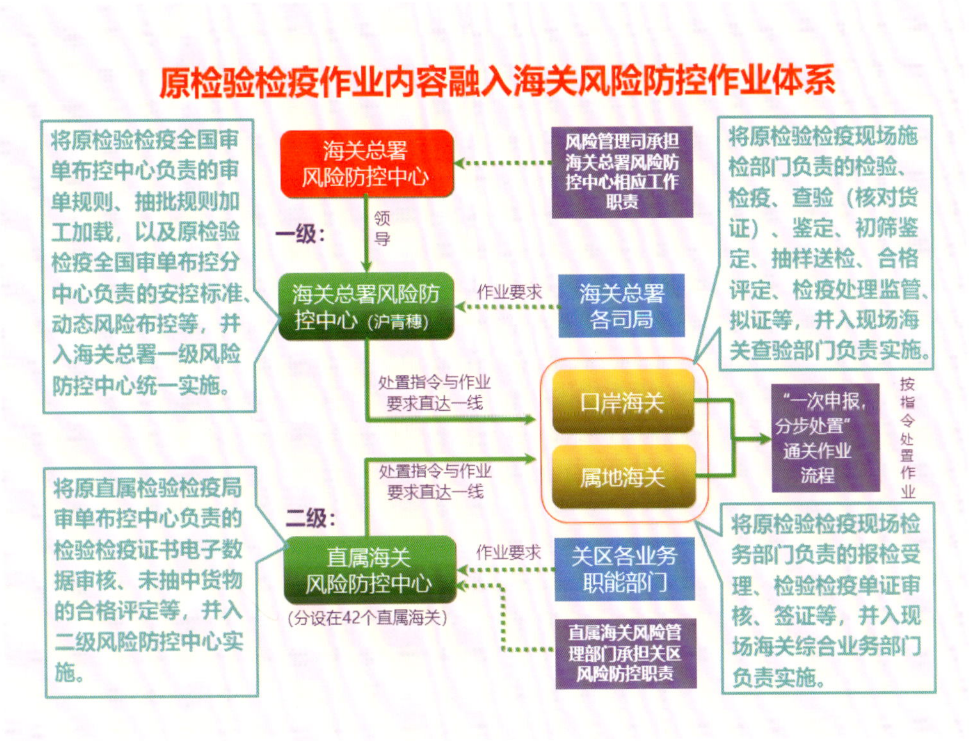
原检验检疫作业内容融入海关风险防控作业体系
将原检验检疫全国审单布控中心负责的审单规则、抽批规则加工加载，以及原检验检疫全国审单布控分中心负责的安控标准、动态风险布控等，并入海关总署一级风险防控中心统一实施。
海关总署风险防控中心
风险管理司承担海关总署风险防控中心相应工作职责
将原检验检疫现场施检部门负责的检验、检疫、查验（核对货证）、鉴定、初筛鉴定、抽样送检、合格评定、检疫处理监管、拟证等，并入现场海关查验部门负责实施。
一级：
领导
海关总署风险防控中心（沪青穗）
作业要求
海关总署各司局
处置指令与作业要求直达一线
口岸海关
属地海关
“一次申报，分步处置”通关作业流程
按指令处置作业
处置指令与作业要求直达一线
将原直属检验检疫局审单布控中心负责的检验检疫证书电子数据审核、未抽中货物的合格评定等，并入二级风险防控中心实施。
二级：
直属海关风险防控中心
（分设在42个直属海关）
作业要求
关区各业务职能部门
直属海关风险管理部门承担关区风险防控职责
将原检验检疫现场检务部门负责的报检受理、检验检疫单证审核、签证等，并入现场海关综合业务部门负责实施。

▲原检验检疫作业内容融入海关风险防控作业体系

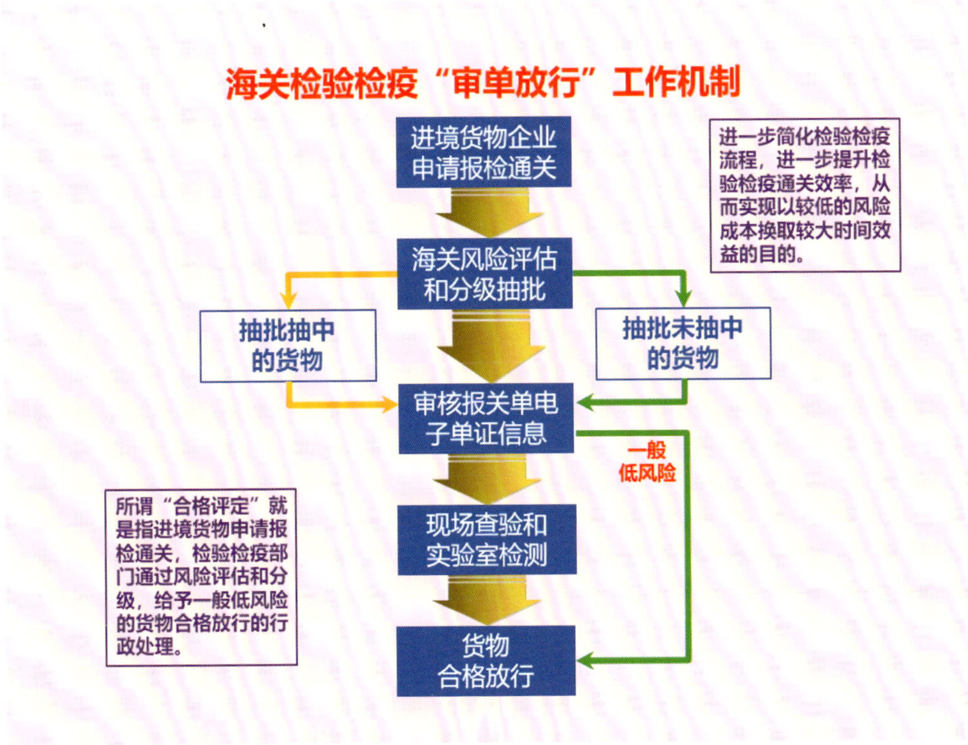
海关检验检疫“审单放行”工作机制
进境货物企业申请报检通关
进一步简化检验检疫流程，进一步提升检验检疫通关效率，从而实现以较低的风险成本换取较大时间效益的目的。
海关风险评估和分级抽批
抽批抽中的货物
抽批未抽中的货物
审核报关单电子单证信息
一般低风险
所谓“合格评定”就是指进境货物申请报检通关，检验检疫部门通过风险评估和分级，给予一般低风险的货物合格放行的行政处理。
现场查验和实验室检测
货物合格放行

▲海关检验检疫“审单放行”工作机制

工具登临检查工作。

现场查验岗。其原有职责是按照风险防控中心、税收征管中心要求实施查验或实货验估操作。

原检验检疫现场施检部门负责的检验、检疫、查验（核对货证）、鉴定、初筛鉴定、抽样送检、合格评定、检疫处理监管、拟证等工作任务并入该岗位的主管部门负责实施。

物流监控岗。其主要职责是按照风险防控中心要求实施舱单管理、监装监卸、卡口管理等海关物流监控工作。

现场验估岗。其主要职责是货物放行前，根据单证验核风险参数要求或根据税收征管中心指令要求，对有关单证进行验核，留存有关单证、图像等资料；货物放行后，根据税收征管中心指令要求，验核有关单证资料、样品，协助开展质疑、磋商等工作，录入验估作业记录及结果，按要求反馈处置结果等。

2.4 加快推进检验检疫单证电子化

提高“检验检疫单证审核”信息化系统联网核查的比例。加快推进国际官方联网核查。实现“签证网服务”。

重点内容解读：关于国际官方联网核查

检验检疫证书是确保出口商品质量安全和在进口国顺利通关的重要凭证。以往我国检验检疫机构以出具纸质证书为主，通过加盖检验检疫证书签章的形式，确保证书的唯一性，但这早已不能满足国际贸易电子化发展的要求。纸质证书在应用中存在诸多弊端，虚假、伪造证书严重降低了政府部门的公信力，纸质证书的申领、传递存在诸多不便。为维护“中国制造”的国际形象和正常的外贸秩序，检验检疫并入海关后，海关有必要加快实现检验检疫证书电子化，向贸易国提供检验检疫证书网上核查，协助进口国清关，增强证书的安全性，有力打击假冒检验检疫证书的不法行为。

经济全球化要求国际合作要不断从双边合作转变为多边合作，通过多方共同推进，达成重要的合作协议。电子证书互认的发展更容易获得各方政策倾斜及政策性支持，将电子证书互认纳入通关协作的大框架之下，加强不同部门、不同系统、不同国家的信息互通与资源共享，更容易形成合力。为此，应扩大电子证书互认的应用范围，将证书互认变成一种各国之间贸易便利化发展中单据流转的一种常态。

“中国检验检疫电子证书系统”于2010年1月正式启用。目前，我国相关部门已分别与新西兰食品安全局，澳大利亚农渔林业部，荷兰经济、农业及创新部，智利农业和畜牧服务中心签订了合作协议，建立了官方检验检疫电子证书核查机制，实现电子证书系统的对接和在线数据实时交换。

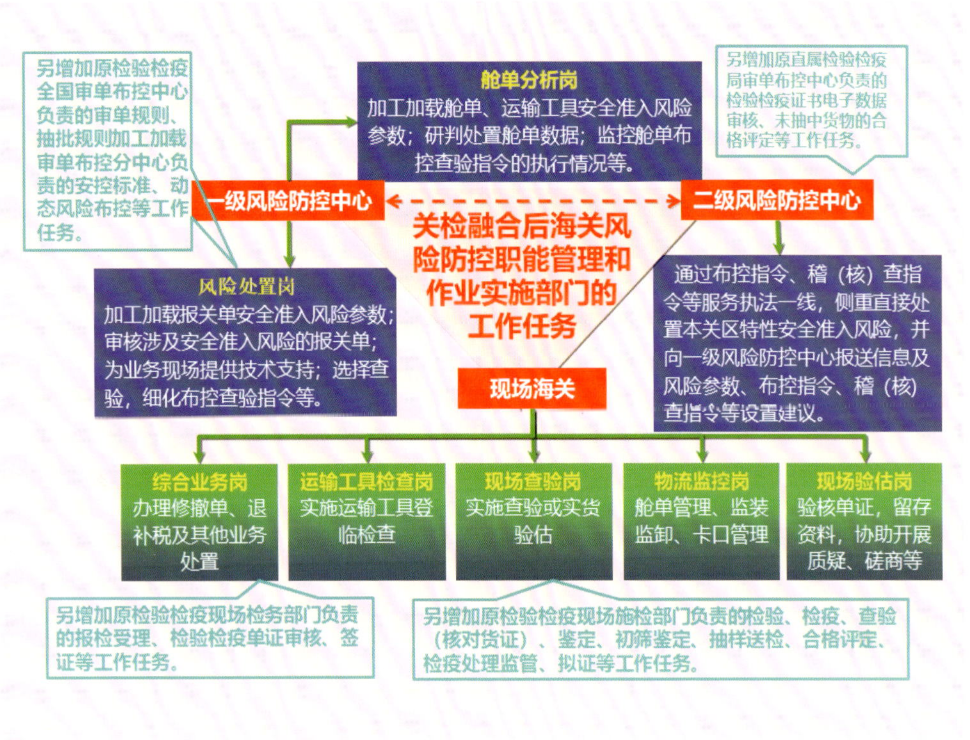
另增加原检验检疫全国审单布控中心负责的审单规则、抽批规则加工加载审单布控分中心负责的安控标准、动态风险布控等工作任务。
舱单分析岗
加工加载舱单、运输工具安全准入风险参数；研判处置舱单数据；监控舱单布控查验指令的执行情况等。
另增加原直属检验检疫局审单布控中心负责的检验检疫证书电子数据审核、未抽中货物的合格评定等工作任务。
一级风险防控中心
二级风险防控中心
关检融合后海关风险防控职能管理和作业实施部门的工作任务
风险处置岗
加工加载报关单安全准入风险参数；审核涉及安全准入风险的报关单；为业务现场提供技术支持；选择查验，细化布控查验指令等。
通过布控指令、稽（核）查指令等服务执法一线，侧重直接处置本关区特性安全准入风险，并向一级风险防控中心报送信息及风险参数、布控指令、稽（核）查指令等设置建议。
现场海关
综合业务岗
办理修撤单、退补税及其他业务处置
运输工具检查岗
实施运输工具登临检查
现场查验岗
实施查验或实货验估
物流监控岗
舱单管理、监装监卸、卡口管理
现场验估岗
验核单证，留存资料，协助开展质疑、磋商等
另增加原检验检疫现场检务部门负责的报检受理、检验检疫单证审核、签证等工作任务。
另增加原检验检疫现场施检部门负责的检验、检疫、查验（核对货证）、鉴定、初筛鉴定、抽样送检、合格评定、检疫处理监管、拟证等工作任务。

▲关检融合后海关风险防控职能管理和作业实施部门的工作任务

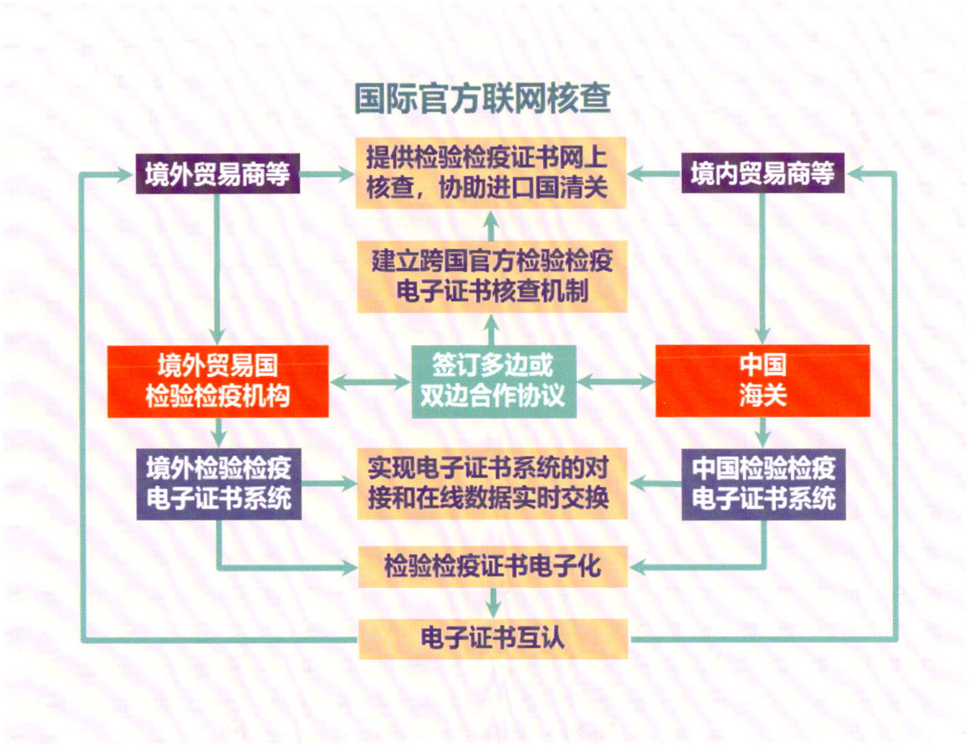
国际官方联网核查
境外贸易商等
提供检验检疫证书网上核查，协助进口国清关
境内贸易商等
建立跨国官方检验检疫电子证书核查机制
境外贸易国检验检疫机构
签订多边或双边合作协议
中国海关
境外检验检疫电子证书系统
实现电子证书系统的对接和在线数据实时交换
中国检验检疫电子证书系统
检验检疫证书电子化
电子证书互认

▲国际官方联网核查

3 检验检疫作业全面融入全国通关一体化，最需要提升的事项是什么？
——进一步优化全国通关一体化作业流程和整合各环节的关检作业项目。

3.1 拓宽申报前的监管服务

进口申报前实施境外预检、境外装运前检验及检验机构监督管理。出口申报前实施出口产地、组货地检验检疫作业，并形成电子底账数据。

重点内容解读：关于申报前检验检疫监管服务业务

（1）进口申报前实施境外预检、境外装运前检验及对检验机构的监督管理

对国家重点限制和可能严重影响人体健康、安全、动植物健康的重要敏感商品，如进口废物原料、进口旧机电产品、进口棉花、进口汽车、进口玩具、进出口危险品及其包装等，根据其不同的特性，海关通过发布部门规章的形式，依法设定了行政相对人资质许可、产品许可等特定管理程序和要求，便于行政相对人在从事相关进出口贸易活动前依法申请办理。进口申报前实施境外预检、境外装运前检验及对检验机构监督管理就是其中重要的管理措施。

①境外预检（可参阅本章第一节《关检融合的目标、原则与总体思路》的第一个问题“海关在关检融合的改革中，将实现什么目标？遵循哪些原则？贯彻怎样的总体思路？”的“重点内容解读”，此处略）

②境外装运前检验（以旧机电产品进口为例）

境外装运前检验是进口旧机电产品检验监管工作程序环节之一，指旧机电产品在启运港装运之前，由海关或者检验机构对其是否符合我国国家技术规范的强制性要求所进行的初步评价。它是进口旧机电产品检验监管工作程序中非常重要和敏感的环节，也是阻止不符合我国要求的旧机电产品输入的有效手段之一。需实施装运前检验的进口旧机电产品清单由海关总署制定并在海关总署网站上公布。需实施装运前检验的进口旧机电产品，其收、发货人或者其代理人应当按照海关总署的规定申请主管海关或者委托检验机构实施装运前检验。

进口旧机电产品装运前检验应当按照国家技术规范的强制性要求实施，并应当在货物启运前完成。装运前检验内容包括：对安全、卫生、健康、环境保护、防止欺诈、能源消耗等项目作出初步评价；核查产品品名、数量、规格（型号）、新旧、残损情况是否与合同、发票等贸易文件所列相符；是否包括、夹带禁止进口货物。海关或者检验机构在完成装运前检验工作后，签发装运前检验证书，并随附装运前检验报告。进口旧机电产品的装运前检验结果与口岸查验、目的地检验结果不一致的，以口岸查验、目的地检验结果为准。

③境外装运前检验机构的监督管理（以固体废物进口为例）

为加强进口可用作原料的固体废物（以下简称废物原料）的检验监管，控制进口

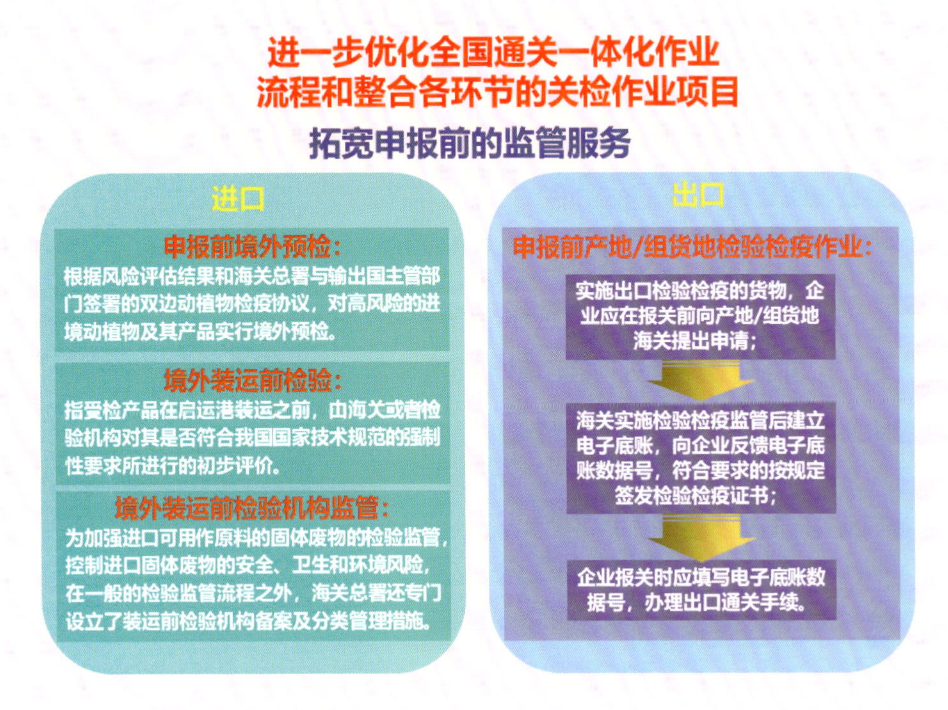
进一步优化全国通关一体化作业
流程和整合各环节的关检作业项目
拓宽申报前的监管服务
进口
申报前境外预检：
根据风险评估结果和海关总署与输出国主管部门签署的双边动植物检疫协议，对高风险的进境动植物及其产品实行境外预检。
境外装运前检验：
指受检产品在启运港装运之前，由海关或者检验机构对其是否符合我国国家技术规范的强制性要求所进行的初步评价。
境外装运前检验机构监管：
为加强进口可用作原料的固体废物的检验监管，控制进口固体废物的安全、卫生和环境风险，在一般的检验监管流程之外，海关总署还专门设立了装运前检验机构备案及分类管理措施。
出口
申报前产地/组货地检验检疫作业：
实施出口检验检疫的货物，企业应在报关前向产地/组货地海关提出申请；
海关实施检验检疫监管后建立电子底账，向企业反馈电子底账数据号，符合要求的按规定签发检验检疫证书；
企业报关时应填写电子底账数据号，办理出口通关手续。

▲进一步优化全国通关一体化作业流程和整合各环节的关检作业项目

进口旧机电产品装运前检验
装运前检验的含义
指旧机电产品在启运港装运之前，由海关或者检验机构对其是否符合我国国家技术规范的强制性要求所进行的初步评价。
检验结果认定
进口旧机电产品的装运前检验结果与口岸查验、目的地检验结果不一致的，以口岸查验、目的地检验结果为准。
装运前检验程序
装运前检验应当按照国家技术规范的强制性要求实施，并应当在货物启运前完成。
收、发货人或者其代理人应当按照海关总署的规定申请主管海关或者委托检验机构实施装运前检验。
海关或者检验机构在完成装运前检验工作后，签发装运前检验证书，并随附装运前检验报告。
适用范围
需实施装运前检验的进口旧机电产品清单由海关总署制定并在海关总署网站上公布。
检验内容
对安全、卫生、健康、环境保护、防止欺诈、能源消耗等项目做出初步评价；核查产品品名、数量、规格（型号）、新旧、残损情况是否与合同、发票等贸易文件所列相符；是否包括、夹带禁止进口货物。

▲进口旧机电产品装运前检验

固体废物的安全、卫生和环境风险，在一般的检验监管流程之外，海关总署还专门设立了装运前检验机构备案及分类管理措施。

装运前检验机构应当是在所在国家（地区）合法注册的检验机构。其应当提前将经公证的所在国家（地区）合法注册的第三方检验机构资质证明、所在国家（地区）固定的办公和经营场所、通过 ISO/IEC17020 认可的证明材料、从事装运前检验的废物原料种类等信息向海关总署备案。对提交材料完备的装运前检验机构，由海关总署对外公布。装运前检验机构及其关联机构不能申请或者代理申请供货商注册登记，不能从事废物原料的生产和经营活动。装运前检验机构应当按照中国法律法规规定从事进口废物原料生产经营及装运前检验活动，保证进口废物原料符合中国法律法规规定和相关技术要求。

海关总署对已备案的装运前检验机构实施分类管理，按照诚信管理的原则将已备案的装运前检验机构分为 A、B 两类。装运前检验机构从事检验鉴定业务 5 年以上，具有与装运前检验业务相适应的检验人员及检测设备、具备按照中国环境保护和固体废物管理的国家技术规范的强制性要求和海关总署关于进口废物原料装运前检验有关规定开展检验的能力，遵守法律法规，重视企业信用管理工作，严格履行承诺，具有较健全的质量管理体系，服务质量稳定的，按照自愿原则可以申请成为 A 类装运前检验机构。不符合上述条件的装运前检验机构，列入 B 类装运前检验机构。

（2）出口申报前实施出口产地 / 组货地检验检疫作业

为进一步优化出口货物检验检疫监管，促进贸易便利化，海关总署发布公告明确：实施出口检验检疫的货物，企业应在报关前向产地 / 组货地海关提出申请；海关实施检验检疫监管后建立电子底账，向企业反馈电子底账数据号，符合要求的按规定签发检验检疫证书；企业报关时应填写电子底账数据号，办理出口通关手续。

3.2　整合申报项目

取消“入境 / 出境货物通关单”“入境 / 出境货物报检单”。进口申报整合报检要素，报关、报检合并为一张报关单及一套随附单证。出口申报由信息化系统自动核对出口检验检疫电子底账数据。在进出口申报电子逻辑校验中增加检验检疫校验参数。

重点内容解读：关于整合申报项目的预期成果

整合申报项目是关检业务融合的“第一枪”，是关检融合标志性的改革举措，因其改变了企业现有报关流程和作业模式，广大进出口企业的感受是最直接、最深刻的。

一是将加快企业通关速度。整合申报对原报关、报检申报环节进行整合，优化了申报流程，减少了申报作业环节，必将大幅提高企业报关效率。

二是将减少企业申报费用。报关、报检整合仅需一次申报一套单证，有利于节省企业申报成本，减少企业代理申报费用。

三是可节省企业人力成本，整合申报后企业可以对报关、报检人员进行合并优化

整合申报项目
对海关原报关单申报项目和检验检疫原报检单申报项目进行梳理，报关报检面向企业端整合形成“四个一”，即“一张报关单、一套随附单证、一组参数代码、一个申报系统”。
1.整合原报关、报检申报数据项
将原报关、报检单合计229个货物申报数据项精简到105个，大幅减少企业申报项目。
2.原报关、报检单整合形成为一张报关单
以原报关单48个项目为基础，增加部分原报检内容形成了具有56个项目的新报关单打印格式。对布局结构进行优化，版式由竖版改为横版。
3.原报关、报检单证整合为一套随附单证
整合原报关、报检重复提交的随附单据和相关单证，形成统一的随附单证申报规范。
4.原报关、报检参数整合为一组参数代码
参照国际标准，实现现有参数代码的标准化。梳理整合后，统一了8个原报关、报检共有项的代码。
5.原报关、报检申报系统整合为一个系统
用户由“互联网+海关”、国际贸易“单一窗口”接入。新系统按照整合申报内容对原有报关、报检的申报数据项、参数、随附单据等都进行了调整。

▲整合申报项目

整合申报项目的预期成果
关检融合标志性的改革举措
一是将加快企业通关速度
整合申报后，优化了申报流程，减少了申报作业环节，必将大幅提高企业报关效率。
二是将减少企业申报费用
整合申报后仅需一次申报一套单证，有利于节省企业申报成本，减少企业代理申报费用。
三是可节省企业人力成本
整合申报后企业可以对报关、报检人员进行合并优化配置，进一步降低人力资源成本。
四是有利于优化营商环境
整合申报后可以提升新海关把关服务能力，维护进出口企业良好通关秩序。

▲整合申报项目的预期成果

配置，进一步降低人力资源成本。

四是有利于优化营商环境，提升新海关把关服务能力，维护进出口企业良好通关秩序。

开展关检申报项目整合工作，是实现关检深度融合的重要步骤，有利于释放改革红利，提升企业的获得感。同时新申报系统全国统一、采用新技术等也有利于进一步提升用户体验、降低通关成本。由于关检融合统一申报既有业务上的深度融合，也有技术上的重大升级，对用户操作习惯改变较大，短期内可能会出现企业不适应的情况，申报差错率可能增加，需要加大企业培训力度，落实好测试和试运行工作。

3.3 扩展“分步处置”内容

统筹规范、优化整合检验检疫作业场所和海关监管作业场所管理。

卫生疫情、动植物疫情等口岸检疫风险，以及按规定必须在口岸实施检验的口岸检验风险等，由口岸海关在“分步处置”第一步中完成现场处置；必须在属地海关监管作业场所进行处置的进口目的地检验风险，由属地海关在“分步处置”第一步中完成现场处置。

可以在属地海关监管作业场所之外进行处置的进口目的地检验风险，以及检验检疫后续监管风险，由属地海关在“分步处置”第二步中完成现场处置。

4 关检融合后隶属海关将如何深化功能化建设?
——分担新的功能与职责、构建新的查验组织形式、整合后续执法措施、配置专门作业人员。

4.1 承担检验检疫功能与职责

口岸型海关承担进出境运输工具、货物、物品及人员的口岸检验检疫功能与职责；属地型海关承担进口目的地检验、出口产地／组货地检验检疫及后续监管等功能与职责。

重点内容解读：关于关检融合后隶属海关深化功能化建设

根据隶属海关的业务特点、区位优势等实际情况，按照业务布局和监管链条所处的位置，对海关系统隶属海关（范围包括隶属海关、办事处、现场业务处等派出机构，下同）进行功能定位和职责分工，划分为口岸型、属地型、综合型海关三大类。关检融合后隶属海关通过深化功能化建设，分别承担了检验检疫功能与职责。

（1）口岸型海关

①原有功能。处在沿海、沿边出入国境的港口、车站、国界孔道，或国际机场、国际邮件互换局（交换站）、国际多式联运监管点上的海关，管辖范围限定为港口、车站、国界孔道、国际机场、国际邮件互换局（交换站）的海关监管区和海关附近沿海沿边规定地区。口岸型海关主要负责“一次申报、分步处置”第一步处置的执行反馈，具体职责（以下简称“口岸通关职责”）包括运输工具检查、货物查验和物品监管、现场验估（通关）、海关监管作业场所规范管理、口岸应急事务处理等。口岸型海关

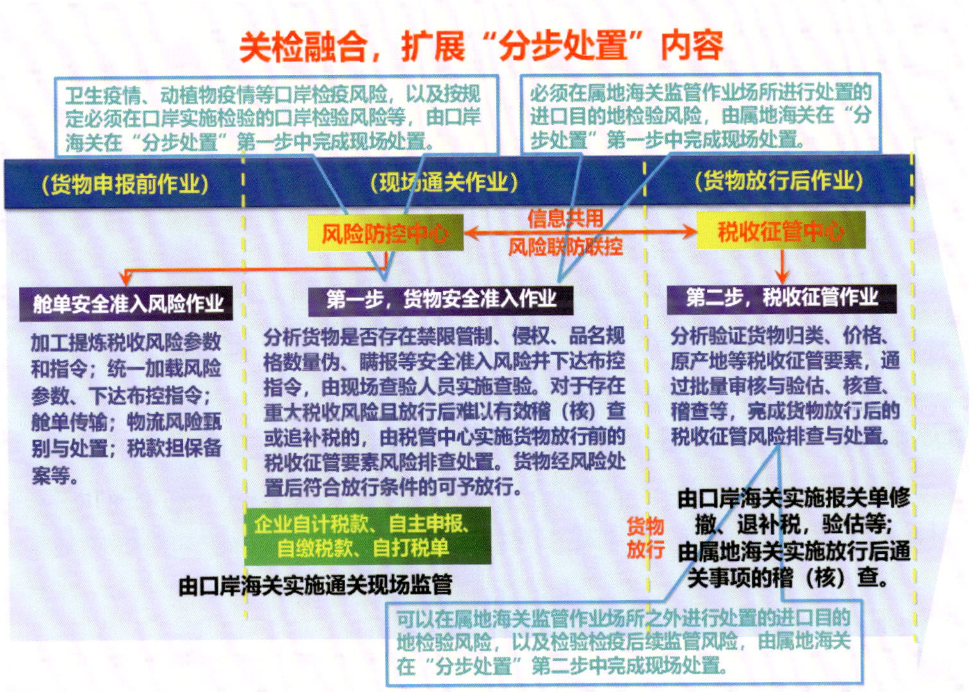
关检融合，扩展“分步处置”内容
卫生疫情、动植物疫情等口岸检疫风险，以及按规定必须在口岸实施检验的口岸检验风险等，由口岸海关在“分步处置”第一步中完成现场处置。
必须在属地海关监管作业场所进行处置的进口目的地检验风险，由属地海关在“分步处置”第一步中完成现场处置。
（货物申报前作业）
（现场通关作业）
（货物放行后作业）
风险防控中心
信息共用
风险联防联控
税收征管中心
舱单安全准入风险作业
加工提炼税收风险参数和指令；统一加载风险参数、下达布控指令；舱单传输；物流风险甄别与处置；税款担保备案等。
第一步，货物安全准入作业
分析货物是否存在禁限管制、侵权、品名规格数量伪、瞒报等安全准入风险并下达布控指令，由现场查验人员实施查验。对于存在重大税收风险且放行后难以有效稽（核）查或追补税的，由税管中心实施货物放行前的税收征管要素风险排查处置。货物经风险处置后符合放行条件的可予放行。
企业自计税款、自主申报、自缴税款、自打税单
由口岸海关实施通关现场监管
第二步，税收征管作业
分析验证货物归类、价格、原产地等税收征管要素，通过批量审核与验估、核查、稽查等，完成货物放行后的税收征管风险排查与处置。
货物放行
由口岸海关实施报关单修撤、退补税，验估等；由属地海关实施放行后通关事项的稽（核）查。
可以在属地海关监管作业场所之外进行处置的进口目的地检验风险，以及检验检疫后续监管风险，由属地海关在“分步处置”第二步中完成现场处置。

▲关检融合，扩展“分布处置”内容

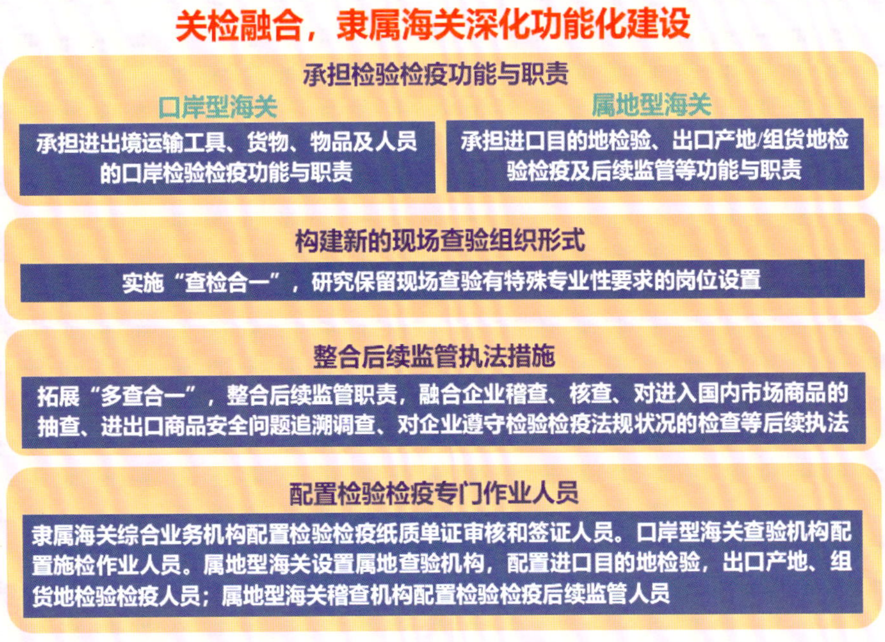
关检融合，隶属海关深化功能化建设
承担检验检疫功能与职责
口岸型海关
承担进出境运输工具、货物、物品及人员的口岸检验检疫功能与职责
属地型海关
承担进口目的地检验、出口产地/组货地检验检疫及后续监管等功能与职责
构建新的现场查验组织形式
实施“查检合一”，研究保留现场查验有特殊专业性要求的岗位设置
整合后续监管执法措施
拓展“多查合一”，整合后续监管职责，融合企业稽查、核查、对进入国内市场商品的抽查、进出口商品安全问题追溯调查、对企业遵守检验检疫法规状况的检查等后续执法
配置检验检疫专门作业人员
隶属海关综合业务机构配置检验检疫纸质单证审核和签证人员。口岸型海关查验机构配置施检作业人员。属地型海关设置属地查验机构，配置进口目的地检验，出口产地、组货地检验检疫人员；属地型海关稽查机构配置检验检疫后续监管人员

▲关检融合，隶属海关深化功能化建设

执行“两中心”下达的查验（检查）、验估等指令，并将指令执行结果反馈“两中心”。口岸型海关侧重于现场实际监管，突出正面拦截作用，重点承担口岸通关中的安全准入风险处置作业，压缩通关时间，降低物流成本。

②新增功能。关检融合后口岸型海关另应承担进出境运输工具、货物、物品及人员的口岸检验检疫功能与职责。

（2）属地型海关

①原有功能。处在非沿海、沿边以及非国际机场、国际邮件互换局（交换站）、国际多式联运监管点上的海关，管辖除口岸型海关管辖范围以外的区域。属地型海关主要负责“一次申报、分步处置”第二步处置的执行反馈，具体职责（以下简称“属地管理职责”）包括稽（核）查、企业管理、现场验估（后续）、减免税审核等。属地型海关执行“两中心”下达的报关单修撤、退补税、验估、稽（核）查等指令，并进行指令后续处置。根据工作需要，执行直属海关范围内稽查等后续管理专项任务。属地型海关侧重于后续监管和属地企业管理，发挥熟悉本地企业情况的优势，重点承接口岸通关后的税收风险处置作业，加强企业信用管理、稽（核）查等手段运用，积极反馈风险信息和处置建议，将属地海关管理结果以风险参数、布控指令建议等方式，作用于口岸通关。

②新增功能。关检融合后属地型海关另应承担进口目的地检验、出口产地 / 组货地检验检疫及后续监管等功能与职责。

（3）综合型海关

综合型海关兼有口岸型海关和属地型海关业务的海关，管辖区域包含口岸型海关和属地型海关的管辖区域。综合型海关分为偏口岸综合型海关和偏属地综合型海关。

4.2　构建新的现场查验组织形式

实施“查检合一”，研究保留现场查验有特殊专业性要求的岗位设置。

重点内容解读：关于实施“查检合一”

实施“查检合一”，即在全面梳理海关查验、检验检疫业务的任务类型、作业要求等要素的基础上，按照“选”“查”“处”的整体框架研究确定查验、检查统一的作业流程，根据不同的查验、检查类型建立相应的查验、检查人员角色库，实现随机派员共同作业，构建业务架构统一、管理统一、系统统一的口岸监管联合作业新模式，推进了海关执法领域“双随机、一公开”监管制度的落实，实现“一次中控、一次派单、一次查验、一次复核”，现场查验、检查“进系统、留痕迹、可追溯”。

通过人员混编上岗，对现场审单、前置作业、异常处置、查验监控等环节统一受理、实施、处置和监控，实现查检作业全链条融合，进一步提升口岸执法作业的标准化、规范化管理水平，营造“公开、公平、公正”的营商环境，有力服务了企业快速通关。

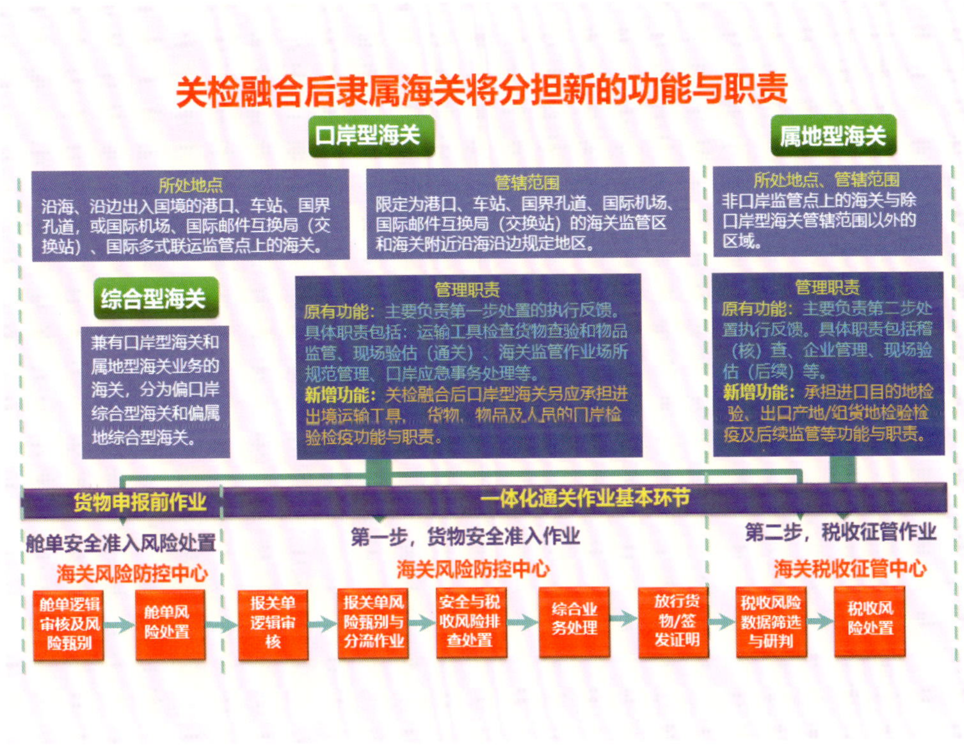
关检融合后隶属海关将分担新的功能与职责
口岸型海关
属地型海关
所处地点
沿海、沿边出入国境的港口、车站、国界孔道，或国际机场、国际邮件互换局（交换站）、国际多式联运监管点上的海关。
管辖范围
限定为港口、车站、国界孔道、国际机场、国际邮件互换局（交换站）的海关监管区和海关附近沿海沿边规定地区。
所处地点、管辖范围
非口岸监管点上的海关与除口岸型海关管辖范围以外的区域。
综合型海关
兼有口岸型海关和属地型海关业务的海关，分为偏口岸综合型海关和偏属地综合型海关。
管理职责
原有功能：主要负责第一步处置的执行反馈。具体职责包括：运输工具检查货物查验和物品监管、现场验估（通关）、海关监管作业场所规范管理、口岸应急事务处理等。
新增功能：关检融合后口岸型海关另应承担进出境运输工具、货物、物品及人员的口岸检验检疫功能与职责。
管理职责
原有功能：主要负责第二步处置执行反馈。具体职责包括稽（核）查、企业管理、现场验估（后续）等。
新增功能：承担进口目的地检验、出口产地/组货地检验检疫及后续监管等功能与职责。
货物申报前作业
一体化通关作业基本环节
舱单安全准入风险处置
第一步，货物安全准入作业
第二步，税收征管作业
海关风险防控中心
海关风险防控中心
海关税收征管中心
舱单逻辑审核及风险甄别
舱单风险处置
报关单逻辑审核
报关单风险甄别与分流作业
安全与税收风险排查处置
综合业务处理
放行货物/签发证明
税收风险数据筛选与研判
税收风险处置

▲关检融合后隶属海关将分担新的功能与职责

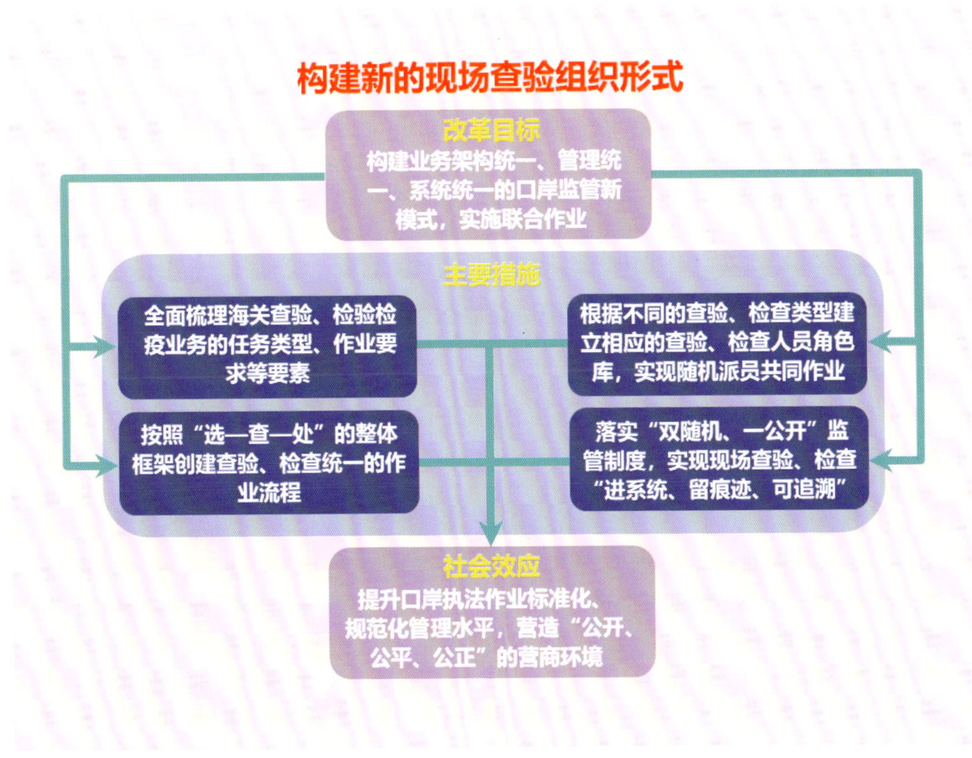
构建新的现场查验组织形式
改革目标
构建业务架构统一、管理统一、系统统一的口岸监管新模式，实施联合作业
主要措施
全面梳理海关查验、检验检疫业务的任务类型、作业要求等要素
根据不同的查验、检查类型建立相应的查验、检查人员角色库，实现随机派员共同作业
按照“选—查—处”的整体框架创建查验、检查统一的作业流程
落实“双随机、一公开”监管制度，实现现场查验、检查“进系统、留痕迹、可追溯”
社会效应
提升口岸执法作业标准化、规范化管理水平，营造“公开、公平、公正”的营商环境

▲构建新的现场查验组织形式

4.3 整合后续监管执法措施

拓展“多查合一”，整合后续监管职责，融合企业稽查、核查，对进入国内市场商品的抽查，对进出口商品安全问题追溯调查，对企业遵守检验检疫法规状况的检查等后续执法。

重点内容解读：关于拓展“多查合一”

这是指在全国通关一体化整体框架内，将原海关与原检验检疫的后续监管作业项目进行全面融合，由稽查部门按照“统一指令接收、统一组织实施、统一结果反馈、统一作业标准”的运行机制，实施对进出境安全准入与税收征管涉企事项的后续稽查、核查，对进入国内市场商品的抽查，对进出口商品安全问题追溯调查，对企业遵守检验检疫法规状况的检查等后续执法活动。

4.4 配置检验检疫专门作业人员

隶属海关综合业务机构配置检验检疫纸质单证审核和签证人员。口岸型海关查验机构配置施检作业人员。属地型海关设置属地查验机构，配置进口目的地检验及出口产地、组货地检验检疫人员；属地型海关稽查机构配置检验检疫后续监管人员。

5 出入境检验检疫管理职责划入海关后，海关将怎样统筹企业信用管理？——合并企业注册或备案，统一企业信用管理。

5.1 合并企业资质注册登记或备案管理

对通用资质的企业注册登记或备案进行整合，统一由企业管理职能部门负责，如原报关、报检企业注册或备案；对特定资质的企业注册登记或备案，由相关业务职能管理部门依职能分别负责，如承运海关监管货物企业及运输工具、检验检疫准入企业注册登记或备案等。

由企业管理职能部门牵头建设统一的行政相对人管理功能模块，各相关业务职能管理部门通过该功能模块对行政相对人注册登记或备案实施管理，相关信息共用共享、统一发布。

重点内容解读：关于报关、报检合并企业注册或备案

根据《海关总署关于企业报关报检资质合并有关事项的公告》，检验检疫报检人员备案与海关报关人员备案同步合并为报关人员备案。相关企业、人员可通过“单一窗口”填写申请信息，通过系统查询办理结果，到所在地海关任一业务现场提交申请材料，即可取得报关、报检双重资质。

对改革前已在海关和原检验检疫部门办理了报关和报检注册登记或者备案的企业，原报关和报检资质继续有效。仅办理了报关或者报检注册登记或者备案的企业，企业可以通过“单一窗口”补录相关信息、资料，补录信息后将同时获得报关、报检资质。

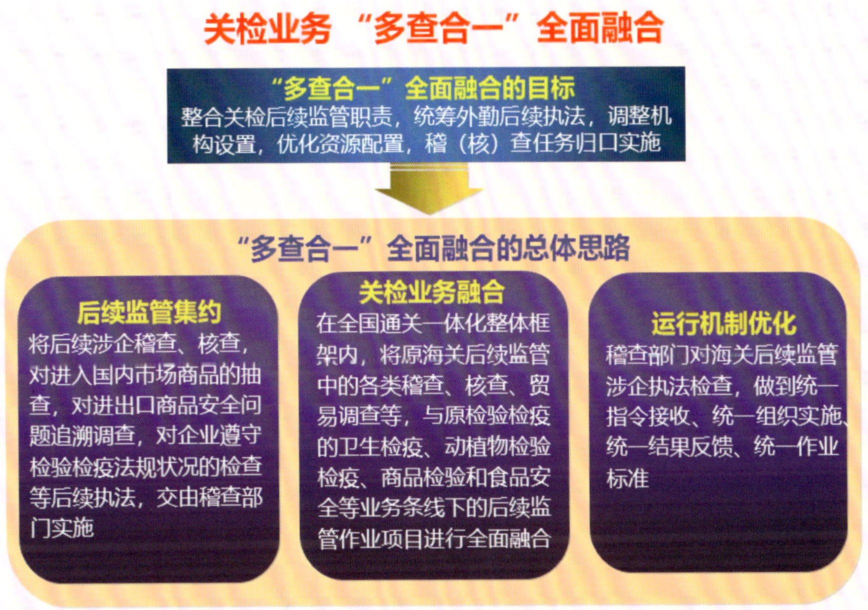
关检业务 “多查合一”全面融合
“多查合一”全面融合的目标
整合关检后续监管职责，统筹外勤后续执法，调整机构设置，优化资源配置，稽（核）查任务归口实施
“多查合一”全面融合的总体思路
后续监管集约
将后续涉企稽查、核查，对进入国内市场商品的抽查，对进出口商品安全问题追溯调查，对企业遵守检验检疫法规状况的检查等后续执法，交由稽查部门实施
关检业务融合
在全国通关一体化整体框架内，将原海关后续监管中的各类稽查、核查、贸易调查等，与原检验检疫的卫生检疫、动植物检验检疫、商品检验和食品安全等业务条线下的后续监管作业项目进行全面融合
运行机制优化
稽查部门对海关后续监管涉企执法检查，做到统一指令接收、统一组织实施、统一结果反馈、统一作业标准

▲关检业务 “多查合一”全面融合

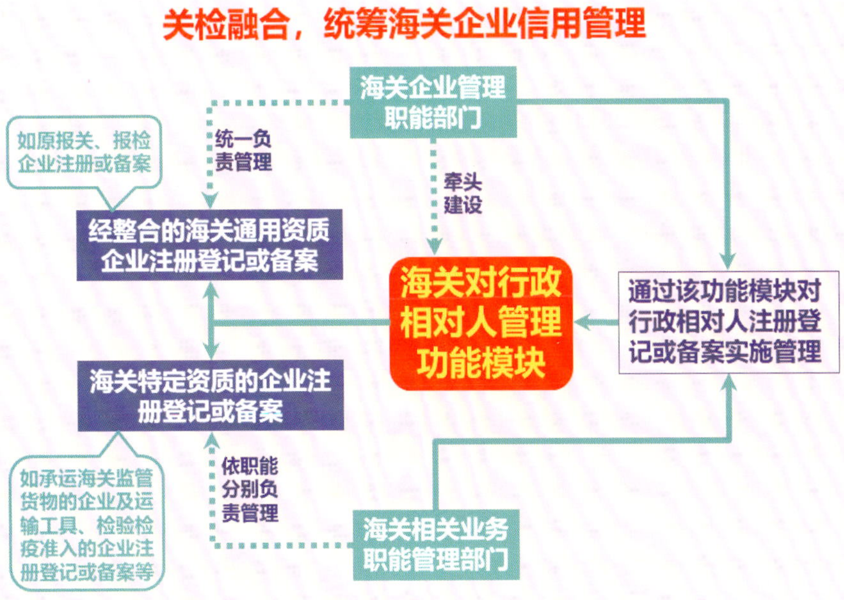
关检融合，统筹海关企业信用管理
海关企业管理职能部门
统一负责管理
牵头建设
如原报关、报检企业注册或备案
经整合的海关通用资质企业注册登记或备案
海关对行政相对人管理功能模块
通过该功能模块对行政相对人注册登记或备案实施管理
海关特定资质的企业注册登记或备案
如承运海关监管货物的企业及运输工具、检验检疫准入的企业注册登记或备案等
依职能分别负责管理
海关相关业务职能管理部门

▲关检融合，统筹海关企业信用管理

5.2 统一企业信用管理

以海关现行企业信用管理制度为主线，整合检验检疫对企业信用的管理要求，形成统一的制度，由海关企业管理职能部门对海关注册登记或备案企业实施统一的信用管理。以海关现有企业进出口信用管理系统为基础，整合原检验检疫进出口企业信用管理系统有关功能。

重点内容解读：关于整合优化海关企业信用管理制度

为积极推进全国通关一体化与关检业务深度融合，整合优化海关企业信用管理制度，海关总署于 2018 年 11 月 27 日公布了《关于实施〈中华人民共和国海关企业信用管理办法〉有关事项的公告》。该公告的主要内容是：

（1）除《中华人民共和国海关企业信用管理办法》第六条规定的情形外，海关还可以采集企业产品检验检疫合格率、国外通报、退运、召回、索赔等情况，因虚假申报导致进口方原产地证书核查，骗取、伪造、变造、买卖或者盗窃出口货物原产地证书等能够反映企业信用状况的信息。

（2）企业有违反国境卫生检疫、进出境动植物检疫、进出口食品化妆品安全、进出口商品检验规定被追究刑事责任的，海关认定为失信企业。企业在申请认证期间，涉嫌违反国境卫生检疫、进出境动植物检疫、进出口食品化妆品安全、进出口商品检验规定被刑事立案的，海关应当终止认证。

（3）失信企业适用进出口货物平均检验检疫抽批比率在 80% 以上的管理措施。认证企业涉嫌违反国境卫生检疫、进出境动植物检疫、进出口食品化妆品安全、进出口商品检验规定被刑事立案的，海关应当暂停适用相应管理措施。企业主动披露且被海关处以警告或者 50 万元以下罚款的行为，不作为海关认定企业信用状况的记录。

6 在其他业务领域将如何开展关检业务的全面融合？——检验检疫业务融入其他业务领域，归并整合职责与作业、整合优化职能管理。

6.1 特殊监管区域检验检疫业务融入现场作业

将海关特殊监管区域（保税监管场所）的检验检疫作业融入全国通关一体化的海关现场作业。

6.2 检验检疫与其他海关业务进行职责与作业的归并整合

进出境运输工具、人员及行李物品、邮件、快件、跨境电子商务、尸体棺柩、危险品包装等监管，以及行政处罚、统计、原产地、辐射探测、集装箱适载检验、指定口岸管理、口岸卫生监督、实验室建设、疫情疫病监测、技术性贸易措施等，按照关检全面融合、一体作业的原则与思路，对相关管理职责和作业进行归并整合。

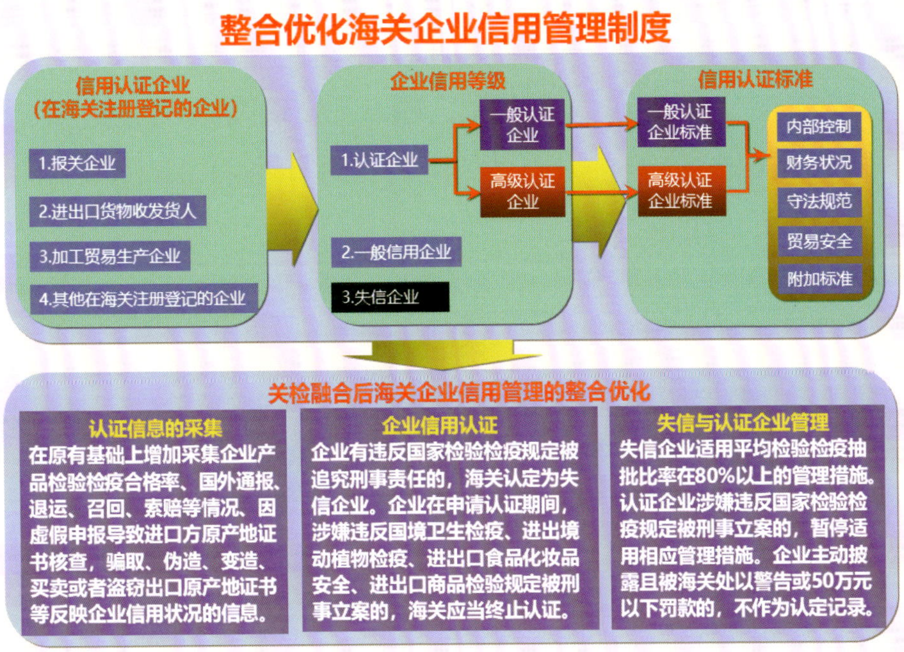
整合优化海关企业信用管理制度
信用认证企业
（在海关注册登记的企业）
1.报关企业
2.进出口货物收发货人
3.加工贸易生产企业
4.其他在海关注册登记的企业
企业信用等级
1.认证企业
一般认证企业
高级认证企业
2.一般信用企业
3.失信企业
信用认证标准
一般认证企业标准
高级认证企业标准
内部控制
财务状况
守法规范
贸易安全
附加标准
关检融合后海关企业信用管理的整合优化
认证信息的采集
在原有基础上增加采集企业产品检验检疫合格率、国外通报、退运、召回、索赔等情况、因虚假申报导致进口方原产地证书核查，骗取、伪造、变造、买卖或者盗窃出口原产地证书等反映企业信用状况的信息。
企业信用认证
企业有违反国家检验检疫规定被追究刑事责任的，海关认定为失信企业。企业在申请认证期间，涉嫌违反国境卫生检疫、进出境动植物检疫、进出口食品化妆品安全、进出口商品检验规定被刑事立案的，海关应当终止认证。
失信与认证企业管理
失信企业适用平均检验检疫抽批比率在80%以上的管理措施。认证企业涉嫌违反国家检验检疫规定被刑事立案的，暂停适用相应管理措施。企业主动披露且被海关处以警告或50万元以下罚款的，不作为认定记录。

▲整合优化海关企业信用管理制度

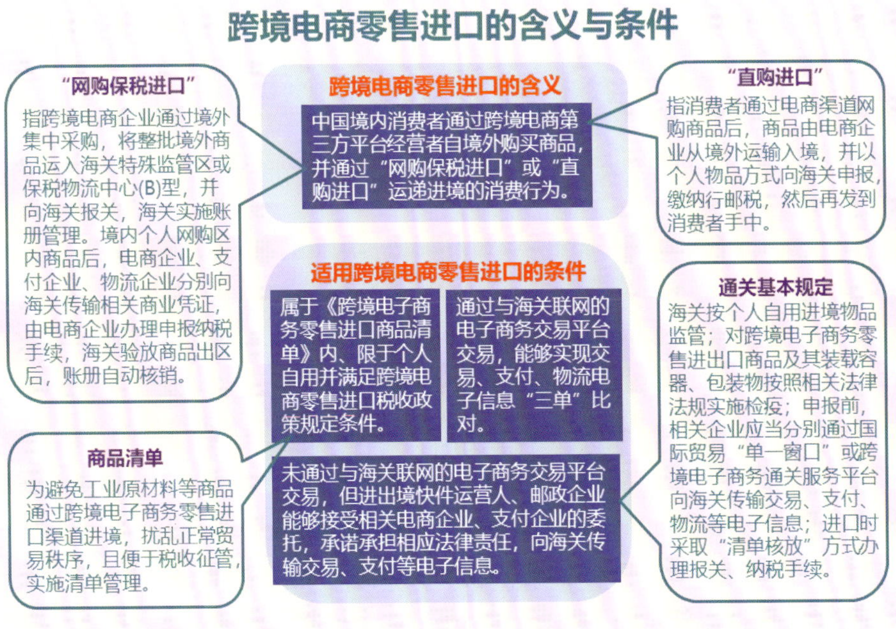
跨境电商零售进口的含义与条件
“网购保税进口”
指跨境电商企业通过境外集中采购，将整批境外商品运入海关特殊监管区或保税物流中心(B)型，并向海关报关，海关实施账册管理。境内个人网购区内商品后，电商企业、支付企业、物流企业分别向海关传输相关商业凭证，由电商企业办理申报纳税手续，海关验放商品出区后，账册自动核销。
跨境电商零售进口的含义
中国境内消费者通过跨境电商第三方平台经营者自境外购买商品，并通过“网购保税进口”或“直购进口”运递进境的消费行为。
“直购进口”
指消费者通过电商渠道网购商品后，商品由电商企业从境外运输入境，并以个人物品方式向海关申报，缴纳行邮税，然后再发到消费者手中。
适用跨境电商零售进口的条件
属于《跨境电子商务零售进口商品清单》内、限于个人自用并满足跨境电商零售进口税收政策规定条件。
通过与海关联网的电子商务交易平台交易，能够实现交易、支付、物流电子信息“三单”比对。
未通过与海关联网的电子商务交易平台交易，但进出境快件运营人、邮政企业能够接受相关电商企业、支付企业的委托，承诺承担相应法律责任，向海关传输交易、支付等电子信息。
商品清单
为避免工业原材料等商品通过跨境电子商务零售进口渠道进境，扰乱正常贸易秩序，且便于税收征管，实施清单管理。
通关基本规定
海关按个人自用进境物品监管；对跨境电子商务零售进出口商品及其装载容器、包装物按照相关法律法规实施检疫；申报前，相关企业应当分别通过国际贸易“单一窗口”或跨境电子商务通关服务平台向海关传输交易、支付、物流等电子信息；进口时采取“清单核放”方式办理报关、纳税手续。

▲跨境电商零售进口的含义与条件

第二章
关检融合下的隶属海关功能化建设

第一节　关检融合下隶属海关功能化建设的总体思路

1 **关检融合下隶属海关功能化建设的总体思路是什么？**
——将出入境检验检疫管理纳入隶属海关功能化建设，形成现场一线关检业务协同监管合力。

按照全国通关一体化关检业务全面融合“两变两不变”的总体思路，在业务架构、作业流程不变的前提下，保持口岸型、属地型、综合型海关的基本功能配置，将出入境检验检疫管理纳入隶属海关功能化建设，在现场作业各岗位、各环节整合检验检疫工作职责与内容，深入推进隶属海关智能化、集约化、专业化、规范化管理，不断完善创新运行机制，差别化设置机构、岗位和配置人员，形成现场一线关检业务协同监管合力。

第二节　关检融合下隶属海关功能化建设的具体措施

1 **在出入境检验检疫管理纳入隶属海关功能化建设的情况下，隶属海关的类型将如何重新划分？**
——重新界定隶属海关的功能类型及职责，增加检验检疫工作职责。

结合直属海关“三定”工作，整合优化隶属海关布局，按照口岸型、属地型和综合型三种类型重新核定隶属海关、办事处等派出机构的功能类型。严控综合型海关的数量，确实需要定为综合型海关的，要细化为偏口岸综合型海关或偏属地综合型海关。

1.1　重新界定隶属海关功能类型及承担的职责

按照“口岸、属地为主体，综合为例外”的原则，在不增加隶属海关机构数量的前提下，通过隶属海关功能化建设改革，重新界定隶属海关功能类型及承担的职责，尽可能地将目前既承担口岸通关又承担属地管理职责的隶属海关，改造为口岸型海关或属地型海关。口岸型海关所在地没有其他属地型海关，可负责所在地属地管理职责。

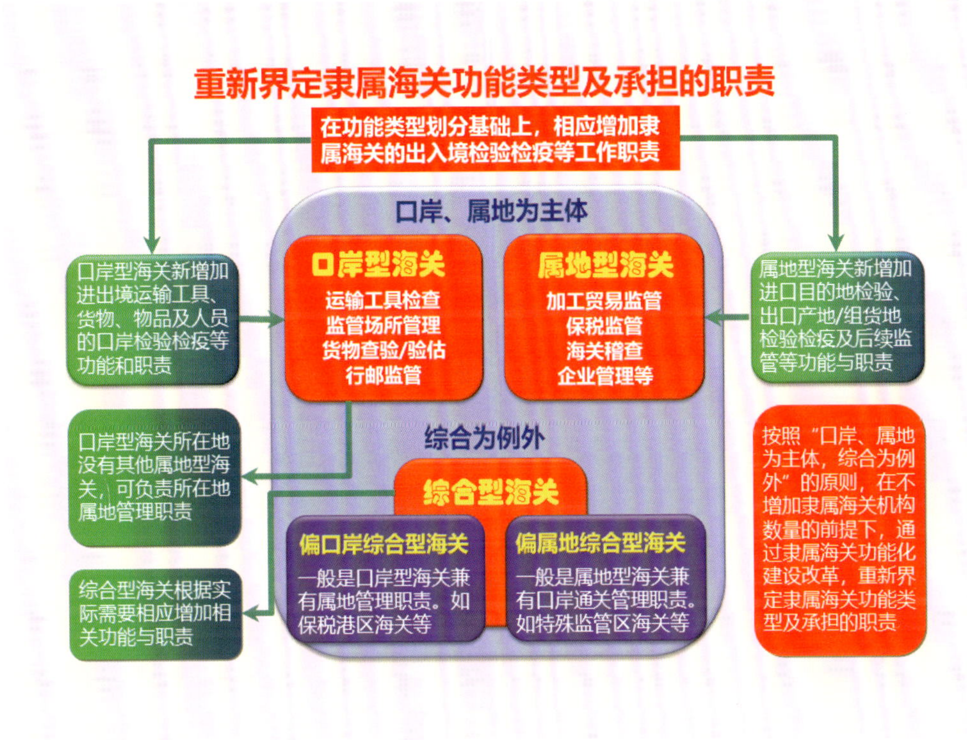
重新界定隶属海关功能类型及承担的职责
在功能类型划分基础上，相应增加隶属海关的出入境检验检疫等工作职责
口岸、属地为主体
口岸型海关
运输工具检查
监管场所管理
货物查验/验估
行邮监管
属地型海关
加工贸易监管
保税监管
海关稽查
企业管理等
口岸型海关新增加进出境运输工具、货物、物品及人员的口岸检验检疫等功能和职责
属地型海关新增加进口目的地检验、出口产地/组货地检验检疫及后续监管等功能与职责
综合为例外
综合型海关
偏口岸综合型海关
一般是口岸型海关兼有属地管理职责。如保税港区海关等
偏属地综合型海关
一般是属地型海关兼有口岸通关管理职责。如特殊监管区海关等
口岸型海关所在地没有其他属地型海关，可负责所在地属地管理职责
综合型海关根据实际需要相应增加相关功能与职责
按照“口岸、属地为主体，综合为例外”的原则，在不增加隶属海关机构数量的前提下，通过隶属海关功能化建设改革，重新界定隶属海关功能类型及承担的职责

▲重新界定隶属海关功能类型及承担的职责

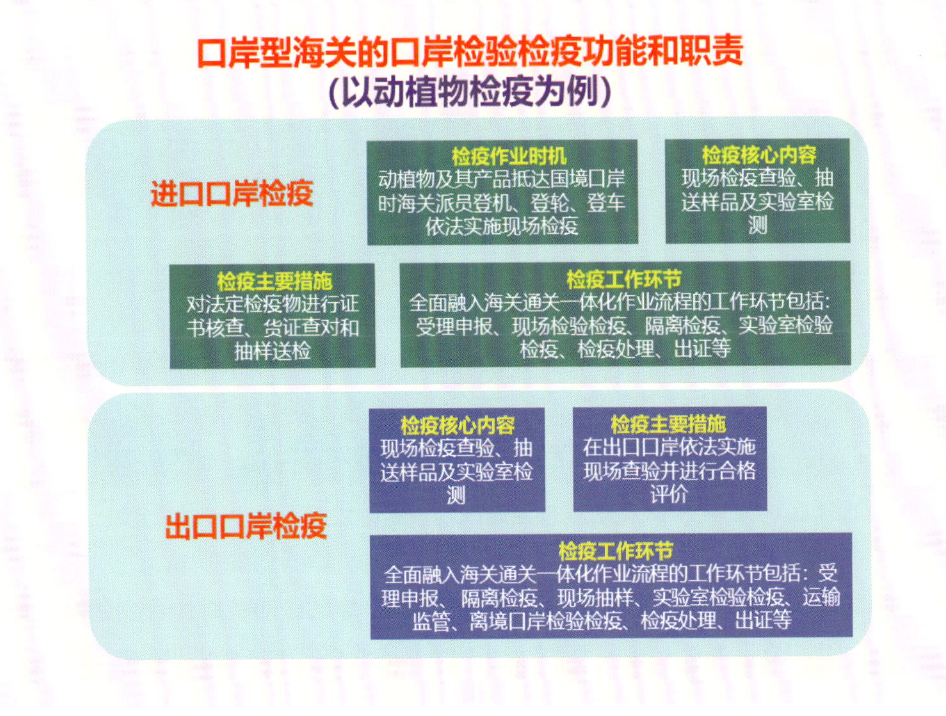
口岸型海关的口岸检验检疫功能和职责
（以动植物检疫为例）
进口口岸检疫
检疫作业时机
动植物及其产品抵达国境口岸时海关派员登机、登轮、登车依法实施现场检疫
检疫核心内容
现场检疫查验、抽送样品及实验室检测
检疫主要措施
对法定检疫物进行证书核查、货证查对和抽样送检
检疫工作环节
全面融入海关通关一体化作业流程的工作环节包括：受理申报、现场检验检疫、隔离检疫、实验室检验检疫、检疫处理、出证等
出口口岸检疫
检疫核心内容
现场检疫查验、抽送样品及实验室检测
检疫主要措施
在出口口岸依法实施现场查验并进行合格评价
检疫工作环节
全面融入海关通关一体化作业流程的工作环节包括：受理申报、隔离检疫、现场抽样、实验室检验检疫、运输监管、离境口岸检验检疫、检疫处理、出证等

▲口岸型海关的口岸检验检疫功能和职责（以动植物检疫为例）

同一区域有多个口岸型海关，且没有其他属地型海关的，可确定其中一个各方面条件较好的海关负责属地管理职责。

确实需要定为综合型海关的，要细化为偏口岸综合型海关或偏属地综合型海关。偏口岸综合型海关一般是口岸型海关兼有属地管理职责，如保税港区海关等。偏属地综合型海关一般是属地型海关兼有口岸通关职责，如特殊监管区域海关和市场采购、跨境电商等新型贸易业态所在地海关等。

1.2 相应增加隶属海关的检验检疫工作职责

在功能类型划分基础上，相应增加隶属海关的出入境检验检疫等工作职责，其中口岸型海关承担进出境运输工具、货物、物品及人员的口岸检验检疫等功能和职责。属地型海关承担进口目的地检验、出口产地 / 组货地检验检疫及后续监管等功能与职责。综合型海关根据实际需要相应增加上述功能与职责。

重点内容解读：关于隶属海关的检验检疫工作职责

（1）口岸型海关的口岸检验检疫功能和职责（以动植物检疫为例）

①进口口岸检疫。这是指动植物及其产品抵达国境口岸时，海关派员登机、登轮、登车依法实施现场检疫的一种强制性行政措施，对进出口法定检疫物进行证书核查、货证查对和抽样送检的官方行为，主要包括现场检疫查验、抽送样品及实验室检测 3 个核心环节。海关检疫的基本工作流程包括受理申报、现场检验检疫、隔离检疫、实验室检验检疫、检疫处理、出证等。

②出口口岸检疫。这是指口岸海关对出口动植物及其产品和其他检疫物，在出口口岸依法实施现场查验并进行合格评价的检疫管理工作。口岸检疫是出口检疫把关的最后环节，具体包括受理申报、现场查验、检疫处理、出证与放行等一系列检疫工作项目。海关的基本工作流程包括受理申报、隔离检疫、现场抽样、实验室检验检疫、运输监管、离境口岸检验检疫、检疫处理、出证等。

（2）属地型海关的进口目的地检验、出口产地 / 组货地检验检疫功能和职责

①进口目的地检验（以商品检验为例）。旧机电产品入境后，海关按照国家技术规范的强制性要求进行合格评定。目的地检验的结果是判定进口旧机电产品在正式投入使用前的运行状态下是否合格或者是否准予销售的最终依据。

对列入《质检总局 商务部 海关总署关于旧机电产品进口管理有关问题的公告》（公告 2015 年第 76 号）中的 18 类应逐批实施现场检验的进口旧机电产品由第一入境口岸海关实施目的地检验，其他进口旧机电产品由货物目的地海关实施检验。

②出口产地 / 组货地检验检疫（以食品卫生检疫为例）。出口时食品检验检疫的一般程序为：出口食品发货人或其代理人应当按照海关总署规定的地点和期限，持出口食品有关的合同、发票、装箱单和信用证等必要的证明以及相关批准文件向有管辖权的隶属海关申报，海关总署实行产地检验检疫制度，出口食品应当向生产企业所在地隶属海

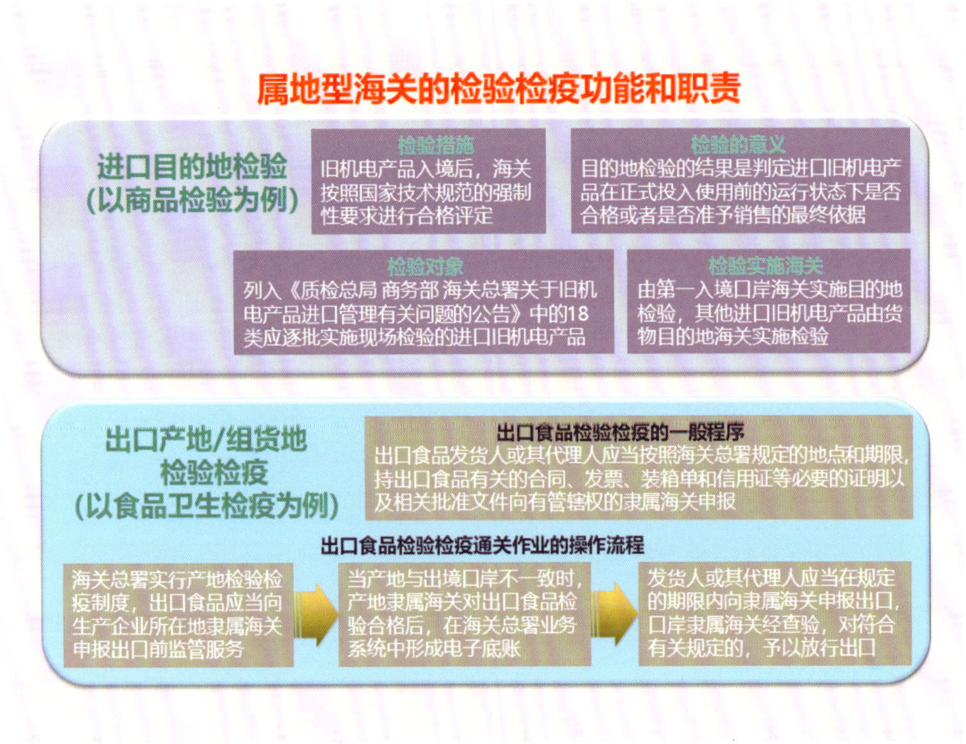
属地型海关的检验检疫功能和职责
进口目的地检验
（以商品检验为例）
检验措施
旧机电产品入境后，海关按照国家技术规范的强制性要求进行合格评定
检验的意义
目的地检验的结果是判定进口旧机电产品在正式投入使用前的运行状态下是否合格或者是否准予销售的最终依据
检验对象
列入《质检总局 商务部 海关总署关于旧机电产品进口管理有关问题的公告》中的18类应逐批实施现场检验的进口旧机电产品
检验实施海关
由第一入境口岸海关实施目的地检验，其他进口旧机电产品由货物目的地海关实施检验
出口产地/组货地检验检疫
（以食品卫生检疫为例）
出口食品检验检疫的一般程序
出口食品发货人或其代理人应当按照海关总署规定的地点和期限，持出口食品有关的合同、发票、装箱单和信用证等必要的证明以及相关批准文件向有管辖权的隶属海关申报
出口食品检验检疫通关作业的操作流程
海关总署实行产地检验检疫制度，出口食品应当向生产企业所在地隶属海关申报出口前监管服务
当产地与出境口岸不一致时，产地隶属海关对出口食品检验合格后，在海关总署业务系统中形成电子底账
发货人或其代理人应当在规定的期限内向隶属海关申报出口，口岸隶属海关经查验，对符合有关规定的，予以放行出口

▲属地型海关的检验检疫功能和职责

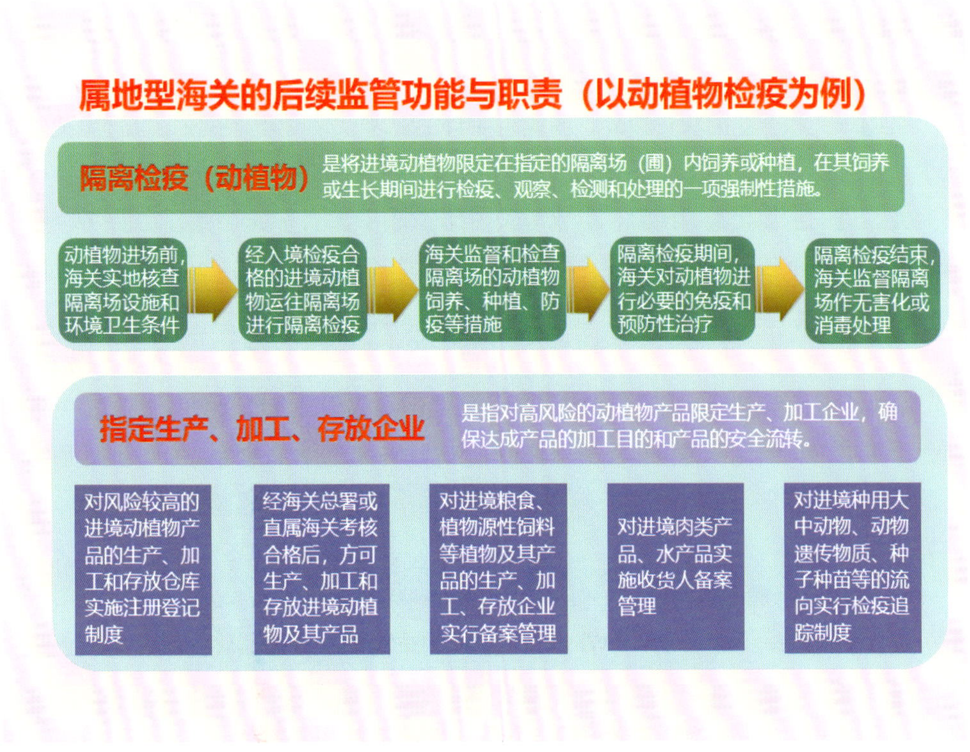
属地型海关的后续监管功能与职责（以动植物检疫为例）
隔离检疫（动植物）
是将进境动植物限定在指定的隔离场（圃）内饲养或种植，在其饲养或生长期间进行检疫、观察、检测和处理的一项强制性措施。
动植物进场前，海关实地核查隔离场设施和环境卫生条件
经入境检疫合格的进境动植物运往隔离场进行隔离检疫
海关监督和检查隔离场的动植物饲养、种植、防疫等措施
隔离检疫期间，海关对动植物进行必要的免疫和预防性治疗
隔离检疫结束，海关监督隔离场作无害化或消毒处理
指定生产、加工、存放企业
是指对高风险的动植物产品限定生产、加工企业，确保达成产品的加工目的和产品的安全流转。
对风险较高的进境动植物产品的生产、加工和存放仓库实施注册登记制度
经海关总署或直属海关考核合格后，方可生产、加工和存放进境动植物及其产品
对进境粮食、植物源性饲料等植物及其产品的生产、加工、存放企业实行备案管理
对进境肉类产品、水产品实施收货人备案管理
对进境种用大中动物、动物遗传物质、种子种苗等的流向实行检疫追踪制度

▲属地型海关的后续监管功能与职责（以动植物检疫为例）

关申报出口前监管服务。当产地与出境口岸不一致时，产地隶属海关对出口食品检验合格后，在海关总署业务系统中形成电子底账。发货人或其代理人应当在规定的期限内向隶属海关申报出口，口岸隶属海关经查验，对符合有关规定的，予以放行出口。

（3）属地型海关的后续监管功能与职责（以动植物检疫为例）

后续监管包括进境动植物隔离检疫及指定生产、加工、存放企业的监管。隔离检疫是将进境动植物限定在指定的隔离场（圃）内饲养或种植，在其饲养或生长期间进行检疫、观察、检测和处理的一项强制性措施。指定生产、加工、存放企业是指对高风险的动植物产品限定生产、加工企业，确保达成产品加工的目的和产品的安全流转。

1.3 将加工贸易及保税监管业务纳入隶属海关属地管理

落实加工贸易（简称“加贸”）及保税监管通关作业全面实施全国通关一体化要求，将加工贸易及保税监管业务纳入隶属海关属地业务进行管理。

重点内容解读：关于加工贸易及保税监管业务改革与强化属地海关加工贸易及保税监管职责

为深入贯彻落实党的十九大精神，推进海关治理体系和治理能力现代化，建设中国特色社会主义新海关，海关总署制定了《加贸及保税监管通关作业全面实施全国通关一体化落实方案》，切实深化海关加贸及保税监管改革，并与全国海关通关一体化改革积极融合。

（1）改革思路

厘清海关和企业的权责边界，明确企业自主管理、海关监管事权，推进海关监管从事前审批向事中事后监管转变。全面对接全国通关一体化，全面梳理加贸及保税监管业务，进一步优化资源配置，形成海关内部多部门合力，共同做好监管服务。调整保税监管集中审核作业中心和属地海关现场作业职能分工，强化属地海关加贸及保税监管职能。

（2）改革内容

明确企业加贸业务自主管理事权，简化海关程序性审批；精简业务办理随附单证，简化申报手续；优化“关检”加贸及保税业务执法；继续推进以企业为单元的加工贸易监管改革；优化“互联网＋海关”平台，增强用户体验；强化属地海关加贸及保税监管职责。

（3）改革释放的红利

①权责清晰，强化企业自主管理。改革厘清了加贸及保税监管领域海关和企业之间的权责关系，改变了以往海关管理为主、企业自主管理为辅的局面，引导符合条件的企业实施自主备案、自主缴税、自主核报，将企业在加工贸易业务办理中应有的权利还给企业，从而逐步实现自主管理。

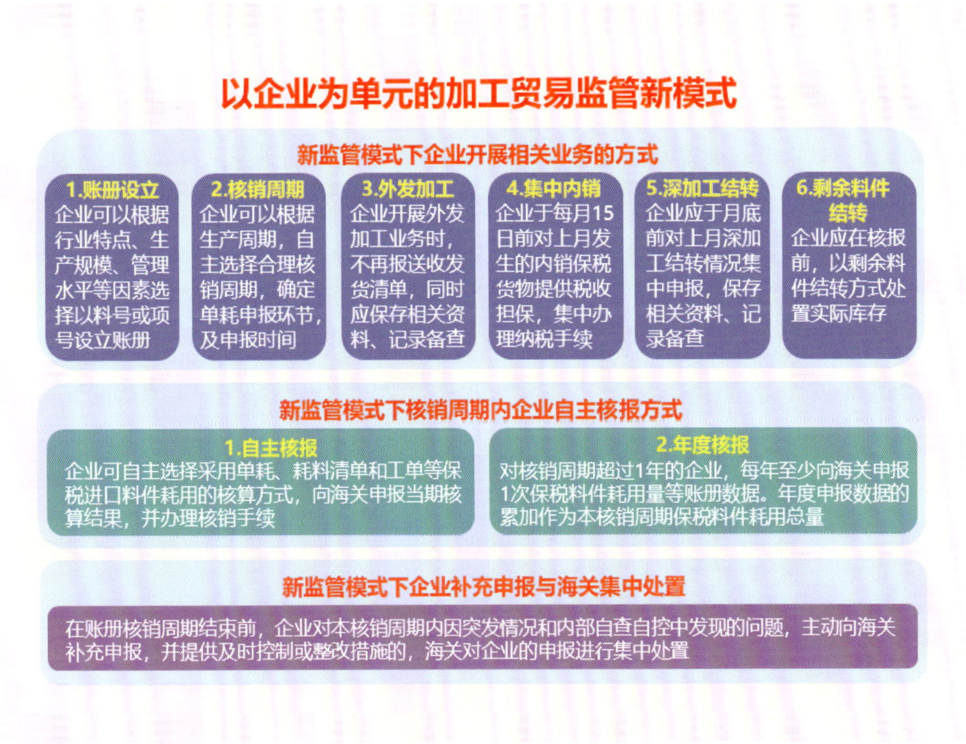
以企业为单元的加工贸易监管新模式
新监管模式下企业开展相关业务的方式
1.账册设立
企业可以根据行业特点、生产规模、管理水平等因素选择以料号或项号设立账册
2.核销周期
企业可以根据生产周期，自主选择合理核销周期，确定单耗申报环节，及申报时间
3.外发加工
企业开展外发加工业务时，不再报送收发货清单，同时应保存相关资料、记录备查
4.集中内销
企业于每月15日前对上月发生的内销保税货物提供税款担保，集中办理纳税手续
5.深加工结转
企业应于月底前对上月深加工结转情况集中申报，保存相关资料、记录备查
6.剩余料件结转
企业应在核报前，以剩余料件结转方式处置实际库存
新监管模式下核销周期内企业自主核报方式
1.自主核报
企业可自主选择采用单耗、耗料清单和工单等保税进口料件耗用的核算方式，向海关申报当期核算结果，并办理核销手续
2.年度核报
对核销周期超过1年的企业，每年至少向海关申报1次保税料件耗用量等账册数据。年度申报数据的累加作为本核销周期保税料件耗用总量
新监管模式下企业补充申报与海关集中处置
在账册核销周期结束前，企业对本核销周期内因突发情况和内部自查自控中发现的问题，主动向海关补充申报，并提供及时控制或整改措施的，海关对企业的申报进行集中处置

▲以企业为单元的加工贸易监管新模式

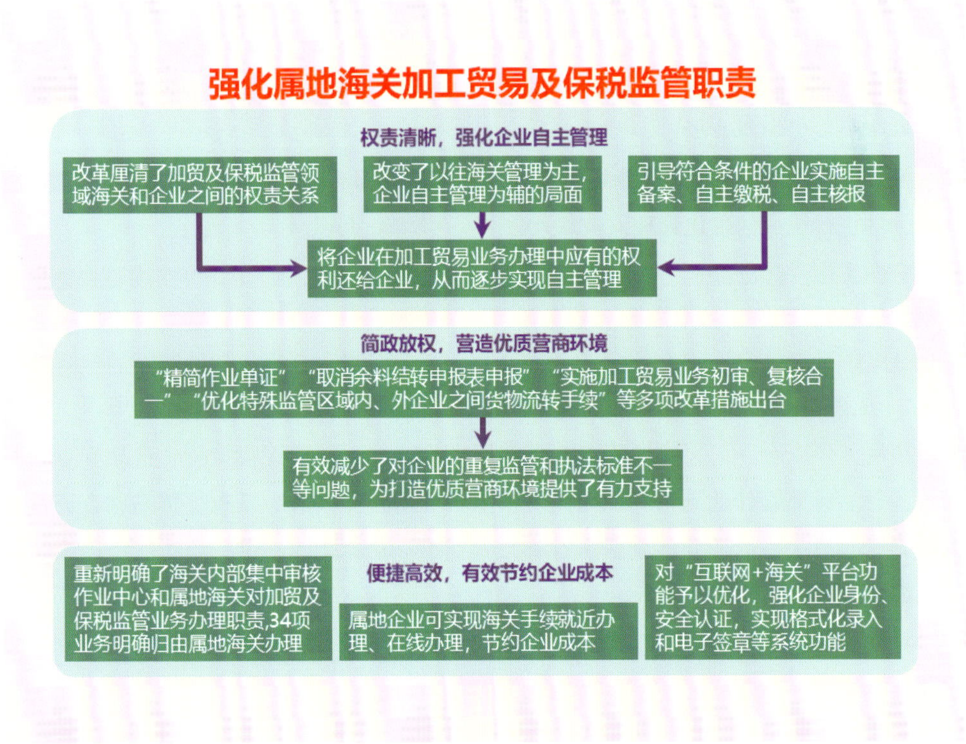
强化属地海关加工贸易及保税监管职责
权责清晰，强化企业自主管理
改革厘清了加贸及保税监管领域海关和企业之间的权责关系
改变了以往海关管理为主，企业自主管理为辅的局面
引导符合条件的企业实施自主备案、自主缴税、自主核报
将企业在加工贸易业务办理中应有的权利还给企业，从而逐步实现自主管理
简政放权，营造优质营商环境
“精简作业单证”“取消余料结转申报表申报”“实施加工贸易业务初审、复核合一”“优化特殊监管区域内、外企业之间货物流转手续”等多项改革措施出台
有效减少了对企业的重复监管和执法标准不一等问题，为打造优质营商环境提供了有力支持
重新明确了海关内部集中审核作业中心和属地海关对加贸及保税监管业务办理职责,34项业务明确归由属地海关办理
便捷高效，有效节约企业成本
属地企业可实现海关手续就近办理、在线办理，节约企业成本
对“互联网+海关”平台功能予以优化，强化企业身份、安全认证，实现格式化录入和电子签章等系统功能

▲强化属地海关加工贸易及保税监管职责

②简政放权、营造优质营商环境。改革中多项措施，如“精简作业单证”“取消余料结转申报表申报”“实施加工贸易业务初审、复核合一”“优化特殊监管区域内、外企业之间货物流转手续”等系列政策的出台，简化了加工贸易企业业务办理手续，效率得到有效提升；加贸及保税监管领域关检融合等政策的研究，有效减少了对企业的重复监管和执法标准不一等问题，为打造优质营商环境提供了有力支持。

③便捷高效，有效节约企业成本。改革中重新明确了海关内部集中审核作业中心和属地海关对加贸及保税监管业务办理职责，将 34 项业务明确归由属地海关办理，属地企业可实现就近办理、在线办理，有效节约企业成本。同时海关对“互联网 + 海关”平台功能予以优化，强化企业身份、安全认证，实现格式化录入和电子签章等系统功能，推进“移动海关”建设，进一步提高企业业务办理时效。

各直属海关充分发挥信息、智能、技术等要素资源的集聚效应，在前期推进业务集约化的基础上，进一步统筹资源配置，优化管理流程，推进统一执法，强化整体功能。

重点内容解读：关于整合业务资源，实施精准监管（以某海关为例）

某海关口岸点多面广，监管和服务工作量十分繁重。如何有效整合业务资源，以改革提效能、以创新求突破，是摆在该海关面前的现实难题。在落实关检融合隶属海关功能化建设过程中，该关把整合业务资源作为突破口，充分发挥信息、智能、技术等要素的集聚效应，全面实现隶属海关智能化、集约化、专业化、规范化管理。

优化整合码头、机场等 5 个口岸前置拦截作业场地，统筹整合关区 30 个原海关作业场所（场地）及 57 个原检验检疫作业场所（场地），统一形成 31 个海关监管作业场所和 6 个海关集中作业场地。

推广应用新海关“监管作业场所管理系统”，对行政许可审批流程、场所日常管理、仓储管理进行统一信息化管理。

全面实施“查检合一”，入境旅客及行李物品监管的业务环节由 9 个缩减至 5 个，出境旅客及行李物品监管的业务环节由 8 个缩减至 5 个，运输工具登临检查的业务环节由 3 个缩减至 2 个，辐射探测的业务环节由 8 个缩减至 5 个，邮件监管的业务环节由 17 个缩减至 6 个。

拓展“多查合一”，将原检验检疫的卫生检疫、动植物检验检疫、食品安全和商品检验等后续监管作业项目与原海关后续监管中的各类稽查、核查、贸易调查进行全面融合，对海关后续监管涉企执法检查，做到统一指令接收、统一组织实施、统一结果反馈、统一作业标准。

对关区稽（核）查等后续监管业务实行“网格化 + 集约化”管理，确立 5 个中心海关，建立反应快速、处理及时、管理有效的稽查作业模式。

将原出入境检验检疫局 7 个业务职能部门整合为 4 个业务职能部门，并将其承担的具体执行业务全部下放至隶属海关。

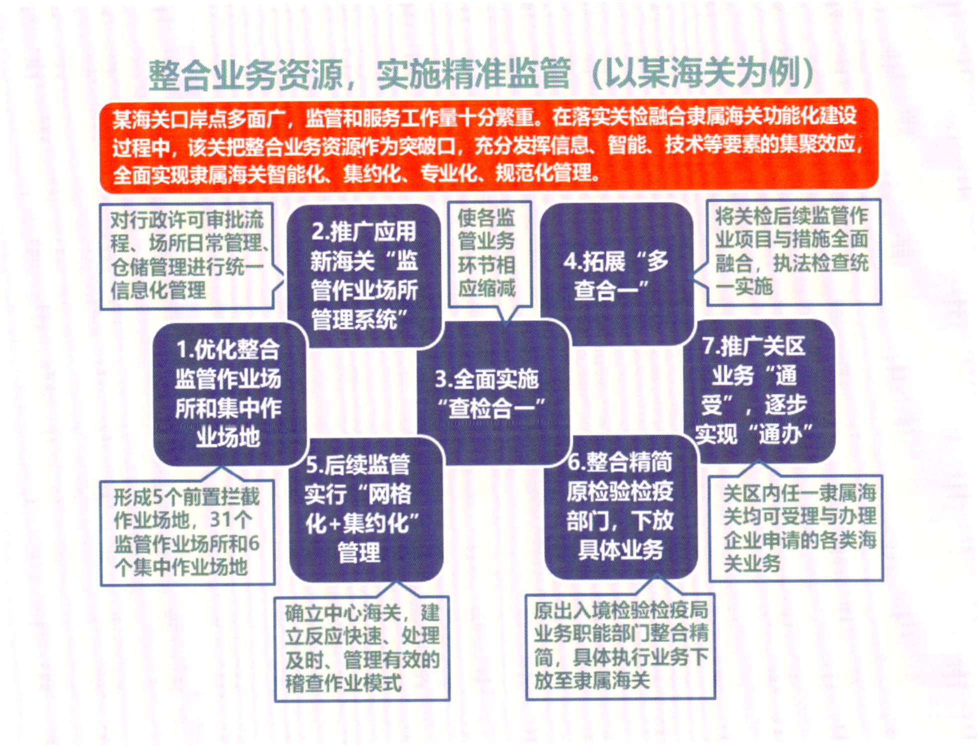
整合业务资源，实施精准监管（以某海关为例）
某海关口岸点多面广，监管和服务工作量十分繁重。在落实关检融合隶属海关功能化建设过程中，该关把整合业务资源作为突破口，充分发挥信息、智能、技术等要素的集聚效应，全面实现隶属海关智能化、集约化、专业化、规范化管理。
对行政许可审批流程、场所日常管理、仓储管理进行统一信息化管理
2.推广应用新海关“监管作业场所管理系统”
使各监管业务环节相应缩减
4.拓展“多查合一”
将关检后续监管作业项目与措施全面融合，执法检查统一实施
1.优化整合监管作业场所和集中作业场地
3.全面实施“查检合一”
7.推广关区业务“通受”，逐步实现“通办”
5.后续监管实行“网格化+集约化”管理
6.整合精简原检验检疫部门，下放具体业务
形成5个前置拦截作业场地，31个监管作业场所和6个集中作业场地
关区内任一隶属海关均可受理与办理企业申请的各类海关业务
确立中心海关，建立反应快速、处理及时、管理有效的稽查作业模式
原出入境检验检疫局业务职能部门整合精简，具体执行业务下放至隶属海关

▲整合业务资源，实施精准监管（以某海关为例）

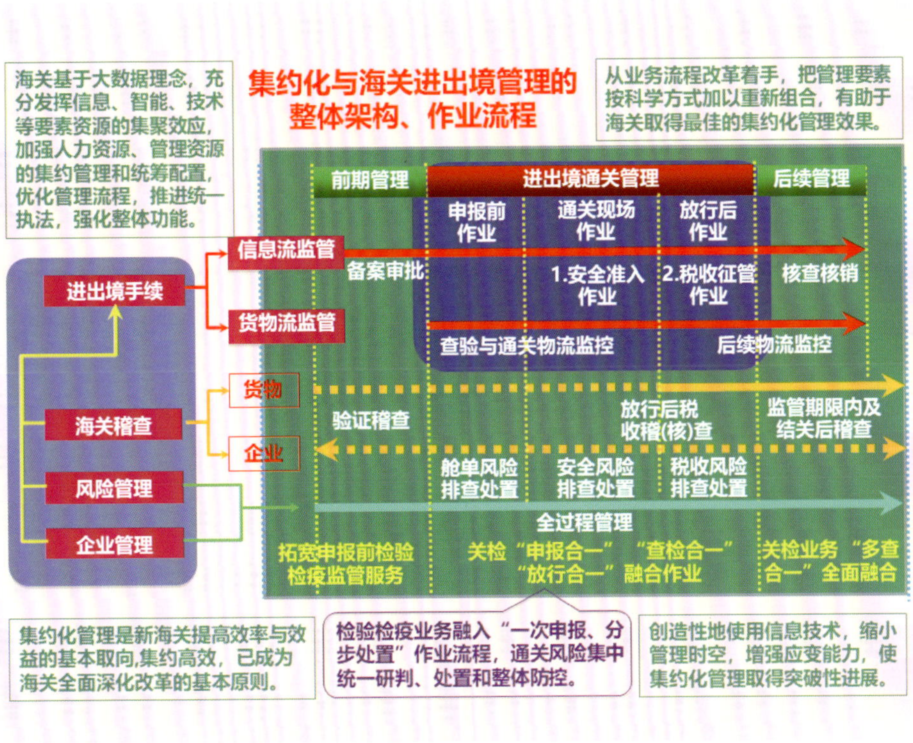
海关基于大数据理念，充分发挥信息、智能、技术等要素资源的集聚效应，加强人力资源、管理资源的集约管理和统筹配置，优化管理流程，推进统一执法，强化整体功能。
集约化与海关进出境管理的整体架构、作业流程
从业务流程改革着手，把管理要素按科学方式加以重新组合，有助于海关取得最佳的集约化管理效果。
前期管理
进出境通关管理
后续管理
申报前作业
通关现场作业
放行后作业
进出境手续
信息流监管
备案审批
1.安全准入作业
2.税收征管作业
核查核销
货物流监管
查验与通关物流监控
后续物流监控
海关稽查
货物
验证稽查
放行后税收稽(核)查
监管期限内及结关后稽查
风险管理
企业
舱单风险排查处置
安全风险排查处置
税收风险排查处置
企业管理
全过程管理
拓宽申报前检验检疫监管服务
关检“申报合一”“查检合一”“放行合一”融合作业
关检业务“多查合一”全面融合
集约化管理是新海关提高效率与效益的基本取向,集约高效，已成为海关全面深化改革的基本原则。
检验检疫业务融入“一次申报、分步处置”作业流程，通关风险集中统一研判、处置和整体防控。
创造性地使用信息技术，缩小管理时空，增强应变能力，使集约化管理取得突破性进展。

▲集约化与海关进出境管理的整体架构、作业流程

推广关区业务“通受”，关区内任一隶属海关均可受理企业申请的各类海关业务，建立受理部门与办理部门的联系配合机制，逐步实现关区业务“通办”。从“改头换面”到“脱胎换骨”，一个全新的业务构架已经搭建完成，对该关区外贸发展产生深远影响。

2 为使检验检疫管理功能更好地融入海关现场作业，隶属海关应如何实施业务资源整合？
——发挥要素资源的集聚效应，推进业务集约化，统筹隶属海关的资源配置。

2.1 整合作业场所，强化运行监控，创新管理体制

结合检验检疫作业场所和海关监管作业场所的清理核查，立足关检原作业场所（场地）建设标准、管理要求、布局特点、设施设置等实际情况，进一步统筹规范、优化整合监管作业场所，强化口岸运行监控，建立统一作业、功能优化、智慧安全的管理体制。

重点内容解读：关于优化整合海关监管作业场所

为贯彻落实党中央、国务院关于“将国家质量监督检验检疫总局的出入境检验检疫管理职责和队伍划入海关总署”的决策部署，深入推进关检作业场所(场地)优化整合，海关总署根据《全国通关一体化关检业务全面融合框架方案》和《全国海关“查检合一”工作方案》制定了“海关总署作业场所（场地）优化整合‘查检合一’实施方案”，为海关整合作业场所，强化运行监控，创新管理体制提供了坚实的操作指引，这从该方案对工作目标和原则的表述中可见一斑。

（1）工作目标。立足关检原作业场所（场地）建设标准、管理要求、布局特点、设施设置等实际情况，以实施国门安全准入、综合统一作业、优化功能布局、提升智慧监管为目标，构建符合新时代海关工作要求的监管作业场所（场地）管理体制。

（2）工作原则。结合全国海关通关一体化和“查检合一”“分步处置”的工作实际，遵循科学分类、规范管理、保障履职、便利服务、高效集约、分步推进的原则，深入推进关检作业场所（场地）全面整合。

有关优化整合实施方案的详细情况可参见本书上篇第六章的内容。

2.2 整合关检融合后的后续监管职责任务，优化后续管理运行机制

推进海关通关监管领域关检业务融合，实施货物、跨境电商、快件、运输工具、进出境人员行李物品、进出境邮递物品、辐射探测等各通关监管业务领域“查检合一”。推进海关后续管理领域关检业务融合，构建新海关风险防控体系，推动关检企业管理一体化，拓展“多查合一”，整合关检融合后的后续监管职责任务，优化后续管理运行机制，提升后续管理效能。

2.3 整合检验检疫业务模块，建立各类功能型海关

探索卫生检疫、动植物检疫、进出口食品安全、商品检验等出入境检验检疫业务

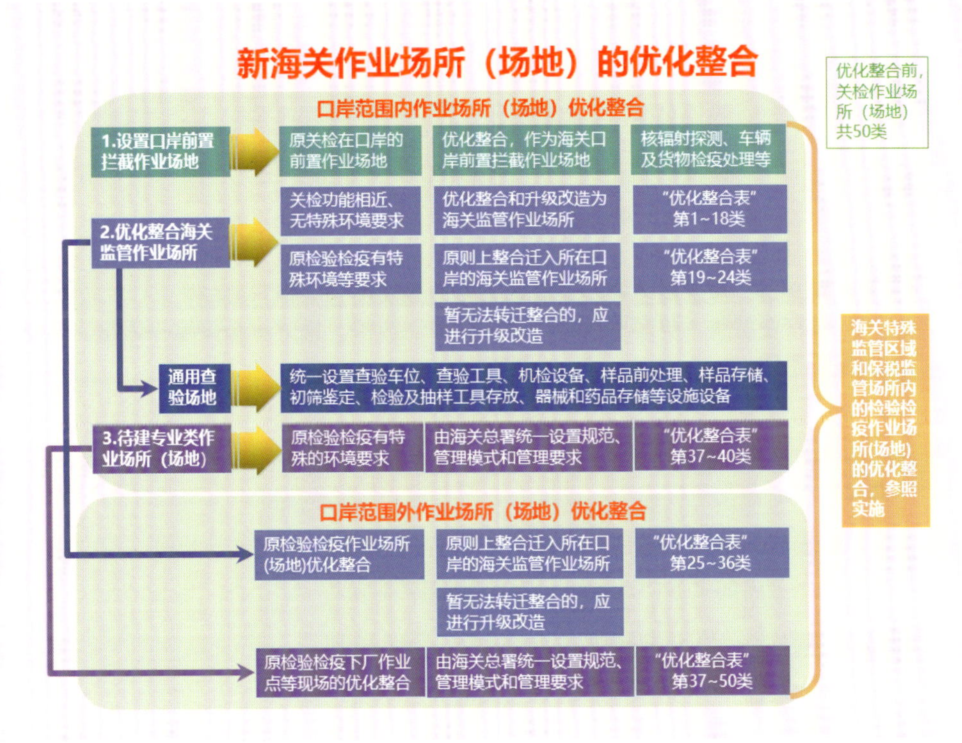
新海关作业场所（场地）的优化整合
口岸范围内作业场所（场地）优化整合
1.设置口岸前置拦截作业场地
原关检在口岸的前置作业场地
优化整合，作为海关口岸前置拦截作业场地
核辐射探测、车辆及货物检疫处理等
2.优化整合海关监管作业场所
关检功能相近、无特殊环境要求
优化整合和升级改造为海关监管作业场所
"优化整合表"第1~18类
原检验检疫有特殊环境等要求
原则上整合迁入所在口岸的海关监管作业场所
"优化整合表"第19~24类
暂无法转迁整合的，应进行升级改造
通用查验场地
统一设置查验车位、查验工具、机检设备、样品前处理、样品存储、初筛鉴定、检验及抽样工具存放、器械和药品存储等设施设备
3.待建专业类作业场所（场地）
原检验检疫有特殊的环境要求
由海关总署统一设置规范、管理模式和管理要求
"优化整合表"第37~40类
口岸范围外作业场所（场地）优化整合
原检验检疫作业场所(场地)优化整合
原则上整合迁入所在口岸的海关监管作业场所
"优化整合表"第25~36类
暂无法转迁整合的，应进行升级改造
原检验检疫下厂作业点等现场的优化整合
由海关总署统一设置规范、管理模式和管理要求
"优化整合表"第37~50类
优化整合前，关检作业场所（场地）共50类
海关特殊监管区域和保税监管场所内的检验检疫作业场所(场地)的优化整合，参照实施

▲新海关作业场所（场地）的优化整合

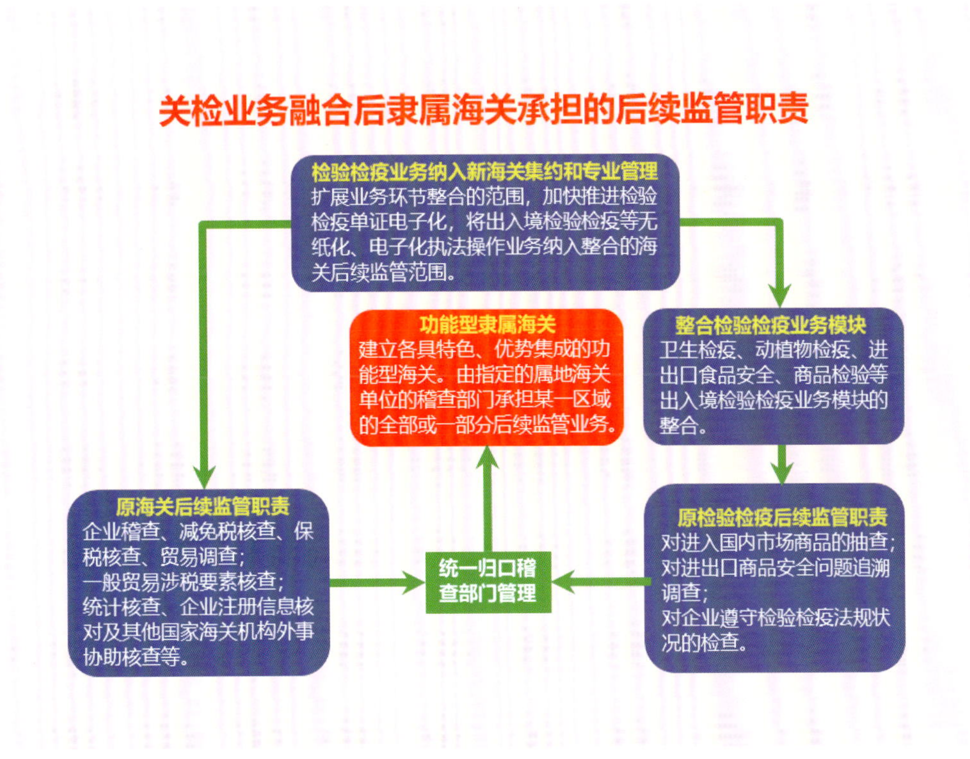
关检业务融合后隶属海关承担的后续监管职责
检验检疫业务纳入新海关集约和专业管理
扩展业务环节整合的范围，加快推进检验检疫单证电子化，将出入境检验检疫等无纸化、电子化执法操作业务纳入整合的海关后续监管范围。
功能型隶属海关
建立各具特色、优势集成的功能型海关。由指定的属地海关单位的稽查部门承担某一区域的全部或一部分后续监管业务。
整合检验检疫业务模块
卫生检疫、动植物检疫、进出口食品安全、商品检验等出入境检验检疫业务模块的整合。
原海关后续监管职责
企业稽查、减免税核查、保税核查、贸易调查；
一般贸易涉税要素核查；
统计核查、企业注册信息核对及其他国家海关机构外事协助核查等。
统一归口稽查部门管理
原检验检疫后续监管职责
对进入国内市场商品的抽查；
对进出口商品安全问题追溯调查；
对企业遵守检验检疫法规状况的检查。

▲关检业务融合后隶属海关承担的后续监管职责

模块的整合，由指定的隶属海关单位承担某一区域的全部或一部分业务，建立各具特色、优势集成的功能型海关。

2.4 检验检疫的集约和专业管理

扩展业务环节整合的范围，加快推进检验检疫单证电子化，将出入境检验检疫等无纸化、电子化执法操作业务纳入整合的内容。

3 关检融合后，应怎样进一步完善创新隶属海关的业务运行机制？

——推行业务统一受理，推广“单一窗口”应用，推进综合保障一体化，完善内控监督机制。

3.1 继续推行业务统一受理

在隶属海关综合业务机构统一设置综合服务窗口，服务范围扩大到检验检疫业务，通过应用新技术和完善联系配合机制，实现“一口对外受理关区海关和检验检疫业务，一口对内负责海关内部事务协调，一口对外反馈办理结果”。

重点问题解读：关于隶属海关业务统一受理机制

隶属海关业务统一受理是指结合现场接单岗位改造，在隶属海关设置综合业务机构，承担现场业务办理职责，设置统一综合服务窗口，推动业务统一受理，实施海关业务“通受通办”，一口对外受理关区所有海关业务，一口对内负责海关内部事务协调。综合服务窗口受理业务后，可转交相关业务部门或其他隶属海关办理，办理结果由综合服务窗口统一反馈。

关检融合后，统一综合服务窗口的服务范围扩大到检验检疫业务，包括与口岸型海关承担的对进出境运输工具、货物、物品及人员的口岸检验检疫业务，属地型海关承担的进口目的地检验、出口产地 / 组货地检验检疫及后续监管业务。通过应用新技术和完善联系配合机制，实现“一口对外受理关区海关和检验检疫业务”。

3.2 加大“单一窗口”推广力度

加快“单一窗口”功能在基层海关各个业务领域的应用；积极推进“互联网 + 海关”建设，按要求将出入境检验检疫政务服务事项纳入海关政务服务事项，进一步推动海关业务网上平台办理，提高“一网通办”水平。

重点内容解读：关于“互联网 + 海关”关企合作平台

为满足海关大监管体系建设要求和海关企业管理作业规范化要求，根据海关总署H2010 信息化工程的部署，电子口岸将原分散在多个系统中的企业管理的各类功能集成到一个统一的系统中，建设了海关“关企合作平台”系统，使其作为企业的互联网作业门户，可动态掌握企业自身在海关的注册信息，便于及时办理相关变更、延续、换证、分类业务，向海关报送文件资料；同时海关可以通过系统向企业发布公告、通知，

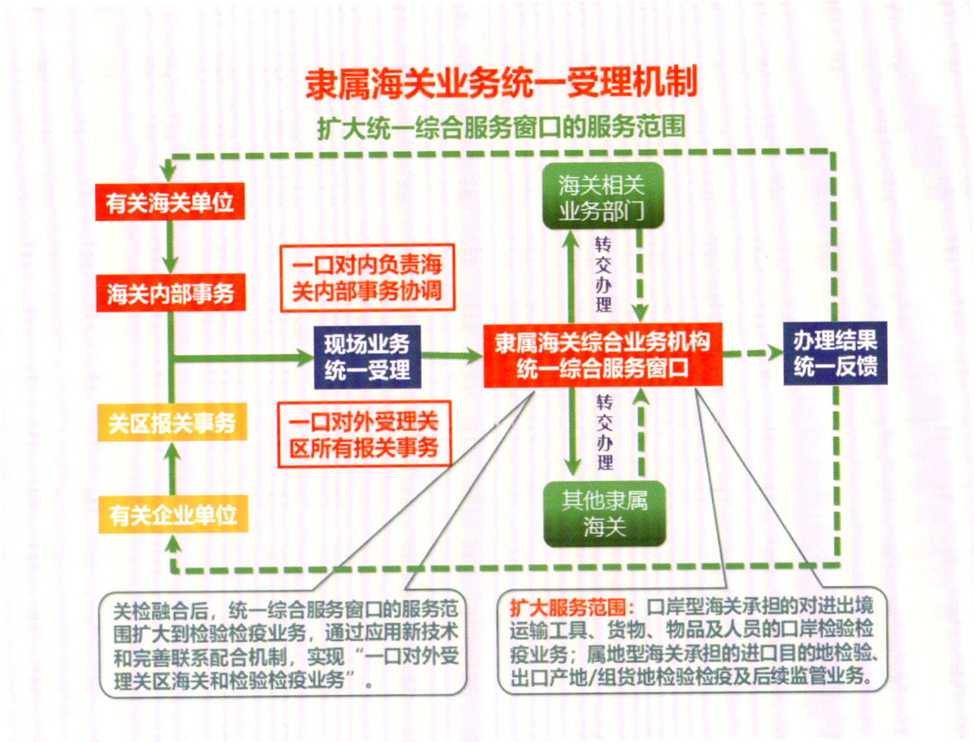
隶属海关业务统一受理机制
扩大统一综合服务窗口的服务范围
有关海关单位
海关内部事务
关区报关事务
有关企业单位
一口对内负责海关内部事务协调
一口对外受理关区所有报关事务
现场业务统一受理
海关相关业务部门
转交办理
隶属海关综合业务机构统一综合服务窗口
其他隶属海关
办理结果统一反馈
关检融合后，统一综合服务窗口的服务范围扩大到检验检疫业务，通过应用新技术和完善联系配合机制，实现“一口对外受理关区海关和检验检疫业务”。
扩大服务范围：口岸型海关承担的对进出境运输工具、货物、物品及人员的口岸检验检疫业务；属地型海关承担的进口目的地检验、出口产地/组货地检验检疫及后续监管业务。

▲隶属海关业务统一受理机制

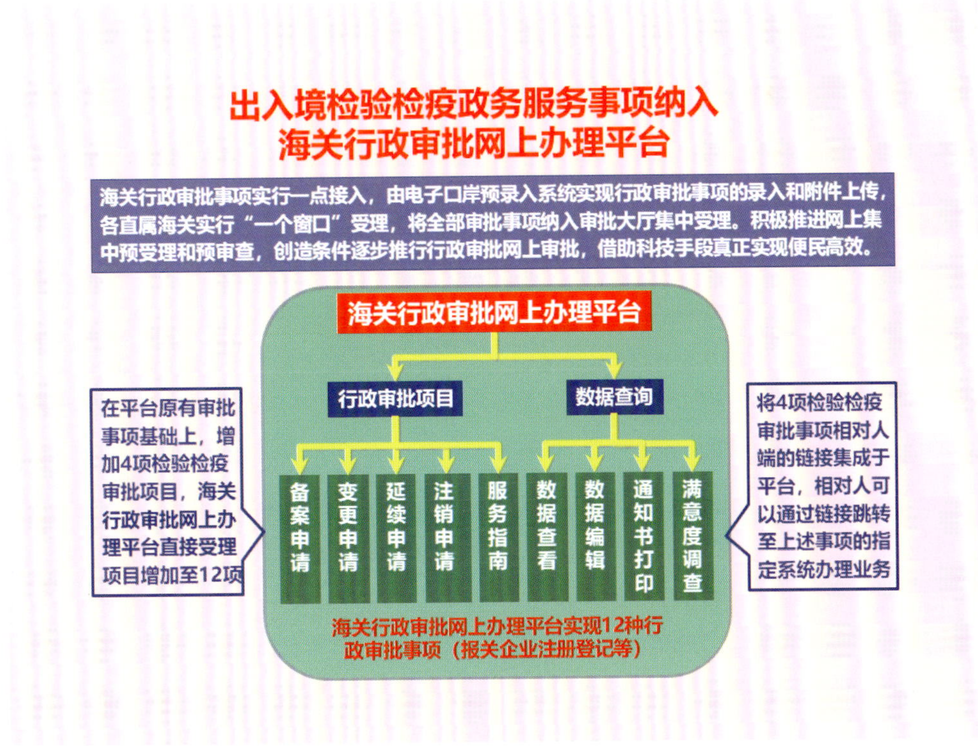
出入境检验检疫政务服务事项纳入
海关行政审批网上办理平台
海关行政审批事项实行一点接入，由电子口岸预录入系统实现行政审批事项的录入和附件上传，各直属海关实行“一个窗口”受理，将全部审批事项纳入审批大厅集中受理。积极推进网上集中预受理和预审查，创造条件逐步推行行政审批网上审批，借助科技手段真正实现便民高效。
海关行政审批网上办理平台
行政审批项目
数据查询
备案申请
变更申请
延续申请
注销申请
服务指南
数据查看
数据编辑
通知书打印
满意度调查
海关行政审批网上办理平台实现12种行政审批事项（报关企业注册登记等）
在平台原有审批事项基础上，增加4项检验检疫审批项目，海关行政审批网上办理平台直接受理项目增加至12项
将4项检验检疫审批事项相对人端的链接集成于平台，相对人可以通过链接跳转至上述事项的指定系统办理业务

▲出入境检验检疫政务服务事项纳入海关行政审批网上办理平台

接受企业业务咨询，实现关企良好沟通互动。

“互联网+海关”关企合作平台依托中国电子口岸平台，申请人通过“互联网+海关”一体化平台企业管理模块，或“关企合作平台”提交满足海关企业管理部门要求的海关通用资质的标准化单证和电子信息，实现共享数据信息、实施职能管理，优化企业资质管理流程。

3.3 统筹推进综合保障一体化

整合关检保障资源，在落实全面从严治党、党风廉政建设要求的前提下，以有效提升基层综合保障能力为根本目标，结合实际分类开展综合保障一体化改革。

3.4 完善内控监督机制

加强岗位和层级控制，落实“选、查、处”三个环节执法相分离、“双随机、一公开”机制等相关风险防范制度，防范管理执法和廉政风险。

关联知识延伸：关于“双随机、一公开”机制

“双随机、一公开”是由国务院主导推进的一项我国政府监管体制机制改革，即要求政府监管部门在行政执法时采用“随机抽取检查对象，随机选派执法检查人员，抽查情况及查处结果及时向社会公开”的工作方式。“双随机、一公开”是加强事中事后监管，提升监管的公平性和规范性，减少权力寻租和减轻企业负担的有效载体。

（1）“双随机、一公开”有利于把“放得开”和“管得住”衔接起来。过度监管可能导致监管成本过大、企业成本增加。当前监管工作存在检查任务重、检查任性等问题，监管干部任务重、企业疲于应付各种检查，一些小规模创新型企业甚至因此被扼杀。双随机监管的推行减轻了执法者和执法对象的负担，“放”先行、“管”跟进，两者实行相互衔接，保障了经济发展活而不乱，有序运行。

（2）“双随机、一公开”有利于把信用监管和风险监管结合起来。切实抓好随机抽查工作，通过对市场主体历次信息进行汇集、叠加和比对分析，能对一些行业是否存在系统性风险，作出适时的预判和预警。“一公开”模式加快了政府部门之间、上下级之间监管信息的互联互通，依托全国企业信用信息公示系统，整合形成统一的市场监管信息平台，及时公开监管信息，形成了监管合力。

（3）“双随机、一公开”有利于把有效监管和营造宽松的发展环境统一起来。“双随机、一公开”监管改革的全面推进，将有力纠正“监管失灵”。依法制定随机抽查事项清单、合理确定随机抽查比例和频次、开展联合抽查，多个检查事项原则上一次性完成，以“列清单”“适度查”的具体措施，防范了监管部门对市场活动的过度干预。通过摇号等方式随机抽取检查对象和执法检查人员，极大地压缩了监管部门与市场主体双向寻租空间。这样一来，监管人员不能“选择执法”，企业也不能心存侥幸、冒险违规。

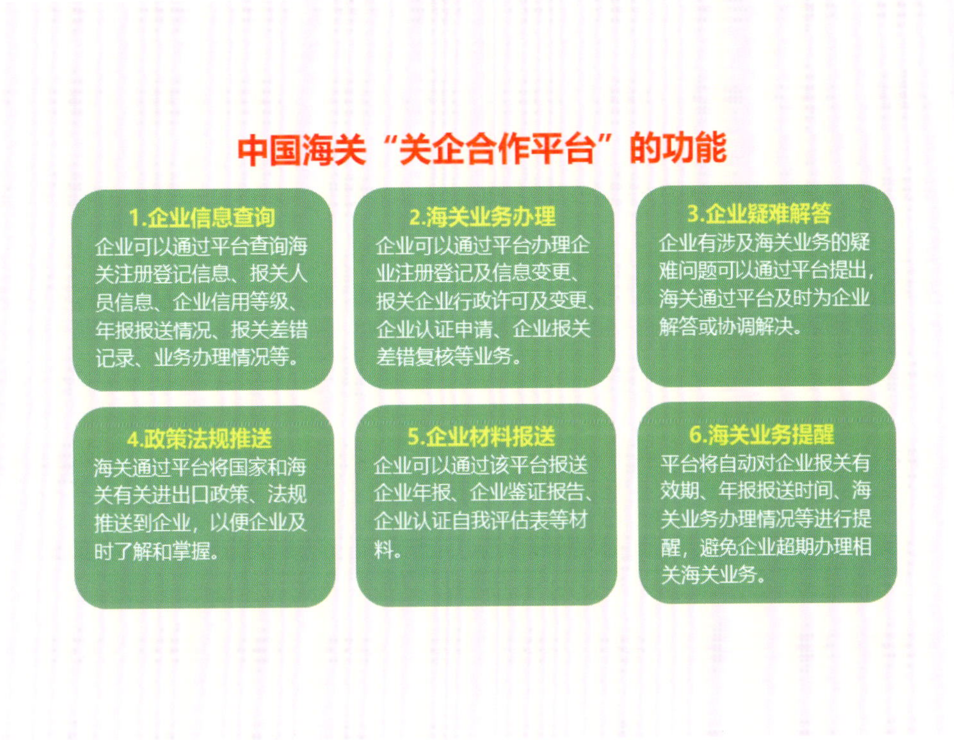
中国海关“关企合作平台”的功能
1.企业信息查询
企业可以通过平台查询海关注册登记信息、报关人员信息、企业信用等级、年报报送情况、报关差错记录、业务办理情况等。
2.海关业务办理
企业可以通过平台办理企业注册登记及信息变更、报关企业行政许可及变更、企业认证申请、企业报关差错复核等业务。
3.企业疑难解答
企业有涉及海关业务的疑难问题可以通过平台提出，海关通过平台及时为企业解答或协调解决。
4.政策法规推送
海关通过平台将国家和海关有关进出口政策、法规推送到企业，以便企业及时了解和掌握。
5.企业材料报送
企业可以通过该平台报送企业年报、企业鉴证报告、企业认证自我评估表等材料。
6.海关业务提醒
平台将自动对企业报关有效期、年报报送时间、海关业务办理情况等进行提醒，避免企业超期办理相关海关业务。

▲中国海关“关企合作平台”的功能

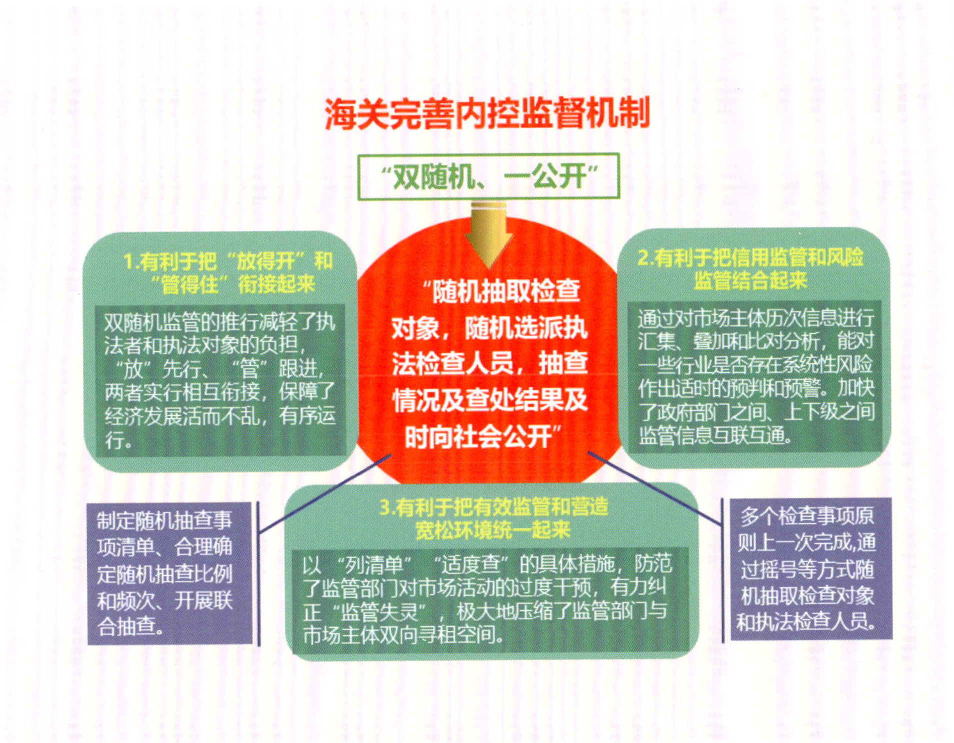
海关完善内控监督机制
“双随机、一公开”
“随机抽取检查对象，随机选派执法检查人员，抽查情况及查处结果及时向社会公开”
1.有利于把“放得开”和“管得住”衔接起来
双随机监管的推行减轻了执法者和执法对象的负担，“放”先行、“管”跟进，两者实行相互衔接，保障了经济发展活而不乱，有序运行。
2.有利于把信用监管和风险监管结合起来
通过对市场主体历次信息进行汇集、叠加和比对分析，能对一些行业是否存在系统性风险作出适时的预判和预警。加快了政府部门之间、上下级之间监管信息互联互通。
3.有利于把有效监管和营造宽松环境统一起来
以“列清单”“适度查”的具体措施，防范了监管部门对市场活动的过度干预，有力纠正“监管失灵”，极大地压缩了监管部门与市场主体双向寻租空间。
制定随机抽查事项清单、合理确定随机抽查比例和频次、开展联合抽查。
多个检查事项原则上一次完成,通过摇号等方式随机抽取检查对象和执法检查人员。

▲海关完善内控监督机制

4 检验检疫岗位职责融入现场作业，海关将如何整合配置隶属海关的机构和人力？——科学设置业务岗位，差别化设置机构，实现关检队伍的深度融合。

4.1 科学设置业务岗位

建立以岗位为基本单元的管理机制，将原检验检疫岗位职责融入现场作业流程各业务环节，合理设置口岸型、属地型隶属海关单位的业务岗位。结合实际对岗位进行适当调整和细化，制定符合本单位实际的岗位（职位）说明书，明确各业务岗位特别是专业性强的检验检疫岗位的管理要求，保障现场业务正常开展。

重点内容解读：关于关检业务全面融合，科学设定业务岗位（以某海关为例）

某海关贯彻落实中央决策精神，按照海关总署总体工作部署形成了《落实关检融合隶属海关功能化建设工作方案》。该方案是一场深刻变革，全新的理念和方式将打造一个更具效率、更富活力的新时代海关。这也是该海关一次真正意义上的“脱胎换骨”。

在总的业务架构、作业流程不变的前提下，该海关将出入境检验检疫管理纳入隶属海关功能化建设之中，实行稽查业务“网格化＋集约化”管理、检验检疫业务模块整合、专业人员相对集中和流动式集约管理，形成一线关检业务协同监管合力。

定位明才能思路清。为适应改革需要，该海关重新调整隶属海关功能类型划分，设定口岸型海关（含该海关下属办事处）4个，属地型海关（含该海关下属办事处）6个，综合型海关6个，并根据功能定位科学设定不同的业务岗位。在口岸型海关，突出口岸一线安全准入风险防控要求，依据通关流程，按照“查检合一”的原则和“前中后”“选查处”的业务流程设置业务科室；在属地型海关，突出企业管理、质量安全、后续监管等属地管理要求和“查检合一”“多查合一”的业务融合要求，依据属地管理的业务类别以及企业管理、加工贸易管理、属地查验、后续监管等不同业务类型，合理分设承担属地管理功能的科室；在综合型海关，则依据功能类型定位和辖区内口岸通关业务、属地管理业务的比例和业务类型、业务量、专业资质要求等实际情况，合理设置业务科室。

4.2 差别化设置机构

按照通关一体化作业流程，将现场业务一线的原检验检疫科级机构整合到相应的口岸通关管理、属地管理以及综合业务科室。企业管理、加工贸易和保税业务较大或有特殊检验检疫业务功能的隶属海关可单独设置相应的科级机构，通过业务资源整合承担一定区域多个隶属海关的相关业务。

4.3 实现关检队伍的深度融合

各直属海关要结合机构改革和隶属海关功能化建设，挖掘人力资源存量，合理调整优化人员配置。按照“人随事走”的原则，原业务现场检验检疫业务队伍融入通关一体化改革业务流程相应的事中监管、后续监管和综合业务机构。

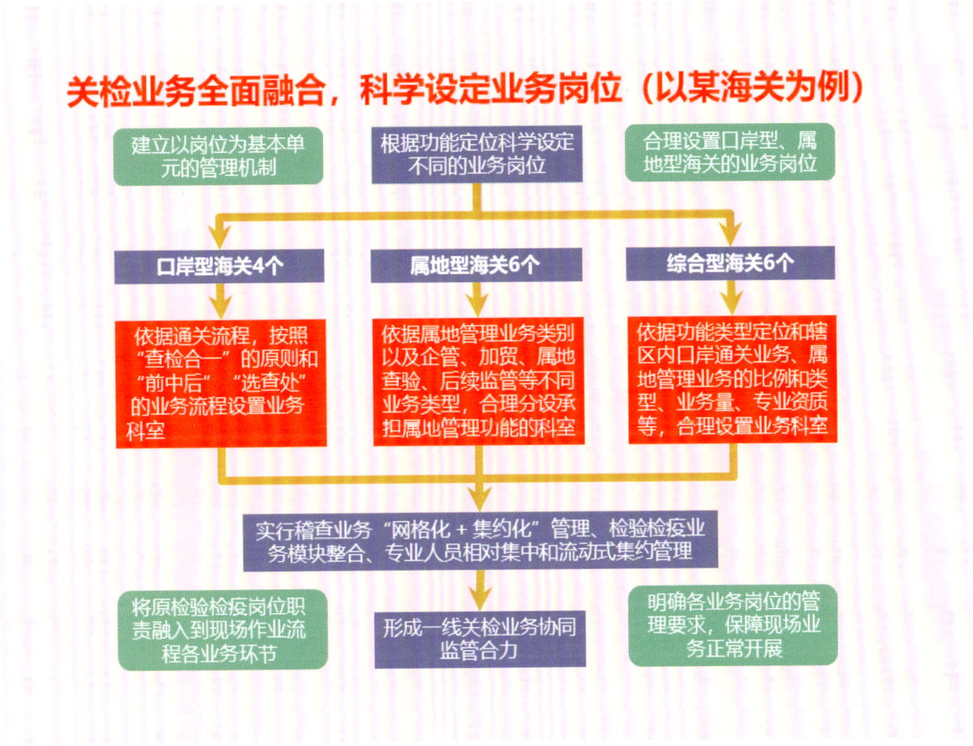
关检业务全面融合，科学设定业务岗位（以某海关为例）
建立以岗位为基本单元的管理机制
根据功能定位科学设定不同的业务岗位
合理设置口岸型、属地型海关的业务岗位
口岸型海关4个
属地型海关6个
综合型海关6个
依据通关流程，按照“查检合一”的原则和“前中后”“选查处”的业务流程设置业务科室
依据属地管理业务类别以及企管、加贸、属地查验、后续监管等不同业务类型，合理分设承担属地管理功能的科室
依据功能类型定位和辖区内口岸通关业务、属地管理业务的比例和类型、业务量、专业资质等，合理设置业务科室
实行稽查业务“网格化＋集约化”管理、检验检疫业务模块整合、专业人员相对集中和流动式集约管理
将原检验检疫岗位职责融入到现场作业流程各业务环节
形成一线关检业务协同监管合力
明确各业务岗位的管理要求，保障现场业务正常开展

▲关检业务全面融合，科学设定业务岗位（以某海关为例）

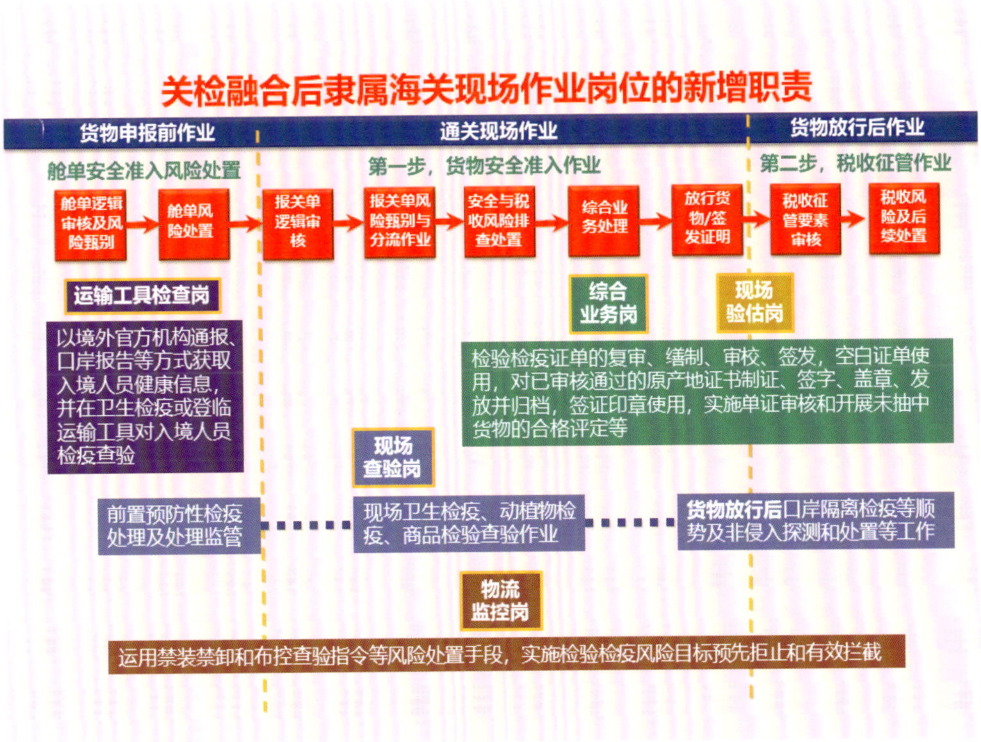
关检融合后隶属海关现场作业岗位的新增职责
货物申报前作业
通关现场作业
货物放行后作业
舱单安全准入风险处置
第一步，货物安全准入作业
第二步，税收征管作业
舱单逻辑审核及风险甄别
舱单风险处置
报关单逻辑审核
报关单风险甄别与分流作业
安全与税收风险排查处置
综合业务处理
放行货物/签发证明
税收征管要素审核
税收风险及后续处置
运输工具检查岗
以境外官方机构通报、口岸报告等方式获取入境人员健康信息，并在卫生检疫或登临运输工具对入境人员检疫查验
综合业务岗
现场验估岗
检验检疫证单的复审、缮制、审校、签发，空白证单使用，对已审核通过的原产地证书制证、签字、盖章、发放并归档，签证印章使用，实施单证审核和开展未抽中货物的合格评定等
现场查验岗
前置预防性检疫处理及处理监管
现场卫生检疫、动植物检疫、商品检验查验作业
货物放行后口岸隔离检疫等顺势及非侵入探测和处置等工作
物流监控岗
运用禁装禁卸和布控查验指令等风险处置手段，实施检验检疫风险目标预先拒止和有效拦截

▲关检融合后隶属海关现场作业岗位的新增职责

第三章
关检风险业务融合与关检企业信用管理融合

第一节　关检风险业务的融合

1　**检验检疫作业风险纳入海关安全准入风险后，将如何确立关检风险业务融合的指导思想、工作目标与职责定位？**
——归纳分析关检原有业务风险防控状况，确保全面融合，为构建新海关风险管理框架，实现统一风险防控提供理论依据。

1.1　指导思想

强化风险监控、评估、预警和预防，提高安全准入风险拒止、拦截和快速处置能力，统筹处置各类安全准入风险，维护安全和促进贸易便利化。

1.2　工作目标

按照“两变两不变”总体工作思路和通关一体化整体框架，全面融合关检风险业务，构建新海关风险管理框架。拓宽风险防控领域，延伸风险管理链条，改革风险信息管理；加强风险分析，提升查发能力，优化资源配置，提高防控效能；完善“中心—现场”式架构，统一风险研判，统一指令下达，整体防控安全准入风险；完善快速反应机制，提升风险应急管理水平。

1.3　职责定位

风险防控中心是业务职能管理部门全过程管理要求作用于现场的平台和通道，通过参数、规则、指令衔接和联通现场，支撑业务职能管理；按照选、查、处执行管理框架，负责执行决策，通过参数、规则、指令指挥现场作业；推进完善海关一体化快速反应和应急管理机制。

2　**检验检疫作业风险纳入海关安全准入风险后，关检风险业务融合的工作任务主要有哪些？**
——加强关检风险的监控预防、评估研判和处置管理。

2.1　统筹整合数据信息

全面收集整合海关内、外部信息数据资源。通过政府部门数据交换、信息共享和

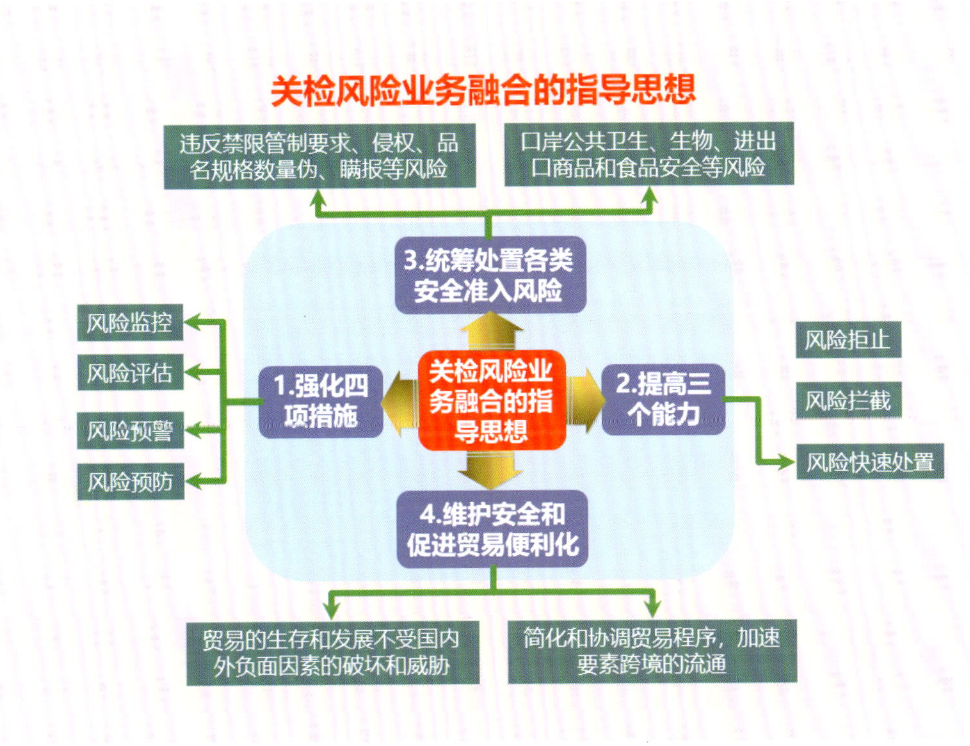

▲关检风险业务融合的指导思想

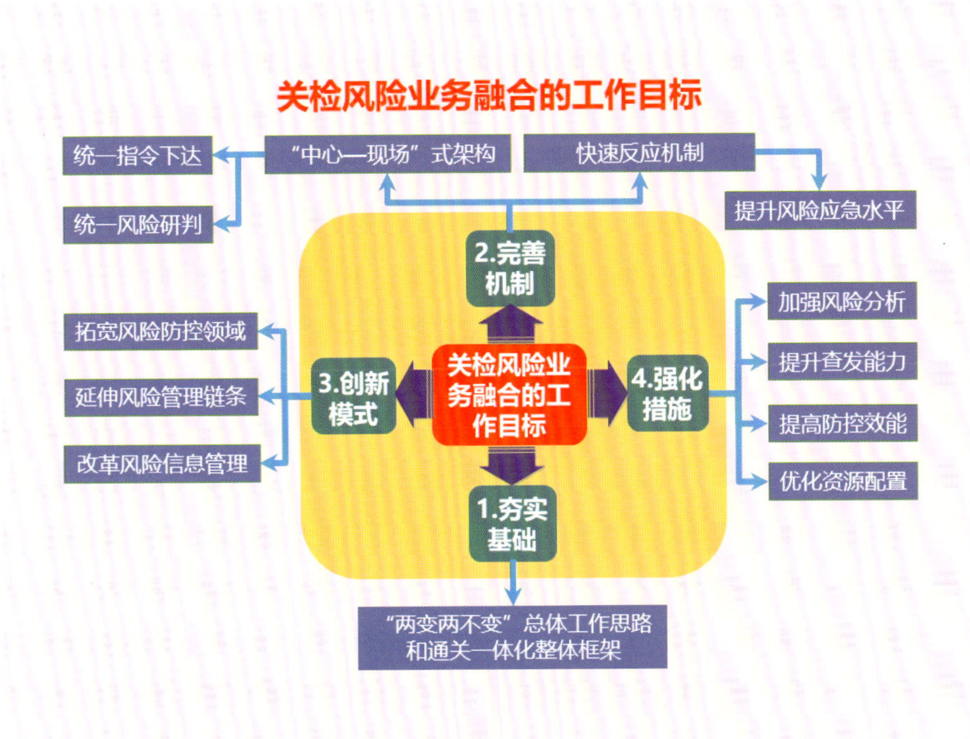

▲关检风险业务融合的工作目标

购买公共服务、强化国际合作，拓展信息来源，提高海关信息获取能力；开展数据治理，提升海关信息处理能力；依托大数据云平台，组织搭建内、外部业务数据信息集成的信息系统，实施信息分级、分类共享，提升海关信息应用能力。

2.2 加强风险监控预防

强化风险监控、预警和预防能力。开展供应链风险分析，实施境（内）外高风险源头甄别和监控。适时发布口岸监控风险预警。研发监控工具，支持业务职能管理部门优化管理，引导现场调整作业重点。将市场、物流规律转化为风险规则，搭建并完善安全准入风险防火墙；合理运用禁装禁卸和布控查验指令等风险处置手段，实现风险目标预先拒止和有效拦截。

2.3 开展安全风险评估

根据海关安全准入风险防控需求，组织开展安全准入风险态势、趋势分析评估，组织建立专职准入风险评估队伍，汇总各业务领域评估结果，统筹利用社会资源，构建评估支撑体系，撰写风险评估报告，服务海关总署党组决策，支持业务职能管理。开展风险防控运行情况评估，充分运用评估结果，指导风险防控重点，调整风险防控策略，完善风险作业机制。探索引入社会力量开展评估，提升风险评估能力。

2.4 统一风险研判处置

承接业务职能管理部门全过程管理要求，牵头组织成立跨部门风险专家组，建立专业团队，运用分析结果，组织开展统一风险研判；按照选、查、处执行框架，统一加载和下达参数、规则、指令，避免风险防控“短板”；指挥现场作业，科学调配现场资源；加强动态风险研判，着力提升安全准入风险的境（内）外拒止能力、口岸拦截能力和后续发现能力。

2.5 完善风险应急管理

贯彻落实“居安思危、预防为主”的应急管理指导方针，结合安全准入风险防控需要，推动建立和完善应急管理“一案三制”。完善信息报告制度，支持落实事前预防，协同开展事发应对，具体实施事中处置，配合参与事后恢复。建立两级风险防控中心“7×24小时”工作制，组织拟订海关总署、直属海关两级风险管理应急处置预案，落实快速响应和协同联动。

关联知识延伸：关于应急管理“一案三制”

应急预案，应急管理体制、运行机制和法制合称“一案三制”，共同构成了我国应急管理体系的基本框架。“一案”指国家突发公共事件应急预案体系，“三制”指应急管理体制、运行机制和法制。应急管理体制主要指建立健全集中统一、坚强有力、政令畅通的指挥机构；运行机制主要指建立健全监测预警机制、应急信息报告机制、应急决策和协调机制；而法制建设方面，主要通过依法行政，努力使突发公共事件的应急处置逐步走上规范化、制度化和法制化轨道。当前，理论界和实务部门往往把上

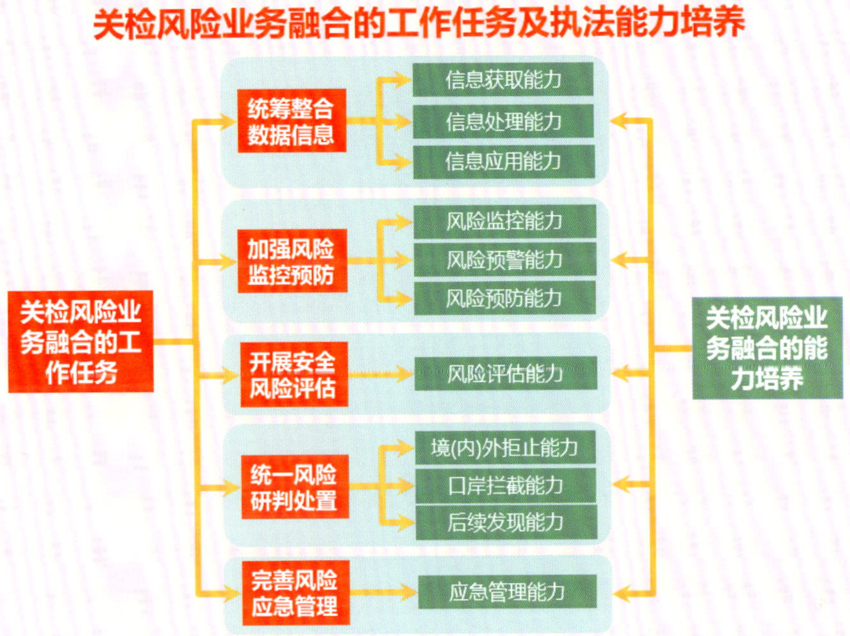

▲关检风险业务融合的工作任务及执法能力培养

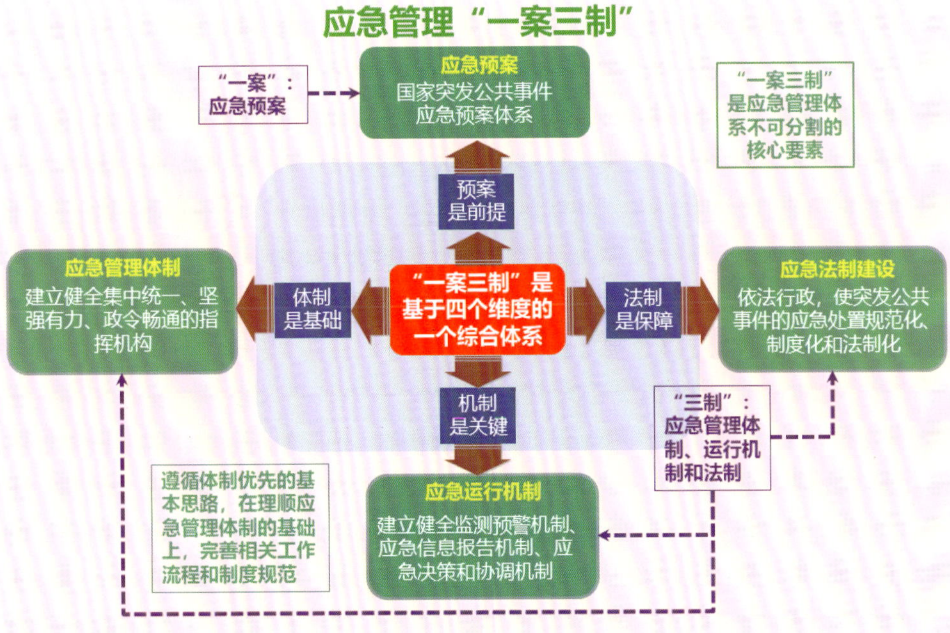

▲应急管理"一案三制"

述不同概念混为一谈，在很多场合不予区分地相互替换使用。应明确界定应急管理体制、机制、法制、制度，应急预案等概念的基本含义，并分析它们之间的区别与联系。“一案三制”是基于四个维度的一个综合体系：体制是基础，机制是关键，法制是保障，预案是前提，它们具有各自不同的内涵特征和功能定位，是应急管理体系不可分割的核心要素。在现阶段，我国应急管理体系建设应当遵循体制优先的基本思路，在理顺应急管理体制的基础上，完善相关工作流程和制度规范。

2.6 落实口岸联防联控

建设口岸风险布控中心，承接各部委口岸风险防控需求；推动落实口岸各部门信息归集、整合与共享；牵头建立跨部门联合研判机制，针对进出境货物和运输工具开展风险防控，逐步拓展延伸至进出境物品和人员等领域，推动实现统筹风险研判、统筹规则梳理、统一风险处置、统一结果反馈。

关联知识延伸：深化口岸协作，改善外贸发展环境（摘自《国务院关于改进口岸工作支持外贸发展的若干意见》）

（1）创新大通关协作机制和模式

统筹推进全国通关一体化改革，实现全国海关报关、征税、查验、放行通关全流程的一体化作业，推动检验检疫一体化，实现通报、通检、通放。在京津冀、长江经济带和广东地区区域通关一体化先行先试基础上，加快跨行政区域、跨部门口岸大通关建设步伐。建立健全中欧班列等便捷通关协作机制，创新多式联运监管体系。促进粤港澳口岸通关事务合作，加强口岸跨境重大基础设施建设项目的沟通协调，完善粤港、粤澳口岸联络协作机制，密切粤港澳人员和经贸往来。创新珠澳口岸查验机制和通关模式。

（2）加强口岸执法协作

加快实现信息互换、监管互认、执法互助，扩大联合执法、联合查验范围。进一步优化监管执法流程，逐步由“串联执法”转为“并联执法”。在全面实施关检合作“三个一”（一次申报、一次查验、一次放行）的基础上，逐步向“单一窗口”转变，实现口岸相关部门信息共享共用。探索对进出境运输工具、货物实施“联合查验、一次放行”等通关新模式，减少重复查验。

（3）促进与周边国家口岸互联互通

积极推动双边和多边口岸国际合作交流，加快加入国际便利运输公约等谈判进程，构建国际运输大通道多国跨区域口岸通关和便利运输协作机制。将边境口岸合作事务纳入与邻国签署的共建“一带一路”合作备忘录等协议，与毗邻国家围绕重点口岸开展合作。建立健全我国与毗邻国家口岸合作机制，加强双边在口岸对等设立、工作制度、安全防范、便利通关和基础设施建设等方面的沟通与协作。支持边境口岸地方政府、口岸查验机构与毗邻国家对应政府和机构开展交流协作，协调解决通关中存在的问题。选择部分条件较好的边境口岸开展查验监管模式创新的国际合作，研究实施“一地两

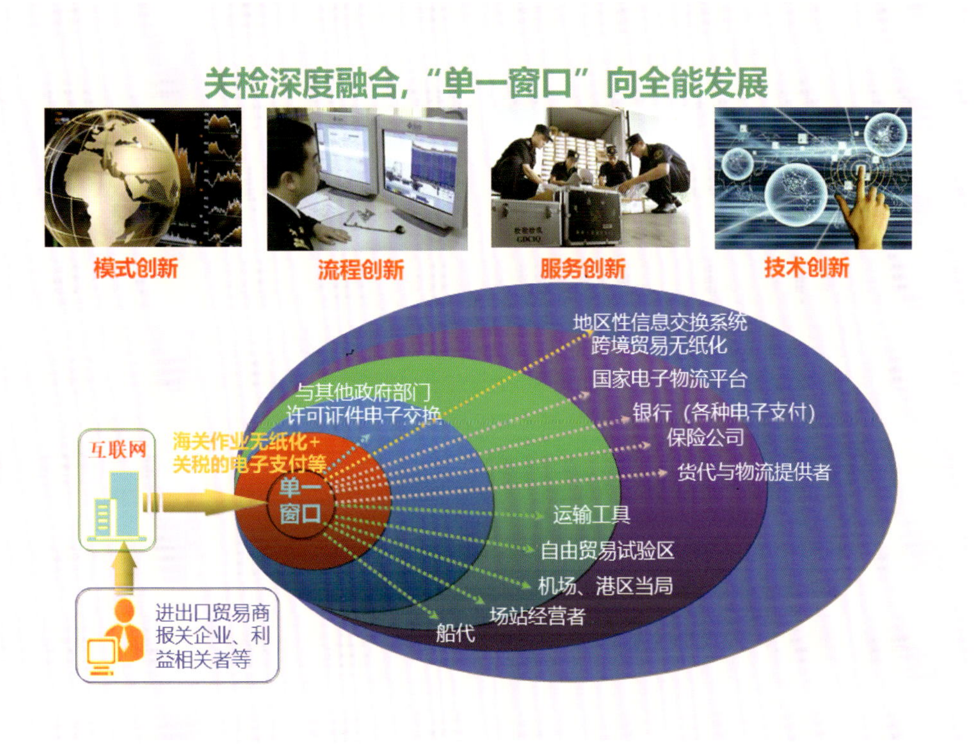
关检深度融合，"单一窗口"向全能发展
模式创新
流程创新
服务创新
技术创新
地区性信息交换系统
跨境贸易无纸化
国家电子物流平台
与其他政府部门
许可证件电子交换
银行（各种电子支付）
保险公司
货代与物流提供者
海关作业无纸化+
关税的电子支付等
互联网
单一
窗口
运输工具
自由贸易试验区
机场、港区当局
场站经营者
船代
进出口贸易商
报关企业、利
益相关者等

▲关检深度融合，"单一窗口"向全能发展

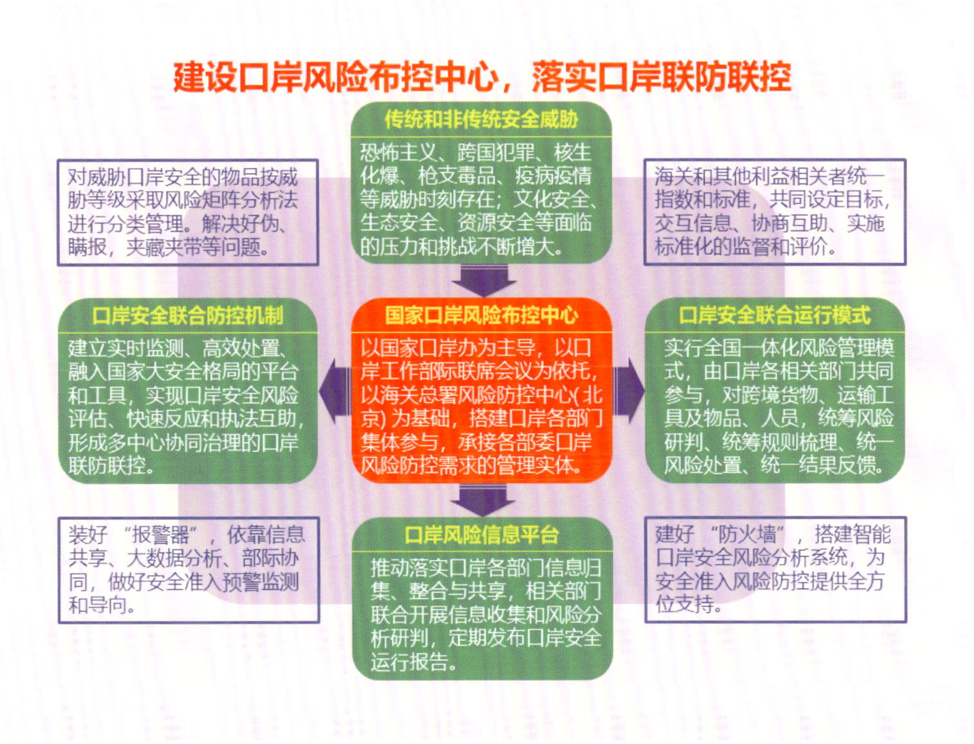
建设口岸风险布控中心，落实口岸联防联控
传统和非传统安全威胁
恐怖主义、跨国犯罪、核生化爆、枪支毒品、疫病疫情等威胁时刻存在；文化安全、生态安全、资源安全等面临的压力和挑战不断增大。
对威胁口岸安全的物品按威胁等级采取风险矩阵分析法进行分类管理。解决好伪、瞒报，夹藏夹带等问题。
海关和其他利益相关者统一指数和标准，共同设定目标，交互信息、协商互助、实施标准化的监督和评价。
口岸安全联合防控机制
建立实时监测、高效处置、融入国家大安全格局的平台和工具，实现口岸安全风险评估、快速反应和执法互助，形成多中心协同治理的口岸联防联控。
国家口岸风险布控中心
以国家口岸办为主导，以口岸工作部际联席会议为依托，以海关总署风险防控中心(北京)为基础，搭建口岸各部门集体参与，承接各部委口岸风险防控需求的管理实体。
口岸安全联合运行模式
实行全国一体化风险管理模式，由口岸各相关部门共同参与，对跨境货物、运输工具及物品、人员，统筹风险研判、统筹规则梳理、统一风险处置、统一结果反馈。
装好"报警器"，依靠信息共享、大数据分析、部际协同，做好安全准入预警监测和导向。
口岸风险信息平台
推动落实口岸各部门信息归集、整合与共享，相关部门联合开展信息收集和风险分析研判，定期发布口岸安全运行报告。
建好"防火墙"，搭建智能口岸安全风险分析系统，为安全准入风险防控提供全方位支持。

▲建设口岸风险布控中心，落实口岸联防联控

检”“绿色通道”“联合监管”等措施，推动陆路边境口岸提升通行能力和通关效率。

（4）保障口岸安全畅通

建立健全口岸突发事件应急联动机制和处置预案，明确任务分工，落实安全防控措施。加大对口岸查验及安防设备等硬件的投入，提高查验监管科技水平和疫病疫情防控能力。口岸查验各部门要加强联防联控，及时交换相关信息，推动在防控暴恐、应对突发事件、打击走私、打击骗退税、查处逃避检验检疫、反偷渡和制止不安全产品及假冒伪劣商品进出境等方面的合作，提高口岸整体安防管控水平，确保口岸运行安全、高效、畅通。

3 关检风险业务实现融合，需要怎样优化海关两级风险防控中心职责和海关风险作业模式、流程？

——调整海关两级风险防控中心职责，完善新海关风险作业流程和模式。

3.1 调整海关总署风险防控中心（地名）职责

基于“两中心、三制度”框架，海关总署风险防控中心在承担原有职责基础上，实施布控指令细化；全面承接进出境运输工具安全准入风险分析和防控职责，加强风险评估和运行监控；同时，暂时按照原检验检疫审单布控工作规范有关作业要求，承接原检验检疫全国审单布控中心负责的审单规则、抽批规则加工加载，以及原检验检疫全国审单布控分中心负责的安控标准、动态风险布控工作。综合考量各中心所在地风险构成、业务条件、人才基础和保障能力，具体分工如下：

3.1.1 推进口岸风险布控中心建设

在海关总署建设口岸风险布控中心，由海关总署风险管理职能部门承担相关职责；改造海关总署风险防控中心（北京）筹备处为办事机构，承办口岸风险布控中心具体事务。口岸风险布控中心承接各部委口岸安全准入防控需求，推进建立口岸联防联控工作机制。口岸风险布控中心办事机构通过参数、规则和布控指令统筹处置口岸重大安全准入风险；承接原检验检疫全国审单布控中心职责。

3.1.2 承接口岸风险布控的新职责

海关总署风险防控中心（上海）：在承担原有职责基础上，承接口岸公共卫生、进境口岸生物及进口食品安全领域安控标准、动态风险布控规则加工加载等工作。

海关总署风险防控中心（青岛）：在承担原有职责基础上，承接出境口岸生物安全及出口食品安全领域安控标准、动态风险布控规则加工加载等工作。

海关总署风险防控中心（黄埔）：在承担原有职责基础上，承接开展进出口商品安全领域安控标准、动态风险布控规则加工加载等工作。

3.2 调整直属海关风险防控中心职责

直属海关风险防控中心在承担原有职责基础上，承接原直属出入境检验检疫局审

▲中国跨境电商商业生态圈

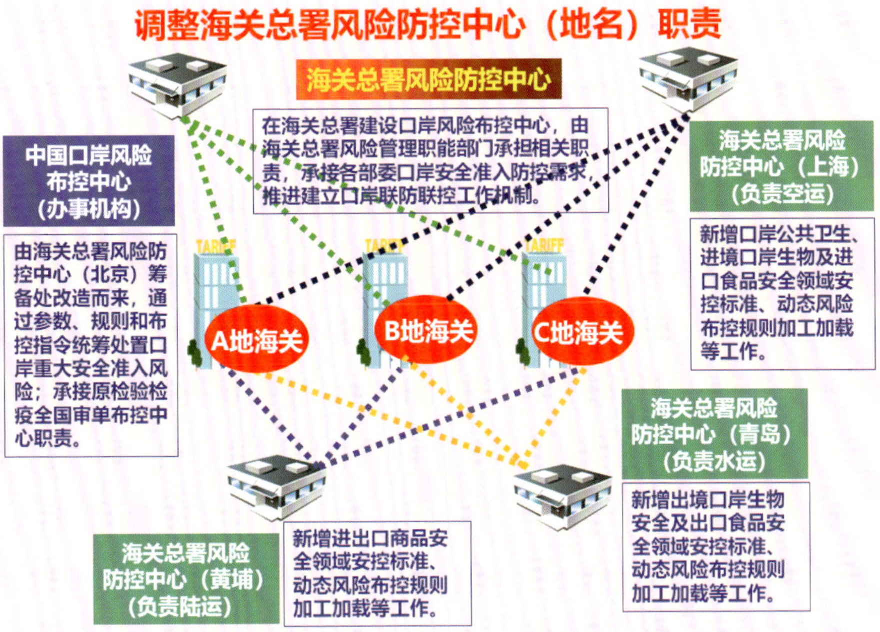

▲调整海关总署风险防控中心（地名）职责

单布控中心负责的检验检疫证书电子数据审核和未抽中货物的合格评定，通过指令指挥协调现场海关综合业务部门实施单证审核。开展本关区口岸公共卫生、生物、进出口商品、食品等安全准入风险监控分析，落实对第一进境地或出境地为本关区口岸的货物、运输工具的安全准入风险防控，实施业务调度、流程控制，并开展本关区业务风险防控运行监控。落实本关区业务风险的应急处置要求。

重点内容解读：调整后的海关风险防控中心新增的职责

海关风险防控中心由海关总署和直属海关两级风险防控中心组成。两级风险防控中心按照“防控结合、分层防控、合理错位”的思路设立。

根据《全国通关一体化改革框架方案》，海关总署风险防控中心（又称“一级风险防控中心”）按照“1+N”的模式建立。其中，“1”指在海关总署建立“海关总署风险防控中心”；“N”指依据该方案机构设置的原则，在现有海关总署风险参数维护管理分中心的基础上，建立3个“海关总署风险防控中心（地名）”。

（1）海关总署风险防控中心

新增职责：在承担原有职责基础上，实施布控指令细化；全面承接进出境运输工具安全准入风险分析和防控职责，加强风险评估和运行监控；同时，暂时按照原检验检疫审单布控工作规范有关作业要求，承接原检验检疫全国审单布控中心负责的审单规则、抽批规则加工加载，以及原检验检疫全国审单布控分中心负责的安控标准、动态风险布控工作。

（2）海关总署风险防控中心（地名）

新增职责：

海关总署风险防控中心（上海）：新承接口岸公共卫生、进境口岸生物及进口食品安全领域安控标准、动态风险布控规则加工加载等工作。

海关总署风险防控中心（青岛）：新承接出境口岸生物安全及出口食品安全领域安控标准、动态风险布控规则加工加载等工作。

海关总署风险防控中心（黄埔）：新承接开展进出口商品安全领域安控标准、动态风险布控规则加工加载等工作。

（3）直属海关风险防控中心（又称“二级风险防控中心”）分设在42个直属海关

新增职责：承接原直属出入境检验检疫局审单布控中心负责的检验检疫证书电子数据审核和未抽中货物的合格评定，通过指令指挥协调现场海关综合业务部门实施单证审核。

3.3 完善新海关风险作业流程和模式

融合关检风险作业，依托新一代海关风险作业系统，在申报项目整合、查检合一的基础上，完善优化风险作业模式，同步整合归并原海关通道决策、参数、规则、指令和原检验检疫审单规则、抽批规则、安控标准及动态风险布控规则，形成统一的参数、规则和指令体系，实现全流程风险防控，拓展风险防控领域，延伸风险防控环节，丰富风险防控手段。

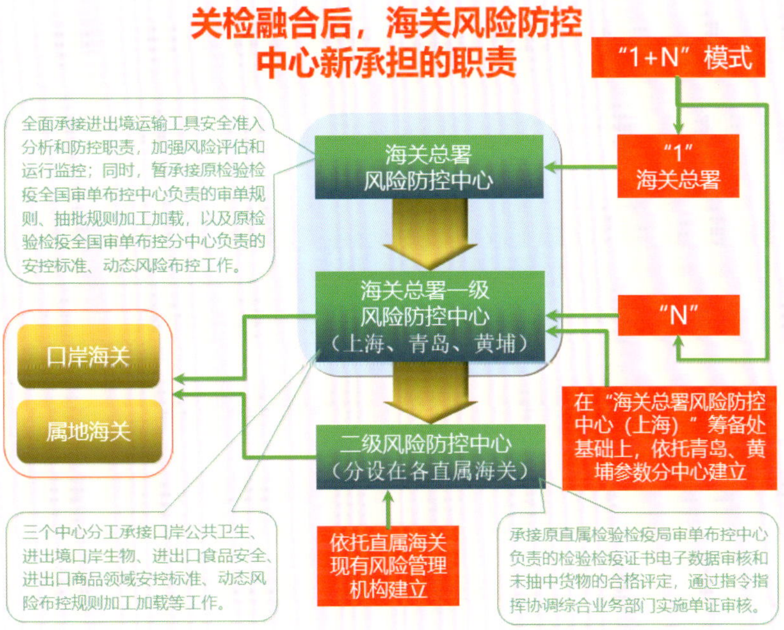
关检融合后，海关风险防控中心新承担的职责
“1+N”模式
“1”
海关总署
“N”
海关总署
风险防控中心
海关总署一级
风险防控中心
（上海、青岛、黄埔）
二级风险防控中心
（分设在各直属海关）
口岸海关
属地海关
全面承接进出境运输工具安全准入分析和防控职责，加强风险评估和运行监控；同时，暂承接原检验检疫全国审单布控中心负责的审单规则、抽批规则加工加载，以及原检验检疫全国审单布控分中心负责的安控标准、动态风险布控工作。
在“海关总署风险防控中心（上海）”筹备处基础上，依托青岛、黄埔参数分中心建立
三个中心分工承接口岸公共卫生、进出境口岸生物、进出口食品安全、进出口商品领域安控标准、动态风险布控规则加工加载等工作。
依托直属海关现有风险管理机构建立
承接原直属检验检疫局审单布控中心负责的检验检疫证书电子数据审核和未抽中货物的合格评定，通过指令指挥协调综合业务部门实施单证审核。

▲关检融合后，海关风险防控中心新承担的职责

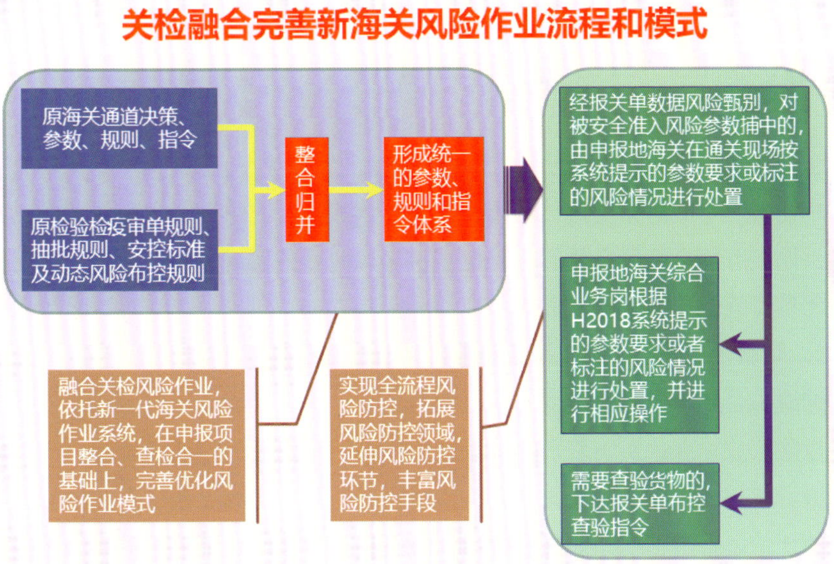
关检融合完善新海关风险作业流程和模式
原海关通道决策、参数、规则、指令
原检验检疫审单规则、抽批规则、安控标准及动态风险布控规则
整合归并
形成统一的参数、规则和指令体系
经报关单数据风险甄别，对被安全准入风险参数捕中的，由申报地海关在通关现场按系统提示的参数要求或标注的风险情况进行处置
申报地海关综合业务岗根据H2018系统提示的参数要求或者标注的风险情况进行处置，并进行相应操作
需要查验货物的，下达报关单布控查验指令
融合关检风险作业，依托新一代海关风险作业系统，在申报项目整合、查检合一的基础上，完善优化风险作业模式
实现全流程风险防控，拓展风险防控领域，延伸风险防控环节，丰富风险防控手段

▲关检融合完善新海关风险作业流程和模式

第二节　快件和跨境电商进出境业务风险防控的关检融合

1　快件和跨境电商风险防控关检融合的目标与职责是什么？
——确保全面融合、构建新海关快件与跨境电商风险管理框架、实现全过程防控管理。

1.1　工作目标

全面落实总体国家安全观，坚持“政治建关、改革强关、依法把关、科技兴关、从严治关”，按照《全国通关一体化改革框架方案》确定的目标、原则，以各类进出境安全风险集中统一防控为重点，将检验检疫风险防控作业全面融入快件和跨境电商渠道整体防控，构建新海关快件和跨境电商风险管理框架，实现统筹信息收集、统一风险研判、统一指令下达、统一执行反馈的目标。

坚持“两变两不变”的总体思路，拓展快件和跨境电商渠道的安全准入风险（含准出，下同）范畴（涉税风险防控仍按现行模式实施）；理顺、优化快件和跨境电商渠道关检融合的风险作业流程；实现关检风险处置指令的集中下达；完善快件和跨境电商渠道的风险防控工作机制，加强安全风险监测。

1.2　职责定位

海关总署风险管理主管司局和直属海关风险防控中心（以下简称“风险部门”）是业务职能管理部门（以下简称“业务部门”）对快件和跨境电商全过程管理要求作用于监管现场的通道和平台，通过参数、指令直达监管现场，支撑业务职能管理。

重点内容解读：关于跨境电商的风险管控

中国海关充分认识到跨境电商碎片化、小额化、高频次、时效强的特点，以实施贸易安全与便利为目的，基于跨境电商零售货物的贸易类型、物流形态、供应链特征，在“三单比对”（交易、支付、物流三方数据构成的“三单”与申报清单自动比对）基础上，贴近跨境电商的具体实际确定了一套风险管控实现方法，致力于支持跨境电子商务贸易规范、有序和健康发展。

（1）实施企业信用管理，采取差别化防控策略研究

推进海关企业信用管理制度向跨境电商企业、平台企业、支付企业延伸和拓展，制定低风险快放标准，实施差别化管理，实现高信用企业的守法激励和对失信企业的惩戒威慑。选择优质企业开展关企合作，将海关监管重心放在帮扶企业做好通关前准入商品的评估、备案管理和商品的合规性检查，以及事故纠错机制的建设等方面，通关环节少量干预，以缩短企业通关时间。

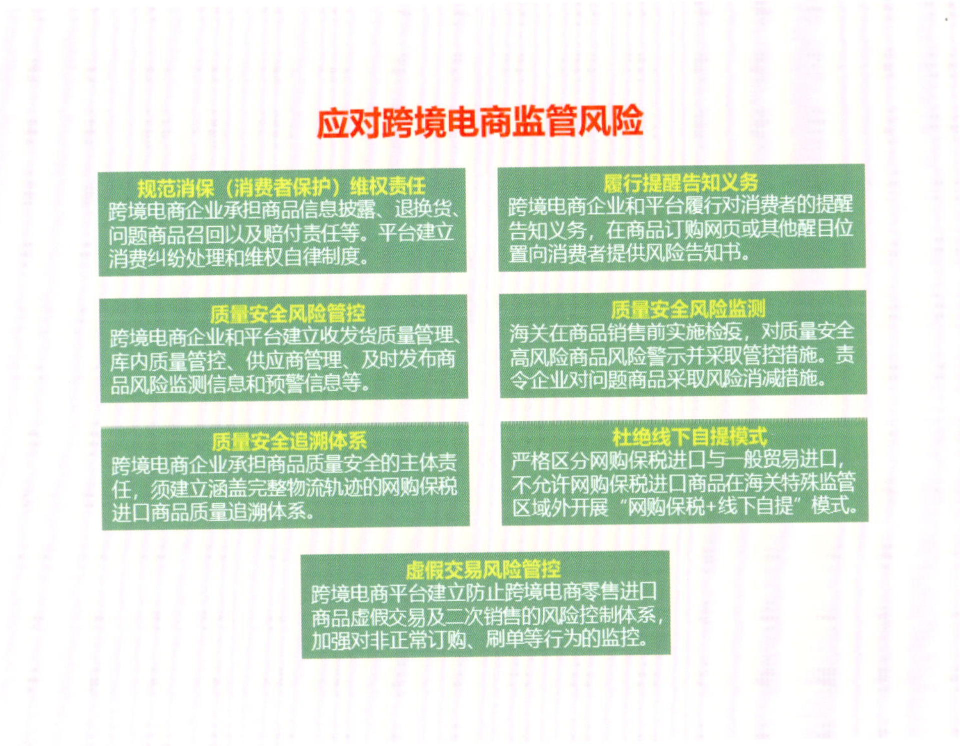
应对跨境电商监管风险
规范消保（消费者保护）维权责任
跨境电商企业承担商品信息披露、退换货、问题商品召回以及赔付责任等。平台建立消费纠纷处理和维权自律制度。
履行提醒告知义务
跨境电商企业和平台履行对消费者的提醒告知义务，在商品订购网页或其他醒目位置向消费者提供风险告知书。
质量安全风险管控
跨境电商企业和平台建立收发货质量管理、库内质量管控、供应商管理、及时发布商品风险监测信息和预警信息等。
质量安全风险监测
海关在商品销售前实施检疫，对质量安全高风险商品风险警示并采取管控措施。责令企业对问题商品采取风险消减措施。
质量安全追溯体系
跨境电商企业承担商品质量安全的主体责任，须建立涵盖完整物流轨迹的网购保税进口商品质量追溯体系。
杜绝线下自提模式
严格区分网购保税进口与一般贸易进口，不允许网购保税进口商品在海关特殊监管区域外开展“网购保税+线下自提”模式。
虚假交易风险管控
跨境电商平台建立防止跨境电商零售进口商品虚假交易及二次销售的风险控制体系，加强对非正常订购、刷单等行为的监控。

▲应对跨境电商监管风险

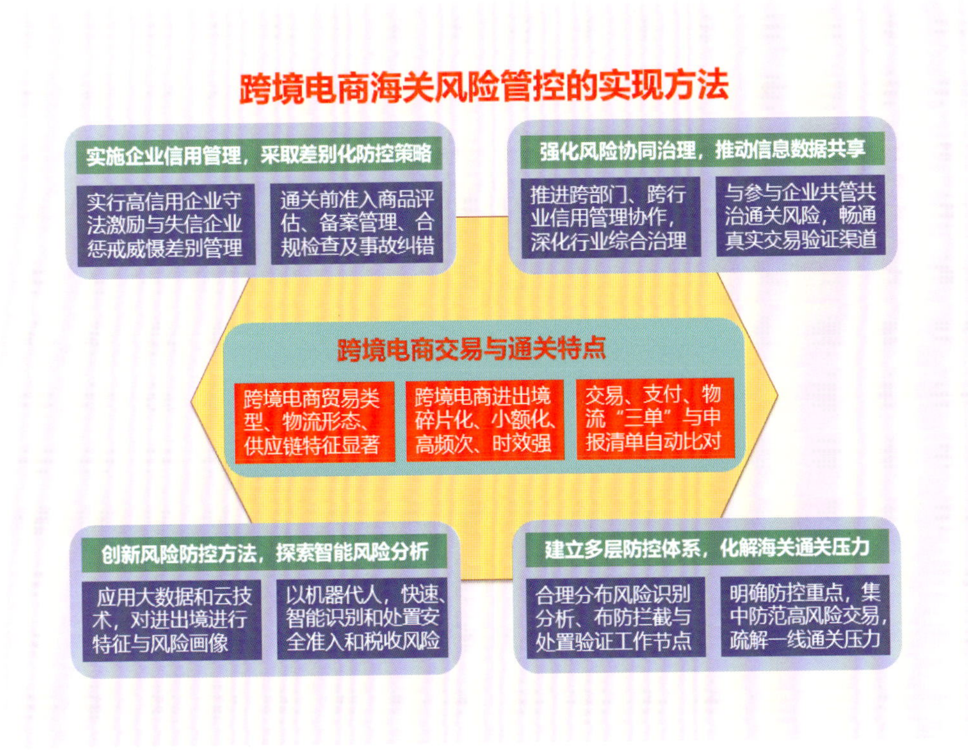
跨境电商海关风险管控的实现方法
实施企业信用管理，采取差别化防控策略
实行高信用企业守法激励与失信企业惩戒威慑差别管理
通关前准入商品评估、备案管理、合规检查及事故纠错
强化风险协同治理，推动信息数据共享
推进跨部门、跨行业信用管理协作，深化行业综合治理
与参与企业共管共治通关风险，畅通真实交易验证渠道
跨境电商交易与通关特点
跨境电商贸易类型、物流形态、供应链特征显著
跨境电商进出境碎片化、小额化、高频次、时效强
交易、支付、物流“三单”与申报清单自动比对
创新风险防控方法，探索智能风险分析
应用大数据和云技术，对进出境进行特征与风险画像
以机器代人，快速、智能识别和处置安全准入和税收风险
建立多层防控体系，化解海关通关压力
合理分布风险识别分析、布防拦截与处置验证工作节点
明确防控重点，集中防范高风险交易，疏解一线通关压力

▲跨境电商海关风险管控的实现方法

（2）建立多层防控体系，化解海关通关压力

按照"分层布防、全程控制"的工作思路，遵循安全风险在口岸一线处置、税收风险关口后移的总体策略，拓展风险管控作业时空与实现方式，将风险识别分析、对高风险货品的布防拦截与处置验证等，合理分布于货到前、一线入区、货品在库、零售通关、实货放行和放行后等各个工作节点，明确各自防控重点，科学应对庞大零售量业务的有效监管，集中有限监管资源防范高风险交易，疏解一线通关压力。

（3）创新风险防控方法，探索智能风险分析

引入第三方的支付和物流轨迹数据，综合应用大数据方法和云计算技术，对跨境电商参与主体、货品、物流等进行特征画像、风险画像，探索实践机器学习智能建模，以机器代人，快速、智能识别和处置安全准入和税收风险，实施差别化监管，有效提升跨境电商风险防控能力。

（4）强化风险协同治理，推动信息数据共享

积极推进海关与其他政府部门、行业协会在信息数据交换和信用联合惩戒、联合激励等方面的协作，深化行业的综合治理。探索国际海关间的合作，拓展安全风险的信息交换渠道与执法合作。探索加强与跨境电商平台企业、支付企业、物流企业在风险共管共治方面的协作，畅通交易真实性的验证渠道。

2 需要采用哪些措施来确定快件和跨境电商渠道的安全准入风险？——明确安全准入风险范围，建立安全准入风险防控清单。

2.1 明确安全准入风险范围

将口岸公共卫生、生物、进出口商品和食品安全等原检验检疫风险纳入后，明确统一的快件和跨境电商渠道海关安全准入风险范围。

2.2 建立安全准入风险防控清单

坚持分工负责、协同防控的原则，融合检验检疫防控要求和海关现有防控要素，建立快件、跨境电商渠道各自统一的安全准入风险防控清单。

3 实施快件和跨境电商风险防控作业，需要采取哪些统一实施的措施？——统筹整合、联合研判风险，统一下达风险防控指令，统一执行风险防控结果的反馈。

3.1 统筹整合检验检疫风险信息数据

通过政府信息交换、购买公共服务和开展国际合作，拓展信息来源。搭建统一的风险信息数据共享平台，各业务部门共享本领域掌握的快件和跨境电商风险信息，风险部门组织采集和统一管理快件和跨境电商风险信息数据，开展汇总整理、加工分析，

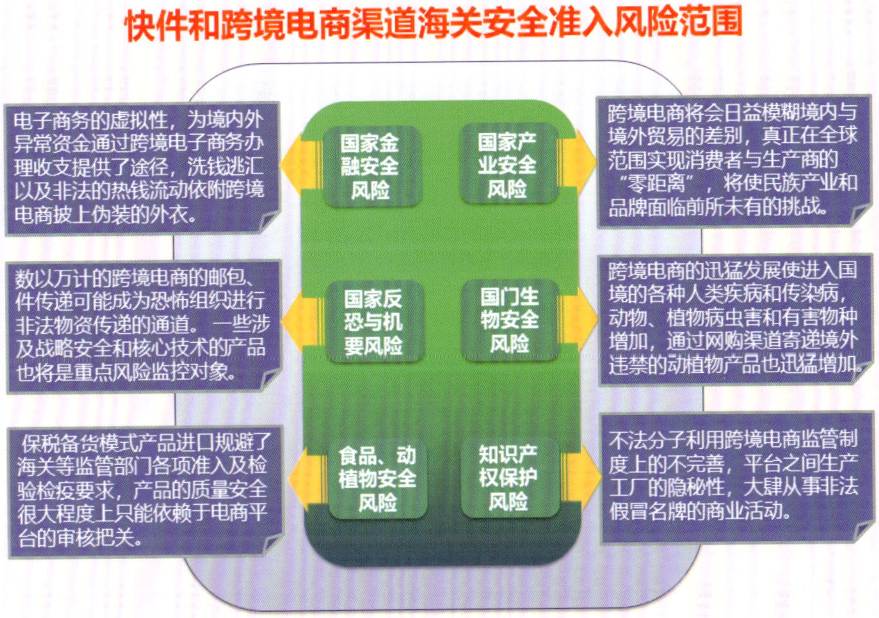
快件和跨境电商渠道海关安全准入风险范围
电子商务的虚拟性，为境内外异常资金通过跨境电子商务办理收支提供了途径，洗钱逃汇以及非法的热钱流动依附跨境电商披上伪装的外衣。
国家金融安全风险
国家产业安全风险
跨境电商将会日益模糊境内与境外贸易的差别，真正在全球范围实现消费者与生产商的“零距离”，将使民族产业和品牌面临前所未有的挑战。
数以万计的跨境电商的邮包、件传递可能成为恐怖组织进行非法物资传递的通道。一些涉及战略安全和核心技术的产品也将是重点风险监控对象。
国家反恐与机要风险
国门生物安全风险
跨境电商的迅猛发展使进入国境的各种人类疾病和传染病，动物、植物病虫害和有害物种增加，通过网购渠道寄递境外违禁的动植物产品也迅猛增加。
保税备货模式产品进口规避了海关等监管部门各项准入及检验检疫要求，产品的质量安全很大程度上只能依赖于电商平台的审核把关。
食品、动植物安全风险
知识产权保护风险
不法分子利用跨境电商监管制度上的不完善，平台之间生产工厂的隐秘性，大肆从事非法假冒名牌的商业活动。

▲快件和跨境电商渠道海关安全准入风险范围

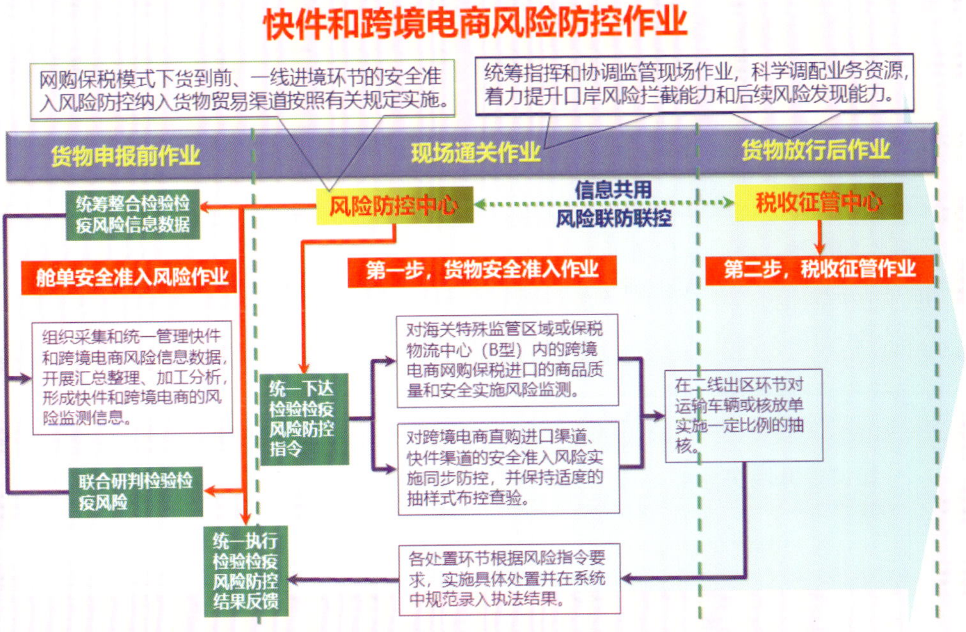
快件和跨境电商风险防控作业
网购保税模式下货到前、一线进境环节的安全准入风险防控纳入货物贸易渠道按照有关规定实施。
统筹指挥和协调监管现场作业，科学调配业务资源，着力提升口岸风险拦截能力和后续风险发现能力。
货物申报前作业
现场通关作业
货物放行后作业
统筹整合检验检疫风险信息数据
风险防控中心
信息共用
风险联防联控
税收征管中心
舱单安全准入风险作业
第一步，货物安全准入作业
第二步，税收征管作业
组织采集和统一管理快件和跨境电商风险信息数据，开展汇总整理、加工分析，形成快件和跨境电商的风险监测信息。
对海关特殊监管区域或保税物流中心（B型）内的跨境电商网购保税进口的商品质量和安全实施风险监测。
统一下达检验检疫风险防控指令
对跨境电商直购进口渠道、快件渠道的安全准入风险实施同步防控，并保持适度的抽样式布控查验。
在二线出区环节对运输车辆或核放单实施一定比例的抽核。
联合研判检验检疫风险
统一执行检验检疫风险防控结果反馈
各处置环节根据风险指令要求，实施具体处置并在系统中规范录入执法结果。

▲快件和跨境电商风险防控作业

形成快件和跨境电商的风险监测信息。

3.2 联合研判检验检疫风险

结合检验检疫风险的融合，充实完善快件和跨境电商渠道风险联合研判内容。在各业务部门职责范围内的监控分析基础上，涉及跨领域风险、系统性风险、趋势性风险等，由风险部门牵头组建本层级跨部门风险专家组，建立专业化团队，就相关问题开展风险联合研判，并对发现的风险予以通报、下达布控指令或提出其他综合处置措施。

3.3 统一下达检验检疫风险防控指令

将各业务部门对快件和跨境电商渠道的防控需求，纳入风险部门统一实施，以统筹指挥和协调监管现场作业，科学调配业务资源，着力提升口岸风险拦截能力和后续风险发现能力。其中，跨境电商网购保税模式下货物运抵前与一线进境环节的安全准入风险防控纳入货物贸易渠道按照有关规定实施；对海关特殊监管区域或保税物流中心（B 型）内的跨境电商网购保税进口的商品质量和安全实施风险监测；在二线出区环节对运输车辆或核放单实施一定比例的抽核。对跨境电商直购进口渠道、快件渠道的安全准入风险实施同步防控，并保持适度的抽样式布控查验。

3.4 统一执行检验检疫风险防控结果的反馈

各处置环节根据风险指令要求，实施具体处置并在系统中规范录入执法结果。

4 如何完善快件和跨境电商风险防控工作机制?

——确立业务职能部门、风险防控部门及监管现场的工作职责，并分别按其承担的职责实施风险防控作业。

业务部门研究提出本业务领域安全准入管理要求，根据职责开展风险监控和风险分析，及时动态调整快件和跨境电商渠道安全准入风险防控清单，向本层级风险部门提交风险处置需求，参与协同处置。

风险部门统一接收本层级的安全准入风险防控清单，实施研判，按照重点管理、随机抽查和全面覆盖相结合的原则，统一下达处置指令，并就指令的具体执行情况开展分析评估和指令调整。

监管现场执行风险防控中心指令并反馈作业结果。

5 如何提升海关业务处理能力，满足对快件和跨境电商进出境风险防控作业的需要?

——统一并优化快件和跨境电商进出境风险防控作业系统。

制定统一的风险类别、布控要求、查获类型、布控处理结果等代码标准，打造规范化、标准化的风险防控作业体系。优化改造海关新快件通关管理系统、跨境电子商务进口统一版系统相关功能，统一实施快件和跨境电商的风险布控作业。

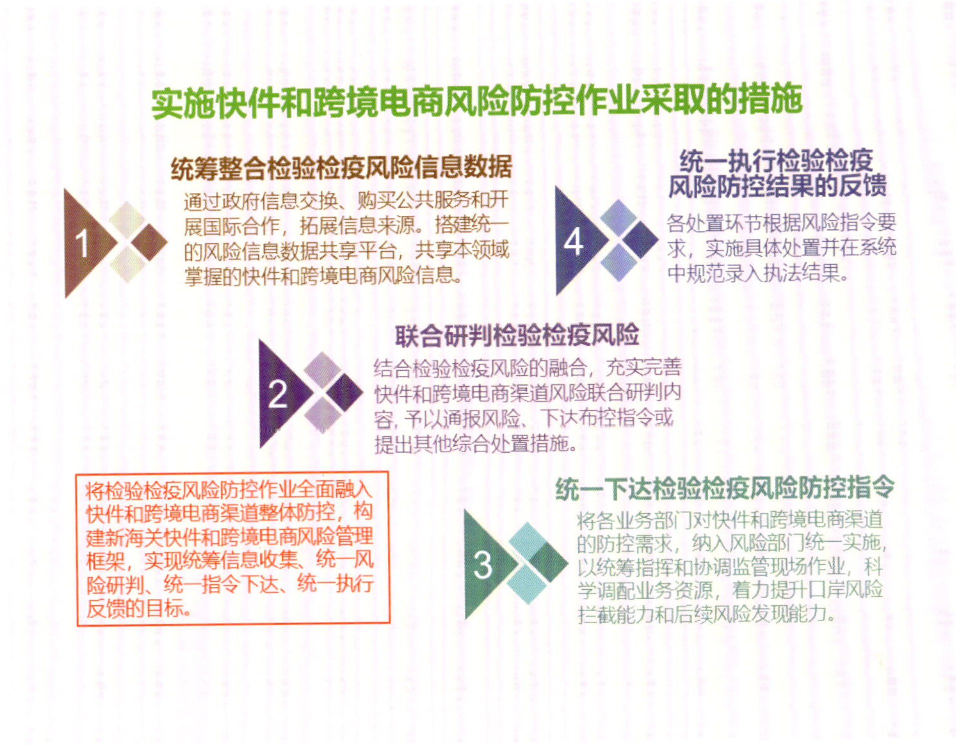
实施快件和跨境电商风险防控作业采取的措施
1
统筹整合检验检疫风险信息数据
通过政府信息交换、购买公共服务和开展国际合作，拓展信息来源。搭建统一的风险信息数据共享平台，共享本领域掌握的快件和跨境电商风险信息。
4
统一执行检验检疫风险防控结果的反馈
各处置环节根据风险指令要求，实施具体处置并在系统中规范录入执法结果。
2
联合研判检验检疫风险
结合检验检疫风险的融合，充实完善快件和跨境电商渠道风险联合研判内容，予以通报风险、下达布控指令或提出其他综合处置措施。
将检验检疫风险防控作业全面融入快件和跨境电商渠道整体防控，构建新海关快件和跨境电商风险管理框架，实现统筹信息收集、统一风险研判、统一指令下达、统一执行反馈的目标。
3
统一下达检验检疫风险防控指令
将各业务部门对快件和跨境电商渠道的防控需求，纳入风险部门统一实施，以统筹指挥和协调监管现场作业，科学调配业务资源，着力提升口岸风险拦截能力和后续风险发现能力。

▲实施快件和跨境电商风险防控作业采取的措施

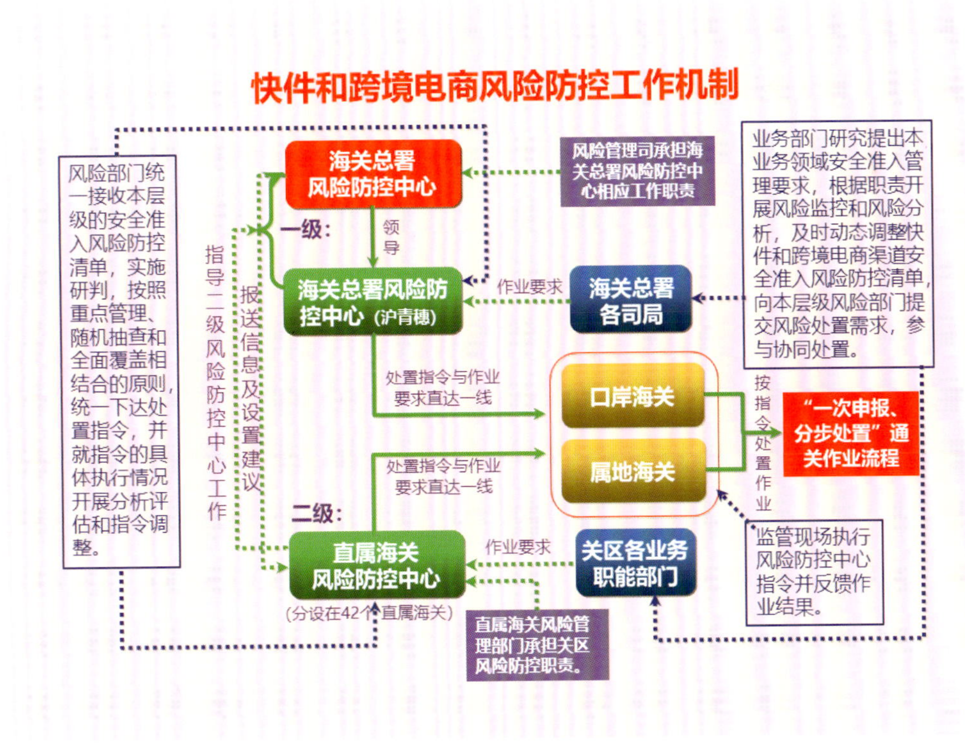
快件和跨境电商风险防控工作机制
风险部门统一接收本层级的安全准入风险防控清单，实施研判，按照重点管理、随机抽查和全面覆盖相结合的原则，统一下达处置指令，并就指令的具体执行情况开展分析评估和指令调整。
海关总署风险防控中心
风险管理司承担海关总署风险防控中心相应工作职责
一级：
领导
海关总署风险防控中心（沪青穗）
作业要求
海关总署各司局
业务部门研究提出本业务领域安全准入管理要求，根据职责开展风险监控和风险分析，及时动态调整快件和跨境电商渠道安全准入风险防控清单，向本层级风险部门提交风险处置需求，参与协同处置。
指导二级风险防控中心工作
报送信息及设置建议
处置指令与作业要求直达一线
口岸海关
属地海关
按指令处置作业
“一次申报、分步处置”通关作业流程
处置指令与作业要求直达一线
二级：
直属海关风险防控中心
（分设在42个直属海关）
作业要求
关区各业务职能部门
监管现场执行风险防控中心指令并反馈作业结果。
直属海关风险管理部门承担关区风险防控职责。

▲快件和跨境电商风险防控工作机制

第三节　海关企业管理关检融合

1　海关企业管理关检融合的工作目标与总体思路是什么？
——将检验检疫企业注册登记或备案和信用管理融入海关企业管理一体化整体框架和统一平台。

1.1　工作目标

以“政治建关、改革强关、依法把关、科技兴关、从严治关”为统领，全面贯彻“以企为本、由企及物”管理理念，以业务整合优化为主线，以统筹企业管理为重点，以信息系统一体化为支撑，理顺职责关系，优化职能配置，将原检验检疫企业注册登记或备案和信用管理全面融入海关企业管理一体化整体框架和统一平台，实现统筹开展企业资质管理和归口实施企业信用管理。

重点内容解读：关于《海关企业信用管理办法》的公布实施及补充修订

中华人民共和国海关总署令第 237 号《中华人民共和国海关企业信用管理办法》于 2018 年 1 月 29 日经海关总署署务会议审议通过，3 月 3 日公布，自 5 月 1 日起施行。

为贯彻落实 2018 年《深化党和国家机构改革方案》的工作部署，2018 年 4 月 20 日起，原国家质检总局管辖的出入境检验检疫部门正式划归海关总署，其所承担的国境卫生检疫、商品检验、动植物检疫等职能统一由海关管理。2018 年 11 月 28 日，海关总署相继发布了海关总署公告 2018 年第 177 号和海关总署公告 2018 年第 178 号公告（以下简称“177 号公告”和“178 号公告”）。178 号公告对 5 月 1 日起生效的《中华人民共和国海关企业信用管理办法》进行了补充和修订；而 177 号公告则公布了新版《海关认证企业标准》以替代实行了 4 年的旧版认证标准（海关总署公告 2014 年第 82 号），正式结束了 8 个月以来新版《海关企业信用管理办法》搭配旧版认证标准的“过渡期”，标志着海关企业信用管理体系进入新时代。新版认证标准于 2019 年 1 月 1 日起实施。

1.2　总体思路

总体思路是实现“三个统一”，即：“统一通用企业资质”，企业报关、报检资质合并，实现企业通用资质的合二为一，降低企业制度性交易成本；“统一信用管理制度”，海关实施统一的企业信用管理制度，实现对企业信用的统一认定和信用管理措施统一落实；“统一系统管理平台”，建立海关统一的行政相对人管理功能模块，在一个平台上办理企业注册登记或备案手续，实现信息共享共用，完善海关企业进出口信用管理系统。

重点内容解读 1：关于新版《海关认证企业标准》的“1+N”模式

新版《海关认证企业标准》最引人注目的变化是将原先统一的认证标准根据不同

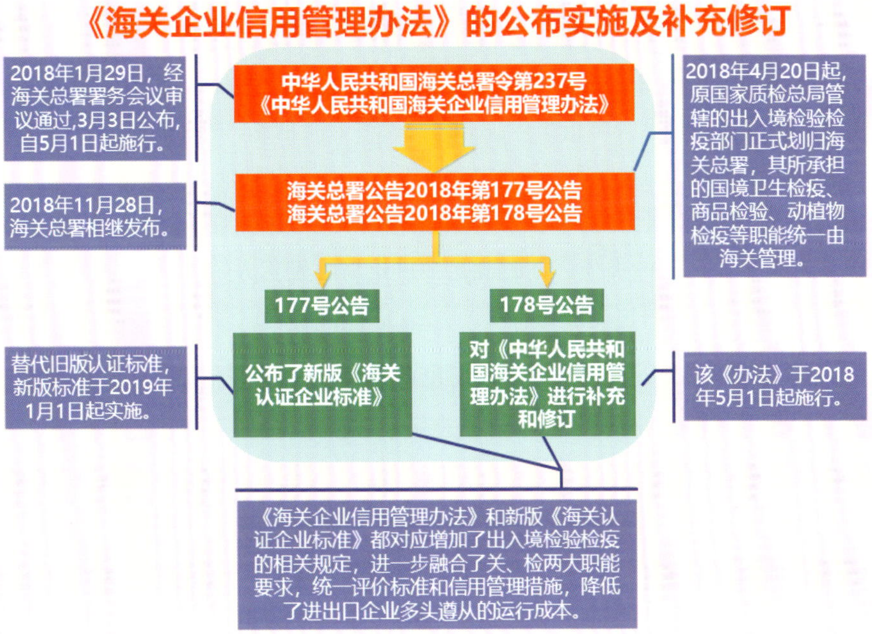

《海关企业信用管理办法》的公布实施及补充修订
2018年1月29日，经海关总署署务会议审议通过，3月3日公布，自5月1日起施行。
中华人民共和国海关总署令第237号
《中华人民共和国海关企业信用管理办法》
2018年4月20日起，原国家质检总局管辖的出入境检验检疫部门正式划归海关总署，其所承担的国境卫生检疫、商品检验、动植物检疫等职能统一由海关管理。
2018年11月28日，海关总署相继发布。
海关总署公告2018年第177号公告
海关总署公告2018年第178号公告
177号公告
178号公告
替代旧版认证标准，新版标准于2019年1月1日起实施。
公布了新版《海关认证企业标准》
对《中华人民共和国海关企业信用管理办法》进行补充和修订
该《办法》于2018年5月1日起施行。
《海关企业信用管理办法》和新版《海关认证企业标准》都对应增加了出入境检验检疫的相关规定，进一步融合了关、检两大职能要求，统一评价标准和信用管理措施，降低了进出口企业多头遵从的运行成本。

▲《海关企业信用管理办法》的公布实施及补充修订

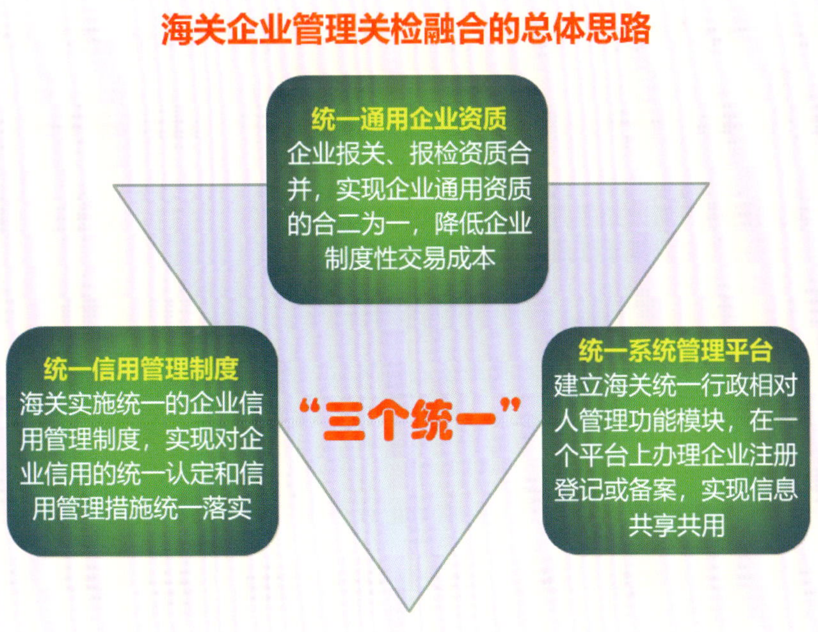

海关企业管理关检融合的总体思路
统一通用企业资质
企业报关、报检资质合并，实现企业通用资质的合二为一，降低企业制度性交易成本
统一信用管理制度
海关实施统一的企业信用管理制度，实现对企业信用的统一认定和信用管理措施统一落实
"三个统一"
统一系统管理平台
建立海关统一行政相对人管理功能模块，在一个平台上办理企业注册登记或备案，实现信息共享共用

▲海关企业管理关检融合的总体思路

企业类型进行细化，形成“一标多配”的“1+N”模式，即一项通用标准匹配多种不同类型的单项标准。所有进出口企业在适用通用标准的基础上，必须同时适用至少一种满足自身企业类型的单项标准。目前公布的三种单项标准分别适用于进出口货物收发货人、报关企业、外贸综合服务企业（以下简称“外综服”），但“1+N”模式也为未来海关继续制定并公布特殊类型进出口企业（如跨境电商企业、物流企业、仓储企业等）的单项标准留下了政策空间。值得注意的是，如果一家进出口企业拥有单项标准中的“多重身份”，该企业须同时符合多份单项标准。如外综服企业在满足外综服单项标准的同时，须根据企业注册的类型，同时满足“进出口收发货人”或“报关企业”的单项标准。

重点内容解读 2：关于新版《海关企业信用管理办法》的信息采集和公示

新版《海关企业信用管理办法》在信息采集和公示方面更为明确、规范。

信息采集范围扩大。《海关企业信用管理办法》增加了采集企业与进出口相关的经营信息、企业行政许可和刑事处罚信息、联合激励和联合惩戒信息，尤其是增加了采集能够反映企业信用状况的检验检疫信息，例如企业产品检验检疫合格率、原产地等；以及采集企业相关人员的信用信息，相关人员主要包括：企业法定代表人（负责人）、财务负责人、关务负责人等企业重点人员。

规范了《企业信用信息年度报告》制度。将企业年报从注册登记管理制度中调整到信用管理制度中，说明企业年报已经关乎企业诚信。从 2018 年起，海关和相关部门已经实施企业年报“多报合一”改革，这是海关简政放权的一项重要举措，也将为企业减轻负担。

实施了信用信息异常企业名录制度。这是海关参考借鉴市场监管部门监管制度实施的一项重要制度，对那些未按规定时间、规定要求报送年报，以及“失联”的企业，将被海关列入信用信息异常企业名录，作为重点监管对象，实施信用管理。

2 关检融合后海关如何开展企业报关资质管理工作？——合并企业资质注册登记或备案管理。

对通用资质的企业注册登记或备案进行整合，统一由企业管理职能部门负责；对特定资质的企业注册登记或备案，由相关业务职能管理部门依职能分别负责。由企业管理职能部门牵头建设统一的行政相对人管理功能模块，各相关业务职能管理部门通过该功能模块对行政相对人注册登记或备案实施管理，相关信息共用共享、统一发布。

重点内容解读 1：关于合并企业资质注册登记或备案管理

《海关总署关于企业报关报检资质合并有关事项的公告》（海关总署公告 2018 年第 28 号），明确将检验检疫自理报检企业备案与海关进出口货物收

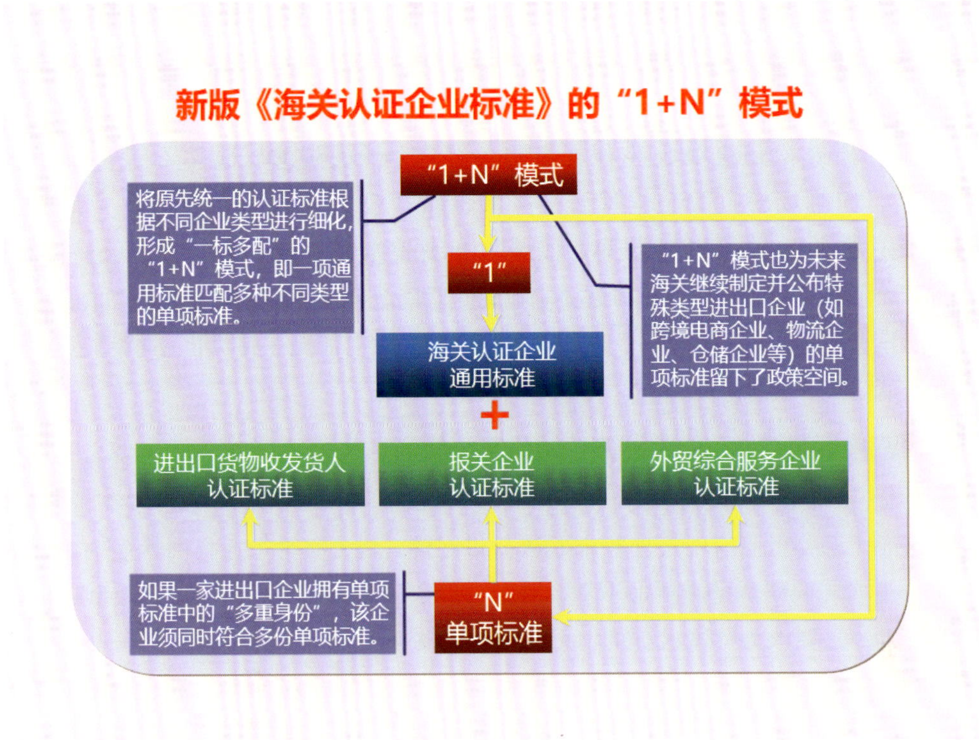

新版《海关认证企业标准》的“1+N”模式
“1+N”模式
将原先统一的认证标准根据不同企业类型进行细化，形成“一标多配”的“1+N”模式，即一项通用标准匹配多种不同类型的单项标准。
“1”
海关认证企业通用标准
“1+N”模式也为未来海关继续制定并公布特殊类型进出口企业（如跨境电商企业、物流企业、仓储企业等）的单项标准留下了政策空间。
+
进出口货物收发货人认证标准
报关企业认证标准
外贸综合服务企业认证标准
如果一家进出口企业拥有单项标准中的“多重身份”，该企业须同时符合多份单项标准。
“N”单项标准

▲新版《海关认证企业标准》的“1+N”模式

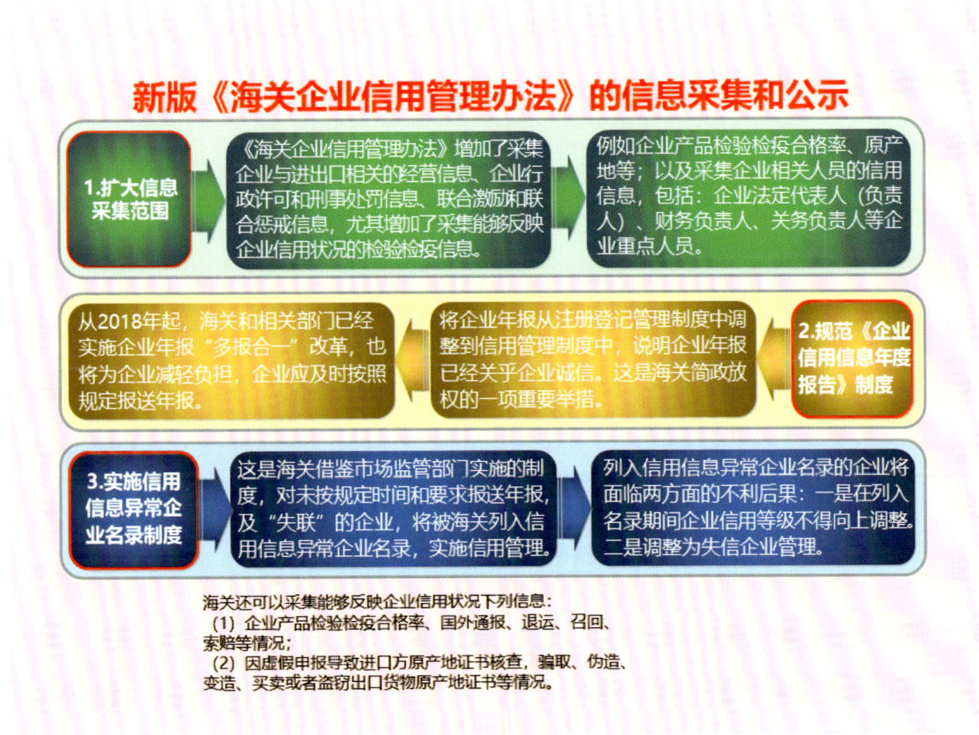

新版《海关企业信用管理办法》的信息采集和公示
1.扩大信息采集范围
《海关企业信用管理办法》增加了采集企业与进出口相关的经营信息、企业行政许可和刑事处罚信息、联合激励和联合惩戒信息，尤其增加了采集能够反映企业信用状况的检验检疫信息。
例如企业产品检验检疫合格率、原产地等；以及采集企业相关人员的信用信息，包括：企业法定代表人（负责人）、财务负责人、关务负责人等企业重点人员。
2.规范《企业信用信息年度报告》制度
将企业年报从注册登记管理制度中调整到信用管理制度中，说明企业年报已经关乎企业诚信。这是海关简政放权的一项重要举措。
从2018年起，海关和相关部门已经实施企业年报“多报合一”改革，也将为企业减轻负担，企业应及时按照规定报送年报。
3.实施信用信息异常企业名录制度
这是海关借鉴市场监管部门实施的制度，对未按规定时间和要求报送年报，及“失联”的企业，将被海关列入信用信息异常企业名录，实施信用管理。
列入信用信息异常企业名录的企业将面临两方面的不利后果：一是在列入名录期间企业信用等级不得向上调整。二是调整为失信企业管理。
海关还可以采集能够反映企业信用状况下列信息：
（1）企业产品检验检疫合格率、国外通报、退运、召回、索赔等情况；
（2）因虚假申报导致进口方原产地证书核查，骗取、伪造、变造、买卖或者盗窃出口货物原产地证书等情况。

▲新版《海关企业信用管理办法》的信息采集和公示

发货人备案，合并为海关进出口货物收发货人备案，企业备案后同时取得报关和报检资质；将检验检疫代理报检企业备案与海关报关企业（包括海关特殊监管区域双重身份企业）注册登记或者报关企业分支机构备案，合并为海关报关企业注册登记和报关企业分支机构备案，企业注册登记或者企业分支机构备案后，同时取得报关和报检资质；将检验检疫报检人员备案与海关报关人员备案，合并为报关人员备案，报关人员备案后同时取得报关和报检资质。明确了企业报关报检资质办理方式，企业在互联网上办理报关报检资质备案的，统一通过中国国际贸易“单一窗口”向海关提交申请。在申请提交成功后，向海关业务现场提交所需纸本申请材料。

重点内容解读 2：关于海关“诚信守法便利、失信违法惩戒”新政

（1）认证企业的便利措施

与原《海关企业信用管理暂行办法》相比较，新《海关企业信用管理办法》对认证企业实施的便利措施更加丰富。对于一般认证企业，一是将原来“较低进出口货物查验率”更改为“进出口货物平均查验率在一般信用企业平均查验率的 50% 以下”，新的措施更明确，也更具有操作性；二是增加了“海关收取的担保金额可以低于其可能承担的税款总额或者海关总署规定的金额”条款，也将显著减轻企业负担。对于高级认证企业，除了适用一般认证企业的管理措施外，便利措施由 4 项扩展至 8 项：一是将查验率明确为“进出口货物平均查验率在一般信用企业平均查验率的 20% 以下”；二是增加“可以向海关申请免除担保”；三是增加“减少对企业稽查、核查频次”；四是明确“可以在出口货物运抵海关监管区之前向海关申报”；五是“海关为企业设立协调员”；六是“AEO 互认国家或者地区海关通关便利措施”；七是增加“国家有关部门实施的守信联合激励措施”；八是增加“因不可抗力中断国际贸易恢复后优先通关”。

（2）失信企业被惩戒处罚措施

将企业违规行为比例标准与年度行政处罚累计金额由“二选一”关系调整为叠加关系，即两者同时符合，同时取消了报关差错率标准，避免了企业可能因为“无心之过”被意外降级的情形；

结合海关信用管理的实际情况，大幅提升了报关企业行政处罚累计金额的幅度，由 10 万元提高至 30 万元；

增加因刑事犯罪被列入国家失信联合惩戒名单的情形；

结合实施信用信息异常企业名录制度，增加了因企业“人去楼空”被列入信用信息异常企业名录超过 90 日的情形；

取消了因暂停从事报关业务被降为失信的情形。涉嫌检验检疫刑事犯罪的企业，海关根据信用管理的不同阶段，可对应采取终止认证、暂停原有管理措施，直至认定为失信企业的多种惩处方式。

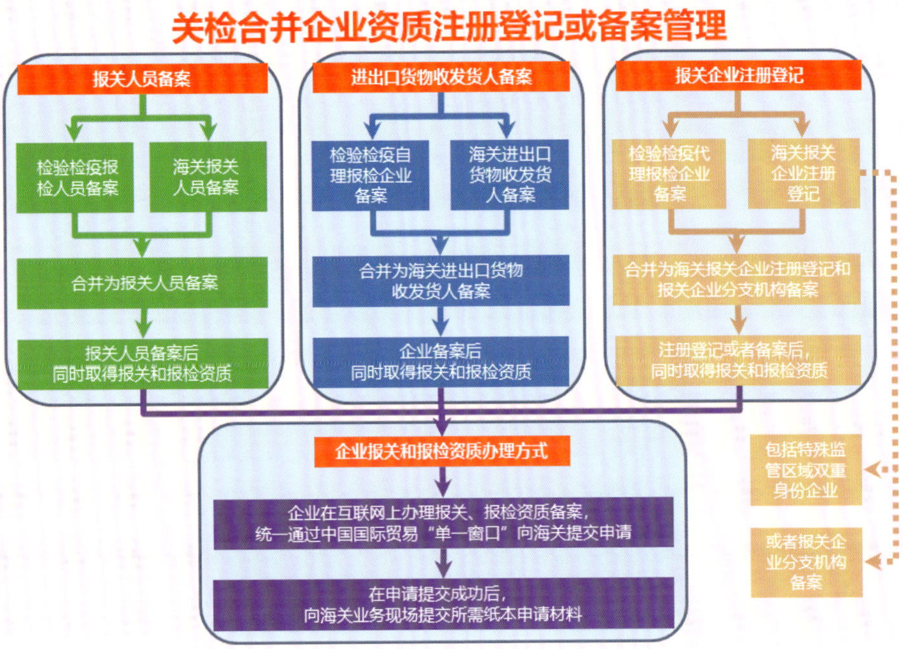
关检合并企业资质注册登记或备案管理
报关人员备案
检验检疫报检人员备案
海关报关人员备案
合并为报关人员备案
报关人员备案后同时取得报关和报检资质
进出口货物收发货人备案
检验检疫自理报检企业备案
海关进出口货物收发货人备案
合并为海关进出口货物收发货人备案
企业备案后同时取得报关和报检资质
报关企业注册登记
检验检疫代理报检企业备案
海关报关企业注册登记
合并为海关报关企业注册登记和报关企业分支机构备案
注册登记或者备案后，同时取得报关和报检资质
包括特殊监管区域双重身份企业
或者报关企业分支机构备案
企业报关和报检资质办理方式
企业在互联网上办理报关、报检资质备案，统一通过中国国际贸易“单一窗口”向海关提交申请
在申请提交成功后，向海关业务现场提交所需纸本申请材料

▲关检合并企业资质注册登记或备案管理

关检融合后新修订的海关认证企业的管理措施

一般认证企业适用下列管理措施

1.进出口货物平均查验率在一般信用企业平均查验率的50%以下；
2.优先办理进出口货物通关手续；
3.海关收取的担保金额可以低于其可能承担的税款总额或者海关总署规定的金额；
4.进出口货物平均检验检疫抽批比率在一般信用企业平均抽批比率的50%以下（法律、行政法规、规章或者海关有特殊要求的除外）；
5.出口货物原产地调查平均抽查比率在一般信用企业平均抽查比率的50%以下；
6.优先办理海关注册登记或者备案以及相关业务手续，除首次注册登记或者备案以及有特殊要求外，海关可以实行容缺受理或者采信企业自主声明，免予实地验核或者评审；
7.海关总署规定的其他管理措施。

高级认证企业适用下列管理措施

1.进出口货物平均查验率在一般信用企业平均查验率的20%以下；
2.可以向海关申请免除担保；
3.减少对企业稽查、核查频次；
4.可以在出口货物运抵海关监管区之前向海关申报；
5.海关为企业设立协调员；
6.AEO互认国家或者地区海关通关便利措施；
7.国家有关部门实施的守信联合激励措施；
8.因不可抗力中断国际贸易恢复后优先通关；
9.进出口货物平均检验检疫抽批比率在一般信用企业平均抽批比率的20%以下（法律、行政法规、规章或者海关有特殊要求的除外）；
10.出口货物原产地调查平均抽查比率在一般信用企业平均抽查比率的20%以下；
11.优先向其他国家（地区）推荐食品、化妆品等出口企业的注册；
12.海关总署规定的其他管理措施。

失信企业适用下列管理措施

1.进出口货物平均查验率在80%以上；
2.不予免除查验没有问题企业的吊装、移位、仓储等费用；
3.进出口货物平均检验检疫抽批比率在80%以上的管理措施；
4.不适用汇总征税制度；
5.除特殊情形外，不适用存样留像放行措施；
6.经营加工贸易业务的，全额提供担保；
7.提高对企业稽查、核查频次；
8.国家有关部门实施的失信联合惩戒措施；
9.海关总署规定的其他管理措施。

▲关检融合后新修订的海关认证企业的管理措施

3 关检融合后海关如何开展企业信用管理？
——整合关检企业信用管理要求和信用管理系统功能，形成统一的信用管理制度。

以海关现行企业信用管理制度为主线，整合检验检疫业务的企业信用管理要求，由海关企业管理职能部门对海关注册登记或备案企业实施统一的信用管理。以海关现有企业进出口信用管理系统为基础，整合原检验检疫进出口企业信用管理系统有关功能。

重点内容解读：关于“守信联合激励、失信联合惩戒”

根据《社会信用体系建设规划纲要 (2014—2020 年)》《国务院关于建立完善守信联合激励和失信联合惩戒制度加快推进社会诚信建设的指导意见》(国发〔2016〕33 号) 等文件规定，海关积极参与由国家发展改革委牵头推进的联合激励与联合惩戒工作。2016 年 10 月，国家发展改革委、中国人民银行、海关总署等 40 个部门签署了《关于对海关高级认证企业实施守信联合激励的合作备忘录》；2017 年 3 月，国家发展改革委、中国人民银行、海关总署等 33 个部门签署了《关于对海关失信企业实施失信联合惩戒的合作备忘录》，海关率先成为对所管理的业务领域同时开展联合激励与联合惩戒的部门之一。此外，海关还参与签署了 26 个联合激励与联合惩戒合作备忘录。

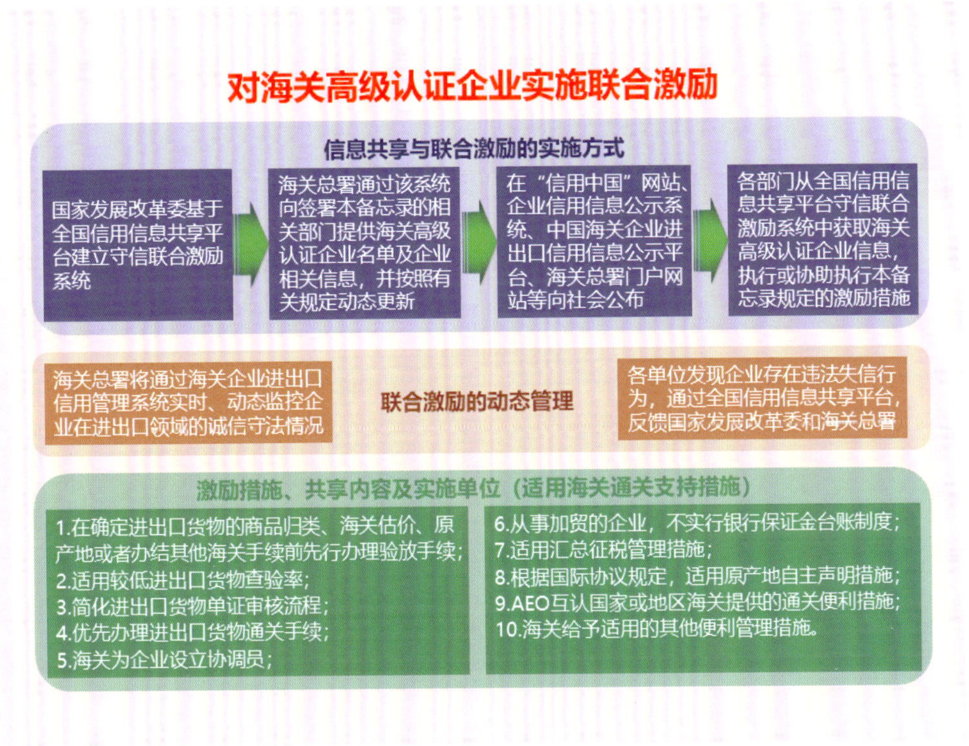
对海关高级认证企业实施联合激励
信息共享与联合激励的实施方式
国家发展改革委基于全国信用信息共享平台建立守信联合激励系统
海关总署通过该系统向签署本备忘录的相关部门提供海关高级认证企业名单及企业相关信息，并按照有关规定动态更新
在"信用中国"网站、企业信用信息公示系统、中国海关企业进出口信用信息公示平台、海关总署门户网站等向社会公布
各部门从全国信用信息共享平台守信联合激励系统中获取海关高级认证企业信息，执行或协助执行本备忘录规定的激励措施
海关总署将通过海关企业进出口信用管理系统实时、动态监控企业在进出口领域的诚信守法情况
联合激励的动态管理
各单位发现企业存在违法失信行为，通过全国信用信息共享平台，反馈国家发展改革委和海关总署
激励措施、共享内容及实施单位（适用海关通关支持措施）
1.在确定进出口货物的商品归类、海关估价、原产地或者办结其他海关手续前先行办理验放手续；
2.适用较低进出口货物查验率；
3.简化进出口货物单证审核流程；
4.优先办理进出口货物通关手续；
5.海关为企业设立协调员；
6.从事加贸的企业，不实行银行保证金台账制度；
7.适用汇总征税管理措施；
8.根据国际协议规定，适用原产地自主声明措施；
9.AEO互认国家或地区海关提供的通关便利措施；
10.海关给予适用的其他便利管理措施。

▲对海关高级认证企业实施联合激励

第四章
进出境通关监管作业的关检融合

第一节　关检融合“整合申报项目”

1　关检融合“整合申报项目”的整合原则是什么？
——全面融合与平稳过渡、强化监管与简化手续、维护安全与促进便利、防范风险与提升获得感相结合。

按照在全国通关一体化框架下实现关检业务全面融合的要求，遵循全面融合与平稳过渡相结合、强化监管与简化手续相结合、维护安全与促进便利相结合、防范风险与提升获得感相结合的原则，在企业申报环节以流程整合优化为主线，以信息系统一体化为支撑，以便利企业为目的进一步精简申报项目，参照国际标准，尊重惯例，实现单证统一、代码规范、申报系统整合。

重点内容解读：关检申报项目的整合

为贯彻落实《深化党和国家机构改革方案》的统一部署，根据《全国通关一体化关检业务全面融合框架方案》的具体要求，海关总署于2018年8月1日完成关检申报项目的整合工作，取消入境/出境货物报检单，报关、报检合并为一张报关单及一套随附单据。2018年8月1日起，全国所有关区全面切换为新报关单，新报关单格式报文从当日起执行，原QP（快速报关通关系统）系统一次申报子系统同步下线，用户转由中国国际贸易“单一窗口”标准版、互联网+海关全面接入，申报新版报关单数据。关检融合整合申报项目是关检业务融合标志性的改革举措，改变了原有进出境通关流程和作业模式。统一申报系统上线以后，对海关和企业都带来诸多好处。（1）降低通关成本。关检融合之后，报关、报检的申报项目大幅减少，这无疑会优化企业和海关的人力资源配置，降低企业报关、报检和海关通关管理的成本。（2）提高通关效率。关检融合之后，一次登记就能同时完成报关、报检资质认定，不再需要在海关、检疫分别备案注册；一次登录就能同时完成报关、报检申报，不再需要关检“两头跑”；一次查验就能完成对货物的查验与检验检疫，通关手续进一步简化，通关速度再次提升，大大提高了进出境通关效率。（3）实现申报方式的国际化。关检融合之后，对原报关、报检项目涉及的参数代码进行梳理，统一原报关、报检共有项的代码，并参照国际标准，整合申报系统参数代码，实现了现有参数代码的标准化。

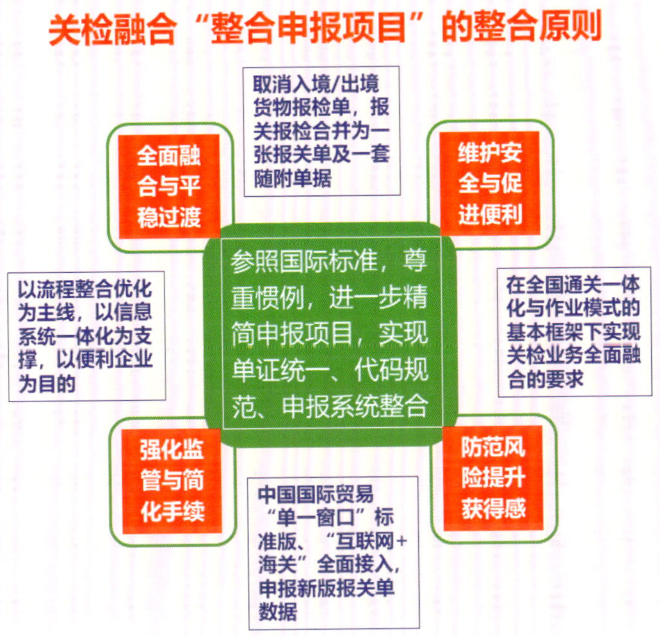
关检融合“整合申报项目”的整合原则
取消入境/出境货物报检单，报关报检合并为一张报关单及一套随附单据
全面融合与平稳过渡
维护安全与促进便利
参照国际标准，尊重惯例，进一步精简申报项目，实现单证统一、代码规范、申报系统整合
以流程整合优化为主线，以信息系统一体化为支撑，以便利企业为目的
在全国通关一体化与作业模式的基本框架下实现关检业务全面融合的要求
强化监管与简化手续
防范风险提升获得感
中国国际贸易“单一窗口”标准版、“互联网+海关”全面接入，申报新版报关单数据

▲关检融合“整合申报项目”的整合原则

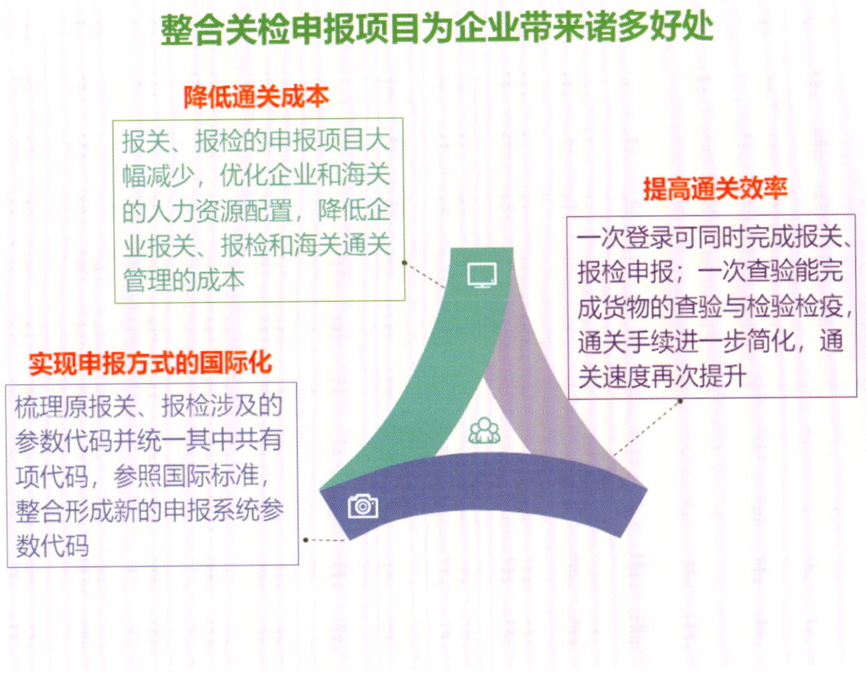
整合关检申报项目为企业带来诸多好处
降低通关成本
报关、报检的申报项目大幅减少，优化企业和海关的人力资源配置，降低企业报关、报检和海关通关管理的成本
提高通关效率
一次登录可同时完成报关、报检申报；一次查验能完成货物的查验与检验检疫，通关手续进一步简化，通关速度再次提升
实现申报方式的国际化
梳理原报关、报检涉及的参数代码并统一其中共有项代码，参照国际标准，整合形成新的申报系统参数代码

▲整合关检申报项目为企业带来诸多好处

2 关检融合“整合申报项目”的主要内容有哪些？
——梳理原关检报关单申报项目，报关、报检面向企业端整合形成“四个一”。

2.1 梳理整合原报关、报检申报数据项

按照“依法依规、去繁就简”原则，对海关原报关单和检验检疫原报检单申报项目进行梳理整合，通过合并共有项、删除极少使用项，将原报关、报检单合计 229 个货物申报数据项精简到 105 个，大幅减少企业申报项目。

2.2 原报关、报检单整合为一张报关单

整合后的新版报关单以原报关单 48 个项目为基础，增加部分原报检内容形成了具有 56 个项目的新报关单打印格式。此次整合对进口、出口货物报关单和进境、出境货物备案清单布局结构进行优化，版式由竖版改为横版，与国际推荐的报关单样式更加接近，纸质单证全部采用普通打印方式，取消套打，不再印制空白格式单证。修改后的进口、出口货物报关单和进境、出境货物备案清单格式自 2018 年 8 月 1 日起启用，原报关单、备案清单同时废止，原入境、出境货物报检单同时停止使用。

2.3 原报关、报检单据单证整合为一套随附单证

整合简化申报随附单证，对企业原报关、报检所需随附单证进行梳理，整理随附单证类别代码及申报要求，整合原报关、报检重复提交的随附单据和相关单证，形成统一的随附单证申报规范。

重点内容解读：关于报关、报检随附单证的整合

所谓原报关、报检随附单证是指进出境货物报关或报检时，为支持或证明报关单或报检单相关栏目的申报内容，而随报关单或报检单一并向海关或检验检疫部门呈交（发送）的各种单证资料。

（1）原报关随附单证

按照《中华人民共和国海关进出口货物申报管理规定》第二十七条的规定要求，进、出口货物报关单应当随附的单证包括：合同、发票、装箱清单、载货清单（舱单）、提（运）单、代理报关授权委托协议、进出口许可证件、海关总署规定的其他进出口单证。其中，海关总署规定的其他进出口单证包括以下内容。

①海关在货物实际进出口前签发的各种审批或证明文件，例如，海关预归类决定所签发的《预归类决定书》，加工贸易进出口货物报关的“登记手册”，科教用品、技改设备、外商投资企业等减免税货物进口报关的“征免税证明”等。

②需要向海关申报知识产权状况的进出口货物收发货人、受委托的报关企业按照海关要求向海关提供的相关证明文件。

③其他用以证明或反映进出口业务情况的单证。比较重要的有：原产地证明（证书）、捐赠证明、礼品证明、免验证明、索赔货物证明、进口军事装备报关证明、委托报关

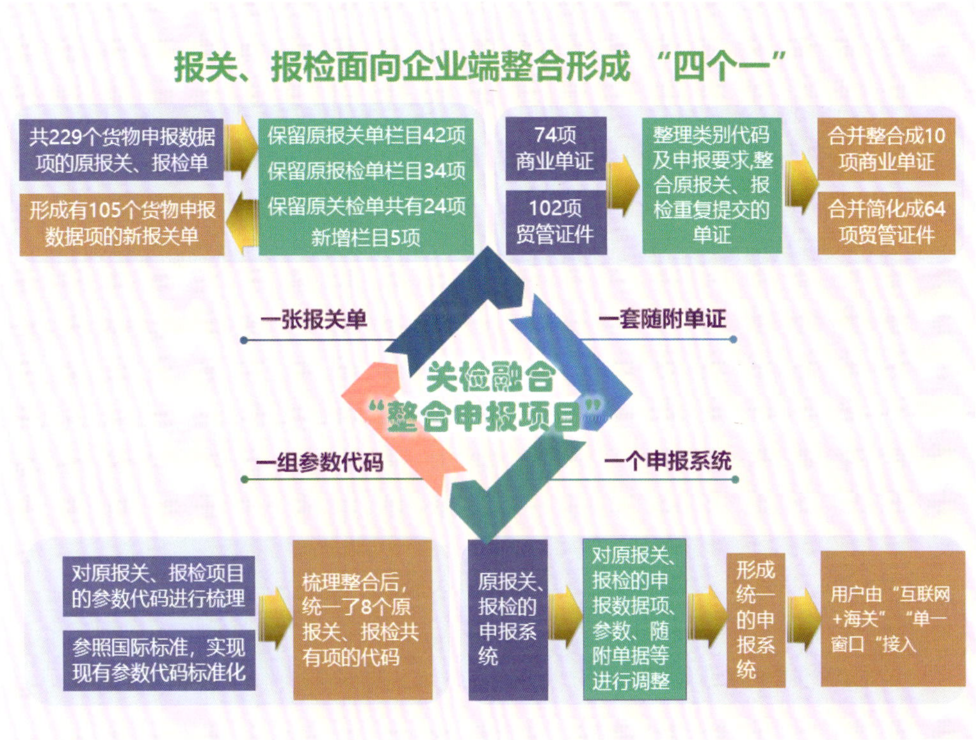

▲报关、报检面向企业端整合形成“四个一”

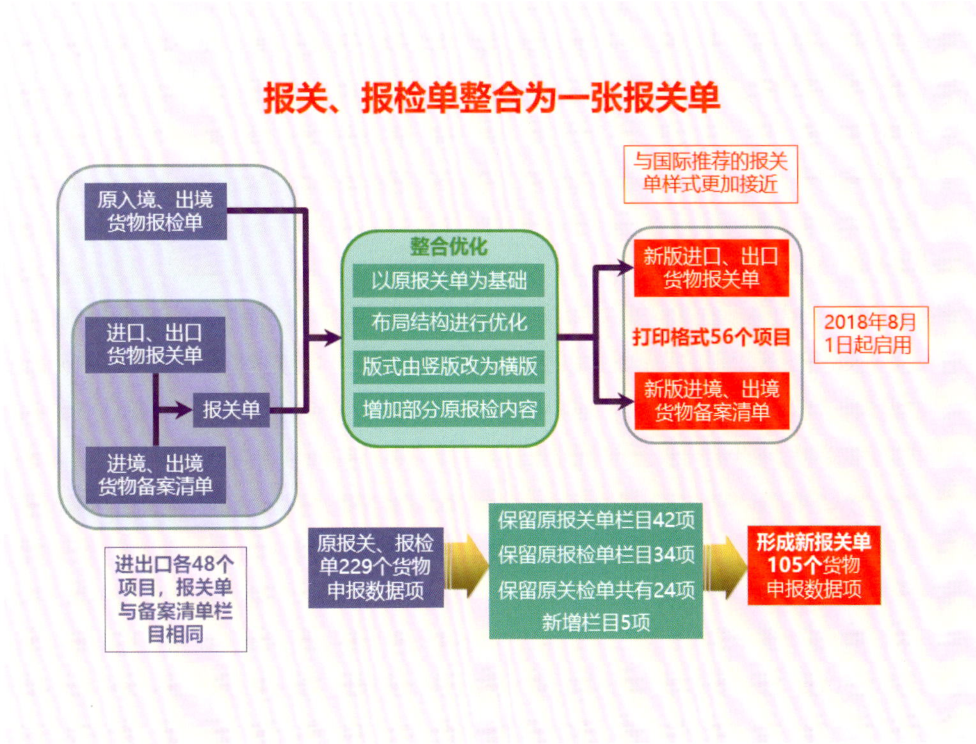

▲报关、报检单整合为一张报关单

的委托书等证明货物、物品性质的证明、证书。

（2）原报检随附单据

①贸易性随附单据。主要包括合同、发票、装箱单和提 / 运单等。

②一般性随附单据。一般性随附单据主要包括代理报关委托书、合格保证等。

③专业性随附单据。主要包括实施准入管理的证明、实施产品资质管理的证明、实施企业资质管理的证明、属于评估或验证类文件资料和涉及国家技术规范强制要求的证明材料等。

（3）报关、报检随附单证的简化整合

一方面，海关总署整合简化申报随附单证，对企业原报关、报检所需随附单证中的商业（贸易性）单证、贸易管制许可证件等进行梳理，整理随附单证类别代码及申报要求，整合原报关、报检重复提交的随附单证，形成统一的随附单证申报规范。

另一方面，海关总署协调相关单位和部门大幅精简进出口环节监管证件，86 种监管证件除 46 种保留验核（其中 42 种实现联网核查）外，对其余监管证件不再验核。

通过上述简化整合进口申报随附单证，原报关、报检 74 项随附单据合并整合成 10 项，102 项监管证件合并简化成 64 项。

2.4　原报关、报检参数整合为一组参数代码

对原报关、报检项目涉及的参数代码进行梳理，参照国际标准，实现现有参数代码的标准化。梳理整合后，统一了 8 个原报关、报检共有项的代码，包括国别（地区）代码、港口代码、币制代码、运输方式代码、监管方式代码、计量单位代码、包装种类代码、集装箱规格代码等。具体参数代码详见：海关总署门户网站的在线服务模块中通关参数项下关检融合部分通关参数查询及下载。

重点内容解读：关于数据元参数代码标准化

数据元参数代码标准化，即对原报关、报检单项目涉及的参数代码进行梳理，按照国家标准、国际标准、行业标准的顺序，实现现有参数代码的标准化。梳理整合后，报关单界面涉及参数代码 19 项，其中由于进出口岸等 7 项参数代码无相应国家标准，仍继续沿用海关标准。企业编码、国别（地区）、港口等 10 项参数代码采用国家标准，境外收发货人、商品编号等 2 项参数代码采用国际标准。涉及代码转换的由主管司局整理新旧代码映射关系表。过渡期间，进出口申报环节增加检验检疫电子数据逻辑校验，企业只需按照协调融合后的代码录入一次，系统后台建立映射关系分发到 H2010 系统或 e-CIQ 系统，不影响系统运行。随着新一代通关管理系统的正式启用，原海关通关管理系统 (H2010) 和原检验检疫主干系统 (e-CIQ) 接审单的职责功能得以整合，实现了海关现场综合业务与检验检疫检务业务统一在一个系统中办理处置，有效提高了海关现场作业效率和企业通关效率。

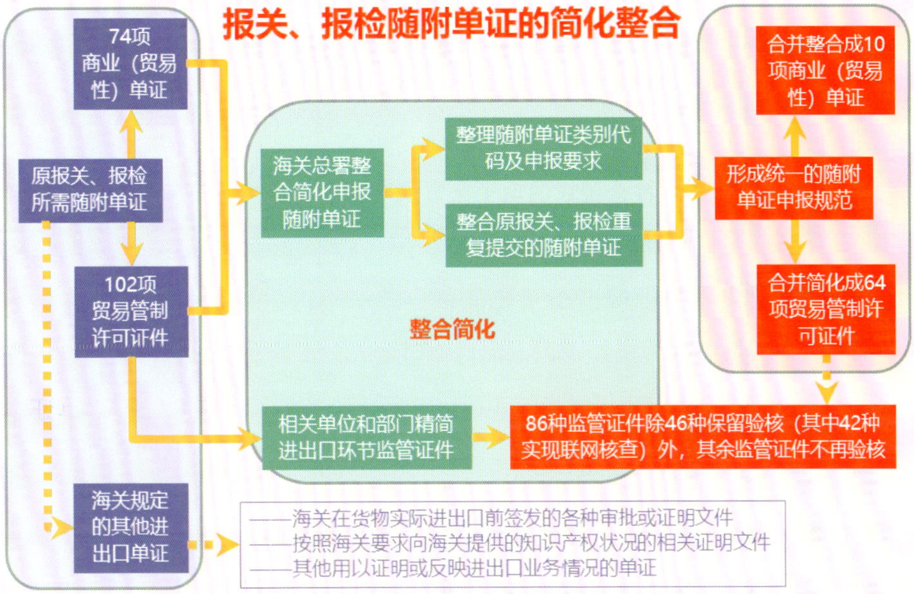
报关、报检随附单证的简化整合
74项
商业（贸易性）单证
原报关、报检所需随附单证
102项
贸易管制许可证件
海关规定的其他进出口单证
海关总署整合简化申报随附单证
整理随附单证类别代码及申报要求
整合原报关、报检重复提交的随附单证
整合简化
相关单位和部门精简进出口环节监管证件
合并整合成10项商业（贸易性）单证
形成统一的随附单证申报规范
合并简化成64项贸易管制许可证件
86种监管证件除46种保留验核（其中42种实现联网核查）外，其余监管证件不再验核
——海关在货物实际进出口前签发的各种审批或证明文件
——按照海关要求向海关提供的知识产权状况的相关证明文件
——其他用以证明或反映进出口业务情况的单证

▲报关、报检随附单证的简化整合

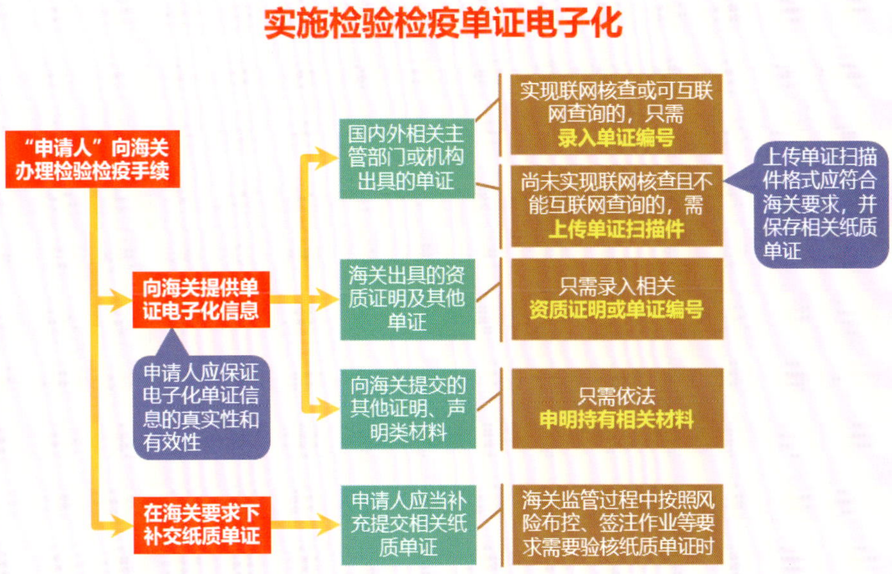
实施检验检疫单证电子化
"申请人"向海关办理检验检疫手续
向海关提供单证电子化信息
申请人应保证电子化单证信息的真实性和有效性
在海关要求下补交纸质单证
国内外相关主管部门或机构出具的单证
海关出具的资质证明及其他单证
向海关提交的其他证明、声明类材料
申请人应当补充提交相关纸质单证
实现联网核查或可互联网查询的，只需录入单证编号
尚未实现联网核查且不能互联网查询的，需上传单证扫描件
上传单证扫描件格式应符合海关要求，并保存相关纸质单证
只需录入相关资质证明或单证编号
只需依法申明持有相关材料
海关监管过程中按照风险布控、签注作业等要求需要验核纸质单证时

▲实施检验检疫单证电子化

2.5 原报关、报检申报系统整合为一个申报系统

在申报项目整合的基础上，将原报关、报检的申报系统进行整合，形成一个统一的申报系统。用户由“互联网＋海关”、国际贸易“单一窗口”接入。新系统按照整合申报内容对原有报关、报检的申报数据项、参数、随附单据等都进行了调整。

3 如何实施检验检疫单证电子化?
——以真实有效、符合要求的电子化方式申报检验检疫单证信息，应海关要求另须补交纸质单证。

3.1 申报时只需提供单证电子化信息

自然人、法人或者其他组织（以下简称“申请人”）向海关办理检验检疫手续，可按照以下要求提供单证电子化信息，无须在申报时提交纸质单证：

国内外相关主管部门或机构出具的单证，实现联网核查或可互联网查询的，只需录入单证编号。尚未实现联网核查且不能互联网查询的，需上传单证扫描件。

海关出具的资质证明及其他单证，只需录入相关资质证明或单证编号。

法律、法规、规章规定应当向海关提交的其他证明、声明类材料，只需依法申明持有相关材料。

3.2 电子化单证信息应真实有效、申报符合要求

申请人应保证电子化单证信息的真实性和有效性，上传单证扫描件格式应符合海关要求，并按规定保存相关纸质单证。

3.3 在海关要求下须补交纸质单证

海关监管过程中按照风险布控、签注作业等要求需要验核纸质单证的，申请人应当补充提交相关纸质单证。

第二节 货物通关现场关检业务“查检合一”作业融合

实施货物“查检合一”是落实海关总署党组关于关检业务全面融合要求，实现查验业务资源统筹、去繁就简、降本增效、人力集约的重要举措，对进一步优化通关环境，提高监管效能，降低企业成本，促进贸易便利，统一海关执法、强化监督制约等具有重要意义。

1 货物通关现场关检业务“查检合一”作业融合的工作目标是什么?
——构建“查检合一”的海关对进出境货物查验作业的新模式。

坚持总体国家安全观，深入推进建设开放型经济新格局，在全国通关一体化整体框架内，充分吸收原海关和原检验检疫的改革成果，明确新海关现场查验作业目标，

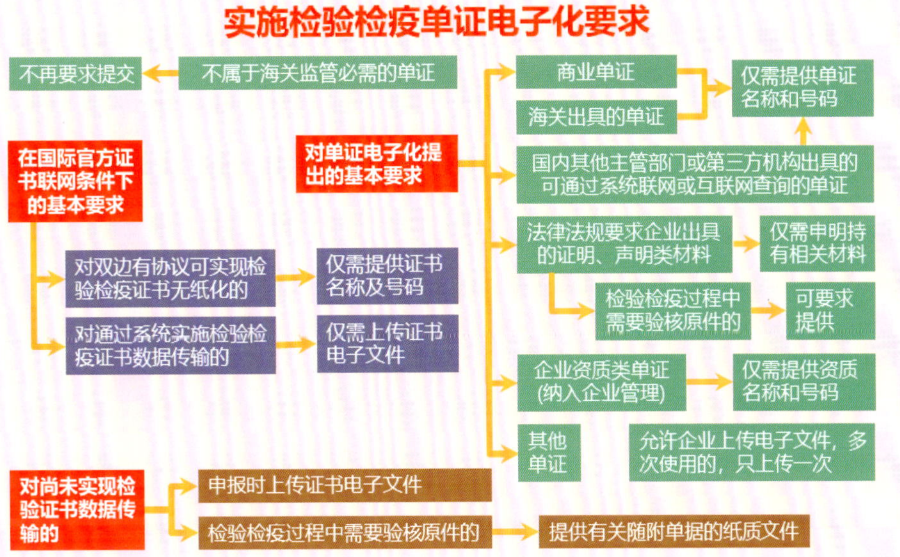
实施检验检疫单证电子化要求
不再要求提交
不属于海关监管必需的单证
商业单证
海关出具的单证
仅需提供单证名称和号码
在国际官方证书联网条件下的基本要求
对单证电子化提出的基本要求
国内其他主管部门或第三方机构出具的可通过系统联网或互联网查询的单证
法律法规要求企业出具的证明、声明类材料
仅需申明持有相关材料
对双边有协议可实现检验检疫证书无纸化的
仅需提供证书名称及号码
检验检疫过程中需要验核原件的
可要求提供
对通过系统实施检验检疫证书数据传输的
仅需上传证书电子文件
企业资质类单证（纳入企业管理）
仅需提供资质名称和号码
其他单证
允许企业上传电子文件，多次使用的，只上传一次
对尚未实现检验证书数据传输的
申报时上传证书电子文件
检验检疫过程中需要验核原件的
提供有关随附单据的纸质文件

▲实施检验检疫单证电子化要求

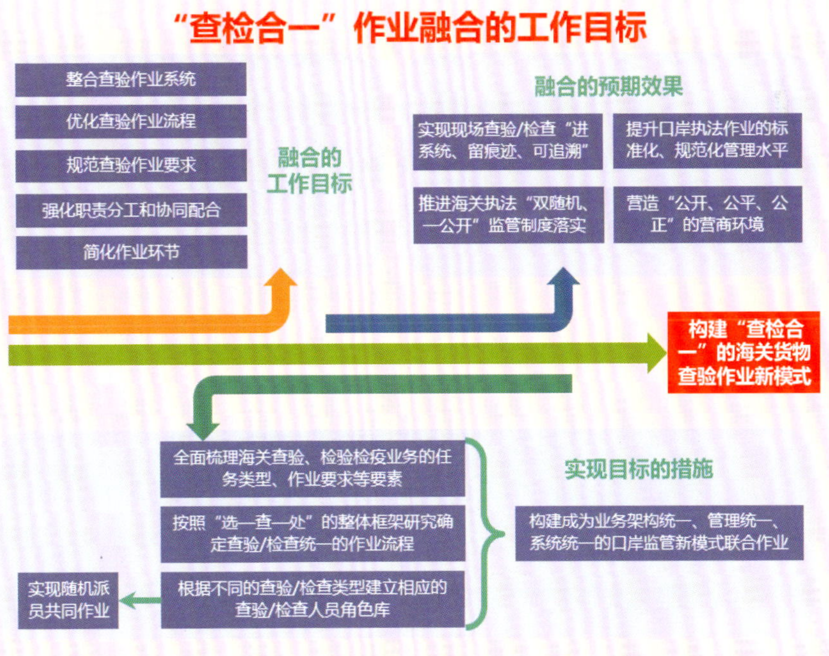
“查检合一”作业融合的工作目标
整合查验作业系统
优化查验作业流程
规范查验作业要求
强化职责分工和协同配合
简化作业环节
融合的工作目标
融合的预期效果
实现现场查验/检查“进系统、留痕迹、可追溯”
提升口岸执法作业的标准化、规范化管理水平
推进海关执法“双随机、一公开”监管制度落实
营造“公开、公平、公正”的营商环境
构建“查检合一”的海关货物查验作业新模式
全面梳理海关查验、检验检疫业务的任务类型、作业要求等要素
按照“选—查—处”的整体框架研究确定查验/检查统一的作业流程
根据不同的查验/检查类型建立相应的查验/检查人员角色库
实现随机派员共同作业
实现目标的措施
构建成为业务架构统一、管理统一、系统统一的口岸监管新模式联合作业

▲“查检合一”作业融合的工作目标

整合查验作业系统、优化查验作业流程、规范查验作业要求，进一步强化职责分工和协同配合，简化作业环节，不断提升查验效能，有效防控执法风险及安全准入风险，构建“查检合一”的海关货物查验作业新模式。

重点内容解读：关于海关货物查验作业新模式

货物监管“查检合一”联合作业是在全面梳理海关查验、检验检疫业务的任务类型、作业要求等要素的基础上，按照“选—查—处”的整体框架研究确定查验 / 检查统一的作业流程。根据不同的查验 / 检查类型建立相应的查验 / 检查人员角色库，实现随机派员共同作业，构建成为业务架构统一、管理统一、系统统一的口岸监管新模式联合作业。此举将推进海关执法领域“双随机、一公开”监管制度的落实，实现现场查验 / 检查“进系统、留痕迹、可追溯”，进一步提升口岸执法作业的标准化、规范化管理水平，营造“公开、公平、公正”的营商环境。

2 货物通关现场关检业务“查检合一”作业融合的总体思路是什么？——优化整合和科学设置作业环节、作业职责、作业流程、作业系统及业务单证。

2.1 科学设置作业环节

按照选、查、处相分离的基本原则，优化整合原海关和原检验检疫查验作业环节，将查验作业环节分为前置作业、（现场）查验作业和处置作业 3 个方面，分别承担安全准入拦截、实货验核、查验后处理等工作，实现查验作业的合理分工、专业处理。

重点内容解读：关于关检合一后的查验作业环节及工作内容

“查检合一”后，海关将货物查验按流程分为了三个查验阶段：

一是前置作业，对涉及安全准入等需在前置作业场所进行拦截处置的进境货物，海关在其抵达进境口岸后实施前置检疫处理、前置辐射探测、先期机检等顺势及非侵入的探测和处置；

二是（现场）查验作业，主要包括核对单货、检验、检疫、鉴定、初筛鉴定、抽样送检、检疫处理监管等作业；

三是后续处置作业，包括查验作业完成后，货物需要进一步检疫处理、隔离检疫、技术整改、指定场所存放加工监管、合格评定、拟证、销毁、退运，以及移送通关、法规、缉私等部门进行处置情形。同时海关会在查验业务领域进行风险防控的全覆盖。

2.2 明确作业职责范围

按照“一次申报、分步处置”的原则，明确货物查验的职责范围，查验部门主要负责在口岸内实施查验作业，现场综合业务部门负责查验后处置工作。对于货物提离海关监管作业场所后至销售使用前的监管作业，暂仍由原业务部门承担，此环节业务的细化调整在下一步改革中明确。

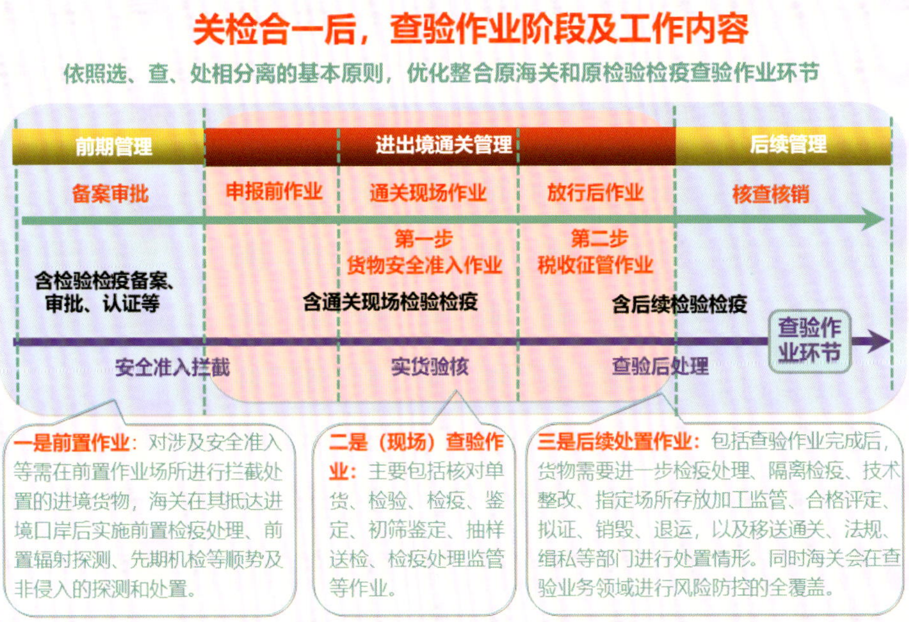
关检合一后，查验作业阶段及工作内容
依照选、查、处相分离的基本原则，优化整合原海关和原检验检疫查验作业环节
前期管理
进出境通关管理
后续管理
备案审批
申报前作业
通关现场作业
放行后作业
核查核销
第一步
货物安全准入作业
第二步
税收征管作业
含检验检疫备案、审批、认证等
含通关现场检验检疫
含后续检验检疫
查验作业环节
安全准入拦截
实货验核
查验后处理
一是前置作业：对涉及安全准入等需在前置作业场所进行拦截处置的进境货物，海关在其抵达进境口岸后实施前置检疫处理、前置辐射探测、先期机检等顺势及非侵入的探测和处置。
二是（现场）查验作业：主要包括核对单货、检验、检疫、鉴定、初筛鉴定、抽样送检、检疫处理监管等作业。
三是后续处置作业：包括查验作业完成后，货物需要进一步检疫处理、隔离检疫、技术整改、指定场所存放加工监管、合格评定、拟证、销毁、退运，以及移送通关、法规、缉私等部门进行处置情形。同时海关会在查验业务领域进行风险防控的全覆盖。

▲关检合一后，查验作业阶段及工作内容

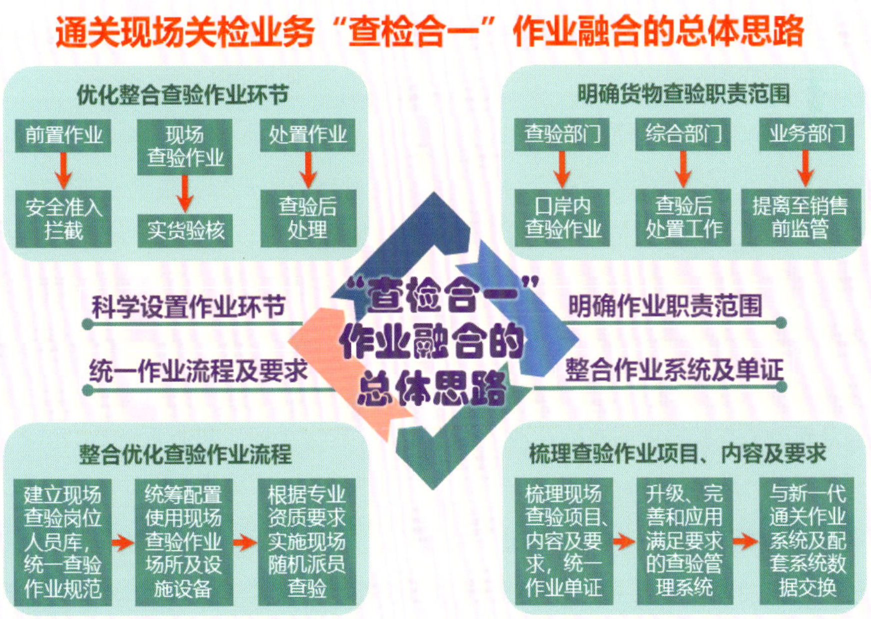
通关现场关检业务“查检合一”作业融合的总体思路
优化整合查验作业环节
前置作业
现场查验作业
处置作业
安全准入拦截
实货验核
查验后处理
明确货物查验职责范围
查验部门
综合部门
业务部门
口岸内查验作业
查验后处置工作
提离至销售前监管
“查检合一”作业融合的总体思路
科学设置作业环节
统一作业流程及要求
明确作业职责范围
整合作业系统及单证
整合优化查验作业流程
建立现场查验岗位人员库，统一查验作业规范
统筹配置使用现场查验作业场所及设施设备
根据专业资质要求实施现场随机派员查验
梳理查验作业项目、内容及要求
梳理现场查验项目、内容及要求，统一作业单证
升级、完善和应用满足要求的查验管理系统
与新一代通关作业系统及配套系统数据交换

▲通关现场关检业务“查检合一”作业融合的总体思路

重点内容解读：关于“一次申报、分步处置”的原则

（1）立足现实，持续创新

“一次申报、分步处置”是海关全面深化改革的具体内容，也是促进贸易便利化的重要举措。在充分借鉴国际海关先进做法的基础上，从我国经济社会实际情况出发，勇于创新、敢于实践，破除传统惯性思维束缚，创新业务管理模式，重构现有作业流程，改变安全准入、检验检疫和税收征管手续都被压缩在口岸通关的狭小时空、货物在口岸滞留时间过长和海关内部管理“中梗阻”等现状，以实践创新推动海关全面深化改革，使贸易便利化真正落到实处。

（2）统筹兼顾，协调推进

“一次申报、分步处置”以安全准入和税收征管分步处置为原则，涉及海关监管通关的所有业务环节，影响深远，必须与当前海关正在推进的关检融合、各业务条线改革紧密结合，统筹兼顾、协调合作、分步实施、稳妥推进，确保改革取得实效。

（3）明确权责，综合监管

“一次申报、分步处置”是一项综合改革工程，必须明确各环节部门分工，以重构海关监管通关作业流程为契机，合理规划货物申报前的企业管理、风险分析、信息搜集以及前置预防性检疫处理（含检疫处理监管）、前置辐射探测、先期机检等；现场通关时的实货监管、证件验核以及现场检疫鉴定、初筛鉴定、抽样送检、检疫处理监管和货物放行后的批量审核、后续监控、稽（核）查、缉私以及检疫处理、隔离检疫、技术整改、合格评定、拟证、销毁等各作业环节，明晰整个监管通关链条上各部门职责任务，努力实现进出口货物在符合安全准入条件、检验检疫风险与税收风险可控前提下的快速通行。

2.3 统一作业流程及要求

整合优化查验作业流程，建立一体化现场查验岗位人员库，根据专业资质要求实施现场随机派员查验，统筹配置使用现场查验作业场所及设施设备，统一现场查验作业规范，进一步提高现场查验作业效能。

2.4 整合作业系统及相关业务单证

全面梳理现场查验作业的项目、内容及要求，统一查验作业单证，升级、完善和应用满足新海关查验要求的查验管理系统，与新一代海关通关作业系统（H2018）及相关配套系统进行数据交换，实现查验作业全链条进系统、留痕迹。

重点内容解读：关于新一代通关系统

新一代通关系统是关检融合以来第一个实现真正意义上统一作业的系统模块。该系统梳理整合海关 H2010 和原检验检疫 e-CIQ 的接审单职责功能，统一接审单业务操作系统，真正实现关检融合统一作业，进一步推进了关检业务融合。目前新系统已优化整合报关单处置、税费及保金保函处置、现场验估作业、证件管理、出

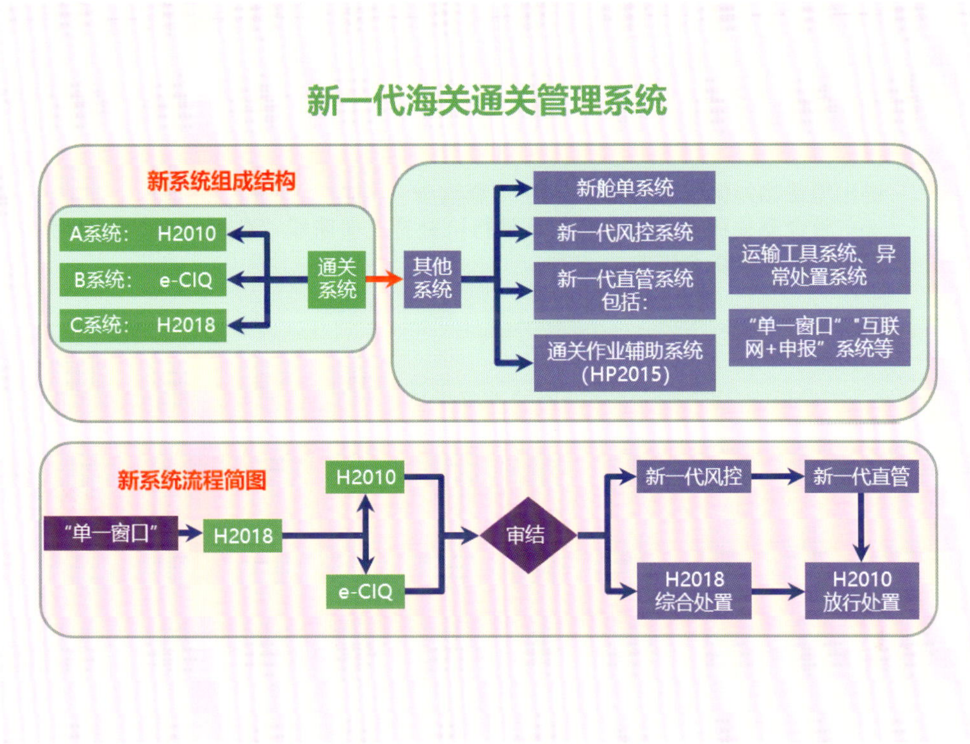
新一代海关通关管理系统
新系统组成结构
A系统： H2010
B系统： e-CIQ
C系统： H2018
通关系统
其他系统
新舱单系统
新一代风控系统
新一代直管系统包括：
通关作业辅助系统（HP2015）
运输工具系统、异常处置系统
“单一窗口”“互联网+申报”系统等
新系统流程简图
“单一窗口”
H2018
H2010
e-CIQ
审结
新一代风控
新一代直管
H2018综合处置
H2010放行处置

▲新一代海关通关管理系统

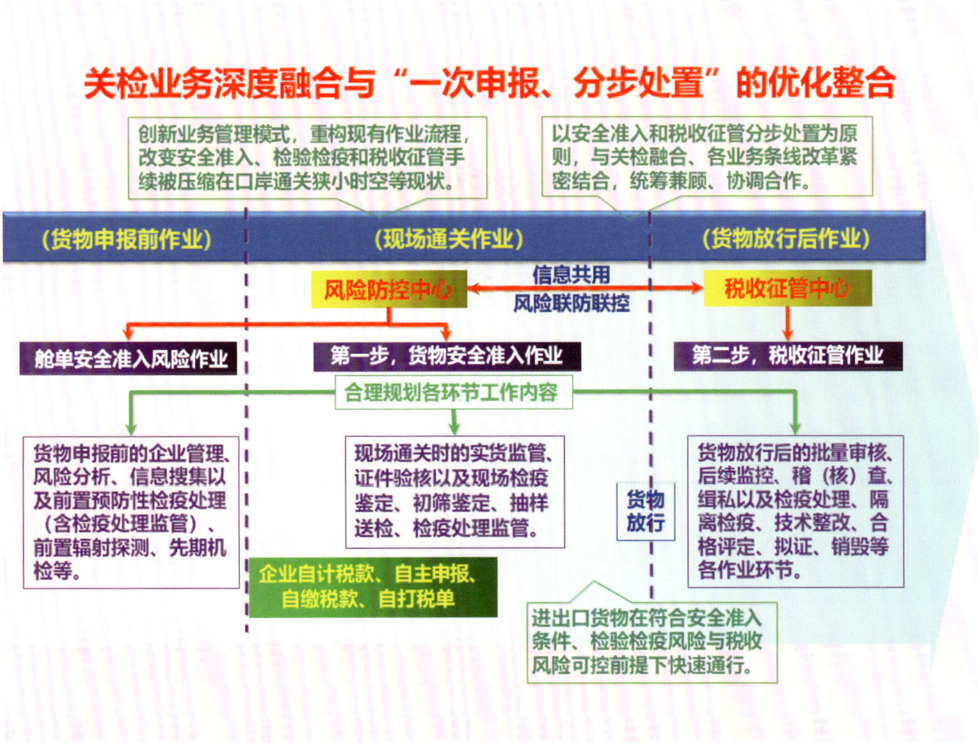
关检业务深度融合与“一次申报、分步处置”的优化整合
创新业务管理模式，重构现有作业流程，改变安全准入、检验检疫和税收征管手续被压缩在口岸通关狭小时空等现状。
以安全准入和税收征管分步处置为原则，与关检融合、各业务条线改革紧密结合，统筹兼顾、协调合作。
（货物申报前作业）
（现场通关作业）
（货物放行后作业）
风险防控中心
信息共用
风险联防联控
税收征管中心
舱单安全准入风险作业
第一步，货物安全准入作业
第二步，税收征管作业
合理规划各环节工作内容
货物申报前的企业管理、风险分析、信息搜集以及前置预防性检疫处理（含检疫处理监管）、前置辐射探测、先期机检等。
现场通关时的实货监管、证件验核以及现场检疫鉴定、初筛鉴定、抽样送检、检疫处理监管。
货物放行
货物放行后的批量审核、后续监控、稽（核）查、缉私以及检疫处理、隔离检疫、技术整改、合格评定、拟证、销毁等各作业环节。
企业自计税款、自主申报、自缴税款、自打税单
进出口货物在符合安全准入条件、检验检疫风险与税收风险可控前提下快速通行。

▲关检业务深度融合与“一次申报、分步处置”的优化整合

口申报前监管、通关状态查询服务、理单归档管理、业务及贸易统计、核批管理等9个业务模块、33个子模块、65项功能，可实现关检综合业务后台统一办理，进一步提高通关效率。

3 进出境货物如何实现关检业务的“查检合一”？
——整合海关前置、现场查验及放行前处置三个阶段“查检合一”作业措施，实现关检融合统一作业。

3.1 前置作业

对涉及安全准入等需进行拦截处置的进境货物（含公路口岸承运货物的运输工具，下同），海关在其抵达进境口岸后实施前置预防性检疫处理（含检疫处理监管）、前置辐射探测、先期机检等顺势及非侵入的探测和处置。

前置预防性检疫处理、前置辐射探测、先期机检作业主要根据布控指令或结合货物物流顺势实施。

重点内容解读：关于海关顺势及非侵入的探测和处置作业

（1）前置预防性检疫处理

即改变以往报检后做卫生处理的检疫监管模式，根据船舶代理提供的舱单信息，提前筛选出需要做检疫处理的货物，在辖区口岸实施前置检疫处理。例如，与原有的报检后做卫生处理的通关模式相比，新模式实施后，来自疫区的集装箱货物每柜至少减少一次吊箱操作，可为通关企业大幅度节约吊箱费用。同时，加快了通关效率，通过实施检疫处理前置，货柜通关时间缩短，提升了物流周转效率及核心竞争力。

（2）前置辐射探测

进入口岸海关监管区的出口集装箱需接受辐射探测监管。当集装箱车辆驶入卡口时，位于通道两侧的第一道门户式辐射检测设备开始自动探测集装箱的放射性，若发生报警，由中央控制室对报警信息进行即时分析判断，对确有嫌疑的集装箱，下达二次检查指令，并下达即决式布控指令。嫌疑集装箱将被引导至专门的二检场地，由中控室派员对其进行放射性复核和手持式设备检测，对放射源的强度和种类进行鉴定和识别。

（3）先期机检作业

充分发挥大型集装箱检查设备的优势，通过应用智能查验设备和人工智能技术，以尽量少干预、不中断物流为原则，对适宜非侵入式查验的货物，优先实施机检查验，尽可能将查验作业嵌入物流运转过程开展“顺势监管”，积极探索开展“先期机检”作业，逐步加大非侵入检查比例，在货物运抵尚未进行报关申报，或集装箱从船舶上吊装离场、车辆进场等环节时开展机检，切实提升监管查验效能。

3.2 现场查验作业

现场查验是指在口岸内实施的外勤查验作业，包括：

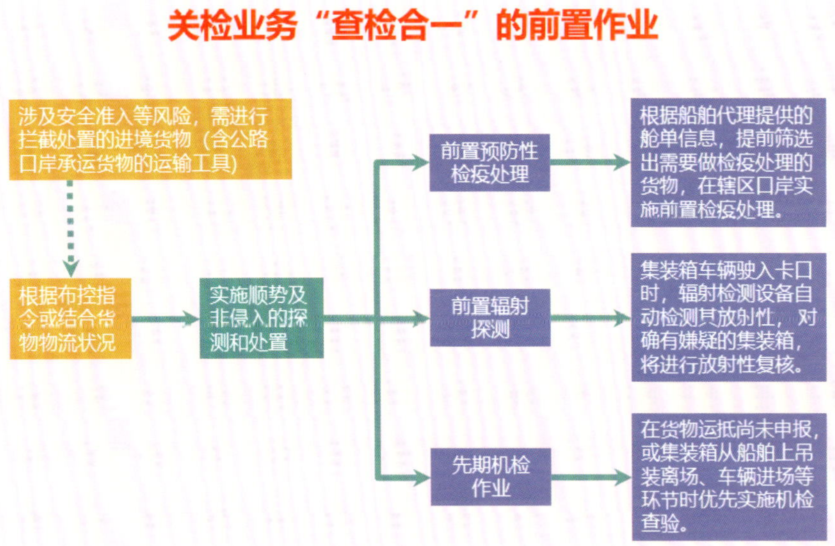
关检业务“查检合一”的前置作业
涉及安全准入等风险，需进行拦截处置的进境货物（含公路口岸承运货物的运输工具）
根据布控指令或结合货物物流状况
实施顺势及非侵入的探测和处置
前置预防性检疫处理
根据船舶代理提供的舱单信息，提前筛选出需要做检疫处理的货物，在辖区口岸实施前置检疫处理。
前置辐射探测
集装箱车辆驶入卡口时，辐射检测设备自动检测其放射性，对确有嫌疑的集装箱，将进行放射性复核。
先期机检作业
在货物运抵尚未申报，或集装箱从船舶上吊装离场、车辆进场等环节时优先实施机检查验。

▲关检业务“查检合一”的前置作业

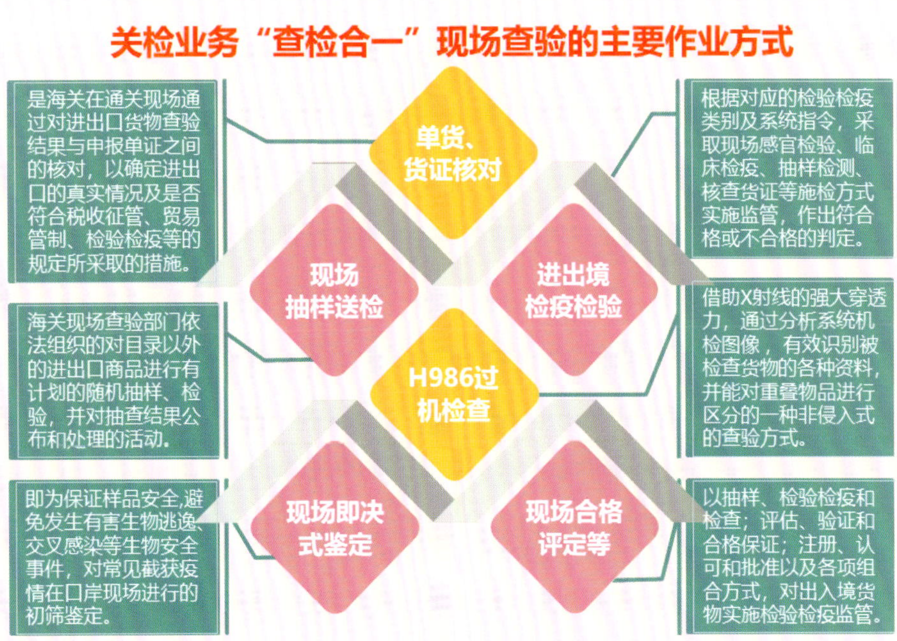
关检业务“查检合一”现场查验的主要作业方式
是海关在通关现场通过对进出口货物查验结果与申报单证之间的核对，以确定进出口的真实情况及是否符合税收征管、贸易管制、检验检疫等的规定所采取的措施。
单货、货证核对
根据对应的检验检疫类别及系统指令，采取现场感官检验、临床检疫、抽样检测、核查货证等施检方式实施监管，作出符合格或不合格的判定。
现场抽样送检
进出境检疫检验
海关现场查验部门依法组织的对目录以外的进出口商品进行有计划的随机抽样、检验，并对抽查结果公布和处理的活动。
H986过机检查
借助X射线的强大穿透力，通过分析系统机检图像，有效识别被检查货物的各种资料，并能对重叠物品进行区分的一种非侵入式的查验方式。
即为保证样品安全,避免发生有害生物逃逸、交叉感染等生物安全事件，对常见截获疫情在口岸现场进行的初筛鉴定。
现场即决式鉴定
现场合格评定等
以抽样、检验检疫和检查；评估、验证和合格保证；注册、认可和批准以及各项组合方式，对出入境货物实施检验检疫监管。

▲关检业务“查检合一”现场查验的主要作业方式

单证、货证核对；

卫生检疫、动植物检疫、商品检验；

抽样送检；

现场即决式鉴定（含现场实验室初筛鉴定）；

H986 过机检查；

现场技术整改，合格评定、拟证。

重点内容解读：关于海关现场查验作业的几种方式

（1）海关现场实验室初筛鉴定（以动植检为例）

现场实验室初筛鉴定是指口岸海关建立检验检疫初筛鉴定室，并配备解剖镜、超净工作台、养虫箱、培养箱、熏蒸气体分析仪等初筛鉴定所需仪器设备，以满足口岸常见截获疫情初筛鉴定的需要，保证样品安全，避免有害生物逃逸、交叉感染等生物安全事件。为此，该海关还对原有的“口岸查验 + 统一送样 + 出具结果 + 货物放行 / 检疫处理”动植检流程进行再造，构建“口岸查验 + 口岸鉴定室鉴定 + 货物放行 / 检疫处理”新式作业流程，将常见有害生物的鉴定工作放在口岸初筛鉴定室，少量疑难杂症的鉴定提交总关动植检中心实验室。

（2）检验检疫

海关对受理申报的货物，根据对应的检验检疫类别，以及业务信息化管理系统（原主干系统）规则运算的指令，采取相应的施检方式，包括现场感官检验、临床检疫、抽样检测、核查货证等实施监管，符合要求的予以合格判定，向海关 H2018 系统发送港区预处理指令，或形成出口货物电子底账数据，允许进、出口；不符合要求的，具备条件的进行技术处理，无法技术处理的予以不合格判定，并视情况退货、销毁，或不允许出口。

（3）抽查送检

这是海关现场查验部门依法组织的对目录以外的进出口商品进行有计划的随机抽样、检验，并对抽查结果公布和处理的活动，是国家对进出口商品实施质量监督管理的一种重要方式。

（4）合格评定

合格评定是借鉴国际通行规则使用的概念，与世界贸易组织《技术性贸易壁垒协定》的规则是相同，有利于规范进出口商品检验采取的各种技术措施。在对货物风险、企业信用实施分类管理的基础上，依据合格评定的有关程序对出入境货物实施检验检疫监管，并适用相应的作业流程。

合格评定的程序包括：抽样、检验（检疫）和检查；评估、验证和合格保证；注册、认可和批准以及各项的组合。

（5）H986 过机检查

H986 是海关大型集装箱检查系统的简称。“H”是“海关”的第一个拼音字母，986 则代表着这一海关国产集装箱、货柜车检查系统正式立项实施的时间为 1998 年 6 月。H986 由清华

非侵入式查验货物，优先实施机检查验

海关非侵入式查验

利用具备X射线透视功能的技术设备，不开箱而快速完成对箱内进出境货物、进口物品的检查。

小型行李物品检查设备

主要用于对体积较小的行李物品、邮递物品、快件的查验。

大型集装箱/车辆检查系统

该设备拥有宽大的扫描通道，可满足卡车集装箱、中小型车辆、货物等的海关检查需求。同时设备还具有集装箱号和车牌号自动识别、地磅称重数据自动比对、自动辐射探测报警等功能，对于正常集装箱货物能够实现即时查验放行，货物高效通关。

CT型行李物品检查设备

该设备能够实现毒品、爆炸物的自动识别并报警，通过丰富的图像信息能够有效识别遮挡、夹层或掏空藏匿的违禁品。CT型行李物品检查系统检查精准度更高，同时将进一步提升查验效能，缩短通关时间，实现货物高效便捷通关。

经过机检图像研判，正常集装箱、行李箱、邮包、快件等就可以顺利通关。图像存在异常的，还是要进行人工查验，对其中的货物物品进行验核。

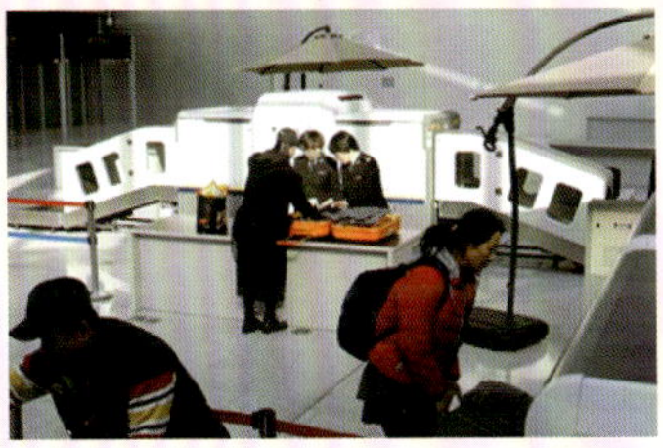

▲非侵入式查验货物，优先实施机检查验

单证处置之一：报关单修改或撤销

指海关接受进出口货物申报后，报关单位申请修改或者撤销报关单，以及根据海关要求对报关单进行修改或者撤销的事务。

基本原则

- 海关接受进出口货物申报后，报关单不得修改或者撤销
- 符合规定的，当事人可以向原接受申报海关申请修改或撤销
- 报关单修撤后，纸质报关单和电子数据报关单应当一致
- 报关单修撤，遵循修改优先原则，确实不能修改的予以撤销
- 已决定布控查验及涉嫌走私或违规的，在结关前不得修撤

处置方式

当事人申请报关单修撤：通过电子口岸预录入系统向海关办理报关单修撤手续，并以电子方式上传相关材料电子数据。海关办理后通过预录入系统将办理情况反馈当事人。

海关发现报关单需要修撤：海关通过电子口岸预录入系统向当事人发起报关单修改或者撤销确认。当事人应在5日内向海关确认“同意办理”或者“不同意办理”的意见。

其他处置

- 因修撤报关单导致需要变更、补办许可证件的，当事人应当向海关提交相应的许可证件
- 报关单修撤涉及税费变化的，海关按规定办理税单出具、收回，以及税费收取、退还手续
- 当事人以无纸化方式修撤，海关需验核纸面单证，当事人向申报地现场海关递交相关材料

▲单证处置之一：报关单修改或撤销

同方研制成功，并于2000年前后通过验收并陆续在全国各货运业务量大的口岸海关投入使用。

H986工作原理与大型X光机类似，以辐射成像技术为核心，借助X射线的强大穿透力，关员不经过开箱，通过分析系统机检图像就能发现集装箱、车辆等运输设备内的货物、暗格以及违禁品。

H986作为一种非侵入式的查验方式，对大宗、单一品种的货物实施一次过机、一次过磅操作，不必开箱、掏箱、装箱，节省了查验时间，同时也能避免向港口缴纳拖箱费、掏箱费。其次，借助强大的扫描成像功能，H986能够有效识别被检查货物的各种资料，并能对重叠物品进行区分，从而使那些伪报、夹藏的不法行为现出“原形”。H986系统的X射线不会对被检物品造成影响，可以安全使用。

3.3 处置作业

处置作业是指现场查验发现异常或查验后需进一步处置的作业，包括以下几种。

单证处置：报关单修改或撤销、补证补税、签证。

货物处置：退运、销毁、罚没、口岸隔离检疫、技术整改（不具备现场整改条件的）。

移交处置：移送通关、法规、缉私等处置部门手续办理。对于其中涉嫌走私违法犯罪，案件线索移交缉私部门处理的，涉案货物应当随案移送。

案件处置：“两简”案件办理。

处置作业中的内勤作业由现场综合业务部门负责，外勤作业暂仍由原业务部门承担。

重点内容解读：关于口岸隔离检疫（以出口动物为例）

出口动物实施启运地隔离检疫和抽样检验、离境口岸做临床检查和必要复检的制度。输出动物，出境前需经隔离检疫的，须在海关指定的隔离场所实施检疫。需隔离检疫的情况主要有：进口国要求隔离检疫的，按照进口国的要求进行隔离检疫；根据贸易合同的规定需对出境动物进行隔离检疫的，按合同约定进行检疫；在对出境动物进行检疫过程中发现传染病的，应对其同群假定健康动物实施隔离检疫；我国政府对出境动物有隔离检疫规定的，按规定要求进行隔离检疫。

3.4 查验业务领域风险防控全覆盖

将货物“查检合一”工作和风险防控同步研究、同步部署、同步推进，切实加强对查验工作的监督制约。加快推进整合后的查验场地所有视频监控信号接入海关总署监控指挥中心，确保查验工作在有效监督下开展。全面推进移动查验单兵系统、音视频执法记录仪等科技设备的使用，实现查验执法作业全流程“进系统、留痕迹、可追溯”。将查验工作纳入“互联网+海关”建设，对外公开查验作业程序、重点环节时间节点、作业结果等，根据相对人申请适度公开查验作业过程，实现“阳光作业”。

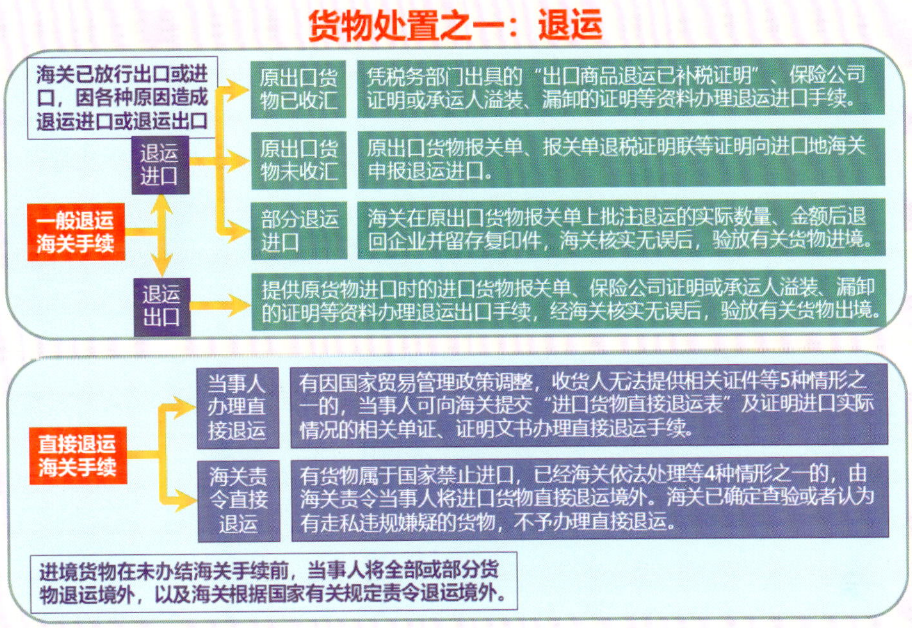
货物处置之一：退运
海关已放行出口或进口，因各种原因造成退运进口或退运出口
一般退运海关手续
退运进口
原出口货物已收汇
凭税务部门出具的"出口商品退运已补税证明"、保险公司证明或承运人溢装、漏卸的证明等资料办理退运进口手续。
原出口货物未收汇
原出口货物报关单、报关单退税证明联等证明向进口地海关申报退运进口。
部分退运进口
海关在原出口货物报关单上批注退运的实际数量、金额后退回企业并留存复印件，海关核实无误后，验放有关货物进境。
退运出口
提供原货物进口时的进口货物报关单、保险公司证明或承运人溢装、漏卸的证明等资料办理退运出口手续，经海关核实无误后，验放有关货物出境。
直接退运海关手续
当事人办理直接退运
有因国家贸易管理政策调整，收货人无法提供相关证件等5种情形之一的，当事人可向海关提交"进口货物直接退运表"及证明进口实际情况的相关单证、证明文书办理直接退运手续。
海关责令直接退运
有货物属于国家禁止进口，已经海关依法处理等4种情形之一的，由海关责令当事人将进口货物直接退运境外。海关已确定查验或者认为有走私违规嫌疑的货物，不予办理直接退运。
进境货物在未办结海关手续前，当事人将全部或部分货物退运境外，以及海关根据国家有关规定责令退运境外。

▲货物处置之一：退运

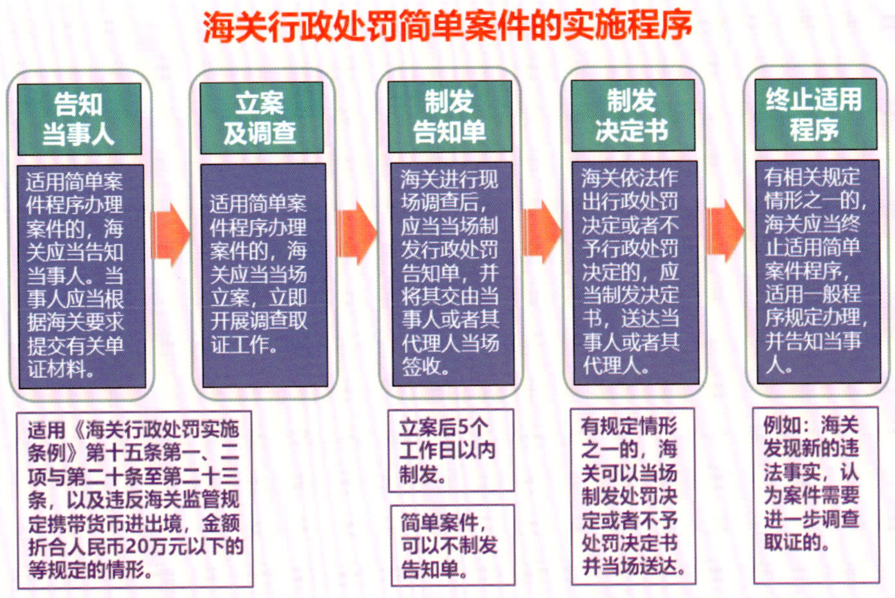
海关行政处罚简单案件的实施程序
告知当事人
适用简单案件程序办理案件的，海关应当告知当事人。当事人应当根据海关要求提交有关单证材料。
立案及调查
适用简单案件程序办理案件的，海关应当当场立案，立即开展调查取证工作。
制发告知单
海关进行现场调查后，应当当场制发行政处罚告知单，并将其交由当事人或者其代理人当场签收。
制发决定书
海关依法作出行政处罚决定或者不予行政处罚决定的，应当制发决定书，送达当事人或者其代理人。
终止适用程序
有相关规定情形之一的，海关应当终止适用简单案件程序，适用一般程序规定办理，并告知当事人。
适用《海关行政处罚实施条例》第十五条第一、二项与第二十条至第二十三条，以及违反海关监管规定携带货币进出境，金额折合人民币20万元以下的等规定的情形。
立案后5个工作日以内制发。
简单案件，可以不制发告知单。
有规定情形之一的，海关可以当场制发处罚决定或者不予处罚决定书并当场送达。
例如：海关发现新的违法事实，认为案件需要进一步调查取证的。

▲海关行政处罚简单案件的实施程序

4 货物通关现场“查检合一”的作业流程由哪些环节组成？

——始于接收查验指令，历经派员、查验作业，在必要时实施处置后完成通关作业。

4.1 接收查验指令

通过 H2010 系统、e-CIQ 主干系统（待开发完成后使用 H2018 系统）接收新一代风险作业系统细化后查验指令及细化作业表单。

指令触发后，海关通过向运输工具负责人、收发货人或其代理人、监管场所经营人等自动发送查验通知书 / 检疫处理通知书。

4.2 查验派员

根据查验指令中要求的作业资质对查验人员进行分类，系统按查验指令要求和人员资质情况随机派员，将符合指令要求资质的人员及其他人员混合编组，由 2 名及以上的查验人员共同实施查验作业，每组查验人员至少包含 1 名符合查验指令要求资质的关员。

4.3 查验作业

综合原海关和原检验检疫查验作业的项目、布控表单内容等，形成统一的查验要求和项目（共 18 项），查验人员统一使用移动查验单兵作业终端、音视频执法记录仪和相应的查验工具，按查验要求实施查验作业。

对于查验指令要求取样送检及查验过程中经审批认为有必要取样送专业部门鉴定的，实施一次抽样、统一开具抽采样凭证、统一封样，分送相应实验室进行检测。

查验人员录入查验结果并反馈布控指令细化作业要求所列项目查验结果，新一代查验管理系统将结果返写至 H2010 系统，由 H2010 系统返写相关作业系统（e-CIQ 主干系统、新一代风险作业系统等），待系统开发完成后统一返写至 H2018 系统。非报关单查验由查验人员录入查验结果，新一代查验管理系统将结果返写新一代风险作业系统。

4.4 处置作业

前置作业发现异常的，除必须现场立即处置的情形外，现场查验部门应联系风险部门实施相应处置。

现场查验中发现异常的，由现场查验部门、现场综合业务部门按照各自职责分工，办理相应的处置作业。

如需由专业部门检测鉴定的，须在获得检测鉴定结果后进行相应的处置作业。

4.5 其他作业

辐射探测和先期机检作业由口岸海关按照顺势监管原则，整合现场通道及监管查验设备后，按现行的相关规定实施。

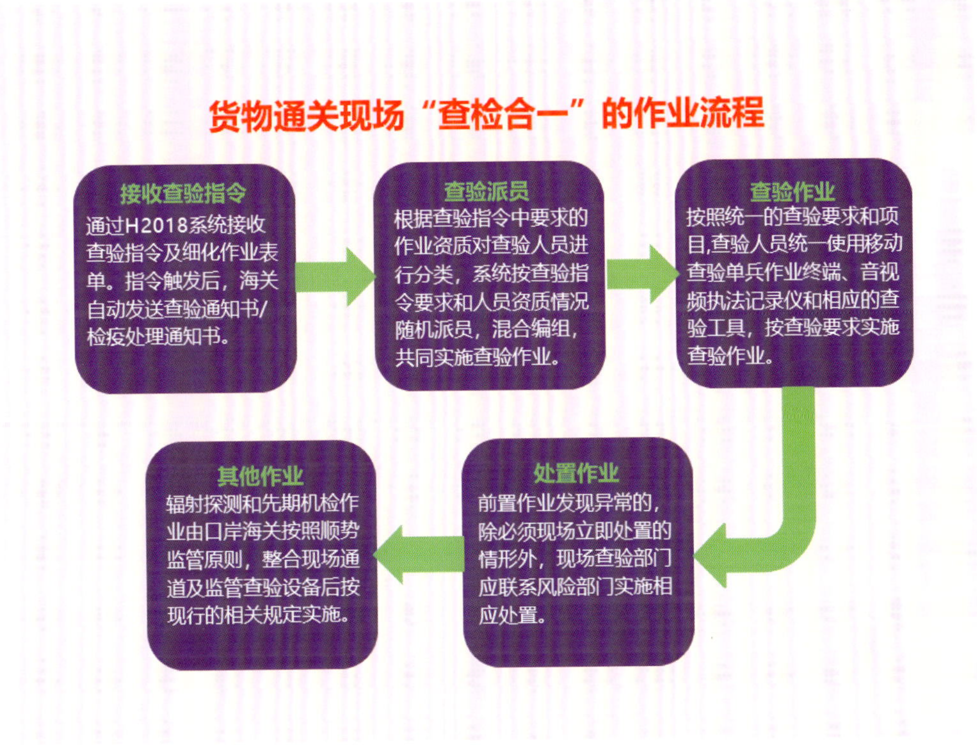
货物通关现场“查检合一”的作业流程
接收查验指令
通过H2018系统接收查验指令及细化作业表单。指令触发后，海关自动发送查验通知书/检疫处理通知书。
查验派员
根据查验指令中要求的作业资质对查验人员进行分类，系统按查验指令要求和人员资质情况随机派员，混合编组，共同实施查验作业。
查验作业
按照统一的查验要求和项目,查验人员统一使用移动查验单兵作业终端、音视频执法记录仪和相应的查验工具，按查验要求实施查验作业。
处置作业
前置作业发现异常的，除必须现场立即处置的情形外，现场查验部门应联系风险部门实施相应处置。
其他作业
辐射探测和先期机检作业由口岸海关按照顺势监管原则，整合现场通道及监管查验设备后按现行的相关规定实施。

▲货物通关现场“查检合一”的作业流程

海关查验仪器
CT断层扫描仪
该仪器可以实现三维成像，通过简单拖动鼠标察看切片成像、旋转鼠标从各角度观察立体图像，并自动检测分析货物的化学成分，对可疑物品（例如毒品）自动报警。
移动查验单兵作业终端
通过设备对查验货物等进行拍照、录入查验记录，录入商品具体信息及查验结果，使得查验证据现场固化，强化了查验执法过程的监督，从而防控风险。为查验人员提供实时信息支持，提高查验效率。
便携式激光拉曼光谱仪
该光谱仪在获得高质量拉曼光谱的同时也能实现多组分混合物的识别，通过仪器内置上百种谱图库或用户生成的谱图库，实现现场快速、准确的鉴定，实现货物查验的快速、无损、准确分析，是危化品分析的有力工具。
查验音视频执法记录仪
这台执法记录仪具备“视频监控”“远程视频”“语音通话”等功能，可以在第一时间收集、固定证据，能与监控指挥中心连线，起到业务指导和风险防控的作用，实现了“监管现场—隶属海关—职能部门”三级可视化、远程指挥。

▲海关查验仪器

5 对在货物通关现场实施“查检合一”作业有哪些要求？
——整合优化资源，规范设置配备，结合企业信用状况顺势选择作业。

5.1 查验场地设置与查验设备配备

整合优化原海关和原检验检疫场地和查验设备资源，按标准化的场地设置规范整合建设查验场地，配备必要的监管查验设备。探索在监管作业场所内，建设现代化集约型综合查验场地，设置封闭式查验场地、恒温查验场地、初筛实验室 / 现场工作室，配备各类查验装备和检测工具，具备对各类商品进行查验的能力和条件。

5.2 查验场地选择

除法律法规有专门要求的，不涉及安全准入风险的进境货物，经收货人申请，属地海关核批，可办理转场查验手续。有专门查验要求的，应在符合要求的场地实施。进境查验货物在监管区内调拨应遵循顺势、物流正常运转规律的原则。

5.3 监管区外查验

现场查验和处置作业原则上在口岸内实施。需在口岸外进行到厂监管、口岸外场所隔离检疫、指定场所存放加工监管、进口目的地检验、出口产地 / 组货地检验检疫、技术整改（不具备现场整改条件的）、初筛鉴定的，结合企业信用状况仍由原业务部门实施。

5.4 跨关区转场及区外查验的物流监控

对于需跨关区转场及需将货物调离海关监管区外实施查验的，在安全准入风险可控的情况下，根据企业信用状况由采取承运海关监管货物车辆运输、施加封志等措施，保障物流安全。

6 跨境电商关检业务实施“查检合一”融合作业的原则与要求是什么？
——统一监管原则与作业实施要素，确保现场检疫、质量监测融入现场海关作业。

6.1 统一监管原则

按照国务院及相关部委发布的跨境电子商务政策、跨境电子商务零售进口商品清单（正面清单）、禁止和限制以跨境电子商务形式进境的商品清单（负面清单）、出入境检疫和质量安全监测等相关规定，以“信息申报，入区查验，出区核查，质量追溯，分级管理”为原则实施监管。

新一代海关信息系统建设

云智能

包括云计算、物联网、AI人工智能应用等。

海关仓储物流

包括现代仓储物流系统及设备、供应链管理，交通运输管理、冷链物流等，码头和仓库的设计与建造，货物专用运输、快递快件服务，相关的包装、租赁、保险、咨询等。

海关信息技术

包括通关作业系统、移动办公系统、移动会议系统、云支付、知识产权查验保护系统、海关移动智能单兵系统、机检查验、集中审图、智能审图、智能化机检图像分析系统、物流数据联网判别与自动处理系统及设备等。

通关系统与设备

包括自助通关一体机，数字标牌及视频视讯技术，图像识别技术，集装箱检查系统及设备、X射线探测器，非侵入式查验设备；网络化、智能化、信息化的监管场所卡口控制及联网管理系统，卫星定位系统，电子关锁、电子标签、电子扫描检查设备，电子地磅、电子闸门、电子车牌，船舶监管、物流监控系统等。

海关政务系统

包括电子政务系统、海关执法系统、业务监控和辅助决策数字化的信息系统（风险管理平台、海关政务信息化建设、关税分析监控系统、海关执法评估系统）、企业产品信息备案系统、网络安全系统、数据库及风险管理系统和其他职能管理系统等。

▲新一代海关信息系统建设

海关新型集装箱检查设备在口岸正式投入使用

查验现场，一辆集装箱卡车在工作人员的提示下驶入查验通道，查验设备将集装箱卡车缓慢移动到扫描区域。随后，后台的电脑屏幕上就清晰地显示出集装箱卡车的动画图像，以及装载的货物影像，不但有侧面的影像，还有俯视角度的影像。5分钟后，这辆集装箱卡车所载货物顺利通过了查验。

海关利用科技设备不断提升通关效率，压缩通关时间。此前，海关启用了全新的审像系统，所有查验流程只需在一个系统里流转。

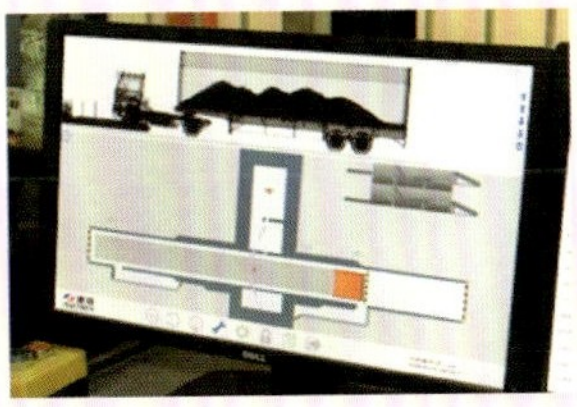

新设备实现了从单视角到双视角的转变，这种转变给关员提供了更加清晰的图像，关员在看图的时候能够全面地分析图像，从而提高了查验效率，最终实现了提升通关效率和压缩通关时间的目标。

海关采用企业备案管理模式加速企业通关，通过搜集企业基本情况、商品实物照片、机检图像等资料，建立集商品描述、实物照片、典型过机图像于一体的系统。

▲海关新型集装箱检查设备在口岸正式投入使用

6.2 统一监管作业

整合监管系统、场所和人员，合并监管方式和手段，优化查验设施和设备，重点将检验检疫监管工作中的现场检疫、质量监测融入现场海关作业，实现跨境电子商务“查检合一”。

7 跨境电商关检业务实施“查检合一”融合作业需对工作内容做哪些整合？——全面整合跨境电商通关作业系统、单证、场所、设备设施和人员配置。

7.1 整合通关系统

使用海关跨境电子商务进口统一版系统和跨境电子商务出口统一版系统（系统未全面切换前各地继续使用现有系统）对跨境电子商务进出口清单实施通关监管作业，实现企业一次申报、一次查验、一次放行。检验检疫监管要求通过参数、指令等方式在相关系统中实现。

涉及法定检验检疫，海关总署发布的疫病疫情公告，以及海关总署动植司、卫生司发布的疫病疫情预警中的参数，由对应司局部门提出需求，风险管理司统一设置风险参数或布控指令。

关区各业务职能部门可提出检验检疫防控需求、布控要素、布控环节和处置要求，统一提交至本级风险防控中心设置维护二级风险参数或布控指令。

7.2 整合作业单证

整合查验单证，通过系统实施无纸化作业；按照统一规则，保留对外出具及作为证据留存的纸质单证。跨境电商清单增加检验检疫防控需要的申报字段，并制定出台统一的清单申报规范。

7.3 整合作业场所

整合更新原跨境电子商务监管场所，满足新海关查验要求，统一使用查验平台、查验分拣线等，设置不合格暂扣区、设备间等。后续特殊处置场地设置参照一般货物监管要求。

7.4 整合设施设备

7.4.1 一般查验设施设备

前置作业：门幅式辐射检测仪、手持式辐射检测仪、大型消毒喷淋装置等。

查验作业：查验工具箱、现场抽采样工具、水分检测仪、X 光机、地磅、电子秤、有毒有害物质探测设备等。

7.4.2 特殊查验设施设备

一般防护服、生化防护服、铅服、自给式呼吸防护服等人员防护设备，快速诊断识别工具，特殊采样移动储存设备，个人防护计量设备等。

7.5 整合人员配置

整合现场查验作业人员，统一培训上岗。系统按查验指令根据专业资质要求实施现场随机派员查验，由两名及以上的查验人员共同实施查验作业。

跨境电子商务进出口海关监管模式
"网购保税进口"
电子商务企业将商品运入海关特殊监管区域或保税物流中心（B型）内并向海关报关，海关实施账册管理。境内个人网购区内商品后，电子商务企业或其代理人向海关提交清单，海关按跨境电商零售进口商品征税，验放后账册自动核销。
跨境电商
零售进口
"直购进口"
境内个人跨境网购后，电子商务企业或平台将电子订单等"三单"传输给海关，电子商务企业或其代理人向海关提交清单，商品以邮件、快件方式运送，通过海关邮件、快件监管场所入境，按跨境电商零售进口商品征税。
"一般出口"
境外个人跨境网购后，电子商务企业或平台向海关传输"三单"电子商务企业或其代理人向海关提交清单，商品以邮件、快件方式运送出境。综合试验区海关采用"简化申报，清单核放，汇总统计"方式通关。
跨境电商
一般出口
"特殊区域出口"
电子商务企业把整批商品按一般贸易报关进入海关特殊监管区域，企业实现退税；对于已入区退税的商品，境外网购后，海关凭清单核放，出区离境后，海关定期将已放行清单归并形成出口报关单，电商凭此办理结汇手续。

▲跨境电子商务进出口海关监管模式

跨境电商关检业务工作内容的全面整合
整合通关系统
使用海关跨境电子商务进(出)口统一版系统实施通关监管作业，一次申报、查验、放行；检验检疫监管要求通过参数、指令等方式在相关系统中实现。
整合作业单证
整合查验单证，系统实施无纸化作业；保留存证用纸质单证。跨境电商清单增加检验检疫防控需要的申报字段，并制定出台统一的清单申报规范。
整合作业场所
整合更新原跨境电子商务监管场所及查验要求，统一使用查验平台、查验分拣线，设置不合格暂扣区、设备间等。后续特殊处置场地设置参照一般货物监管要求。
整合设施设备
一般设施设备：门幅式辐射检测仪、手持式辐射检测仪、大型消毒喷淋装置、查验工具箱等。特殊设施设备：一般防护服、生化防护服、快速诊断识别工具等。
整合人员配置
整合现场查验作业人员，统一培训上岗。系统按查验指令根据专业资质要求实施现场随机派员查验，由两名及以上的查验人员共同实施查验作业。
整合正、负面清单
整合现场查验作业人员，统一培训上岗。系统按查验指令根据专业资质要求实施现场随机派员查验，由两名及以上的查验人员共同实施查验作业。

▲跨境电商关检业务工作内容的全面整合

7.6 整合正负面清单

执行“正面清单”，同时探讨在系统中加载“负面清单”中部分可细化的准入要求，无法在系统中进行细化的需求建议在现场监管中重点管控。

8 跨境电商关检业务应按怎样的流程实施“查检合一”融合作业？——前置随机布控并完成检疫，现场按指令实施“查检”作业及取样送检，必要时实施处置作业。

8.1 前置作业

跨境电子商务企业完成企业注册登记和商品备案后进行一次申报，系统根据规则进行随机布控。对需在入境口岸实施的检疫及检疫处理工作，应在完成后方可运至跨境电子商务监管场所。对肉类、水生动物、水产品、水果等需要在指定区域或有进境检疫许可要求的跨境电子商务商品，应按要求在指定区域报关并完成入境检疫后方可运至跨境电子商务监管场所。

8.2 现场查验

现场查验作业按以下标准要求执行。

8.2.1 查验配备

查验人员统一使用相应查验工具，按系统查验指令要求实施查验作业。

8.2.2 查验方式

查验方式分为两种，分别为机检查验、人工查验。

8.2.3 查验要求

网购保税进口业务：一线入区按照货物属性实施监管，根据系统布控指令进行信息验核和正负面清单判断，并实施入境检疫，必要时进行现场抽样；对海关特殊监管区域或保税物流中心（B型）内的跨境电商网购保税进口的商品质量和安全实施风险监测；二线出区环节，可在包裹出区环节对车辆或核放单进行抽核，除涉及信息和风险指向性明确外，原则上不再通过进口统一版系统对清单进行布控查验。

直购进口业务：按照系统布控开展现场查验，并研判商品是否符合相关准入要求；对到货损毁、残次及其他不符合跨境进口要求的，进行后续处置。

特殊区域出口业务：二线入区按照货物属性实施监管，对于要求进行产地检验的，应当验核产地检验数据和入区商品的一致性；一线出区环节根据系统布控指令开展现场查验。

一般出口业务：根据系统布控指令开展现场查验。

8.2.4 查验作业

按布控指令要求实施机检查验或开拆查验作业。借助CT机、X光机、智能审图设备提高快件非侵入式机检查验比例，提高查验通关效能；借助查验工具包实施一般性

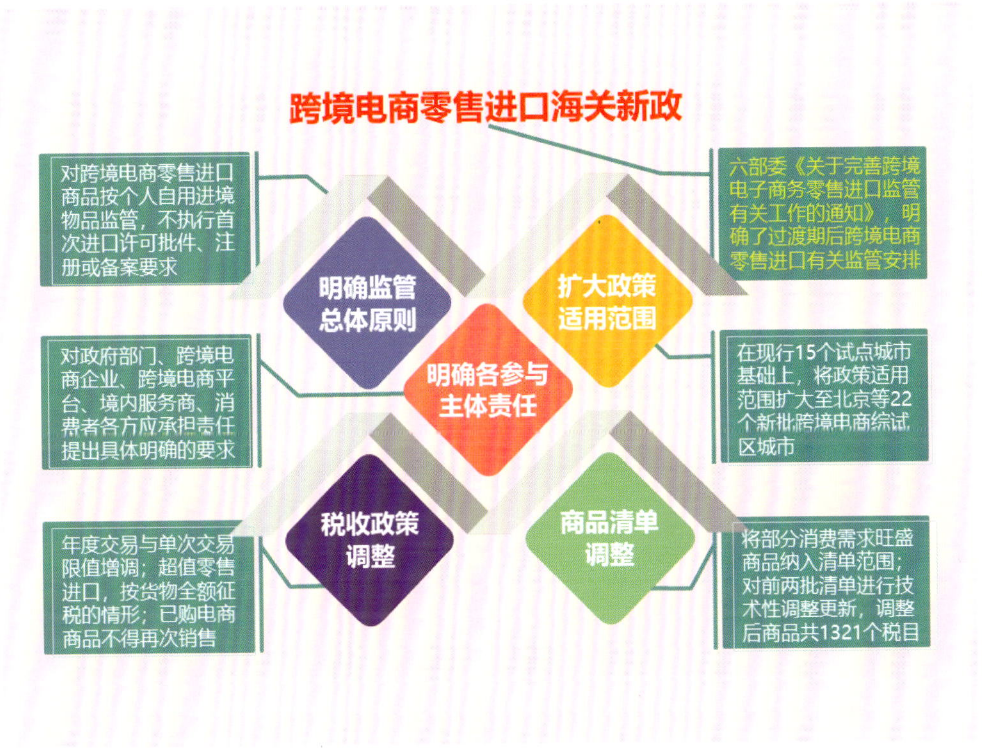

跨境电商零售进口海关新政
对跨境电商零售进口商品按个人自用进境物品监管，不执行首次进口许可批件、注册或备案要求
明确监管总体原则
扩大政策适用范围
六部委《关于完善跨境电子商务零售进口监管有关工作的通知》，明确了过渡期后跨境电商零售进口有关监管安排
对政府部门、跨境电商企业、跨境电商平台、境内服务商、消费者各方应承担责任提出具体明确的要求
明确各参与主体责任
在现行15个试点城市基础上，将政策适用范围扩大至北京等22个新批跨境电商综试区城市
税收政策调整
商品清单调整
年度交易与单次交易限值增调；超值零售进口，按货物全额征税的情形；已购电商商品不得再次销售
将部分消费需求旺盛商品纳入清单范围；对前两批清单进行技术性调整更新，调整后商品共1321个税目

▲跨境电商零售进口海关新政

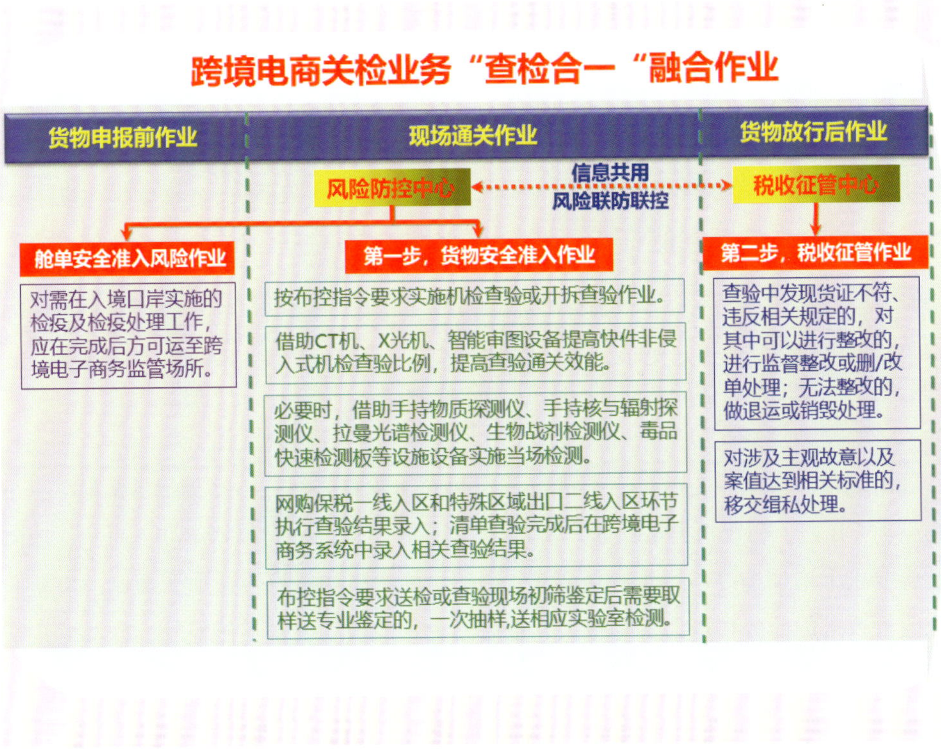

跨境电商关检业务“查检合一“融合作业
货物申报前作业
现场通关作业
货物放行后作业
风险防控中心
信息共用
风险联防联控
税收征管中心
舱单安全准入风险作业
第一步，货物安全准入作业
第二步，税收征管作业
对需在入境口岸实施的检疫及检疫处理工作，应在完成后方可运至跨境电子商务监管场所。
按布控指令要求实施机检查验或开拆查验作业。
借助CT机、X光机、智能审图设备提高快件非侵入式机检查验比例，提高查验通关效能。
必要时，借助手持物质探测仪、手持核与辐射探测仪、拉曼光谱检测仪、生物战剂检测仪、毒品快速检测板等设施设备实施当场检测。
网购保税一线入区和特殊区域出口二线入区环节执行查验结果录入；清单查验完成后在跨境电子商务系统中录入相关查验结果。
布控指令要求送检或查验现场初筛鉴定后需要取样送专业鉴定的，一次抽样，送相应实验室检测。
查验中发现货证不符、违反相关规定的，对其中可以进行整改的，进行监督整改或删/改单处理；无法整改的，做退运或销毁处理。
对涉及主观故意以及案值达到相关标准的，移交缉私处理。

▲跨境电商关检业务“查检合一”融合作业

开拆查验作业；必要时，借助手持物质探测仪、手持核与辐射探测仪、拉曼光谱检测仪、生物战剂检测仪、毒品快速检测板等设施设备实施当场检测。

8.2.5 结果录入

网购保税一线入区和特殊区域出口二线入区环节的查验结果录入参照相关规定执行；清单查验完成后需在跨境电子商务进口统一版系统和跨境电子商务出口统一版系统中录入相关查验结果。

8.2.6 取样送检

对于布控指令要求送检或查验过程中经现场初筛鉴定后需要取样送专业部门进一步鉴定的，实施一次抽样（按国家标准取样）、统一开具抽采样凭证、统一封样，根据查验要求送相应实验室进行检测。

8.3 处置作业

查验中发现货证不符、违反相关规定的，对其中可以进行整改的，进行监督整改或删 / 改单处理；无法整改的，做退运或销毁处理；对涉及主观故意以及案值达到相关标准的，移交缉私处理。

9 快件业务实施“查检合一”融合作业的总体思路、目标、工作原则各是什么？——对外统一、合并相近、保留特有，一次申报、一次查验、一次放行，标准统一、职责分明、严谨便利、风险可控。

9.1 总体思路与目标

根据海关总署关于关检融合工作部署的要求，按照优先实现“对外统一、合并相近、保留特有”的融合思路，在海关快件监管工作中统一申报单证、监管系统和执法标准，整合优化场所区域、设施设备和作业流程，实现“一次申报、一次查验、一次放行”的目标。

9.2 整合原则与要求

整合原海关和原检验检疫对快件的监管原则和要求，按照选、查、处相分离的原则，将检验、检疫作业各环节，融入海关“事前、事中、事后”风险管理，建立标准统一、职责分明、严谨便利、风险可控的快件执法作业制度。

9.2.1 统一快件分类

进出境快件按原海关分类原则进行分类并实施监管，即分为文件类（A 类）、个人物品类（B 类）和货物类（C 类）三类。A 类、B 类快件分类保持不变，只是在原海关监管要求上增加检疫类现场查处要求；C 类快件按简化申报快速通关原则，有检验检疫监管要求的部分转普通货物报关，按普通货物的监管要求实施监管，样品等法律法规规定免予检验的除外。

跨境电商零售进口的基本定义
跨境电商零售进口，是指中国境内消费者通过跨境电商第三方平台经营者自境外购买商品，并通过“网购保税进口”（海关监管方式代码1210）或“直购进口”（海关监管方式代码9610）运递进境的消费行为。
对于境内生产的商品运抵海关特殊监管区域的商品，消费者购买的，不属于跨境电商零售进口政策适用的商品范围。
购买者为中国境内消费者
购买渠道为跨境电商平台
指在境内办理工商登记，为消费者和跨境电商企业提供交易服务，设立供交易活动的信息网络系统的经营者。
购买商品为境外商品
海关监管方式代码为1210和9610
属于消费行为
以其他监管方式进口的商品，不适用跨境电商零售进口政策。
对于购买的商品用于生产销售用途的，不适用跨境电商零售进口政策。

▲跨境电商零售进口的基本定义

跨境电商零售进口的商品适用条件
跨境电商零售进口商品必须满足属于开展跨境电商零售进口业务的试点或比照规定范围、纳入清单范围的境外商品、能够联网或委托向海关传输相关电子信息和实现交易、支付、物流电子信息“三单”比对的条件。
（1）符合清单管理。必须是属于《跨境电子商务零售进口商品清单》内自境外购买的商品。
1.纳入商品清单范围
2.委托传输电子信息
（1）从事进口物流业务的进出境快件运营人、邮政企业能够接受委托，并承诺承担相应法律责任。
（2）符合税收政策。必须是满足跨境电商零售进口税收政策规定的条件，和规定。
（2）进出境快件运营人、邮政企业能够按照规定向海关传输交易、支付等电子信息。
（3）符合用途管理。消费者购买的商品仅限个人自用，对于不属于个人自用，用于再次销售的，不适用跨境电商零售进口政策。
3.平台联网信息比对
（3）从事进口销售业务的电商企业、支付企业须委托从事进口物流业务的进出境快件运营人、邮政企业向海关传输交易、支付等电子信息。
通过与海关实现联网的电子商务交易平台实行交易，交易过程中必须能够实现交易、支付、物流电子信息“三单”比对。
参与跨境电子商务零售进口业务的跨境电商平台企业应当向海关开放支付相关原始数据，供海关验核。

▲跨境电商零售进口的商品适用条件

9.2.2 统一作业环节

按照选、查、处相分离的原则，整合原海关和原检验检疫查验作业环节，将其分为前置处置作业、系统审单作业、现场查验作业和后续处置作业 4 个方面，分别承担安全准入拦截、通关数据审核、货物物品验核、查验后处理等职能，实现查验作业的合理分工、专业处理。其中，前置环节安全准入拦截工作纳入货物贸易渠道实施。

10 快件业务实施“查检合一”融合作业需对工作内容做哪些整合？——全面整合快件业务通关作业系统、单证、场所、设备设施和人员配置。

10.1 整合通关系统

使用海关快件通关管理系统对快件实施通关监管作业，实现企业一次申报、一次查验、一次放行。检验检疫监管要求通过参数、指令等方式在快件通关管理系统中实现。

快件通关管理系统增加“生产日期 / 批号”等检验检疫防控需要的申报字段，并制定出台统一的系统报文规范。

涉及法定检验检疫，海关总署发布的疫病疫情公告，以及海关总署动植司、卫生司发布的疫病疫情预警中的参数，由对应司局部门提出需求，风险管理司统一设置风险参数或布控指令。

关区各业务职能部门可提出检验检疫防控需求、布控要素、布控环节和处置要求，统一提交至本级风险防控中心设置维护二级风险参数或布控指令。

10.2 整合作业单证

整合优化原海关和原检验检疫监管作业相关单证。

申报及随附单证整合为报关单、总分运单、身份证影印件、合同、发票和海关监管需要的其他单证、材料，以及海关根据归类、查验、估价、化验等需要收取的单证资料。其中，报关单增加“生产日期 / 批号”等检验检疫防控需要的申报字段，并制定出台统一的快件申报规范。

查验记录单整合为“进出境快件查验记录单”，有进出境运输工具查验职能的整合为“进出境运输工具查验记录单”。

10.3 整合作业场所

整合优化口岸快件报关大厅、运抵区、分拣线区、待查区、查验区、重点查验区、扣留仓库、视频监控室等。现场统筹研究设置初筛实验、采样、卫生处理、设备存放、药品存储、样品处理等专业功能区域或用房。有监管需求的快件现场可划分运抵隔离区、隔离查验区、检疫处理区、无害化处理区等区域。

快件监管区及监管作业场所的标识、视频监控摄像头及视频监控系统按原海关相

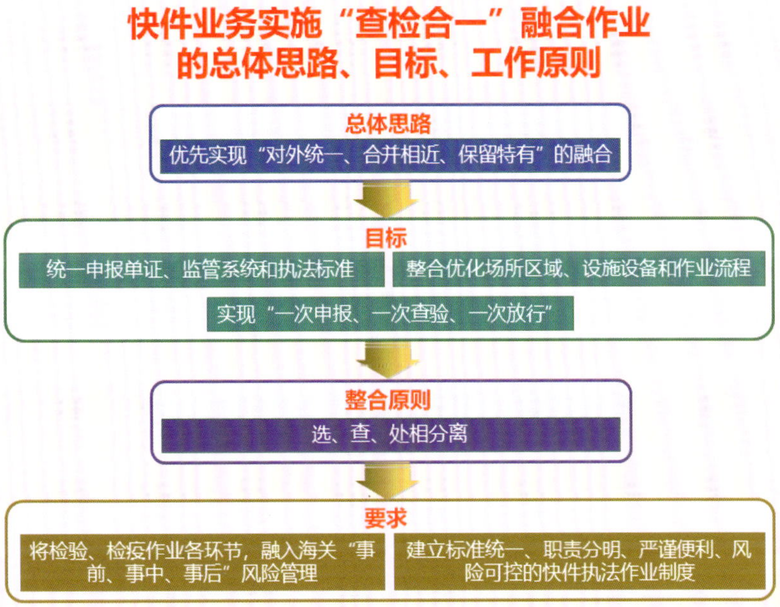
快件业务实施“查检合一”融合作业
的总体思路、目标、工作原则
总体思路
优先实现“对外统一、合并相近、保留特有”的融合
目标
统一申报单证、监管系统和执法标准
整合优化场所区域、设施设备和作业流程
实现“一次申报、一次查验、一次放行”
整合原则
选、查、处相分离
要求
将检验、检疫作业各环节，融入海关“事前、事中、事后”风险管理
建立标准统一、职责分明、严谨便利、风险可控的快件执法作业制度

▲快件业务实施“查检合一”融合作业的总体思路、目标、工作原则

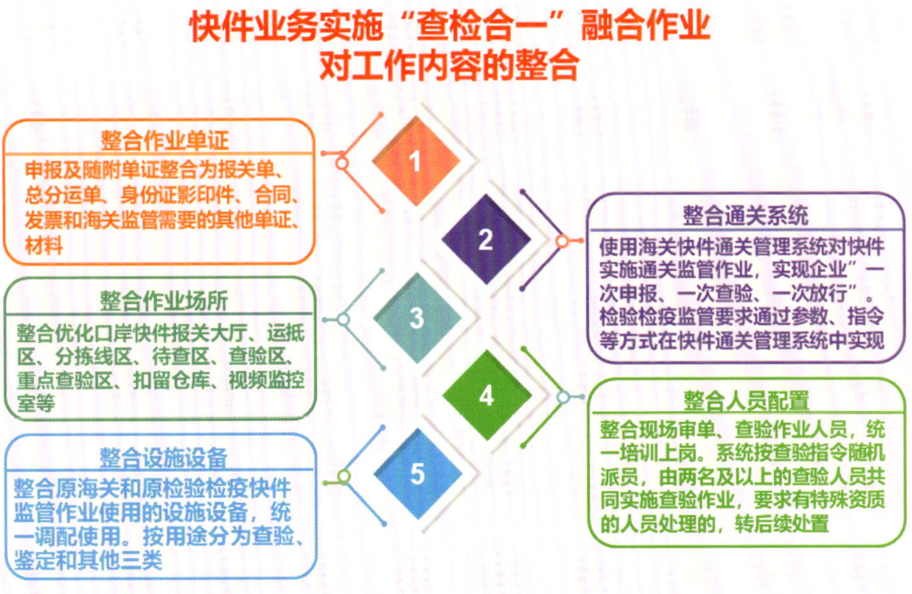
快件业务实施“查检合一”融合作业
对工作内容的整合
1
整合作业单证
申报及随附单证整合为报关单、总分运单、身份证影印件、合同、发票和海关监管需要的其他单证、材料
2
整合通关系统
使用海关快件通关管理系统对快件实施通关监管作业，实现企业“一次申报、一次查验、一次放行”。检验检疫监管要求通过参数、指令等方式在快件通关管理系统中实现
3
整合作业场所
整合优化口岸快件报关大厅、运抵区、分拣线区、待查区、查验区、重点查验区、扣留仓库、视频监控室等
4
整合人员配置
整合现场审单、查验作业人员，统一培训上岗。系统按查验指令随机派员，由两名及以上的查验人员共同实施查验作业，要求有特殊资质的人员处理的，转后续处置
5
整合设施设备
整合原海关和原检验检疫快件监管作业使用的设施设备，统一调配使用。按用途分为查验、鉴定和其他三类

▲快件业务实施“查检合一”融合作业对工作内容的整合

关规定规范设置。视频监控指挥中心统一开展视频监控工作。

后续处置场地设置参照一般货物监管要求设置。

10.4 整合设施设备

整合原海关和原检验检疫快件监管作业使用的设施设备，统一调配使用。按用途分为查验、鉴定和其他三类。

查验设备。主要包括 CT 机、X 光机、核生化监测设备、低温探测设备、查验工具包、病媒生物查验箱、地磅、电子秤等。

鉴定设施设备。主要包括毒品快速检测板、手持物质探测仪、拉曼光谱检测仪、生物战剂检测仪、手持核辐射探测仪、有条件的现场可配置初筛实验设备等。

其他设施设备。主要包括监控摄像头、巡逻执法交通工具、低温冰箱、防爆桶、铅箱、防爆毯、防毒面具、核生化防护服、个人辐射剂量仪、温度计、反光背心、护目镜、口罩、手套等。

10.5 整合人员配置

整合现场审单、查验作业人员，统一培训上岗。系统按查验指令随机派员，由两名及以上的查验人员共同实施查验作业，要求有特殊资质的人员处理的，转后续处置。

11 快件关检业务应按怎样的流程实施“查检合一”融合作业？——箱内侧与内容物的前置检疫，现场按标准和指令实施审单、上线分拣、查检作业及取样送检，必要时实施处置作业。

11.1 前置处置

快件前置处置是指因密闭运输无法在进境口岸通道实施前置查验作业的运输箱内侧（包括车厢、集装箱、航空箱等）和内容物（包括木质包装、铺垫材料等），在抵达快件监管场所运抵隔离区后，快件监管单位的查验部门按指令及相关规定检疫及相关处置的监管过程。

11.2 现场审单

整合现场审单人员，统一系统授权、岗位培训和通关作业实施标准，实现审单作业全面整合。

11.3 现场查验

现场查验作业按以下标准要求执行。

查验配备：查验人员统一使用相应查验工具，按系统查验指令要求实施查验作业。

查验方式：查验方式为两种，分别为机检查验、人工查验（包括外形查验、彻底查验和抽样检查）。

查验要求：在“查伪报或瞒报货品”“核对品名”“核对规格”“核对数量”“核

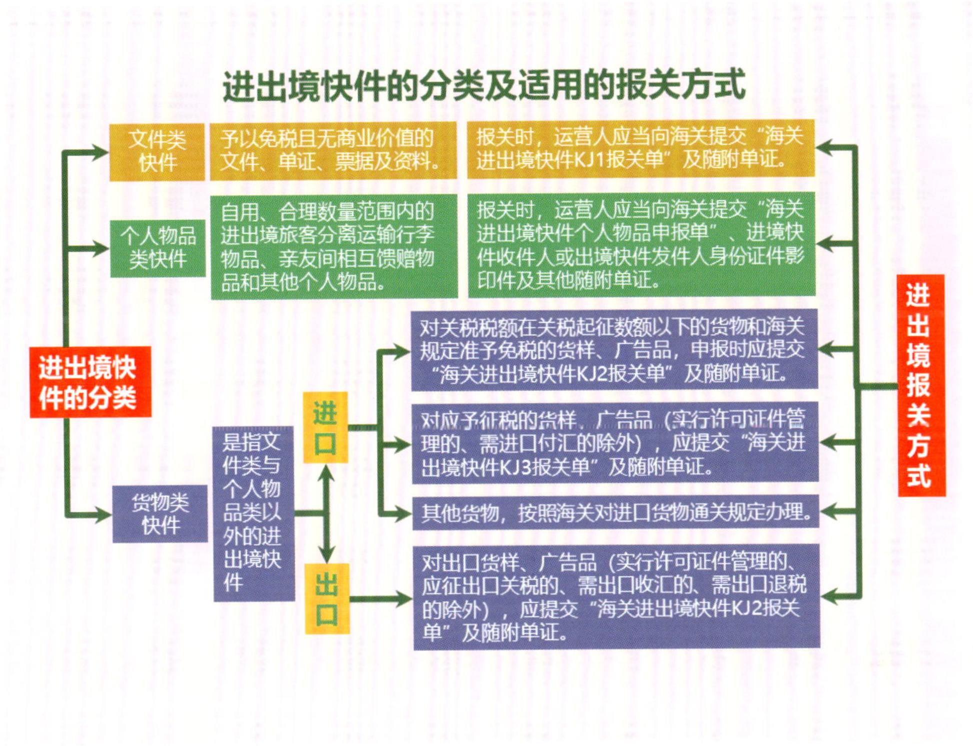
进出境快件的分类及适用的报关方式
进出境快件的分类
文件类快件
予以免税且无商业价值的文件、单证、票据及资料。
报关时，运营人应当向海关提交“海关进出境快件KJ1报关单”及随附单证。
个人物品类快件
自用、合理数量范围内的进出境旅客分离运输行李物品、亲友间相互馈赠物品和其他个人物品。
报关时，运营人应当向海关提交“海关进出境快件个人物品申报单”、进境快件收件人或出境快件发件人身份证件影印件及其他随附单证。
货物类快件
是指文件类与个人物品类以外的进出境快件
进口
出口
对关税税额在关税起征数额以下的货物和海关规定准予免税的货样、广告品，申报时应提交“海关进出境快件KJ2报关单”及随附单证。
对应予征税的货样、广告品（实行许可证件管理的、需进口付汇的除外），应提交“海关进出境快件KJ3报关单”及随附单证。
其他货物，按照海关对进口货物通关规定办理。
对出口货样、广告品（实行许可证件管理的、应征出口关税的、需出口收汇的、需出口退税的除外），应提交“海关进出境快件KJ2报关单”及随附单证。
进出境报关方式

▲进出境快件的分类及适用的报关方式

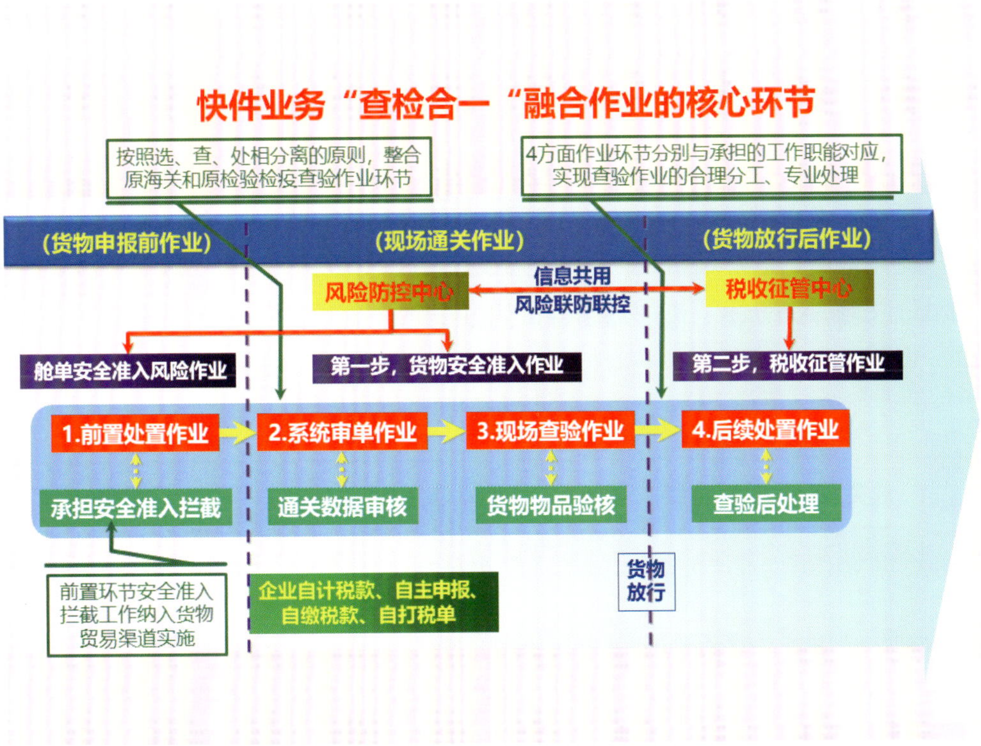
快件业务“查检合一“融合作业的核心环节
按照选、查、处相分离的原则，整合原海关和原检验检疫查验作业环节
4方面作业环节分别与承担的工作职能对应，实现查验作业的合理分工、专业处理
（货物申报前作业）
（现场通关作业）
（货物放行后作业）
风险防控中心
信息共用
风险联防联控
税收征管中心
舱单安全准入风险作业
第一步，货物安全准入作业
第二步，税收征管作业
1.前置处置作业
2.系统审单作业
3.现场查验作业
4.后续处置作业
承担安全准入拦截
通关数据审核
货物物品验核
查验后处理
前置环节安全准入拦截工作纳入货物贸易渠道实施
企业自计税款、自主申报、自缴税款、自打税单
货物放行

▲快件业务“查检合一”融合作业的核心环节

对重量”“核对件数”“核对唛头”“是否侵权”“核对归类”“核产新旧”“核对价格”“取样送检” “检查车体” “检查箱体” “是否夹藏” “核产终地”共16项查验细化要求基础上，新增“核对生产日期/批号”等有关检验检疫查验要求。对非必要开拆查验的快件包裹，通过提高机检查验比例提高快件通关监管效能。

派岗派员：各关使用快件通关管理系统中查验随机派岗、派单作业模块功能，实施监管场所随机派岗、查验关员随机派单作业。

查验准备：根据抽样式、预定式等布控指令内容打印查验记录单。

上线分拣：分拣线具备扫码理货、分拣移载、同屏比对功能，满足全流程、全覆盖、储存3个月的视频监控要求。有条件的现场可借助分拣线前端的核辐射探测、核生化监测等设备，对快件包裹实施监测，对检测不合格的快件立即拦截并进行相应处置。

查验作业：按查验要求实施机检查验或开拆查验作业。借助CT机、X光机、低温检测设备、智能审图设备提高快件非侵入式机检查验比例，提高查验通关效能；借助查验工具包实施一般性开拆查验作业；必要时，借助手持物质探测仪、手持核与辐射探测仪、拉曼光谱检测仪、生化战剂检测仪、毒品快速检测板等设施设备实施当场检测。

结果录入：《快件查获类型对照表》新增加“食品安全”等检验检疫类的查获类型标准。查验人员通过快件通关系统，按照《快件查获类型对照表》标准登记查验结果。

取样送检：对于布控指令要求送检或查验过程中经现场初筛鉴定后需要取样送专业部门进一步鉴定的，实施一次抽样（按国家标准取样）、统一开具抽采样凭证、统一封样，根据查验要求送相应实验室进行检测。

处置环节：快件处置作业是指查验作业完成后需要进一步检疫处理、隔离检疫、技术整改、指定场所存放加工监管、合格评定、拟证、销毁、退运，以及移送法规、缉私、地方公安等部门进行处理的监管过程。快件处置作业由专门设立的后续处置部门或岗位统一负责。

第三节　通关现场关检综合业务融合

1　通关现场关检综合业务融合的工作目标是什么？
——统一关检综合业务现场执法、优化通关流程、提高通关效率。

按照全国通关一体化改革，“一次申报、分步处置”通关流程的要求全面梳理现场综合业务和检务职责，以流程整合优化为主线，理顺职责关系，优化现场作业流程，将原检验检疫现场检务部门作业并入现场海关综合业务部门，实现统一现场执法、优化通关流程、提高通关效率的目标。

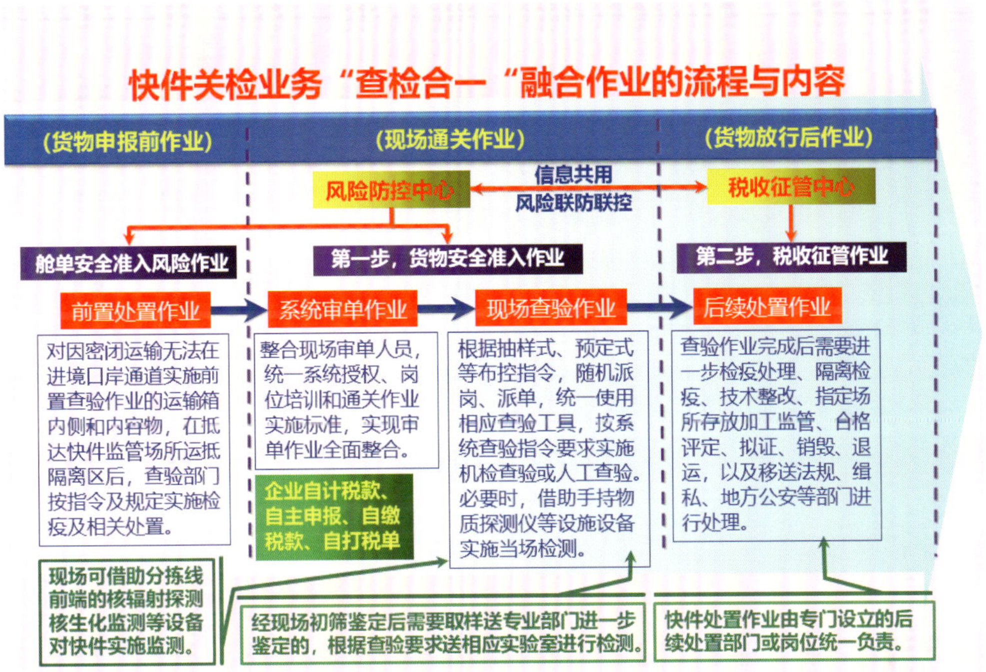

快件关检业务“查检合一“融合作业的流程与内容
（货物申报前作业）
（现场通关作业）
（货物放行后作业）
风险防控中心
信息共用
风险联防联控
税收征管中心
舱单安全准入风险作业
第一步，货物安全准入作业
第二步，税收征管作业
前置处置作业
系统审单作业
现场查验作业
后续处置作业
对因密闭运输无法在进境口岸通道实施前置查验作业的运输箱内侧和内容物，在抵达快件监管场所运抵隔离区后，查验部门按指令及规定实施检疫及相关处置。
整合现场审单人员，统一系统授权、岗位培训和通关作业实施标准，实现审单作业全面整合。
企业自计税款、自主申报、自缴税款、自打税单
根据抽样式、预定式等布控指令，随机派岗、派单，统一使用相应查验工具，按系统查验指令要求实施机检查验或人工查验。必要时，借助手持物质探测仪等设施设备实施当场检测。
查验作业完成后需要进一步检疫处理、隔离检疫、技术整改、指定场所存放加工监管、合格评定、拟证、销毁、退运，以及移送法规、缉私、地方公安等部门进行处理。
现场可借助分拣线前端的核辐射探测核生化监测等设备对快件实施监测。
经现场初筛鉴定后需要取样送专业部门进一步鉴定的，根据查验要求送相应实验室进行检测。
快件处置作业由专门设立的后续处置部门或岗位统一负责。

▲快件关检业务“查检合一”融合作业的流程与内容

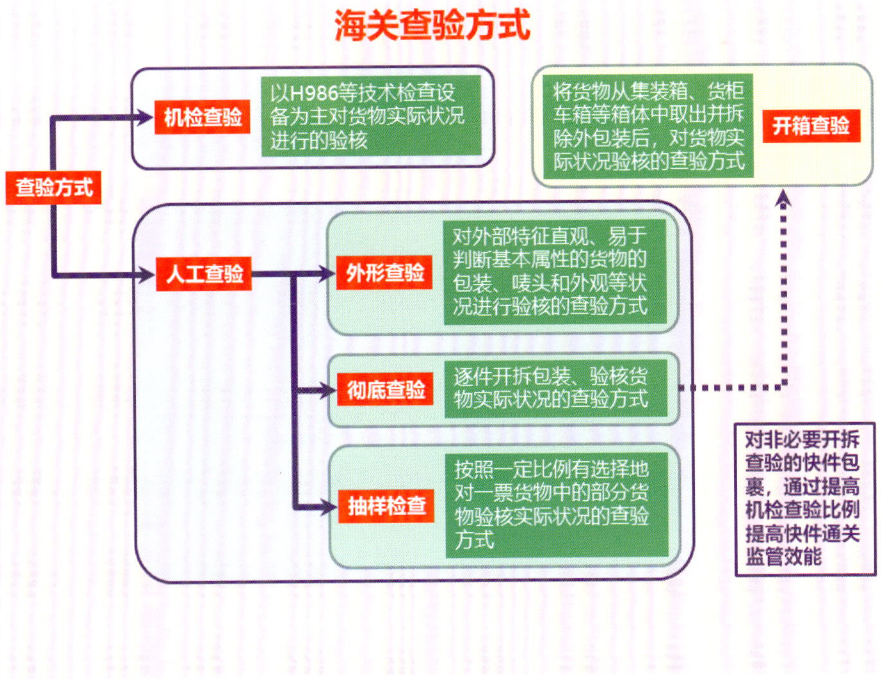

海关查验方式
查验方式
机检查验
以H986等技术检查设备为主对货物实际状况进行的验核
开箱查验
将货物从集装箱、货柜车箱等箱体中取出并拆除外包装后，对货物实际状况验核的查验方式
人工查验
外形查验
对外部特征直观、易于判断基本属性的货物的包装、唛头和外观等状况进行验核的查验方式
彻底查验
逐件开拆包装、验核货物实际状况的查验方式
抽样检查
按照一定比例有选择地对一票货物中的部分货物验核实际状况的查验方式
对非必要开拆查验的快件包裹，通过提高机检查验比例提高快件通关监管效能

▲海关查验方式

2 通关现场关检综合业务融合的主要任务有哪些？

——根据海关原现场综合业务部门岗位职责和原检验检疫现场检务部门岗位职责，制定现场关检综合业务融合作业实施方案。

海关原现场综合业务部门岗位职责9项，原检验检疫现场检务部门岗位职责12项，合计21项。其中，4项合并，1项删除，2项移除，整合后综合业务部门职责共有14项。原检验检疫现场检务部门岗位职责删除1项，即“进出口货物的电子放行数据发送”；移除2项，即“原产地企业备案、管理工作”和“原产地证签证调查、国外退证查询调查”。

根据关检综合业务融合方案，提出完善系统功能和调整设置相关作业指令或参数等业务需求。选取部分直属海关开展现场关检综合业务融合作业试点后全面推广。

3 通关现场关检综合业务融合后，现场综合业务部门的工作职责如何确定？

——根据关检原综合业务管理部门的原有工作职责，制定现场关检综合业务融合作业实施方案，重新确定岗位职责。

3.1 关检共有并予以保留的业务

报关单修撤（更改及撤销报检业务的审核及受理工作）；

办理许可证人工核扣等必要手续的无纸报关单、有纸报关单审核（进出口货物及出口货物受理报检或申报、审单）；

业务统计（统计分析和管理、统计核查工作）；

理单和档案管理（检务档案归档及档案管理工作）。

3.2 海关原有的业务

退补税；

联系企业补充提交税款担保等事务性辅助操作；

滞报金、滞纳金征收与减免；

暂时进出境、直接退运等内部核批手续；

现场验估。

重点内容解读：关于海关现场验估

现场验估是海关与货主或其代理人的单证流、信息流的当面交流沟通，有时这种交流与沟通还需要对货物进行实际查验后进行。因此，这是一种复杂的通关模式，也是非常重要的一个环节，它适用于一般情况下难以确定归类和价格的报关单，其比例在实际通关过程中较低。

3.3 关检融合后新增的业务

检验检疫单证的复审、缮制、审校、签发；

空白证单使用；

对已审核通过的原产地证书制证、签字、盖章、发放并归档；

签证印章使用；

实施单证审核和开展未抽中货物的合格评定。

重点内容解读：关于单证审核和未抽中货物合格评定

所谓“合格评定”就是指进境货物申报通关，海关通过安全准入风险评估和分流，给予检验检疫低风险的货物合格放行的行政处理。即通过单证审核和“双随机”抽批，具体确定检验检疫方式和工作流程。抽批未抽中的货物，经单证审核符合要求的，予以签证放行，不再进行现场检验检疫和实验室检测。而所指单证审核主要与海关检验检疫作业相关，既包括对检验检疫注册、认可和批准的审核，也包括对检验检疫评估、验证和合格保证的审核。

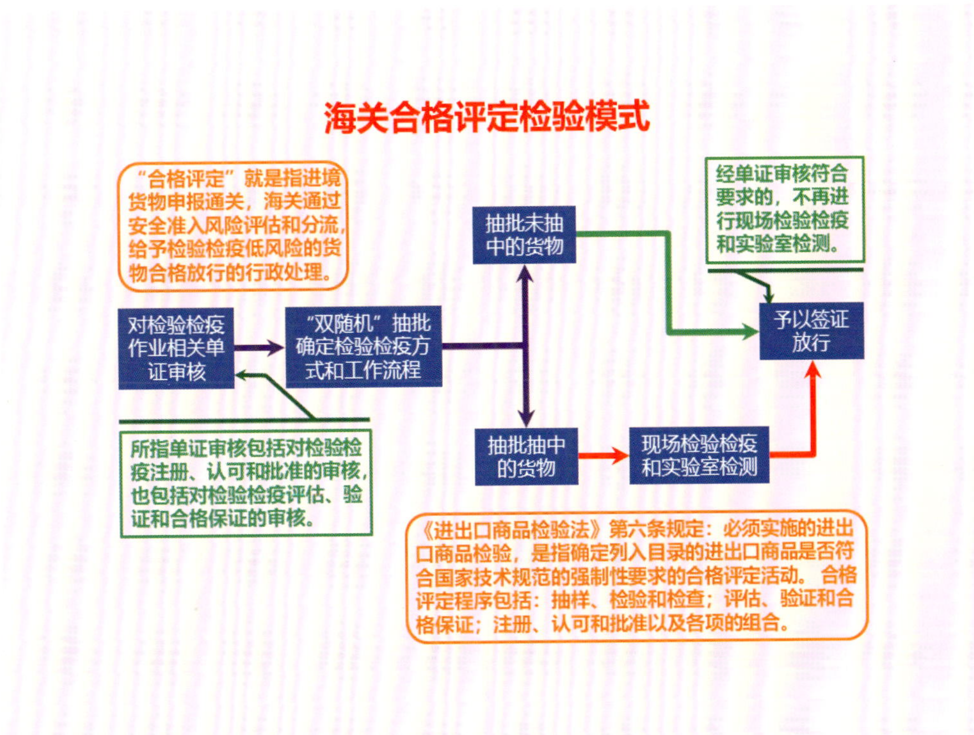

海关合格评定检验模式
“合格评定”就是指进境货物申报通关，海关通过安全准入风险评估和分流，给予检验检疫低风险的货物合格放行的行政处理。
抽批未抽中的货物
经单证审核符合要求的，不再进行现场检验检疫和实验室检测。
对检验检疫作业相关单证审核
“双随机”抽批确定检验检疫方式和工作流程
予以签证放行
所指单证审核包括对检验检疫注册、认可和批准的审核，也包括对检验检疫评估、验证和合格保证的审核。
抽批抽中的货物
现场检验检疫和实验室检测
《进出口商品检验法》第六条规定：必须实施的进出口商品检验，是指确定列入目录的进出口商品是否符合国家技术规范的强制性要求的合格评定活动。合格评定程序包括：抽样、检验和检查；评估、验证和合格保证；注册、认可和批准以及各项的组合。

▲海关合格评定检验模式

第五章
后续监管关检业务“多查合一”全面融合

第一节　关检业务“多查合一”全面融合的目标、原则与总体思路

1

关检业务“多查合一”的全面融合，将实现什么目标？遵循哪些原则？贯彻怎样的总体思路？
——以建立与全国通关一体化相适应的运作机制，确保实施集约、高效、统一、规范的执法管理为依据，设计相应的目标、原则与总体思路。

1.1　目标

整合关检后续监管职责，统筹外勤后续执法，调整机构设置，优化资源配置，稽（核）查任务归口实施，构建集约化、专业化的后续管理模式，建立与全国通关一体化相适应的高效运作机制，为提高通关效率和海关整体监管效能提供保障。

1.2　原则

遵循依法行政与规范执法相结合、分工制约与防控风险相结合、人力资源与职责任务相结合的原则，确保执法过程集约、高效、统一、规范，推进关检后续监管功能与职责全面深度融合。

1.3　总体思路

1.3.1 后续监管集约

后续监管集约指将后续涉企稽查、核查、对进入国内市场商品的抽查、进出口商品安全问题追溯调查、对企业遵守检验检疫法规状况的检查等后续执法，交由稽查部门实施。

1.3.2 关检业务融合

关检业务融合指在全国通关一体化整体框架内，将原海关后续监管中的各类稽查、核查、贸易调查等，与原检验检疫的卫生检疫、动植物检验检疫、商品检验和食品安全等业务条线下的后续监管作业项目进行全面融合。

1.3.3 运行机制优化

运行机制优化指稽查部门对海关后续监管涉企执法检查，做到统一指令接收、统一组织实施、统一结果反馈、统一作业标准。

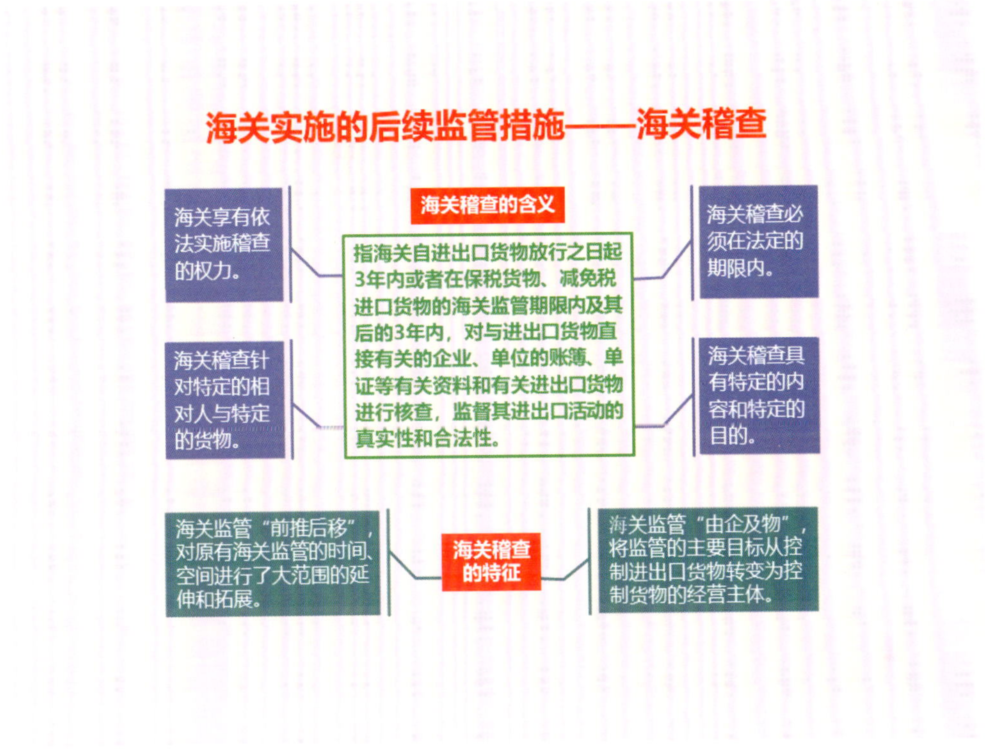
海关实施的后续监管措施——海关稽查
海关稽查的含义
指海关自进出口货物放行之日起3年内或者在保税货物、减免税进口货物的海关监管期限内及其后的3年内，对与进出口货物直接有关的企业、单位的账簿、单证等有关资料和有关进出口货物进行核查，监督其进出口活动的真实性和合法性。
海关享有依法实施稽查的权力。
海关稽查针对特定的相对人与特定的货物。
海关稽查必须在法定的期限内。
海关稽查具有特定的内容和特定的目的。
海关稽查的特征
海关监管“前推后移”，对原有海关监管的时间、空间进行了大范围的延伸和拓展。
海关监管“由企及物”，将监管的主要目标从控制进出口货物转变为控制货物的经营主体。

▲海关实施的后续监管措施——海关稽查

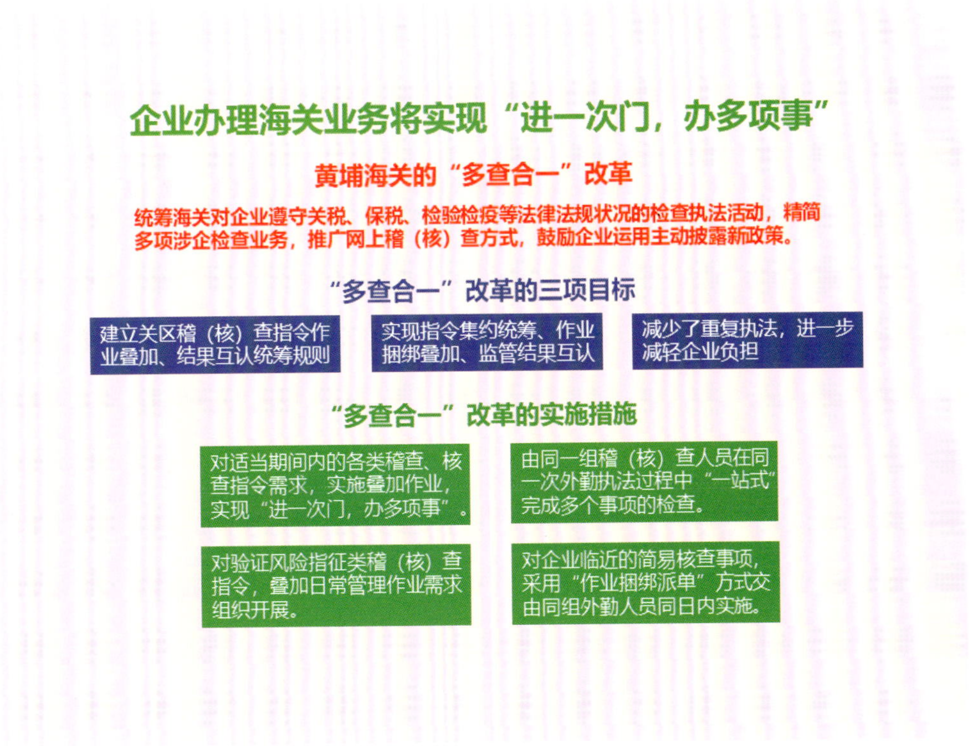
企业办理海关业务将实现“进一次门，办多项事”
黄埔海关的“多查合一”改革
统筹海关对企业遵守关税、保税、检验检疫等法律法规状况的检查执法活动，精简多项涉企检查业务，推广网上稽（核）查方式，鼓励企业运用主动披露新政策。
“多查合一”改革的三项目标
建立关区稽（核）查指令作业叠加、结果互认统筹规则
实现指令集约统筹、作业捆绑叠加、监管结果互认
减少了重复执法，进一步减轻企业负担
“多查合一”改革的实施措施
对适当期间内的各类稽查、核查指令需求，实施叠加作业，实现“进一次门，办多项事”。
由同一组稽（核）查人员在同一次外勤执法过程中“一站式”完成多个事项的检查。
对验证风险指征类稽（核）查指令，叠加日常管理作业需求组织开展。
对企业临近的简易核查事项，采用“作业捆绑派单”方式交由同组外勤人员同日内实施。

▲企业办理海关业务将实现“进一次门，办多项事”

第二节　关检业务“多查合一”全面融合的主要任务

1　海关在货物放行后实施的后续监管措施有哪些？由海关什么部门负责管理？
——货物放行后涉企检查职责统一归口海关稽查部门，并由其根据法律授权履行海关后续监管职责。

海关在货物放行后实施的后续监管措施主要包括：企业稽查、减免税核查、保税核查、贸易调查；一般贸易涉税要素核查；统计核查、企业注册信息核对及其他国家海关机构外事协助核查等执法活动中的外勤核查职责。

2　将原检验检疫后续监管职责统一归口管理后，稽查部门将承担哪些职责？
——根据法律法规及海关总署相关规定统一履行检验检疫后续监管职责。

走私个案开展的协查和执法互助仍由缉私部门负责。

稽查部门负责对进入国内市场商品的抽查；对进出口商品安全问题追溯调查；对企业遵守检验检疫法规状况的检查。

3　关检业务后续监管实现统筹后，其运行机制将如何整合优化？
——统一作业流程和标准，完善作业指令，统筹并分工协作后续监管工作内容，规范实施稽查或核查措施。

关检业务后续监管运行机制的整合优化，即采用企业稽查、核查两种作业方式，统筹开展海关与原检验检疫后续监管工作，加强选、查、处各环节的分工协作，建立完善指令标准，统一规范稽（核）查作业流程和标准，提高运行效率，提升后续监管整体效能。

3.1　统一指令接收

海关总署各部门向海关总署“两中心”提交管理要求或指令建议，经“两中心”分析研判后，转化为稽（核）查指令。直属海关各部门或隶属海关向本关区二级风险防控中心提交管理要求，经二级风险防控中心分析研判后，转化为稽（核）查指令或提交至海关总署风险防控中心的稽（核）查指令建议。稽（核）查指令均需通过信息化系统发出和接收，直属海关稽查部门负责统一接收稽（核）查指令。

稽（核）查指令应当标准化，需专业机构认定的，可附加必要的说明，确保指令内容具体、清晰、可执行。

海关总署和直属海关稽查部门可直接下发稽（核）查指令。

3.2　统一组织实施

根据去繁就简要求和实际情况，直属海关稽查部门受理稽（核）查指令，统筹整

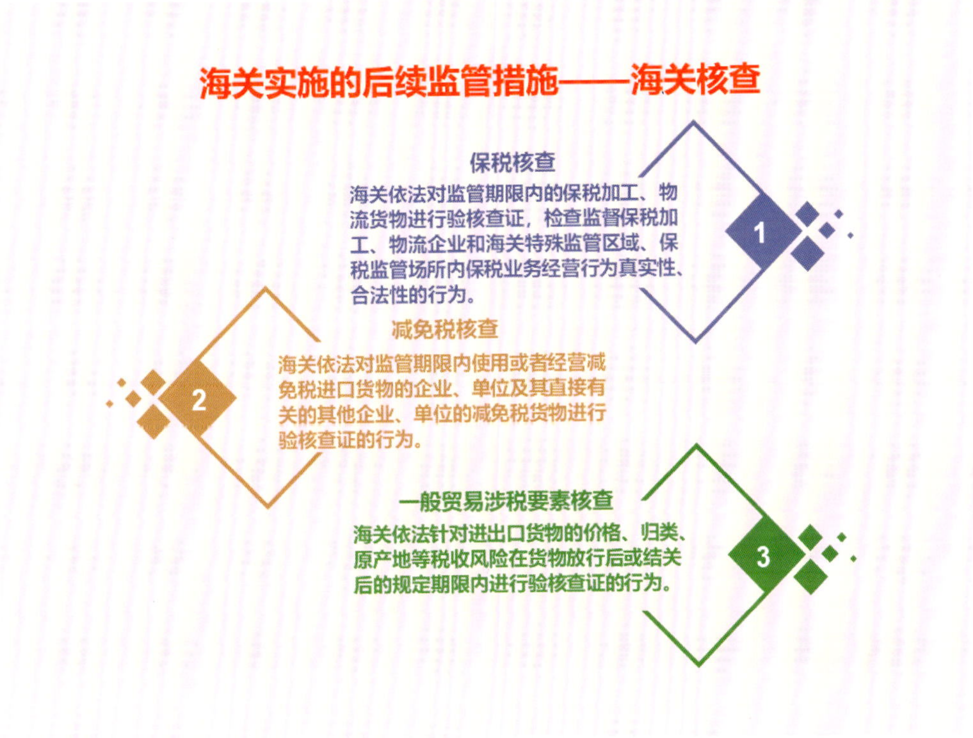
海关实施的后续监管措施——海关核查
保税核查
海关依法对监管期限内的保税加工、物流货物进行验核查证，检查监督保税加工、物流企业和海关特殊监管区域、保税监管场所内保税业务经营行为真实性、合法性的行为。
1
减免税核查
海关依法对监管期限内使用或者经营减免税进口货物的企业、单位及其直接有关的其他企业、单位的减免税货物进行验核查证的行为。
2
一般贸易涉税要素核查
海关依法针对进出口货物的价格、归类、原产地等税收风险在货物放行后或结关后的规定期限内进行验核查证的行为。
3

▲海关实施的后续监管措施——海关核查

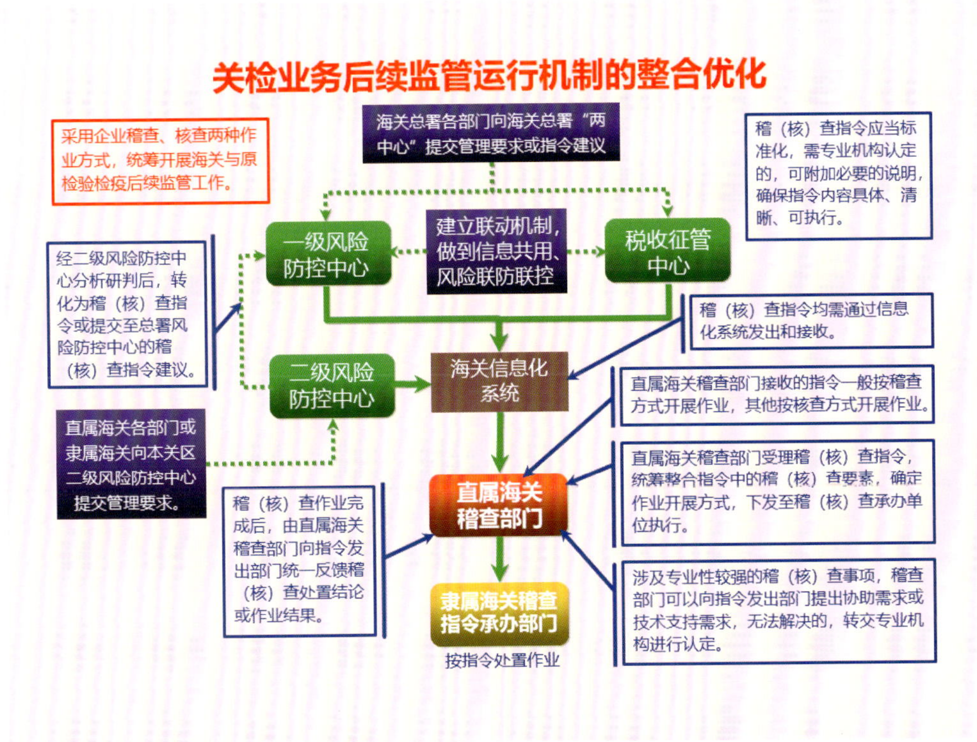
关检业务后续监管运行机制的整合优化
采用企业稽查、核查两种作业方式，统筹开展海关与原检验检疫后续监管工作。
海关总署各部门向海关总署“两中心”提交管理要求或指令建议
稽（核）查指令应当标准化，需专业机构认定的，可附加必要的说明，确保指令内容具体、清晰、可执行。
一级风险防控中心
建立联动机制，做到信息共用、风险联防联控
税收征管中心
经二级风险防控中心分析研判后，转化为稽（核）查指令或提交至总署风险防控中心的稽（核）查指令建议。
稽（核）查指令均需通过信息化系统发出和接收。
二级风险防控中心
海关信息化系统
直属海关稽查部门接收的指令一般按稽查方式开展作业，其他按核查方式开展作业。
直属海关各部门或隶属海关向本关区二级风险防控中心提交管理要求。
直属海关稽查部门受理稽（核）查指令，统筹整合指令中的稽（核）查要素，确定作业开展方式，下发至稽（核）查承办单位执行。
稽（核）查作业完成后，由直属海关稽查部门向指令发出部门统一反馈稽（核）查处置结论或作业结果。
直属海关稽查部门
涉及专业性较强的稽（核）查事项，稽查部门可以向指令发出部门提出协助需求或技术支持需求，无法解决的，转交专业机构进行认定。
隶属海关稽查指令承办部门
按指令处置作业

▲关检业务后续监管运行机制的整合优化

合指令中的稽（核）查对象、承办单位、实施时间等要素，确定作业开展方式，下发至稽（核）查承办单位执行。原则上，涉及同一企业的多个稽（核）查事项的指令，应当整合为一个作业指令，在一个作业中统一实施多个项目的核查。

对于直属海关稽查部门接收的指令，风险要素复杂、数额较高、社会影响较大、安全准入和税收风险突出等情况一般按稽查方式开展作业，其他按核查方式开展作业。

涉及专业性较强的稽（核）查事项，稽查部门在作业过程中可以向指令发出部门提出协助需求或技术支持需求，指令发出部门无法解决的，应转交专业机构进行认定，专业机构应提供专业认定结果。必要时，根据稽查部门需求，专业机构可以参与作业。

3.3 统一处置反馈

稽（核）查作业完成后，由直属海关稽查部门向指令发出部门统一反馈稽（核）查处置结论或作业结果。依托计算机系统实现对指令流转环节所涉各部门的自动反馈。

3.4 统一作业标准

结合海关及原检验检疫后续监管工作特点，推进稽（核）查指令标准化、作业标准化、处置标准化、反馈标准化，对海关稽（核）查执法环节和内容进行全面梳理，形成标准化作业表单，明确执法标准和要求，嵌入稽查作业管理系统之中，促进统一规范执法。

4 关检业务后续监管实现统筹后，其工作流程将如何整合优化？——将检验检疫领域事项纳入“多查合一”联合作业流程，由直属海关稽查部门牵头组织，其他业务部门提出稽（核）查指令，隶属海关实施稽（核）查作业。

“多查合一”涉及对统计核查、进入国内市场商品的抽查、进出口商品安全问题追溯调查、对企业遵守法规状况的检查等检验检疫领域新纳入“多查合一”事项的联合作业，由直属海关稽查部门牵头组织，其他业务部门负责提出稽（核）查指令，隶属海关或单位负责实施稽（核）查作业。具体工作流程如下：

4.1 稽（核）查指令来源（发起）

各直属海关业务部门将稽（核）查需求形成指令，提交直属海关稽查部门。稽（核）查指令发起应按照“一企一单”原则，填写“‘多查合一’过渡期间作业流转单”（以下简称“流转单”）中“企业情况”“稽（核）查指令”栏，流转至直属海关稽查部门。

4.2 稽（核）查指令接收和派发

直属海关稽查部门统一接收、统筹和派发稽（核）查指令。直属海关稽查部门接收“流转单”后，应在3个工作日内确定稽（核）查方式和承办部门，填写“流转单”中“直属海关稽查部门意见”栏后，编制“稽（核）查作业编号”，向隶属海关下达稽（核）查任务。

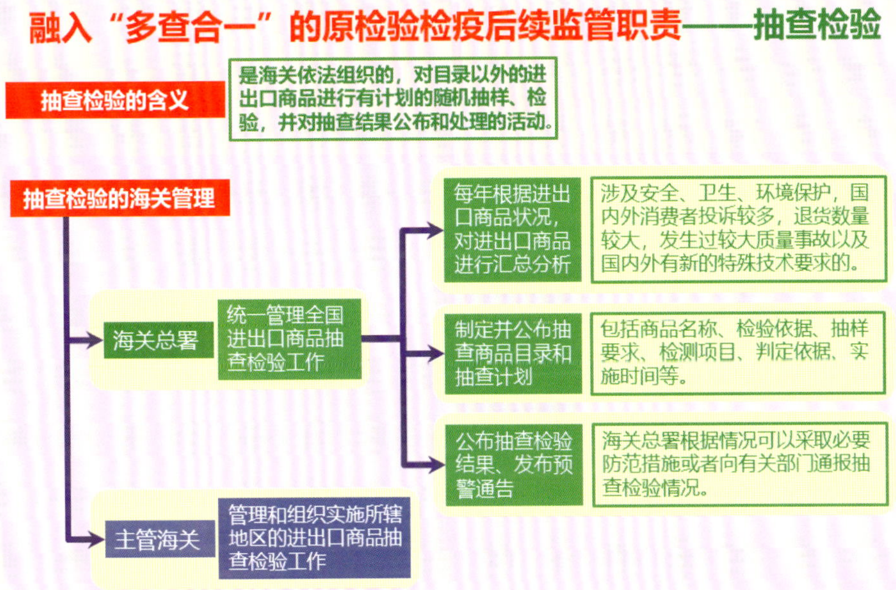
融入“多查合一”的原检验检疫后续监管职责——抽查检验
抽查检验的含义
是海关依法组织的，对目录以外的进出口商品进行有计划的随机抽样、检验，并对抽查结果公布和处理的活动。
抽查检验的海关管理
海关总署
统一管理全国进出口商品抽查检验工作
每年根据进出口商品状况，对进出口商品进行汇总分析
涉及安全、卫生、环境保护，国内外消费者投诉较多，退货数量较大，发生过较大质量事故以及国内外有新的特殊技术要求的。
制定并公布抽查商品目录和抽查计划
包括商品名称、检验依据、抽样要求、检测项目、判定依据、实施时间等。
公布抽查检验结果、发布预警通告
海关总署根据情况可以采取必要防范措施或者向有关部门通报抽查检验情况。
主管海关
管理和组织实施所辖地区的进出口商品抽查检验工作

▲融入“多查合一”的原检验检疫后续监管职责——抽查检验

融入“多查合一”的原检验检疫后续监管职责——溯源管理
建立唯一可识别的溯源信息
1
出境农产品食品管理规定明确要求实现对出口产品溯源和对不合格产品的召回。即在产品出现不合格时，通过产品识别代码，实现从成品到原料所有环节的可追溯。
海关溯源管理的含义
依托溯源的食品质量安全管理机制及相应的管理信息系统，完整记载产品的全部历史信息，期冀可对食品产业链进行一揽子信息共享，以便能够对产品的各个环节做好追踪与回溯并服务于海关的进出境检疫监管。
出口产品加施标记或标识
2
以供港澳活动物为例，在溯源管理有关规定中，明确要求对供港澳活动物加施带有可溯源信息的标记或标识。
《进出口食品安全管理办法》第二十条规定，进口商建立进口食品进口和销售记录，保证进口食品及其安全责任的可追溯性。
建立可追溯的完整数据链
3
采用无线射频识别技术和二维码技术等手段，对出境活动物个体进行身份标识和身份认证，通过出境动物检疫信息溯源管理系统，实现溯源管理的信息化和自动化。

▲融入“多查合一”的原检验检疫后续监管职责——溯源管理

4.3 稽（核）查指令承办

隶属海关承接稽（核）查任务后，应成立稽（核）查组。稽（核）查组成员不得少于 2 人，其中 1 人任组长，稽（核）查组实行组长负责制。

稽（核）查组组长及成员由稽（核）查业务科级及以上主管领导指定。

稽（核）查组成员的回避由稽（核）查业务科级及以上主管领导决定。

稽（核）查组依据相关法律、法规、规章的规定对被稽（核）查人进行实地核查，作业完成后将稽（核）查结果录入现有的各业务管理系统。

稽（核）查过程中发现应移交缉私、法规等部门异常后续处置的，经审核后移交相关部门，并将处置情况反馈直属海关稽查部门。

隶属海关根据工作实际，可组织相关业务部门具备专业资质人员参与稽（核）查作业。必要时，可引入专业机构协助开展作业。

4.4 稽（核）查指令处置反馈

隶属海关完成稽（核）查作业后，应填写“流转单”中“稽（核）查情况录入”等栏目，并提交至直属海关稽查部门。直属海关稽查部门在收到隶属海关反馈的稽（核）查结果 3 个工作日内，应当填写“流转单”中“稽（核）查结果反馈”栏，并交由直属海关相关业务部门进行处置。

直属海关相关业务部门将处置结果通过“流转单”反馈直属海关稽查部门。

在相关作业管理系统完成升级改造，实现有效对接之前，“多查合一”改革过渡期间开展联合作业所涉及的“流转单”“联合作业统计表”等档案材料均以纸本方式进行流转。待系统升级改造完成后，稽（核）查指令的流转和反馈通过系统进行。

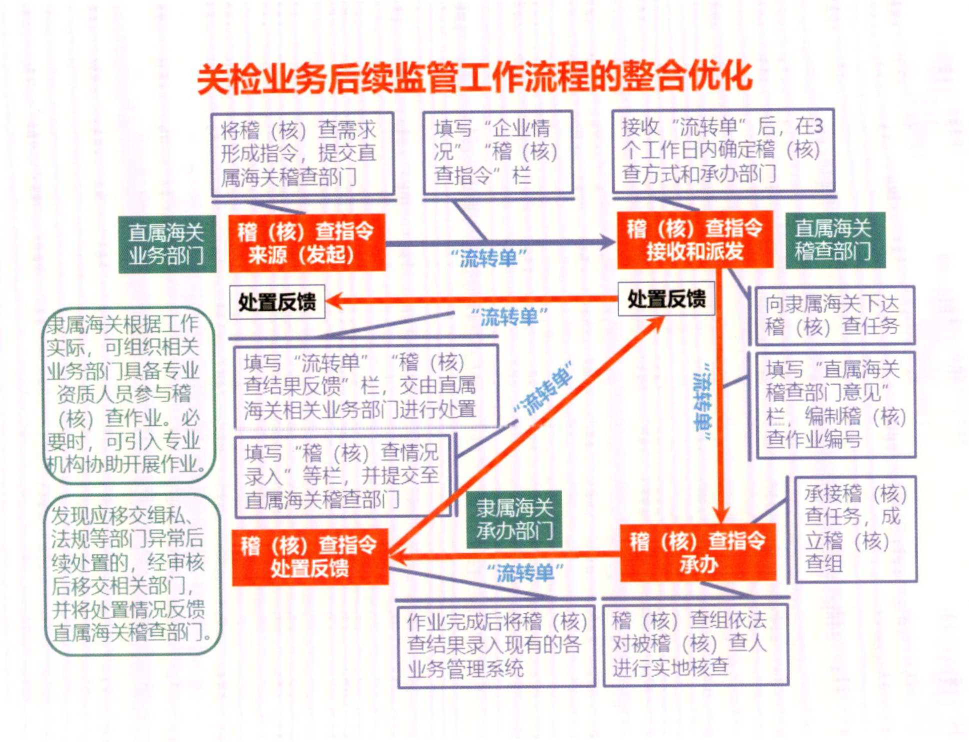
关检业务后续监管工作流程的整合优化
将稽（核）查需求形成指令，提交直属海关稽查部门
填写"企业情况""稽（核）查指令"栏
接收"流转单"后，在3个工作日内确定稽（核）查方式和承办部门
直属海关业务部门
稽（核）查指令来源（发起）
"流转单"
稽（核）查指令接收和派发
直属海关稽查部门
处置反馈
"流转单"
处置反馈
向隶属海关下达稽（核）查任务
隶属海关根据工作实际，可组织相关业务部门具备专业资质人员参与稽（核）查作业。必要时，可引入专业机构协助开展作业。
填写"流转单""稽（核）查结果反馈"栏，交由直属海关相关业务部门进行处置
"流转单"
"流转单"
填写"直属海关稽查部门意见"栏，编制稽（核）查作业编号
填写"稽（核）查情况录入"等栏，并提交至直属海关稽查部门
隶属海关承办部门
承接稽（核）查任务，成立稽（核）查组
发现应移交缉私、法规等部门异常后续处置的，经审核后移交相关部门，并将处置情况反馈直属海关稽查部门。
稽（核）查指令处置反馈
"流转单"
稽（核）查指令承办
作业完成后将稽（核）查结果录入现有的各业务管理系统
稽（核）查组依法对被稽（核）查人进行实地核查

▲关检业务后续监管工作流程的整合优化

第六章
海关作业场所（场地）优化整合

第一节　海关作业场所（场地）优化整合“查检合一”

1　**海关作业现场（场地）优化整合“查检合一”有怎样的工作目标？须坚持什么原则？**
——建立新海关监管作业场所（场地）新的管理体制为目标，深入推进关检作业场所（场地）全面整合。

1.1　工作目标

立足关检原作业场所（场地）建设标准、管理要求、布局特点、设施设置等实际情况，以实施国门安全准入、综合统一作业、优化功能布局、提升智慧监管为目标，构建符合新时代海关工作要求的监管作业场所（场地）管理体制。

1.2　工作原则

结合全国海关通关一体化和“查检合一”“分步处置”的工作实际，遵循科学分类、规范管理、保障履职、便利服务、高效集约、分步推进的原则，深入推进关检作业场所（场地）全面整合。

2　**口岸范围内作业场所（场地）怎样进行优化整合？**
——结合原海关和检验检疫作业场所（场地）的类型、区域分布、功能定位、建设标准、管理模式，按照“分步处置”原则，分类进行优化整合。

2.1　设置口岸前置拦截作业场地

优化整合原关检在口岸的前置作业场地，作为海关口岸前置拦截作业场地，统一设置核辐射探测、体温监测、车辆轮胎消毒、车辆及货物检疫处理、关员自身防护等设施设备，统一规范管理，集中实施防疫、防核、防爆、预防性检疫处理等作业。口岸前置拦截作业场地应纳入所在口岸的海关监管作业场所进行统一管理。

各海关结合口岸实际，根据准入拦截作业要求，指定前置拦截作业场地的区域范围，明确场地设置规范以及口岸监管检查设施设备等要求，根据作业要求合理规划查验平台、隔离场地/车位、检疫处理场地等功能区。

2.2　优化整合形成统一的海关监管作业场所

对关检功能相近、无特殊环境要求的同区域内的作业场所/场地，以满足新海关监管查验需求为前提，进行优化整合和升级改造，形成新海关统一的监管作业场所，场所内应建设满足新海关作业要求的通用查验场地。

对原检验检疫有特殊环境、查验功能和监管要求的作业场所/场地，原则上应整合迁入所在口岸的海关监管作业场所。

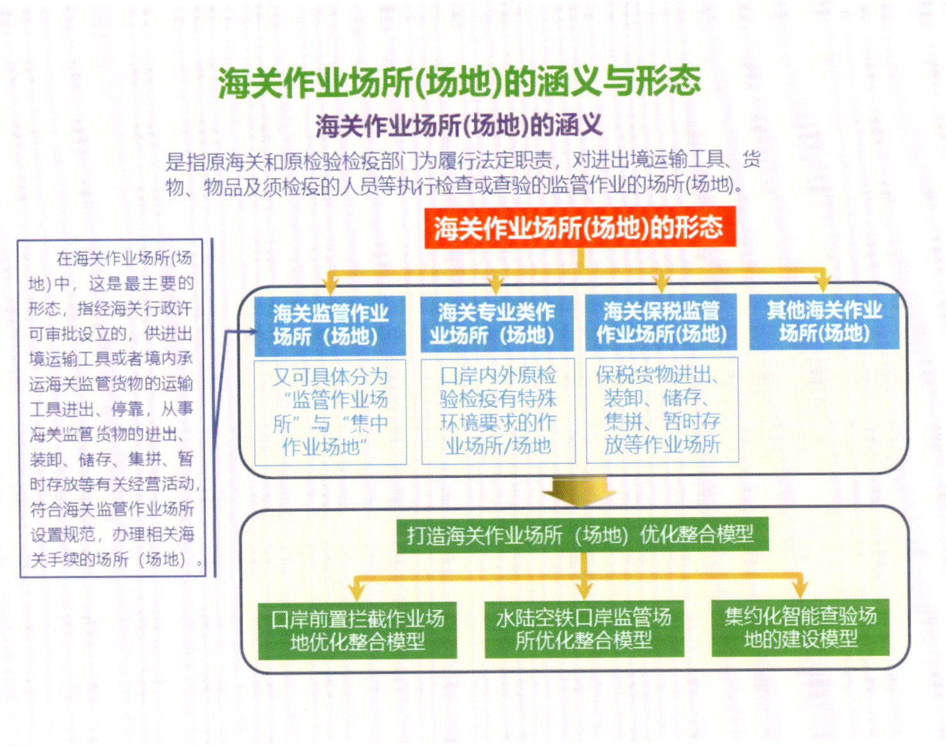
海关作业场所(场地)的涵义与形态
海关作业场所(场地)的涵义
是指原海关和原检验检疫部门为履行法定职责，对进出境运输工具、货物、物品及须检疫的人员等执行检查或查验的监管作业的场所(场地)。
海关作业场所(场地)的形态
在海关作业场所(场地)中，这是最主要的形态，指经海关行政许可审批设立的，供进出境运输工具或者境内承运海关监管货物的运输工具进出、停靠，从事海关监管货物的进出、装卸、储存、集拼、暂时存放等有关经营活动，符合海关监管作业场所设置规范，办理相关海关手续的场所（场地）。
海关监管作业场所（场地）
又可具体分为“监管作业场所”与“集中作业场地”
海关专业类作业场所（场地）
口岸内外原检验检疫有特殊环境要求的作业场所/场地
海关保税监管作业场所(场地)
保税货物进出、装卸、储存、集拼、暂时存放等作业场所
其他海关作业场所(场地)
打造海关作业场所（场地）优化整合模型
口岸前置拦截作业场地优化整合模型
水陆空铁口岸监管场所优化整合模型
集约化智能查验场地的建设模型

▲海关作业场所（场地）的涵义与形态

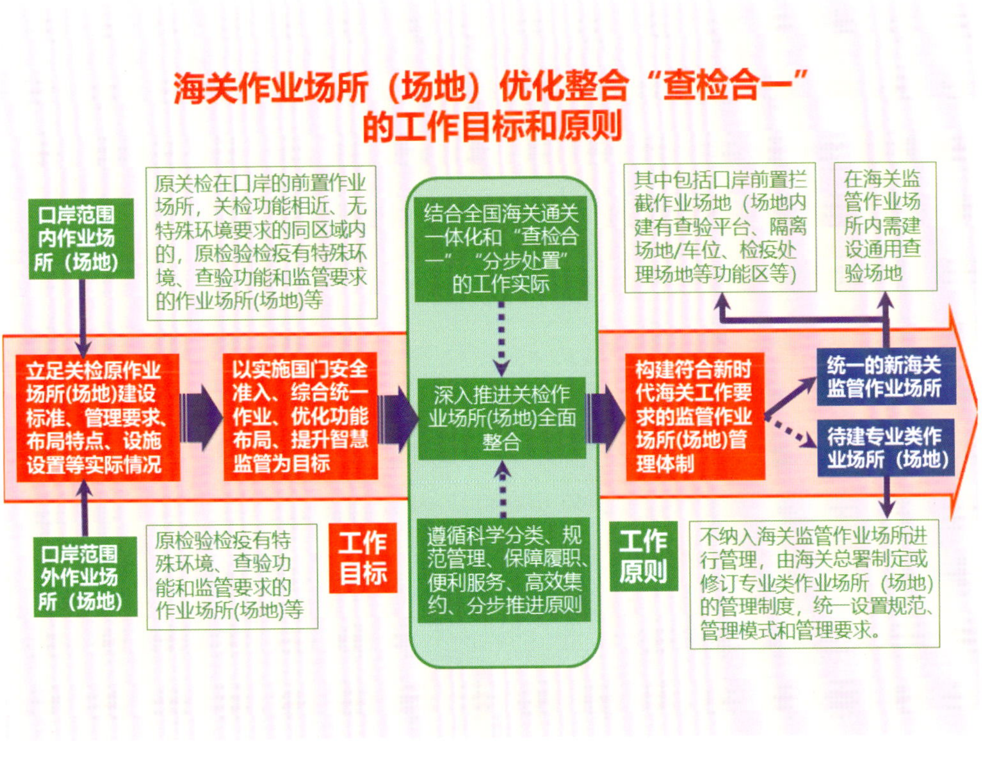
海关作业场所（场地）优化整合“查检合一”
的工作目标和原则
口岸范围内作业场所（场地）
原关检在口岸的前置作业场所，关检功能相近、无特殊环境要求的同区域内的，原检验检疫有特殊环境、查验功能和监管要求的作业场所(场地)等
结合全国海关通关一体化和“查检合一”“分步处置”的工作实际
其中包括口岸前置拦截作业场地（场地内建有查验平台、隔离场地/车位、检疫处理场地等功能区等）
在海关监管作业场所内需建设通用查验场地
立足关检原作业场所(场地)建设标准、管理要求、布局特点、设施设置等实际情况
以实施国门安全准入、综合统一作业、优化功能布局、提升智慧监管为目标
深入推进关检作业场所(场地)全面整合
构建符合新时代海关工作要求的监管作业场所(场地)管理体制
统一的新海关监管作业场所
待建专业类作业场所（场地）
口岸范围外作业场所（场地）
原检验检疫有特殊环境、查验功能和监管要求的作业场所(场地)等
工作目标
遵循科学分类、规范管理、保障履职、便利服务、高效集约、分步推进原则
工作原则
不纳入海关监管作业场所进行管理，由海关总署制定或修订专业类作业场所（场地）的管理制度，统一设置规范、管理模式和管理要求。

▲海关作业场所（场地）优化整合“查检合一”的工作目标和原则

对因口岸条件等限制，暂无法转迁整合的，应进行升级改造，作为海关监管作业场所，场所内应建设满足新海关作业要求的通用查验场地。

原检验检疫有特殊环境要求的作业场所/场地，不纳入海关监管作业场所进行管理，按照新海关监管要求，由海关总署制定或修订专业类作业场所（场地）的管理制度，统一设置规范、管理模式和管理要求。

3 口岸范围外的作业场所（场地）怎样进行优化整合？
——原检验检疫作业场所（场地）原则上应整合迁入口岸范围内的原海关监管作业场所；原检验检疫下厂作业点等现场另按专业类场所（场地）管理。

3.1 原检验检疫作业场所（场地）的优化整合

对设在口岸外，原检验检疫有特殊环境、查验功能和监管要求的作业场所、场地（如入境特殊物品查验监管平台、冷冻和鲜活动植物及其产品、进境农产品指定口岸、进境罗汉松特定口岸、进境动物国家检疫隔离场、进口整车检测线等），原则上应整合迁入口岸范围内的原海关监管作业场所。

对因口岸条件等限制，暂无法转迁整合的，应进行升级改造作为海关监管作业场所，按照《中华人民共和国海关监管区管理暂行办法》及配套公告的规定统一管理。场所内应建设满足新海关作业要求的通用查验场地。

3.2 原检验检疫下厂作业点等现场的优化整合

对设在口岸外，原检验检疫有特殊环境要求的作业场所(《优化整合表》第37 ~ 50类)，作为专业类场所（场地），不纳入海关监管作业场所进行管理，按照新海关监管要求，由海关总署制定或修订专业类作业场所(场地)的管理制度，统一设置规范、管理模式和管理要求。

4 通用查验场地及其他场所（场地）怎样进行优化整合？
——统一设置通用查验场地的设施设备及业务用房，按需整合调整其他场所（场地）的功能和设施条件。

4.1 通用查验场地

海关监管作业场所内应建设满足新海关查验需求的通用查验场地，统一设置查验车位、查验工具、机检设备、样品前处理、样品存储、初筛鉴定、检验及抽样工具存放、器械和药品存储等设施设备及业务用房。具体方案详见《海关通用查验场地的建设指导方案》。

4.2 其他场所（场地）

针对前述未涉及的场所(场地)，确有特殊需求的，或有特殊优化整合需求的，由各直属海关提出具体意见、建议，报海关总署统筹。

对整合后富余的作业场所(包括查验平台、办公用房和业务用房等)，应充分考虑口岸业务发展需求，科学调整场所功能优化升级设施条件，规范管理、便利通关。

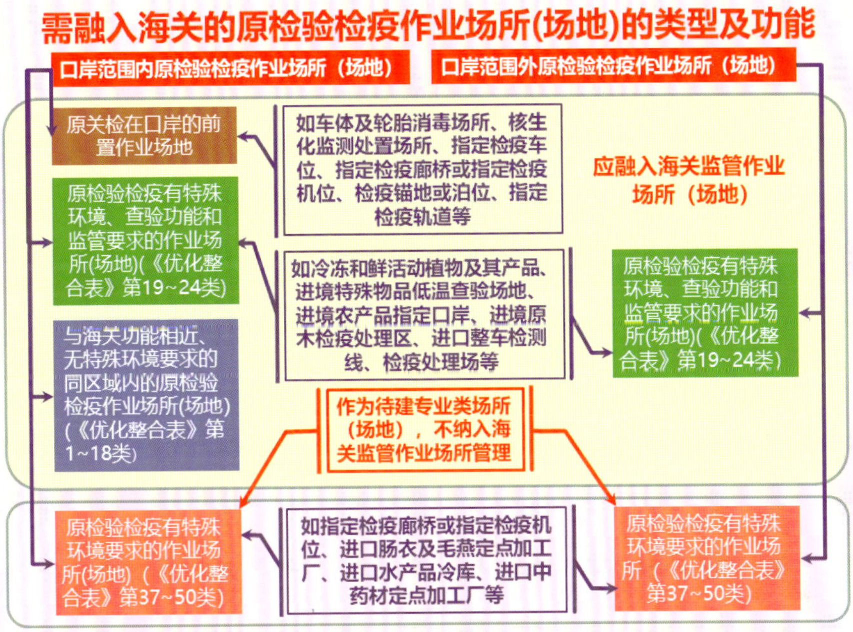
需融入海关的原检验检疫作业场所(场地)的类型及功能
口岸范围内原检验检疫作业场所（场地）
口岸范围外原检验检疫作业场所（场地）
原关检在口岸的前置作业场地
如车体及轮胎消毒场所、核生化监测处置场所、指定检疫车位、指定检疫廊桥或指定检疫机位、检疫锚地或泊位、指定检疫轨道等
应融入海关监管作业场所（场地）
原检验检疫有特殊环境、查验功能和监管要求的作业场所(场地)(《优化整合表》第19~24类)
如冷冻和鲜活动植物及其产品、进境特殊物品低温查验场地、进境农产品指定口岸、进境原木检疫处理区、进口整车检测线、检疫处理场等
原检验检疫有特殊环境、查验功能和监管要求的作业场所(场地)(《优化整合表》第19~24类)
与海关功能相近、无特殊环境要求的同区域内的原检验检疫作业场所(场地)(《优化整合表》第1~18类)
作为待建专业类场所（场地），不纳入海关监管作业场所管理
原检验检疫有特殊环境要求的作业场所(场地)（《优化整合表》第37~50类)
如指定检疫廊桥或指定检疫机位、进口肠衣及毛燕定点加工厂、进口水产品冷库、进口中药材定点加工厂等
原检验检疫有特殊环境要求的作业场所（《优化整合表》第37~50类)

▲需融入海关的原检验检疫作业场所（场地）的类型及功能

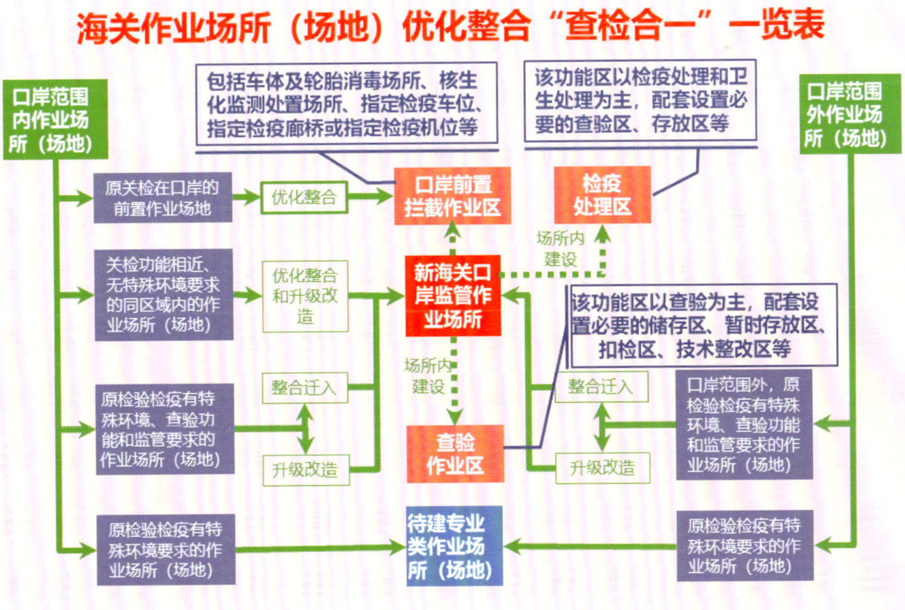
海关作业场所（场地）优化整合“查检合一”一览表
口岸范围内作业场所（场地）
包括车体及轮胎消毒场所、核生化监测处置场所、指定检疫车位、指定检疫廊桥或指定检疫机位等
该功能区以检疫处理和卫生处理为主，配套设置必要的查验区、存放区等
口岸范围外作业场所（场地）
原关检在口岸的前置作业场地
优化整合
口岸前置拦截作业区
检疫处理区
场所内建设
关检功能相近、无特殊环境要求的同区域内的作业场所（场地）
优化整合和升级改造
新海关口岸监管作业场所
该功能区以查验为主，配套设置必要的储存区、暂时存放区、扣检区、技术整改区等
场所内建设
整合迁入
整合迁入
原检验检疫有特殊环境、查验功能和监管要求的作业场所（场地）
口岸范围外，原检验检疫有特殊环境、查验功能和监管要求的作业场所（场地）
查验作业区
升级改造
升级改造
原检验检疫有特殊环境要求的作业场所（场地）
待建专业类作业场所（场地）
原检验检疫有特殊环境要求的作业场所（场地）

▲海关作业场所（场地）优化整合“查检合一”一览表

5 各类型监管作业场所（场地）的优化整合模型应如何打造？

——突出新海关国门安全准入的管控要求，结合新海关职能定位和水陆空铁口岸特点以及新海关“五统一”要求，优化整合各类型监管作业场所（场地）。

5.1 口岸前置拦截作业场地优化整合模型

深入贯彻落实总体国家安全观，突出新海关国门安全准入的管控要求，按照前置作业场地设置方案建立全新“口岸前置拦截作业场地”模型，并选取试点海关进行示范点建设。

5.2 水陆空铁口岸监管场所优化整合模型

结合新海关职能定位和水陆空铁口岸特点，以统一设置标准、统一管理模式、统一管理要求为目标，根据新海关监管作业场所的监管、查验和处置作业管控重点，明确设施配置标准，按照《水陆空铁监管作业场所优化整合建设要求》，分别打造水陆空铁口岸监管作业场所的优化整合模型，并选取试点海关进行示范点建设。

试点海关进行监管作业场所示范点的建设过程中，同时按照相关通用查验场地建设方案打造关检查验场地的优化整合模型。

5.3 集约化智能查验场地的建设模型

根据新海关“五统一”要求，针对原关检查验场地类型多和布局不统一的状况，以解决监管资源优化调配为抓手，围绕查验场地集约化管理、查验作业智能管控和全链条可视化监控等智慧监管目标，将关检各专业查验场地整合设置为集中查验中心，依托海关业务运行监控指挥中心平台和海关物流监控、查验管理等系统，推进机检设备以及其他查验设备的联网，实现集中在线监测、管控，研究提出新海关集约化智能查验场地建设标准，制定“集约化智能查验场地业务及设施设备建设要求表”和“集约化智能查验场地平面示意图”，建立全新集约化智能查验场地的建设模型，并选取试点海关进行示范点建设。

6 新海关监管作业场所、其他作业场所（场地）是怎样设置建设规范、管理模式和管理要求的？

——修订相关规定，统一设置规范，统一管理模式，推广应用新海关“监管作业场所管理系统”。

6.1 修订相关规定

根据新海关监管作业场所（场地）的实际监管要求，修订完善海关监管作业场所和原检验检疫作业场所（场地）相关的规定，统一新海关监管作业场所、其他作业场所（场地）的设置规范、管理模式和管理要求。

6.2 统一设置规范

在关检原有作业场所（场地）建设规范要求的基础上，立足新海关监管作业场所、其他专业类作业场所（场地）的监管要求，以查验场地、业务用房、专业技术用房（场地）、仓储场地的设置标准为重点，明确各类型作业场所（场地）设施设备的建设要求，按照新海关监管作业场所设置规范进行管理。

海关监管作业场所设置规范（以水路运输类为例）

1.封闭及卡口设置

（1）应有独立封闭区域，设立隔离围网（墙）。
（2）以公路运输方式载运货物出入，应建立通道出入卡口，配置卡口控制系统和设备，与海关联网。

2.场地设置

（1）具有储存或者装卸、集拼、暂时存放仓库或场地，配备相应设施，设置区分标识。
（2）设置满足海关查验作业要求的场地，配备查验、安全防护的设备及操作人员。
（3）预留大型集装箱/车辆检查设备、辐射探测设备等所需场地和设施，自行安装且供海关使用的设备与海关联网。
（4）具备存放海关暂不予放行货物的仓库或者场地。
（5）地面平整、硬化，无病媒生物孳生地，场地及周围环境应具备有效的防控鼠类的设施。
（6）具有病媒生物控制措施，具备卫生管理制度与有效的卫生控制措施。
（7）设置检疫处理区，用于对货物、集装箱进行检疫处理。
（8）对食品、动植物及其产品、废旧物品储存等，设置专门区域。

3.场所用房

（1）提供采样室、样品室、病媒生物和有害生物初筛鉴定室等技术用房，以及更衣室、工具室等配套设施，满足开展相关作业的要求。
（2）提供检疫查验、卫生监督、卫生处理技术用房及配套设施，满足开展相关作业要求。
（3）提供具备网络通信、取暖降温、休息卫生等条件的海关备勤、办公场所。

4.信息化管理系统

（1）配备与海关联网的信息化管理系统，实现货物进场、出场、存储状态等电子数据的传送、交换。
（2）企业自用信息化管理系统应向海关开放有关功能的授权。
（3）建立符合网络安全要求的机房或机柜，建立海关运输工具登临检查、货物查验、场所（场地）巡查等的无线网络。

5.其他

（1）对因机械吊装、履带运输、水岸泊位、铁路轨道等因素无法实现完全封闭，可以调整封闭设置。
（2）对无存货及暂存的，可调整场地设置要求。

▲海关监管作业场所设置规范

各类型监管作业场所（场地）的优化整合模型

由海关总署打造监管作业场所（场地）的优化整合模型，并先期在有关海关开展示范点建设，以示范点样板为基础，为各直属海关提供指导，逐步推进全国海关监管作业场所(场地)的标准化改造。

口岸前置拦截作业场地优化整合模型

深入贯彻落实总体国家安全观，突出新海关国门安全准入的管控要求，建立全新“口岸前置拦截作业场地”模型，并进行示范点建设。

水陆空铁口岸监管场所优化整合模型

根据监管、查验和处置作业管控重点，分别打造水陆空铁口岸监管作业场所的优化整合模型，并进行示范点建设。

集约化智能查验场地的建设模型

围绕查验作业智能管控和全链条可视化监控等智慧监管目标，将关检各专业查验场地整合设置为集中查验中心，依托海关业务运行监控指挥中心平台和海关物流监控、查验管理等系统，推进机检设备以及其他查验设备的联网，实现集中在线监测、管控。

▲各类型监管作业场所（场地）的优化整合模型

6.3 统一管理模式

对于纳入海关监管作业场所（海关监管货物仓储行政许可）审批事项的作业场所，由经营企业提出设立申请，并按照《中华人民共和国海关监管区管理暂行办法》及配套公告要求（修订），完成海关监管作业场所的达标建设，按照行政许可程序完成注册；对于优化整合后的新海关监管作业场所，符合行政许可变更情形的（如相邻的作业场所整合，场地面积、类型等发生变更），可通过行政许可变更方式完善注册。

对于不纳入海关监管作业场所进行管理专业类场所（场地），应按新海关专业类作业场所（场地）的规章制度，统一管理模式。

6.4 推进信息化管理系统应用与管理

对“金关二期”的海关监管作业场所管理系统进行改版升级，推广应用新海关“监管作业场所管理系统”，对行政许可审批流程、场所日常管理、仓储管理进行统一信息化管理；同时，围绕分步处置要求，统一新海关监管作业场所的智能卡口、物流信息化管理、系统联网等的建设要求，重点落实海关监管作业场所凭海关电子放行信息管控货物进出场的作业要求。

第二节 新海关作业场所（场地）的设置与作业规范

1 口岸前置拦截作业场地优化整合的目标与要求是什么？
——确保海关对国门安全准入有效管理和优化整合。

1.1 目标

以强化海关安全准入检查及检验检疫防疫、防核生化、防爆、预防性检疫处理、涉恐处突处置作业为目标，优化整合关检口岸前置作业区域，设置口岸前置拦截作业场地。

1.2 要求

优化整合关、检口岸前置作业区域，或者基于原检验检疫口岸前置作业区域，将防疫、涉核、涉爆、危险品等高风险拦截检查作业进行优化整合，在口岸国门一线实施拦截作业，在口岸监管区设置前置拦截作业场地。

口岸前置拦截作业场地应结合口岸业务实际，在口岸监管区范围内合理设置固定的场地，原则上应按照海关监管作业场所的相关要求实施海关监管；对于因口岸监管区的面积、口岸原有设置布局等客观因素限制的，在满足海关前置拦截作业的基础上，可结合口岸监管区的实际情况设置相应的场地，或合理设置相应的功能区。前置拦截作业场地应根据作业要求合理规划查验平台、隔离场地/车位、检疫处理场地等必备的功能区，配备必要的设施设备。

口岸前置拦截作业场地重点确保海关对国门安全准入有效管控，对于原检验检疫部门对出境货物及司乘人员等的前置作业及作业场所（场地），可保持原有作业模式；

新海关监管作业场所（场地）的
建设规范、管理模式和管理要求
修订相关规定
1
修订完善海关监管作业场所和原检验检疫作业场所(场地)相关的规定，统一新海关监管作业场所、其他作业场所(场地)的设置规范、管理模式和管理要求。
统一设置规范
2
以查验场地、业务用房、专业技术用房(场地)、仓储场地的设置标准为重点，明确各类型作业场所(场地)设施设备的建设要求，按照新设置规范进行管理。
统一管理模式
3
对纳入海关监管作业场所审批事项的作业场所，由经营企业提出设立申请，完成海关监管作业场所的达标建设，并通过行政许可变更方式完善注册。
推进系统的应用与管理
4
对场所管理系统进行改版升级，统一信息化管理；围绕分步处置要求，统一场所的智能卡口、物流信息化管理、系统联网等的建设要求。

▲新海关监管作业场所（场地）的建设规范、管理模式和管理要求

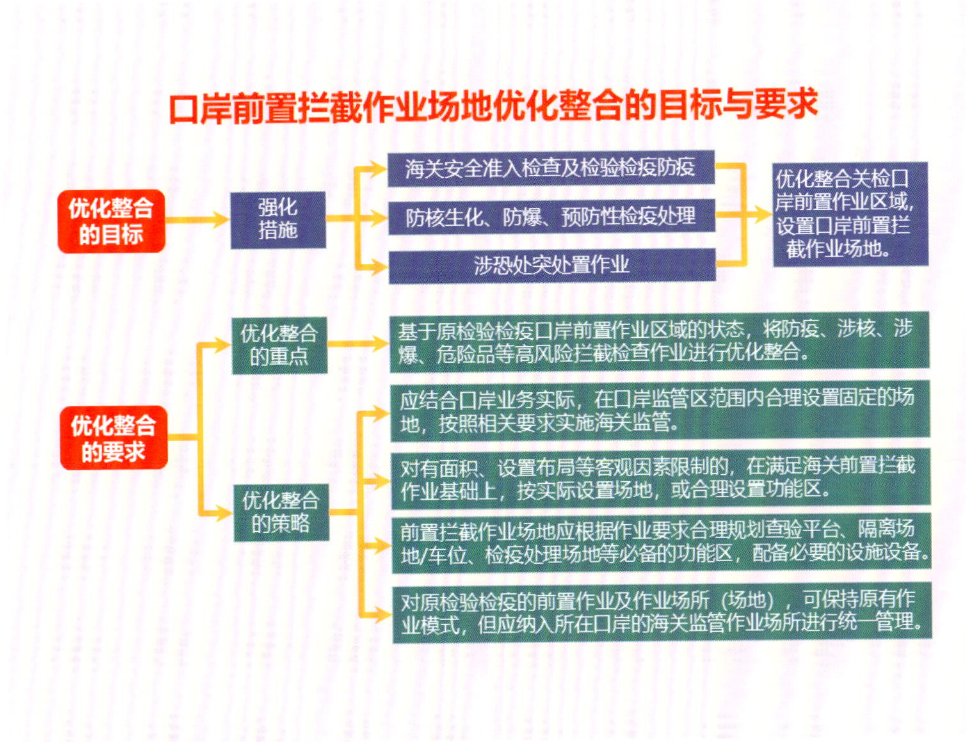
口岸前置拦截作业场地优化整合的目标与要求
优化整合的目标
强化措施
海关安全准入检查及检验检疫防疫
防核生化、防爆、预防性检疫处理
涉恐处突处置作业
优化整合关检口岸前置作业区域，设置口岸前置拦截作业场地。
优化整合的要求
优化整合的重点
基于原检验检疫口岸前置作业区域的状态，将防疫、涉核、涉爆、危险品等高风险拦截检查作业进行优化整合。
优化整合的策略
应结合口岸业务实际，在口岸监管区范围内合理设置固定的场地，按照相关要求实施海关监管。
对有面积、设置布局等客观因素限制的，在满足海关前置拦截作业基础上，按实际设置场地，或合理设置功能区。
前置拦截作业场地应根据作业要求合理规划查验平台、隔离场地/车位、检疫处理场地等必备的功能区，配备必要的设施设备。
对原检验检疫的前置作业及作业场所（场地），可保持原有作业模式，但应纳入所在口岸的海关监管作业场所进行统一管理。

▲口岸前置拦截作业场地优化整合的目标与要求

前置作业场所（场地）应纳入所在口岸的海关监管作业场所进行统一管理。

2

口岸前置拦截作业场地优化整合后，将如何开展相应的作业？
——海关可以根据各地口岸监管通关的实际作业内容、主要进出境运输工具和货物的特点、实际配备的检查设施设备情况，以口岸实际开展的业务为原则，在不同的口岸前置拦截作业场地开展相应的作业。

2.1 原海关监管业务

原海关监管业务主要包括：进出境运输工具的登临检查、进境运输工具的机检（主要检查公路和铁路车辆、集装箱是否存在夹藏情形）；进出口货物和物品的先期机检（主要检查是否存在涉恐、涉爆、涉毒等情形、辐射探测是否超标）。

对于在停机坪、锚地做飞机、船舶前置拦截检查的，停机坪、锚地可作为特定的前置作业场地。

2.2 卫生检疫业务

卫生检疫业务主要包括：人员卫生检疫、交通及运输工具卫生检疫（与原海关的进出境运输工具的登临检查同步进行）；涉及核生化有害因子集装箱 / 货物等的监测、查验和处置；来自卫生检疫高风险地区的集装箱 / 货物的卫生处理。

对飞机、船舶的前置检疫在指定机位、廊桥、锚地进行。

2.3 动植物检疫及食品检疫业务

动植物检疫及食品检疫业务主要包括：交通及运输工具动植物检疫（与原海关的进出境运输工具的登临检查同步进行）；木质包装检疫（与原海关的进境货物的监装监卸同步进行）；进境汽车的轮胎消毒和装载动物的运输工具消毒、禁止进境物的检查和处置。

2.4 工业品监管业务

工业品监管业务主要包括：危险品包装检查（主要检查包装是否破损）。

3

口岸前置拦截作业场地优化整合后，将如何配置设施设备？
——根据水运、陆路、空港、铁路口岸各业务管理需要，明确作业区域，配置设施设备，统一管理，集中使用。

3.1 口岸货运监管环节

设置消毒通道，配备喷洒消毒设施，配套药械存储、配药、控制等技术用房；

设置查验区及隔离处置区；

设置人员卫生检疫通道，配备卫生监督设备，配备体温监测设备、通道工作间及隔离处置区；

配备音视频执法记录仪、手持式辐射探测仪、查验工具箱；

配备手持式生化监测设备；

有条件的口岸配备大型集装箱机检设备（H986）、门户式辐射探测设备、可视化放射性监测系统、生物 / 化学因子在线监测系统，设置机检通道。

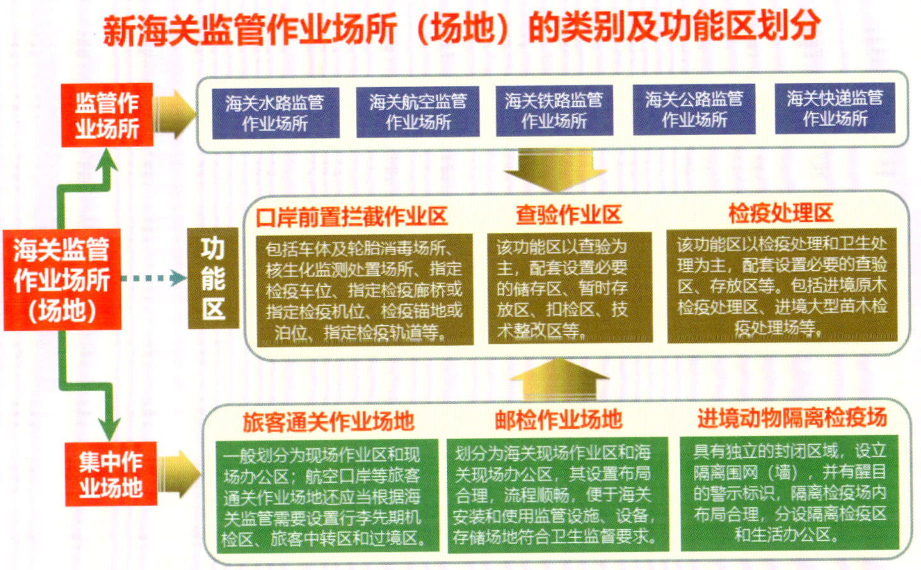
新海关监管作业场所（场地）的类别及功能区划分
监管作业场所
海关水路监管作业场所
海关航空监管作业场所
海关铁路监管作业场所
海关公路监管作业场所
海关快递监管作业场所
海关监管作业场所（场地）
功能区
口岸前置拦截作业区
包括车体及轮胎消毒场所、核生化监测处置场所、指定检疫车位、指定检疫廊桥或指定检疫机位、检疫锚地或泊位、指定检疫轨道等。
查验作业区
该功能区以查验为主，配套设置必要的储存区、暂时存放区、扣检区、技术整改区等。
检疫处理区
该功能区以检疫处理和卫生处理为主，配套设置必要的查验区、存放区等。包括进境原木检疫处理区、进境大型苗木检疫处理场等。
集中作业场地
旅客通关作业场地
一般划分为现场作业区和现场办公区；航空口岸等旅客通关作业场地还应当根据海关监管需要设置行李先期机检区、旅客中转区和过境区。
邮检作业场地
划分为海关现场作业区和海关现场办公区，其设置布局合理，流程顺畅，便于海关安装和使用监管设施、设备，存储场地符合卫生监督要求。
进境动物隔离检疫场
具有独立的封闭区域，设立隔离围网（墙），并有醒目的警示标识，隔离检疫场内布局合理，分设隔离检疫区和生活办公区。

▲新海关监管作业场所（场地）的类别及功能区划分

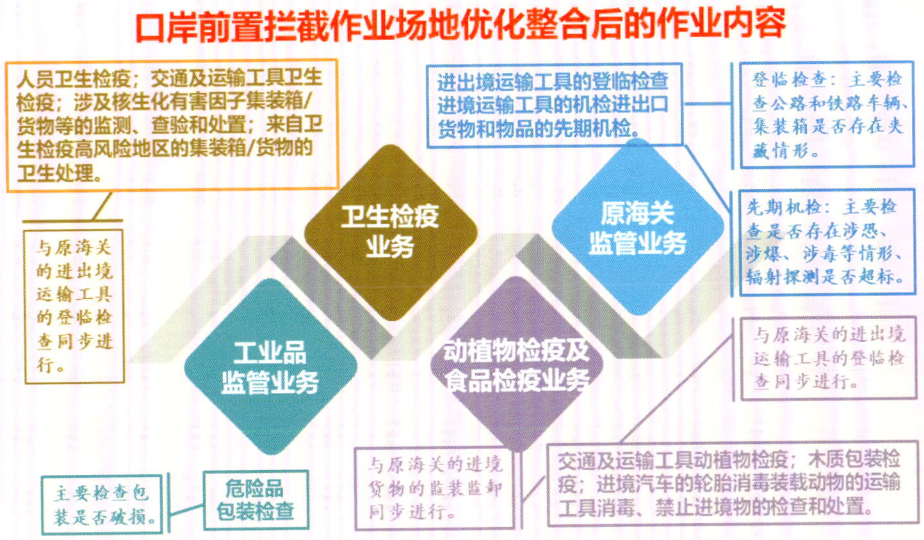
口岸前置拦截作业场地优化整合后的作业内容
人员卫生检疫；交通及运输工具卫生检疫；涉及核生化有害因子集装箱/货物等的监测、查验和处置；来自卫生检疫高风险地区的集装箱/货物的卫生处理。
与原海关的进出境运输工具的登临检查同步进行。
卫生检疫业务
工业品监管业务
危险品包装检查
主要检查包装是否破损。
动植物检疫及食品检疫业务
与原海关的进境货物的监装监卸同步进行。
原海关监管业务
进出境运输工具的登临检查进境运输工具的机检进出口货物和物品的先期机检。
登临检查：主要检查公路和铁路车辆、集装箱是否存在夹藏情形。
先期机检：主要检查是否存在涉恐、涉爆、涉毒等情形、辐射探测是否超标。
与原海关的进出境运输工具的登临检查同步进行。
交通及运输工具动植物检疫；木质包装检疫；进境汽车的轮胎消毒装载动物的运输工具消毒、禁止进境物的检查和处置。

▲口岸前置拦截作业场地优化整合后的作业内容

3.2 旅检口岸卫生检疫环节

设置人员卫生检疫等候区和查验区，其中查验区又分为核生化有害因子监测区、红外测温区和医学巡查区；

设置出入境人员查验通道(闸口通道及非闸口通道)、工作人员通道、病例转运专用通道；

配备体温复测室、医学排查室、(负压)临时留验室、传染病病原体快速检测实验室、核生化应急处置室、预防接种室、医学 X 线检查室、洗消室和应急物资储备室；

配备核生化有害因子监测、体温监测、诊桌诊床、低温存储、医学检查、X 光检测、急救、消毒、显微镜、离心机、恒温培养箱、分子生物学检测、免疫学检测、生物安全柜、个人防护等设备。

3.3 海关特殊监管区域

对于具备口岸功能的海关特殊监管区域，应根据口岸类型，按照上述关于前置作业场所（场地）的设置要求和设置规范，配套完善相关设施设备，建设相关作业场地。

4 海关通用查验作业场地优化整合的目标与要求是什么？

——优化整合通用查验作业场地，为实施“查检合一”夯实基础。

4.1 整合目标

在充分梳理原海关监管作业场所及检验检疫作业场所现状的基础上，以满足关检查验业务需要为前提，将原海关、检验检疫作业场所优化升级，建设通用查验场地（即包括原检验检疫专业查验场地以及满足原海关作业的查验场地）。

4.2 整合要求

各直属海关结合口岸实际，以适应地方外贸特点及场所运营企业需求为前提，以强化监管、便利通关为目标，统筹考虑现有海关监管作业场所和检验检疫作业场所(场地)的布局及现状，科学规划、优化整合建立新海关通用查验场地，为实施“查检合一”夯实基础。

5 海关通用查验作业场地优化整合后，应如何划分查验作业内容？

——在通用查验作业场地实施一般类货物的查验；在专业查验场地实施检验检疫专业类货物的查验。

5.1 原海关监管作业及检验检疫一般类货物的查验

水运口岸、陆路口岸、航空口岸、铁路口岸及海关特殊监管区域、保税监管场所建设通用查验场地，业务内容包括一般类检验检疫货物(如：木质包装、常温储存非散装食品、饲料、机电、轻纺产品等)的查验及海关货物监管作业。

5.2 专业查验场地实施检验检疫专业类货物查验

5.2.1 动植物产品查验

动植物产品查验主要包括：进境水果查验、进境粮食查验、进境植物种苗查验、

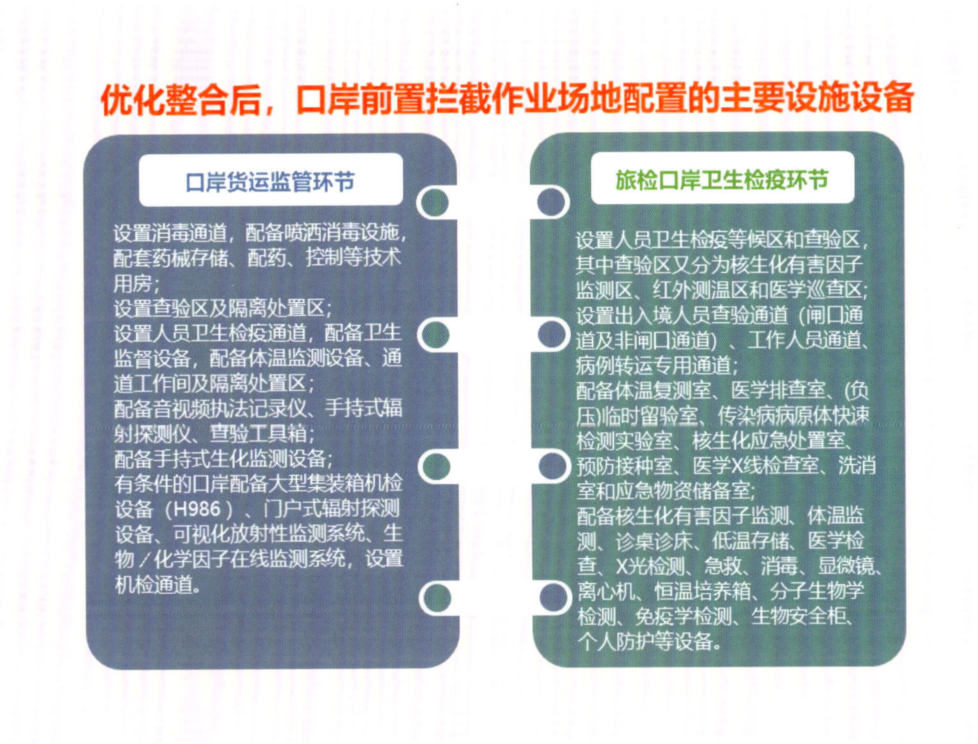
优化整合后，口岸前置拦截作业场地配置的主要设施设备
口岸货运监管环节
设置消毒通道，配备喷洒消毒设施，配套药械存储、配药、控制等技术用房；
设置查验区及隔离处置区；
设置人员卫生检疫通道，配备卫生监督设备，配备体温监测设备、通道工作间及隔离处置区；
配备音视频执法记录仪、手持式辐射探测仪、查验工具箱；
配备手持式生化监测设备；
有条件的口岸配备大型集装箱机检设备（H986）、门户式辐射探测设备、可视化放射性监测系统、生物/化学因子在线监测系统，设置机检通道。
旅检口岸卫生检疫环节
设置人员卫生检疫等候区和查验区，其中查验区又分为核生化有害因子监测区、红外测温区和医学巡查区；
设置出入境人员查验通道（闸口通道及非闸口通道）、工作人员通道、病例转运专用通道；
配备体温复测室、医学排查室、(负压)临时留验室、传染病病原体快速检测实验室、核生化应急处置室、预防接种室、医学X线检查室、洗消室和应急物资储备室；
配备核生化有害因子监测、体温监测、诊桌诊床、低温存储、医学检查、X光检测、急救、消毒、显微镜、离心机、恒温培养箱、分子生物学检测、免疫学检测、生物安全柜、个人防护等设备。

▲优化整合后，口岸前置拦截作业场地配置的主要设施设备

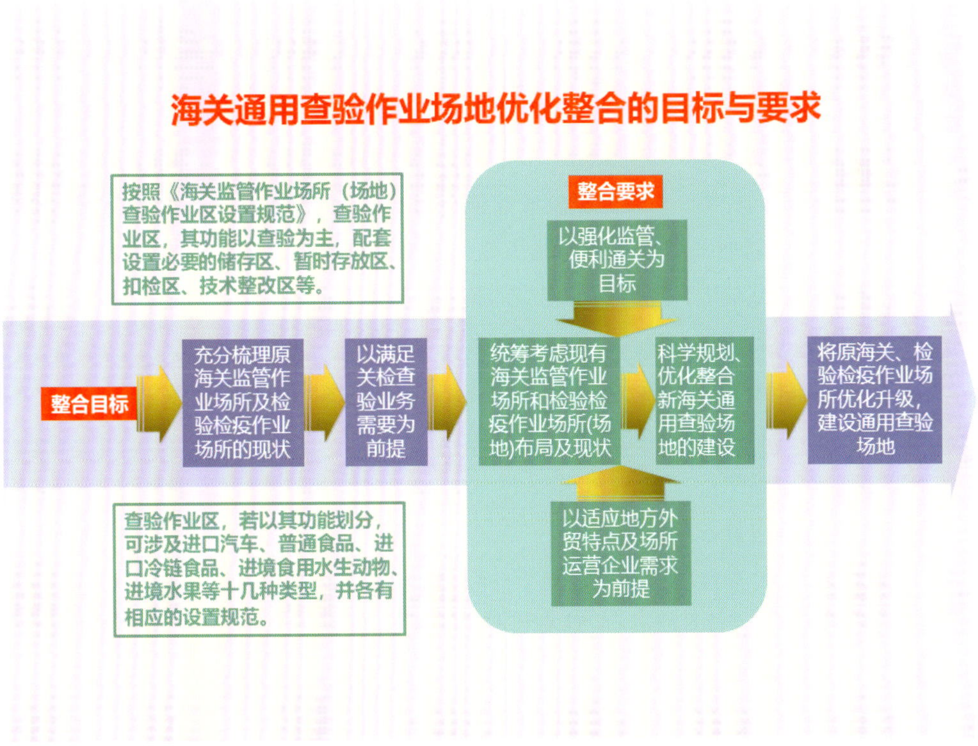
海关通用查验作业场地优化整合的目标与要求
按照《海关监管作业场所（场地）查验作业区设置规范》，查验作业区，其功能以查验为主，配套设置必要的储存区、暂时存放区、扣检区、技术整改区等。
整合要求
以强化监管、便利通关为目标
整合目标
充分梳理原海关监管作业场所及检验检疫作业场所的现状
以满足关检查验业务需要为前提
统筹考虑现有海关监管作业场所和检验检疫作业场所(场地)布局及现状
科学规划、优化整合新海关通用查验场地的建设
将原海关、检验检疫作业场所优化升级，建设通用查验场地
以适应地方外贸特点及场所运营企业需求为前提
查验作业区，若以其功能划分，可涉及进口汽车、普通食品、进口冷链食品、进境食用水生动物、进境水果等十几种类型，并各有相应的设置规范。

▲海关通用查验作业场地优化整合的目标与要求

进境食用水生动物查验、进境大型带土种苗查验、特定来源进境原木检疫及处理、进境木材查验、进境非食用动物产品查验。

5.2.2 食品查验

食品查验主要包括：普通食品查验、肉类产品查验、冰鲜水产品查验、食用粮谷查验、冷冻水产品查验及冷冻、冰鲜食品查验。

5.2.3 工业品查验

工业品查验主要包括：危险化学品查验、矿产品查验；进口汽车查验、废物原料查验。

5.2.4 涉及卫生风险的产品查验

涉及卫生风险的产品查验主要包括：生物制品查验、血液及其制品查验、人体组织查验、微生物查验；废旧物品查验。

6 海关通用查验作业场地优化整合后，将如何配置设施设备？——根据各业务管理需要及作业区域配备设施设备，统一管理，集中使用。

6.1 原海关监管作业及检验检疫一般类货物查验的设施设备配置

原海关监管作业及检验检疫一般类货物查验的设施设备配置主要包括：

配备放射性检测设施、衡重计重设施、监管仓库；

设置货物查验区、查验平台、检疫处理区、检验检疫现场业务用房及其相关配套设施，以及满足食品安全防护基本要求、用于食品现场查验的单独区域；

检验检疫现场业务用房，主要用于采取样品、样品预处理、样品存储、初筛鉴定、检验及抽样工具存放、检疫处理药品存储、器械存储等。

6.2 检验检疫专业类货物查验的设施设备配置

根据货物的不同种类，对检验检疫专业类货物的查验，具有各自特殊的查验条件。专业查验场地纳入新海关综合查验场地实施专业类货物查验，应在满足检验检疫一般类货物查验要求的基础上，同时满足相应的技术规范要求。

检验检疫专业类货物查验的设施设备配置主要包括：

微生物、人体组织、血液及其制品、生物制品等特殊物品查验应有调温、避光的配套设施，废旧物品查验应有防蚊防蝇防鼠等设施；

矿产品查验应当配备专用取样设备；

进口汽车查验应具备汽车检测线；

进境水果、肉类查验应当具备防疫和/或冷链查验和储存一体化设施；

进境食用水生动物扣检场所应具有供氧、调温、调节盐度等水生动物生存条件并采取有效的防逃逸措施；

进境种苗查验应具有有效的防逃逸设施等。

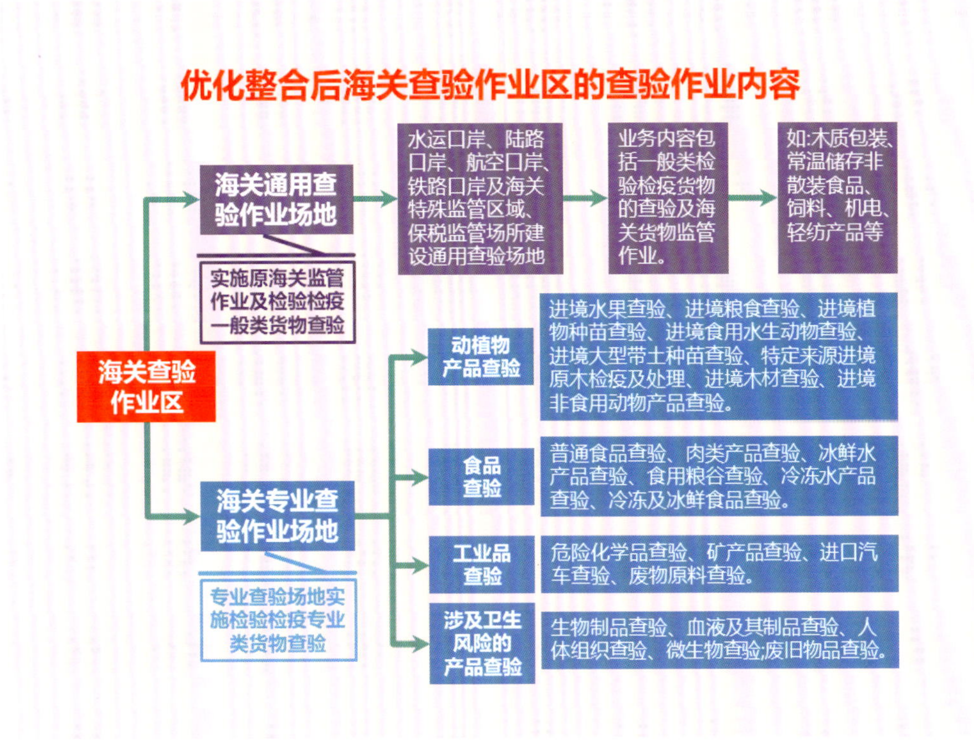
优化整合后海关查验作业区的查验作业内容
海关查验作业区
海关通用查验作业场地
实施原海关监管作业及检验检疫一般类货物查验
水运口岸、陆路口岸、航空口岸、铁路口岸及海关特殊监管区域、保税监管场所建设通用查验场地
业务内容包括一般类检验检疫货物的查验及海关货物监管作业。
如:木质包装、常温储存非散装食品、饲料、机电、轻纺产品等
海关专业查验作业场地
专业查验场地实施检验检疫专业类货物查验
动植物产品查验
进境水果查验、进境粮食查验、进境植物种苗查验、进境食用水生动物查验、进境大型带土种苗查验、特定来源进境原木检疫及处理、进境木材查验、进境非食用动物产品查验。
食品查验
普通食品查验、肉类产品查验、冰鲜水产品查验、食用粮谷查验、冷冻水产品查验、冷冻及冰鲜食品查验。
工业品查验
危险化学品查验、矿产品查验、进口汽车查验、废物原料查验。
涉及卫生风险的产品查验
生物制品查验、血液及其制品查验、人体组织查验、微生物查验;废旧物品查验。

▲优化整合后海关查验作业区的查验作业内容

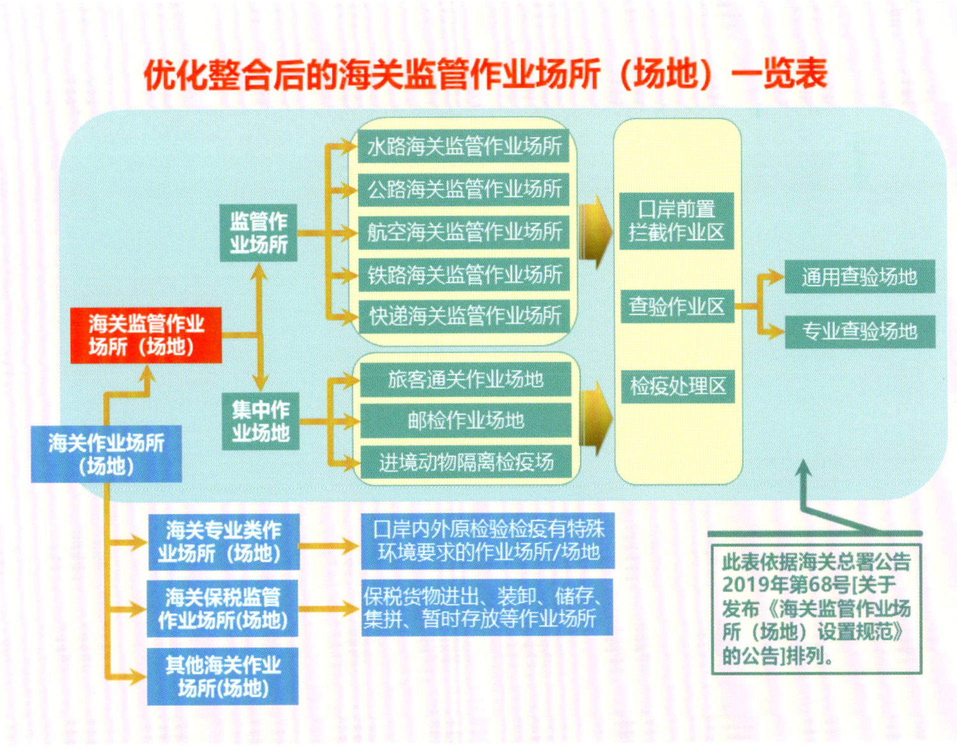
优化整合后的海关监管作业场所（场地）一览表
海关作业场所（场地）
海关监管作业场所（场地）
监管作业场所
水路海关监管作业场所
公路海关监管作业场所
航空海关监管作业场所
铁路海关监管作业场所
快递海关监管作业场所
集中作业场地
旅客通关作业场地
邮检作业场地
进境动物隔离检疫场
口岸前置拦截作业区
查验作业区
检疫处理区
通用查验场地
专业查验场地
海关专业类作业场所（场地）
口岸内外原检验检疫有特殊环境要求的作业场所/场地
海关保税监管作业场所(场地)
保税货物进出、装卸、储存、集拼、暂时存放等作业场所
其他海关作业场所(场地)
此表依据海关总署公告2019年第68号[关于发布《海关监管作业场所（场地）设置规范》的公告]排列。

▲优化整合后的海关监管作业场所（场地）一览表

下篇

全面深化海关业务改革，践行新海关的新职能与新使命

第一章
全面深化海关业务改革 2020

第一节 全面深化海关业务改革的总体要求

1 **全面深化海关业务改革的总体要求是什么?**
——以习近平新时代中国特色社会主义思想和党的十九大精神为指导，通过全面深化海关业务改革，践行新海关的新职能，履行新使命。

1.1 指导思想

以习近平新时代中国特色社会主义思想和党的十九大精神为指导，增强“四个意识”、坚定“四个自信”、做到“两个维护”，践行以人民为中心的发展思想和总体国家安全观，紧扣重要战略机遇新内涵，坚持底线思维，提高防控能力，推进政治建关、改革强关、依法把关、科技兴关、从严治关。

1.2 原则

以“统一执法、分类施策、精准监管、协同高效”为原则。

1.3 目标

重点内容解读：关于主要目标

2020 年是完成党的十八届三中全会全面深化改革任务的重要时间节点，是我国决胜全面建成小康社会、实施“十三五”规划的收官之年，也是实现海关全面深化改革总体方案和“十三五”发展规划目标的时间节点。在此期间，海关所面临的形势要求、职责任务、条件基础等发生了深刻变化，有必要对 2020 年前的海关改革作出新的制度性安排。基于新海关的新职能与新使命，方案以 5 个方面的重点领域和关键环节改革为主要内容，持续优化海关监管体制机制，形成符合新职能需要的监管制度体系。

经实践检验、行之有效的改革举措可以通过法律法规的调整予以固化，为构建科学完备的海关法律制度体系奠定坚实的实践基础。同时，坚持深化改革与防控三大风险同步设计，通过科学随机抽查、严密寄递监管、规范指标体系、强化运行监控、深化大数据应用等改革举措，加强权力运行监督、扎紧制度笼子，一体推进不敢腐、不能腐、不想腐，特别是在不能腐上取得实效。

全面深化海关业务改革的指导思想
以习近平新时代中国特色社会主义思想和党的十九大精神为指导
增强“四个意识”、坚定“四个自信”、做到“两个维护”
践行以人民为中心的发展思想和总体国家安全观
紧扣重要战略机遇新内涵，坚持底线思维，提高防控能力
推进政治建关、改革强关、依法把关、科技兴关、从严治关

▲全面深化海关业务改革的指导思想

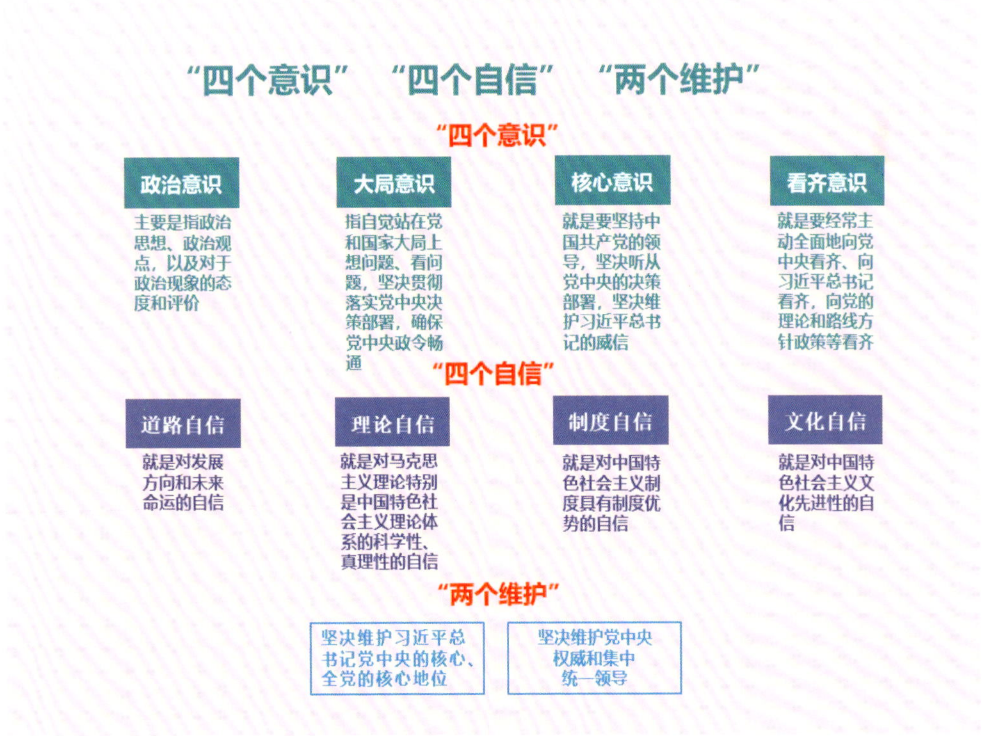
“四个意识” “四个自信” “两个维护”
“四个意识”
政治意识
主要是指政治思想、政治观点，以及对于政治现象的态度和评价
大局意识
指自觉站在党和国家大局上想问题、看问题，坚决贯彻落实党中央决策部署，确保党中央政令畅通
核心意识
就是要坚持中国共产党的领导，坚决听从党中央的决策部署，坚决维护习近平总书记的威信
看齐意识
就是要经常主动全面地向党中央看齐、向习近平总书记看齐，向党的理论和路线方针政策等看齐
“四个自信”
道路自信
就是对发展方向和未来命运的自信
理论自信
就是对马克思主义理论特别是中国特色社会主义理论体系的科学性、真理性的自信
制度自信
就是对中国特色社会主义制度具有制度优势的自信
文化自信
就是对中国特色社会主义文化先进性的自信
“两个维护”
坚决维护习近平总书记党中央的核心、全党的核心地位
坚决维护党中央权威和集中统一领导

▲“四个意识” “四个自信” “两个维护”

第二节 全面深化海关业务改革的主要内容

1 如何通过改革现行申报制度，解决一次性全口径申报准备工作烦琐耗时，易引发申报差错且修撤手续繁杂等问题？
——在强化舱单提前传输基础上实施“两步申报”。

适应国际贸易特点和安全便利需要，企业无须一次性提交全部申报信息及单证，第一步凭提单概要申报即可提货，第二步在规定时间内进行完整申报。

1.1 第一步提货申报

企业凭提单信息，提交满足口岸安全准入监管需要等必要信息进行概要申报，无须查验的货物即可放行提离，涉税货物需提供有效税款担保。

1.2 第二步完整申报

企业在货物口岸放行后14日内，补充提交满足税收征管、合格评定、海关统计等整体监管需要的全面信息及单证。

1.3 基本流程

舱单提前传输—第一步提货申报—准入检查—货物提离—第二步完整申报—办理相关手续—结关。

实施“两步申报”的同时，继续保留“一次申报”模式，企业可自主选择。海关特殊监管区域境外入区货物适用“两步申报”。

重点内容解读：关于实施“两步申报”模式

（1）针对的问题

目前，企业需一次性全口径申报，申报信息及单证等准备工作烦琐耗时，易引发申报差错且修撤手续繁杂，既影响口岸通关效率，也影响提前申报应用率。此外，企业自报自缴后自查自纠等权益难以有效保障，企业担忧申报差错可能导致行政处罚。

（2）改革的思路

借鉴美国、欧盟海关成熟做法，在强化舱单提前传输基础上实施“两步申报”。

第一步，“提单确认、快速提离”，企业只需录入提单号、HS编码、监管方式、监管证件号等满足口岸安全准入监管需要等的必要信息，通过提单号自动关联获取舱单中的商品名称、数（重）量、启运地、经停港、目的地等商品基本信息及其物流信息，经企业确认申报，未被口岸安全准入风险布控抽中的即可提离，涉税货物需提供有效税款担保。

第二步，企业提交满足海关整体监管需要的全面信息及单证，实现完整申报，满足合规性要求。企业可自主选择“一次申报”或“两步申报”，增强改革的灵活性、

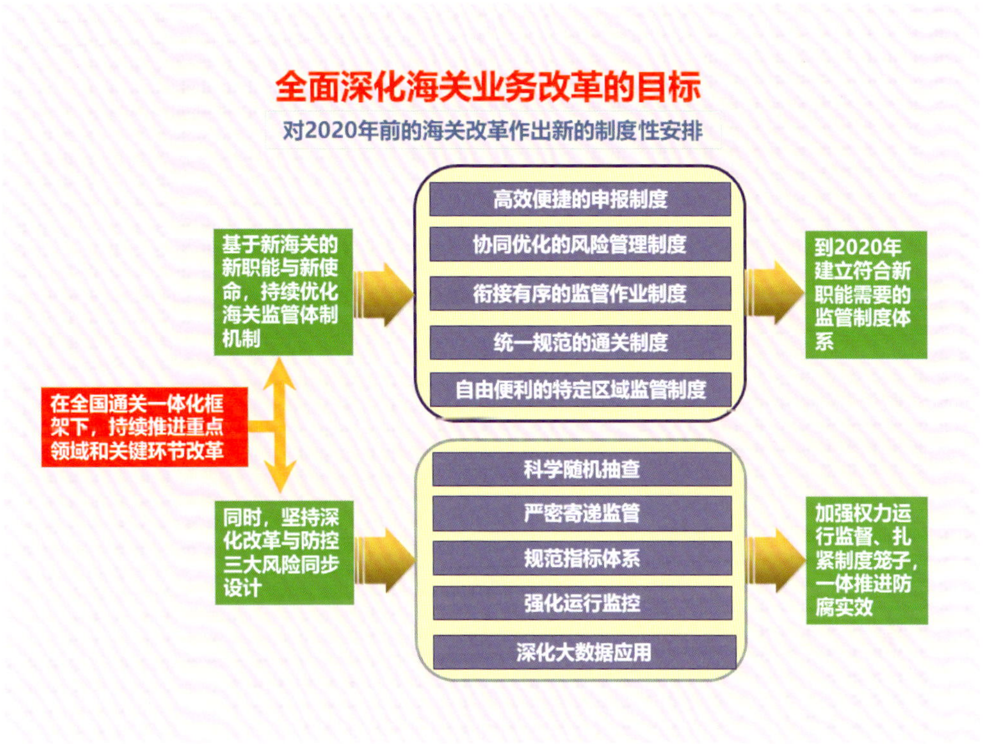

全面深化海关业务改革的目标
对2020年前的海关改革作出新的制度性安排
基于新海关的新职能与新使命，持续优化海关监管体制机制
在全国通关一体化框架下，持续推进重点领域和关键环节改革
同时，坚持深化改革与防控三大风险同步设计
高效便捷的申报制度
协同优化的风险管理制度
衔接有序的监管作业制度
统一规范的通关制度
自由便利的特定区域监管制度
科学随机抽查
严密寄递监管
规范指标体系
强化运行监控
深化大数据应用
到2020年建立符合新职能需要的监管制度体系
加强权力运行监督、扎紧制度笼子，一体推进防腐实效

▲全面深化海关业务改革的目标

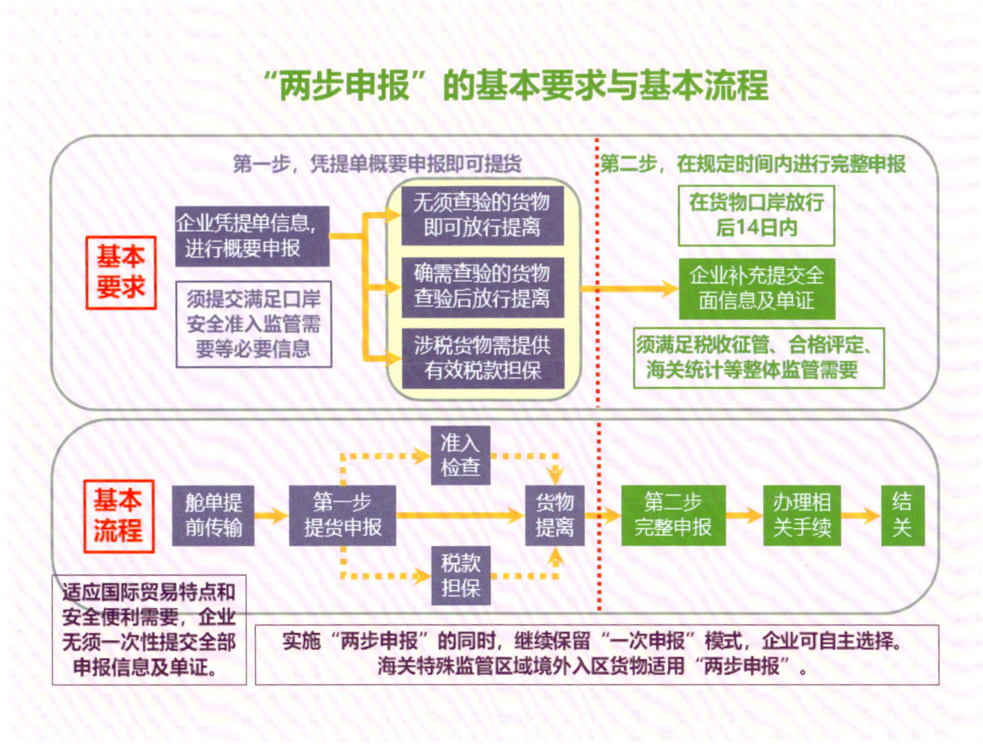

“两步申报”的基本要求与基本流程
第一步，凭提单概要申报即可提货
第二步，在规定时间内进行完整申报
基本要求
企业凭提单信息，进行概要申报
须提交满足口岸安全准入监管需要等必要信息
无须查验的货物即可放行提离
确需查验的货物查验后放行提离
涉税货物需提供有效税款担保
在货物口岸放行后14日内
企业补充提交全面信息及单证
须满足税收征管、合格评定、海关统计等整体监管需要
基本流程
舱单提前传输
第一步提货申报
准入检查
税款担保
货物提离
第二步完整申报
办理相关手续
结关
适应国际贸易特点和安全便利需要，企业无须一次性提交全部申报信息及单证。
实施“两步申报”的同时，继续保留“一次申报”模式，企业可自主选择。海关特殊监管区域境外入区货物适用“两步申报”。

▲“两步申报”的基本要求与基本流程

兼容性。同时，明确海关特殊监管区域货物适用“两步申报”，并开展先行先试。

货物申报信息是风险信息来源之一，但也是风险分析的对象，不能主要依赖申报信息来分析申报信息自身真伪。当前，应用大数据开展安全准入风险防控水平正不断提升，为保障第一步申报的安全准入风险分析需要，方案提出完善舱单管理、强化大数据应用等配套措施。

世界海关组织（WCO）制定的《京都公约》对货物进出境申报有如下的描述：“申报人在货物申报时资料不全，海关认为理由正常，应准许申报人作出临时的或不完整的申报，但该申报须载有海关认为必需的内容，且申报人承诺在规定期限内作出完整申报。”这意味着“两步申报”通过调整通关环节申报的方式和降低验放的审核要求，使企业能快速便捷地提取进口货物，缩短货物滞港时间。企业在货物放行后再进行详细申报，也使关员拥有了相对较长的时间进行单证审核与作业，有效缓解了口岸通关压力。

（3）“两步申报”制度优势

简化手续、化解风险，解决企业需全面提交所有申报要素后才能申报，以及担忧提前申报准备不足、面临信用降级或行政处罚风险的问题。

保障权益、降低成本，从制度上保障企业缴税期限、自查自纠等权益，降低经营成本。

精准监管、提升效能，推动海关转变风险防控的理念和方式，强化通过多方来源的大数据支撑风险研判，有利于提升大数据应用能力和监管效能。

2 如何通过改革风险防控方式，解决人工风险分析与随机抽查之间关系不甚明确的问题？——实施随机抽查和精准布控“两轮驱动”。

以随机抽查掌控风险防控覆盖面，以精准布控靶向锁定风险目标，构建随机抽查与精准布控协同分工、优势互补的风险统一防控机制。

重点内容解读：关于“两轮驱动”

（1）针对问题

一是目前人工风险分析与随机抽查之间关系有待进一步明确；

二是随机抽查方法的科学性有待提升，对风险防控的覆盖面掌控不够；

三是应用大数据、信息等精准布控能力不足。

（2）改革思路

按照国务院关于健全以“双随机、一公开”监管为基本手段、以重点监管为补充、以信用监管为基础的新型监管机制的部署，实施随机抽查和精准布控“两轮驱动”，根据不同的风险类型、作业特点、执法要求，实现两者科学分工、协同互补。

一方面，在继续推进随机抽查业务全领域、全过程覆盖的同时，进一步提升抽查方法、抽查规则、抽查比例的科学性，形成覆盖全面、评估客观、震慑有力、规则相对稳定的随机抽查模式。建立跨部门随机抽查决策机制，决策机制办公室设在风险管理司。

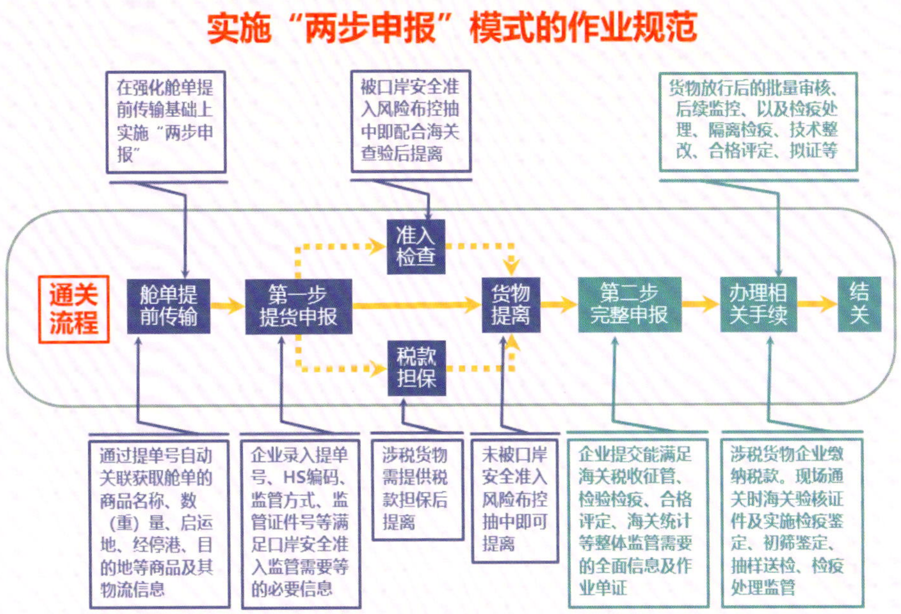
实施“两步申报”模式的作业规范
在强化舱单提前传输基础上实施“两步申报”
被口岸安全准入风险布控抽中即配合海关查验后提离
货物放行后的批量审核、后续监控、以及检疫处理、隔离检疫、技术整改、合格评定、拟证等
通关流程
舱单提前传输
第一步提货申报
准入检查
税款担保
货物提离
第二步完整申报
办理相关手续
结关
通过提单号自动关联获取舱单的商品名称、数（重）量、启运地、经停港、目的地等商品及其物流信息
企业录入提单号、HS编码、监管方式、监管证件号等满足口岸安全准入监管需要等的必要信息
涉税货物需提供税款担保后提离
未被口岸安全准入风险布控抽中即可提离
企业提交能满足海关税收征管、检验检疫、合格评定、海关统计等整体监管需要的全面信息及作业单证
涉税货物企业缴纳税款。现场通关时海关验核证件及实施检疫鉴定、初筛鉴定、抽样送检、检疫处理监管

▲实施“两步申报”模式的作业规范

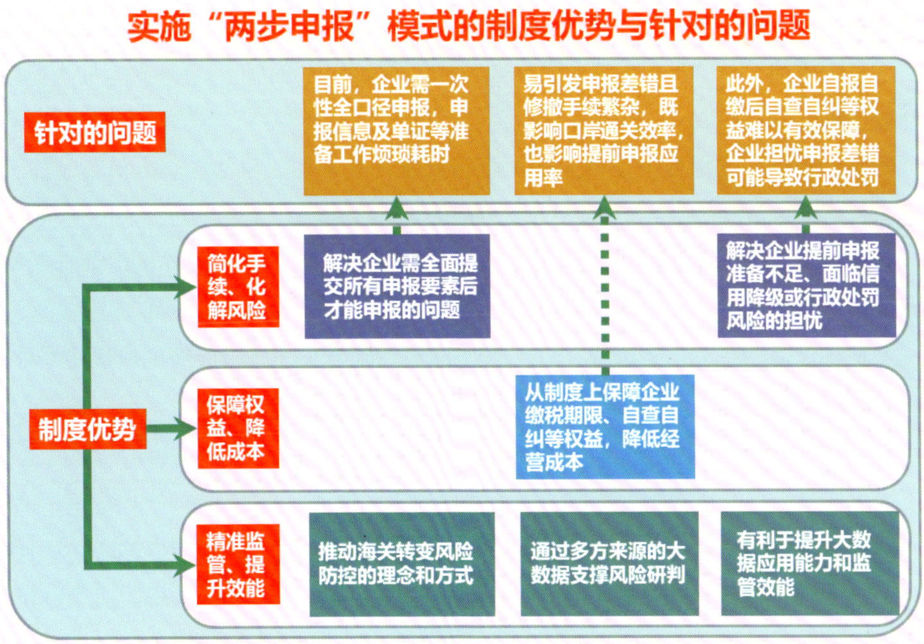
实施“两步申报”模式的制度优势与针对的问题
针对的问题
目前，企业需一次性全口径申报，申报信息及单证等准备工作烦琐耗时
易引发申报差错且修撤手续繁杂，既影响口岸通关效率，也影响提前申报应用率
此外，企业自报自缴后自查自纠等权益难以有效保障，企业担忧申报差错可能导致行政处罚
制度优势
简化手续、化解风险
解决企业需全面提交所有申报要素后才能申报的问题
解决企业提前申报准备不足、面临信用降级或行政处罚风险的担忧
保障权益、降低成本
从制度上保障企业缴税期限、自查自纠等权益，降低经营成本
精准监管、提升效能
推动海关转变风险防控的理念和方式
通过多方来源的大数据支撑风险研判
有利于提升大数据应用能力和监管效能

▲实施“两步申报”模式的制度优势与针对的问题

另一方面，在海关监管和打私工作中，发挥大数据和专家研判的支撑作用，突出风险信息的靶向作用，实现对风险目标的精准锁定。同时，强化中心、现场、职能部门、风险部门之间的协同联动。

2.1 实施科学随机抽查

依据科学抽样原理和方法，建立跨部门随机抽查决策机制，综合国别、航线、口岸和相关政策特殊需要等，建立随机抽查规则，形成覆盖全面、评估客观、震慑有力、规则相对稳定的随机抽查模式。

重点内容解读：关于“双随机、一公开”

“双随机、一公开”监管就是随机抽取检查对象，随机选派执法检查人员，及时公布查处结果，目的是解决行政执法中的任性检查、执法不公和内部管理中的人情检查等问题，提高管理科学性，营造公开透明、公平公正、诚信自律的管理环境，为稳增长、促改革、调结构、惠民生提供有力支撑。

（1）优化方式、科学抽查

采用科学的抽查方式，突出重点领域，节约行政成本，增强监管的灵活性，避免重复抽查，降低对企业日常经营的干扰。

一是预先防，运用大数据，设计数理分析模型，对相关风险进行预先评估，确定检查对象的风险等级，为随机抽查奠定基础。

二是径行查，对于存在规定必查、信息线索指向明确、经营异常、风险疑点较高等情形的，应当直接决定检查。

三是随机抽，对于非必查的，按照检查对象风险程度的高低，合理确定抽查概率，由计算机编码随机抽取。

四是全覆盖，确保检查范围完全覆盖市场主体名录库、执法检查人员名录库，并做到全程留痕可追溯。

五是优化查，科学确定抽查比例，严格实施查验、稽（核）查并反馈抽查结果，根据反馈结果完善相关参数设置，调整抽查比例，形成管理闭合回路。

六是联合查，结合“三互”大通关改革，探索实施海关和质检的随机抽查结果对碰，对同时捕中的检查对象通过一站式作业实施联合查验。

（2）规范处置、用好结果

应用计算机智能化甄别等手段，探索抽查结果的标准化处置，减少人为因素干扰，并对随机抽查开展情况跟踪问效，不断提高工作质量。建立检查结果与企业信用管理的联动机制，推进实施守信联合激励和失信联合惩戒工作，对抽查发现违法违规行为的，要依法依规加大惩处力度，形成有效威慑，增强企业守法自觉性；对抽查没发现问题的，在一定期间内应降低抽查比例和频次。加大随机抽查结果公开力度，原则上对不涉及国家秘密、商业秘密和个人隐私的都应以适当方式公开抽查结果。

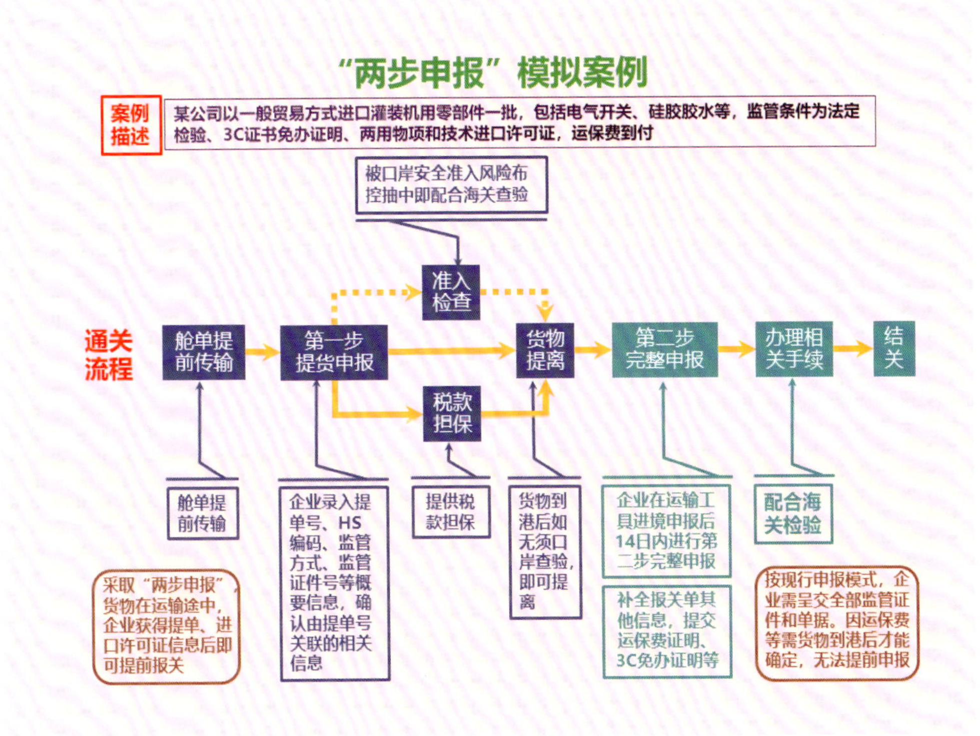
"两步申报"模拟案例
案例描述
某公司以一般贸易方式进口灌装机用零部件一批，包括电气开关、硅胶胶水等，监管条件为法定检验、3C证书免办证明、两用物项和技术进口许可证，运保费到付
被口岸安全准入风险布控抽中即配合海关查验
准入检查
通关流程
舱单提前传输
第一步提货申报
货物提离
第二步完整申报
办理相关手续
结关
税款担保
舱单提前传输
企业录入提单号、HS编码、监管方式、监管证件号等概要信息，确认由提单号关联的相关信息
提供税款担保
货物到港后如无须口岸查验，即可提离
企业在运输工具进境申报后14日内进行第二步完整申报
配合海关检验
采取"两步申报"货物在运输途中，企业获得提单、进口许可证信息后即可提前报关
补全报关单其他信息，提交运保费证明、3C免办证明等
按现行申报模式，企业需呈交全部监管证件和单据。因运保费等需货物到港后才能确定，无法提前申报

▲"两步申报"模拟案例

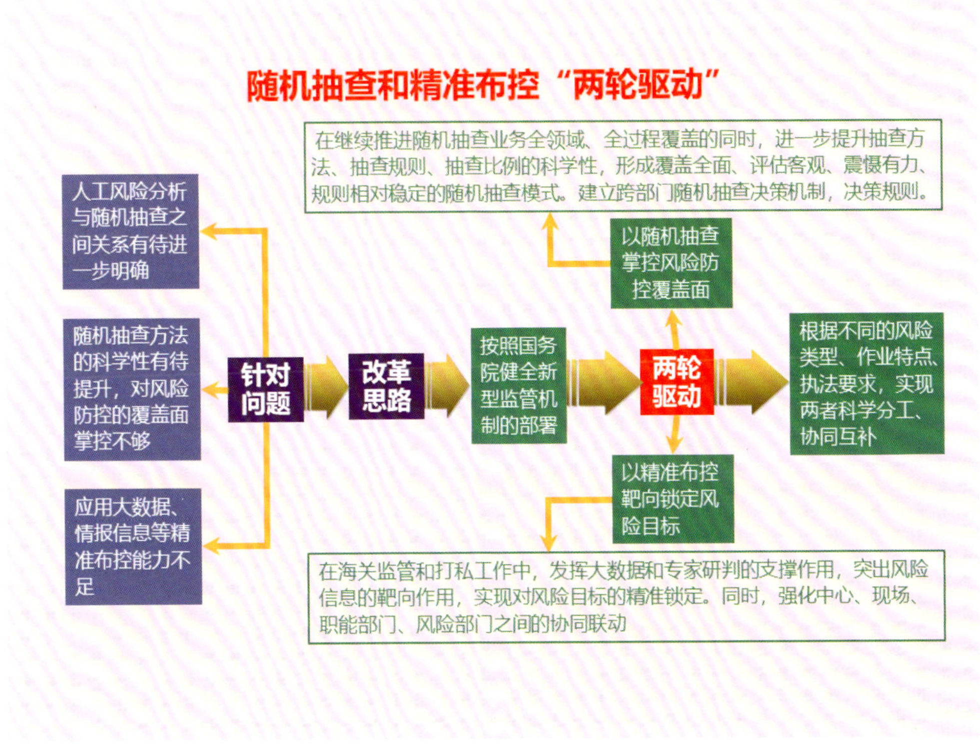
随机抽查和精准布控"两轮驱动"
在继续推进随机抽查业务全领域、全过程覆盖的同时，进一步提升抽查方法、抽查规则、抽查比例的科学性，形成覆盖全面、评估客观、震慑有力、规则相对稳定的随机抽查模式。建立跨部门随机抽查决策机制，决策规则。
人工风险分析与随机抽查之间关系有待进一步明确
随机抽查方法的科学性有待提升，对风险防控的覆盖面掌控不够
应用大数据、情报信息等精准布控能力不足
针对问题
改革思路
按照国务院健全新型监管机制的部署
以随机抽查掌控风险防控覆盖面
两轮驱动
以精准布控靶向锁定风险目标
根据不同的风险类型、作业特点、执法要求，实现两者科学分工、协同互补
在海关监管和打私工作中，发挥大数据和专家研判的支撑作用，突出风险信息的靶向作用，实现对风险目标的精准锁定。同时，强化中心、现场、职能部门、风险部门之间的协同联动

▲随机抽查和精准布控"两轮驱动"

2.2 提升精准布控水平

依托大数据、信息、人工智能和专家研判等，强化人工风险分析，突出布控精准性，注重布控有效性，对风险目标实施精准识别，建立实现精准打击的风险布控规则。

重点内容解读：关于精准布控查验

海关布控查验主要有以下三种方式，分别为预定式布控查验、抽样式布控查验和即决式布控查验。

（1）预定式布控查验

预定式布控，是一种基于风险分析的随机抽查方法。针对进出口报关单，海关将掌握的走私违法规律和总结的管理经验，在风险分析的基础上，按照明确的业务标准和规范的操作程序，将预先设定好的风险规则加工转化为计算机编码，由计算机对全部报关单进行初步筛选，并按照一定比例随机抽取需要查验的报关单，交由现场实施查验。

（2）抽样式布控查验

抽样式布控，是一种无差别的随机抽查方法。为了威慑不法企业，评估进出口企业的整体守法状况，通过计算机对全部可查验报关单进行一定比例的抽查，交由现场实施查验。

（3）即决式布控查验

即决式布控查验，是指通关作业现场某个作业环节根据风险防控工作的需要，在报关单、舱单及其他相关电子数据已申报或传输的条件下，针对当前作业环节的特定报关单下达相关布控查验指令，交由现场实施查验。

2.3 强化风险协同防控

业务职能部门根据职责和管理需要，负责提出风险规则需求并规范检查要求。风险管理部门统筹各业务职能部门相关需求，负责开展风险分析、下达布控指令。直属海关、隶属海关根据辖区口岸特点，加强风险信息收集，畅通布控需求渠道，强化布控指令执行，完善执行反馈机制。

3 如何通过改革监管作业方式，解决对安全准入风险把握不够，过于集中在口岸放行前处置的问题？
——通过区分不同监管作业环节、不同作业要求实施“两段准入”。

将进口货物准予提离口岸监管作业场所视为口岸放行，以口岸放行为界，根据“是否允许货物入境”和“是否允许货物进入国内市场销售或使用”，分段实施“准许入境”“合格入市”监管。

3.1 在卡口前实施“准许入境”监管

禁限管制（核生化爆、毒品等）、重大疫情、高风险商品安全等重大紧急或放行后难以管控的风险，以及法律、行政法规有明确要求的，须在口岸放行前实施“准许入境”监管。口岸不具备监管条件的隔离检疫、冷链仓储、粮谷加工、危化品及其包

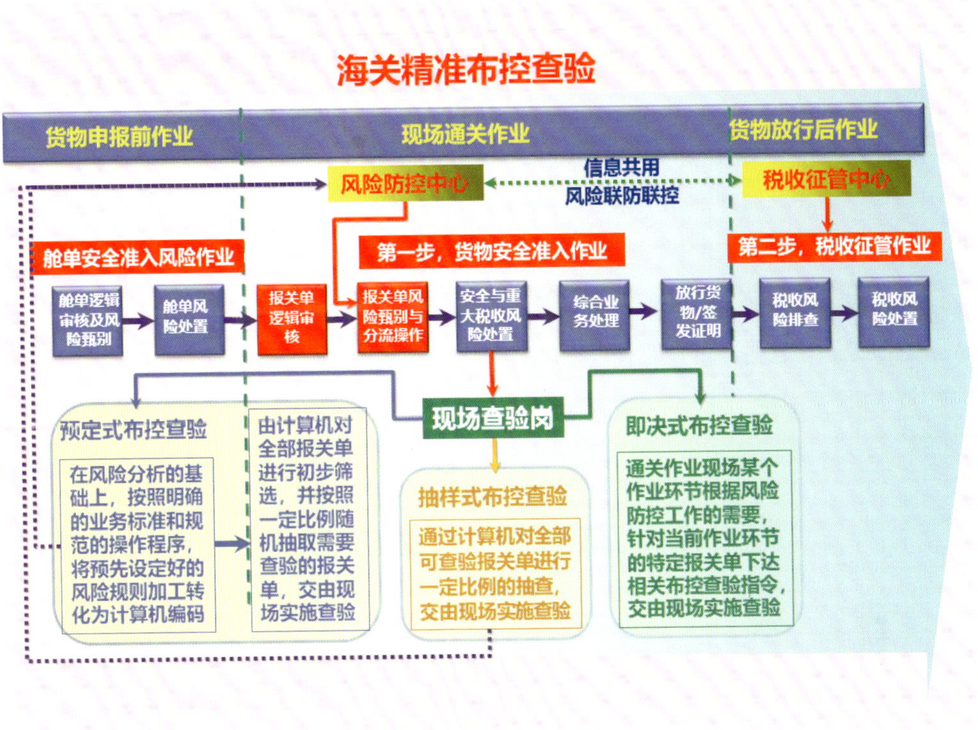
海关精准布控查验
货物申报前作业
现场通关作业
货物放行后作业
风险防控中心
信息共用
风险联防联控
税收征管中心
舱单安全准入风险作业
第一步，货物安全准入作业
第二步，税收征管作业
舱单逻辑审核及风险预判
舱单风险处置
报关单逻辑审核
报关单风险甄别与分流操作
安全与重大税收风险处置
综合业务处理
放行货物/签发证明
税收风险排查
税收风险处置
现场查验岗
预定式布控查验
在风险分析的基础上，按照明确的业务标准和规范的操作程序，将预先设定好的风险规则加工转化为计算机编码
由计算机对全部报关单进行初步筛选，并按照一定比例随机抽取需要查验的报关单，交由现场实施查验
抽样式布控查验
通过计算机对全部可查验报关单进行一定比例的抽查，交由现场实施查验
即决式布控查验
通关作业现场某个作业环节根据风险防控工作的需要，针对当前作业环节的特定报关单下达相关布控查验指令，交由现场实施查验

▲海关精准布控查验

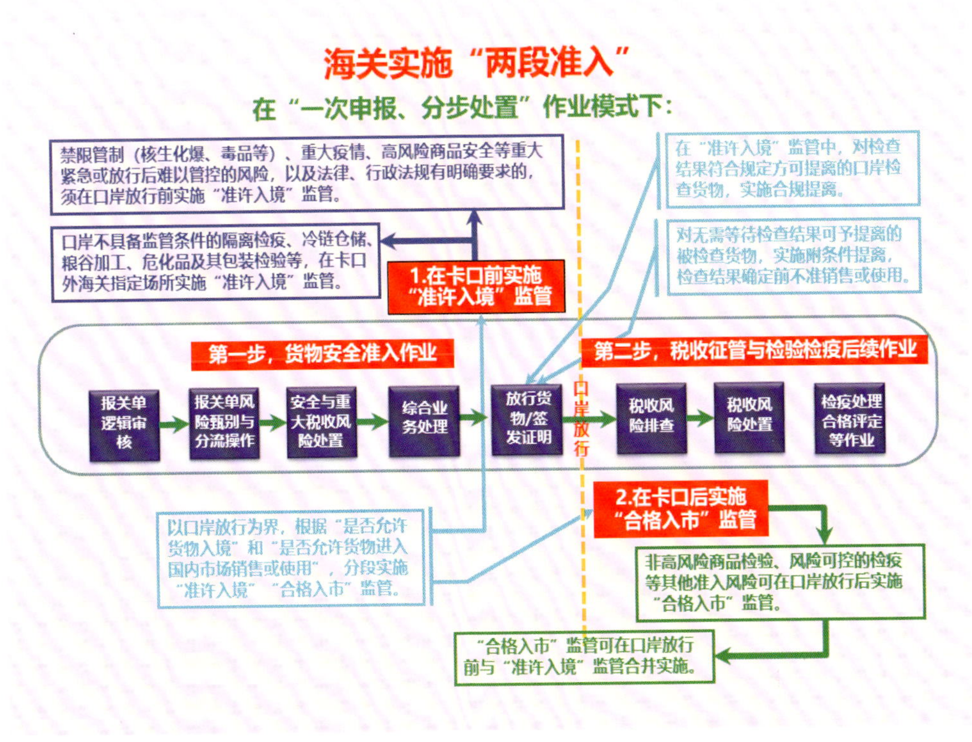
海关实施“两段准入”
在“一次申报、分步处置”作业模式下：
禁限管制（核生化爆、毒品等）、重大疫情、高风险商品安全等重大紧急或放行后难以管控的风险，以及法律、行政法规有明确要求的，须在口岸放行前实施“准许入境”监管。
口岸不具备监管条件的隔离检疫、冷链仓储、粮谷加工、危化品及其包装检验等，在卡口外海关指定场所实施“准许入境”监管。
1.在卡口前实施“准许入境”监管
在“准许入境”监管中，对检查结果符合规定方可提离的口岸检查货物，实施合规提离。
对无需等待检查结果可予提离的被检查货物，实施附条件提离，检查结果确定前不准销售或使用。
第一步，货物安全准入作业
第二步，税收征管与检验检疫后续作业
报关单逻辑审核
报关单风险甄别与分流操作
安全与重大税收风险处置
综合业务处理
放行货物/签发证明
口岸放行
税收风险排查
税收风险处置
检疫处理合格评定等作业
以口岸放行为界，根据“是否允许货物入境”和“是否允许货物进入国内市场销售或使用”，分段实施“准许入境”“合格入市”监管。
2.在卡口后实施“合格入市”监管
非高风险商品检验、风险可控的检疫等其他准入风险可在口岸放行后实施“合格入市”监管。
“合格入市”监管可在口岸放行前与“准许入境”监管合并实施。

▲海关实施“两段准入”

装检验等，可在卡口外海关指定场所实施“准许入境”监管。

在“准许入境”监管中，对检查结果符合规定方可提离的口岸检查货物，实施合规提离；对无须等待检查结果可予提离的口岸检查货物，实施附条件提离，检查结果确定前不准销售或使用。在风险可控的条件下，探索对附条件提离的鲜活易腐等货物准予销售或使用，发现问题须及时召回。

3.2 在卡口后实施“合格入市”监管

非高风险商品检验、风险可控的检疫等其他准入风险可在口岸放行后实施“合格入市”监管。“合格入市”监管可在口岸放行前与“准许入境”监管合并实施。

重点内容解读：关于“两段准入”

（1）针对的问题

目前，对安全准入风险的不同性质把握不够，过于集中在口岸放行前处置，不利于口岸快速通关和监管资源合理配置。

（2）改革的思路

适应国际贸易供应链物流特点，以口岸放行为界厘清“两段”的分界点，综合考量风险类型、等级以及紧急状况，通过区分不同监管作业环节、不同作业要求实施“两段准入”，“准许入境”类风险须在口岸放行前处置，“合格入市”类风险可在口岸放行后处置，既保证安全准入风险有效防控，又促进口岸快速通关。

4 如何通过改革寄递通关模式，解决货运渠道与寄递渠道之间以及邮寄、快递渠道之间产生风险漂移的问题？——建立货运渠道和寄递渠道“两类通关”模式，统一防控监管风险。

逐步将邮寄、快递、跨境电商纳入全国通关一体化，针对邮寄、快递的物品及该渠道的小批量、多批次货物，统一规范通关模式。

4.1 统筹系统建设

集成整合邮寄、快递渠道现有信息化系统，推进实现货运渠道和寄递渠道数据互联互通、监管协同联动。

4.2 规范通关监管

将C类快件纳入货物的一体化通关管理。推进邮件和A类、B类快件通关整合。根据寄递渠道特点设置差异化申报要求，简化申报项目。推动企业向海关全面开放交易、支付、物流等数据，获取原始数据，强化数据验证。对接邮政、快递、仓储、场站等企业生产作业系统，布控查验指令直接作用于生产分拣线，自动挑拣检查目标。

4.3 健全管理机制

建立健全寄递渠道监管制度。推动建立寄递渠道跨境电商统计机制。推动对寄递

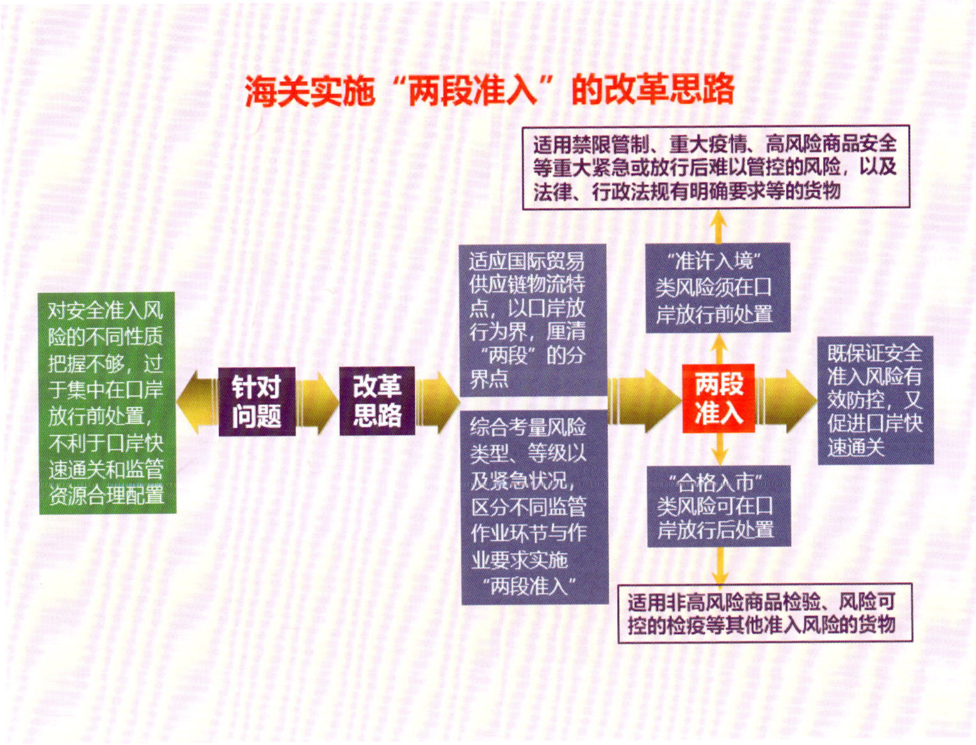
海关实施"两段准入"的改革思路
适用禁限管制、重大疫情、高风险商品安全等重大紧急或放行后难以管控的风险，以及法律、行政法规有明确要求等的货物
对安全准入风险的不同性质把握不够，过于集中在口岸放行前处置，不利于口岸快速通关和监管资源合理配置
针对问题
改革思路
适应国际贸易供应链物流特点，以口岸放行为界，厘清"两段"的分界点
综合考量风险类型、等级以及紧急状况，区分不同监管作业环节与作业要求实施"两段准入"
"准许入境"类风险须在口岸放行前处置
两段准入
"合格入市"类风险可在口岸放行后处置
既保证安全准入风险有效防控，又促进口岸快速通关
适用非高风险商品检验、风险可控的检疫等其他准入风险的货物

▲海关实施"两段准入"的改革思路

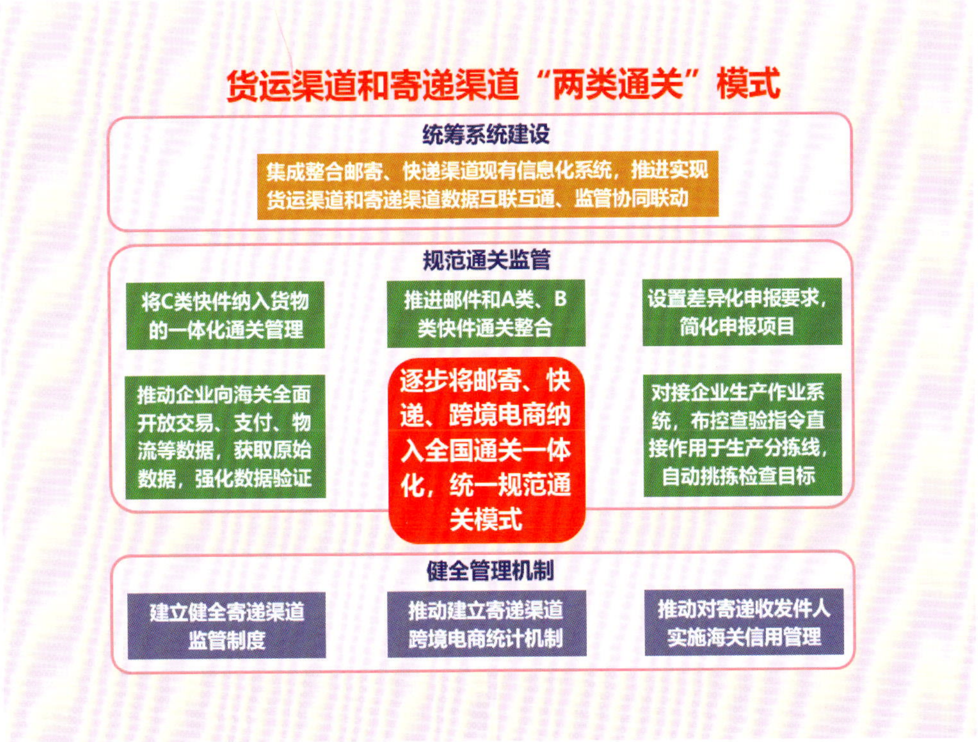
货运渠道和寄递渠道"两类通关"模式
统筹系统建设
集成整合邮寄、快递渠道现有信息化系统，推进实现货运渠道和寄递渠道数据互联互通、监管协同联动
规范通关监管
将C类快件纳入货物的一体化通关管理
推进邮件和A类、B类快件通关整合
设置差异化申报要求，简化申报项目
推动企业向海关全面开放交易、支付、物流等数据，获取原始数据，强化数据验证
逐步将邮寄、快递、跨境电商纳入全国通关一体化，统一规范通关模式
对接企业生产作业系统，布控查验指令直接作用于生产分拣线，自动挑拣检查目标
健全管理机制
建立健全寄递渠道监管制度
推动建立寄递渠道跨境电商统计机制
推动对寄递收发件人实施海关信用管理

▲货运渠道和寄递渠道"两类通关"模式

收发件人实施海关信用管理。

重点内容解读：关于“两类通关”

（1）针对问题

邮寄、快递、跨境电商业务迅猛发展，贸易碎片化趋势明显，目前寄递渠道监管制度滞后、管理系统较多、业务各管一片，尚未实现风险统一研判、数据互联互通，易在货运渠道和寄递渠道之间以及邮寄、快递渠道之间产生风险漂移，历次改革基本未触及这部分业务，监管风险凸显。

（2）改革思路

在全国通关一体化框架下，针对邮寄、快递的物品及该渠道的小批量、多批次货物，建立统一规范的通关模式，通过统筹系统建设、规范通关监管、健全管理机制，形成货运渠道和寄递渠道“两类通关”模式，统一防控监管风险。

5 如何通过改革特定区域监管模式，解决监管制度与便利化程度区内、区外倒挂，海关卡口监管任务重、成效低等问题？——优化海关特殊监管区域和自贸试验区海关监管制度，发挥海关特殊监管区域开放型经济重要平台和自贸试验区试验田作用。

5.1 优化海关特殊监管区域管理

区内以电子账册和稽（核）查管理为主要方式，简化业务核准手续，全面推广企业自主备案、自定周期、自主核报、自主缴税；依托生产加工企业ERP系统、仓储物流企业WMS实施联网监管、账册自动审核、自动核销，基于数据监测和风险分析对异常线索开展稽（核）查。厘清卡口管理职责，明确功能定位，强化信息采集触发功能。检疫及出境检验的口岸查验、高风险入境检验在“一线”实施，非高风险入境检验在“二线”实施。对“二线”入区货物，在风险可控的条件下，实施分送集报管理。简化区内、区间保税货物流转手续，实现数据自动比对。

5.2 优化自贸试验区海关监管制度

以制度创新为核心，以复制推广为目的，率先在自贸试验区建设具有国际先进水平的国际贸易“单一窗口”；对自贸试验区内的海关特殊监管区域内企业，试点取消工单核销和单耗管理；在自贸试验区内探索创新服务贸易海关监管制度。

重点内容解读1：关于“两区优化”

（1）针对问题

企业主要反映的是监管制度与便利化程度区内、区外倒挂，卡口管理过严；基层海关主要反映的是卡口监管任务重、成效低、责任大、人力不足。

（2）改革思路

针对海关特殊监管区域，淡化卡口管理、优化账册管理。在此基础上，针对自贸

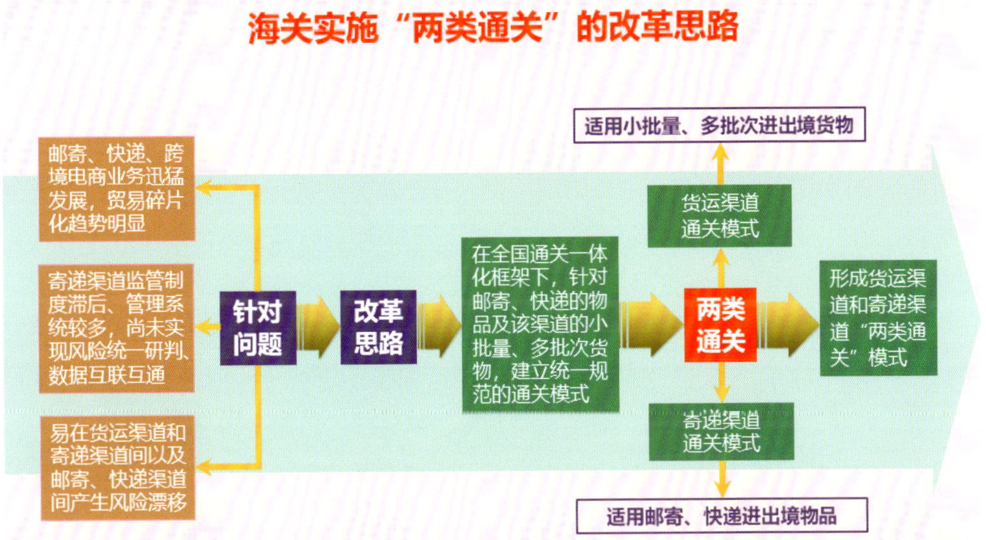
海关实施“两类通关”的改革思路
邮寄、快递、跨境电商业务迅猛发展，贸易碎片化趋势明显
寄递渠道监管制度滞后、管理系统较多，尚未实现风险统一研判、数据互联互通
易在货运渠道和寄递渠道间以及邮寄、快递渠道间产生风险漂移
针对问题
改革思路
在全国通关一体化框架下，针对邮寄、快递的物品及该渠道的小批量、多批次货物，建立统一规范的通关模式
两类通关
货运渠道通关模式
适用小批量、多批次进出境货物
寄递渠道通关模式
适用邮寄、快递进出境物品
形成货运渠道和寄递渠道“两类通关”模式

▲海关实施“两类通关”的改革思路

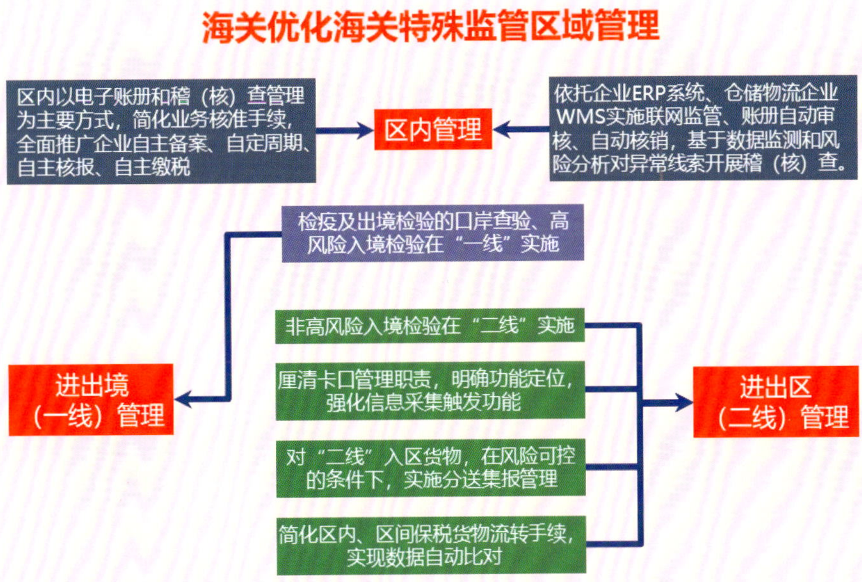
海关优化海关特殊监管区域管理
区内以电子账册和稽（核）查管理为主要方式，简化业务核准手续，全面推广企业自主备案、自定周期、自主核报、自主缴税
区内管理
依托企业ERP系统、仓储物流企业WMS实施联网监管、账册自动审核、自动核销，基于数据监测和风险分析对异常线索开展稽（核）查。
检疫及出境检验的口岸查验、高风险入境检验在“一线”实施
进出境（一线）管理
非高风险入境检验在“二线”实施
厘清卡口管理职责，明确功能定位，强化信息采集触发功能
对“二线”入区货物，在风险可控的条件下，实施分送集报管理
简化区内、区间保税货物流转手续，实现数据自动比对
进出区（二线）管理

▲海关优化海关特殊监管区域管理

试验区内的非特殊监管区域、特殊监管区域、自由贸易港，梯度设计便利化政策。其中，对自贸试验区内的特殊监管区域，实行政策叠加，推动取消工单核销和单耗管理。

重点内容解读 2：关于创新服务贸易海关监管制度

面对当前服务贸易创新发展对海关监管提出新挑战、新需求，海关立足于监管实际，深刻理解和把握互联网信息技术条件下货物贸易服务化、服务贸易实体化，两者不断加快交融发展的趋势特点，以海关全面深化改革为契机，大胆突破原有监管模式的藩篱，加快探索研究和创新试点，逐步形成一套与服务贸易发展需求相适应的海关监管新模式。

探索建立有别于传统货物监管的新模式，逐步拓展形成海关对服务贸易的监管体系。从总体思路看，应立足“两中心、三制度”为“四梁八柱”的一体化通关管理格局，及自贸试验区“围网 + 非围网”海关监管制度创新经验，以服务贸易项下有形货物的通关、征税、统计等为重点，探索建立有别于传统货物监管的新模式，逐步拓展形成海关对服务贸易的监管体系。

以海关监管制度创新为着力点，扫除影响服务贸易发展的直接障碍。从近期看，应充分发挥自贸试验区的“试验田”优势，以海关监管制度创新为着力点，重点突破短期内可以解决的问题，扫除当前影响服务贸易发展的直接障碍，尽快推出海关在服务贸易领域有明显成效的措施。

加快建立有助于扩大服务贸易规模的海关监管体系。从长远看，要将促进服务贸易发展上升到海关战略层面，使监管重心从以货物贸易为主，转为货物贸易与服务贸易并重上来，加快建立有助于扩大服务贸易规模的海关监管体系，促进货物贸易和服务贸易融合发展。

第三节　配套制度与保障机制

重点内容解读：关于配套保障制度

为确保海关业务改革任务顺利实施，体现系统性、整体性、协同性，方案从 12 个方面提出配套保障措施，其本身也是改革的具体任务。

一方面，完善改革配套制度，通过建立健全舱单管理、海关担保、提前申报、主动披露、货样预裁定、加工贸易监管等配套措施，为重点改革任务顺利推进提供基础性制度支撑。

另一方面，健全改革保障机制，强调了依法推进改革，根据改革进程做好相关法律规范立改废释，进一步优化职能实现方式，突出科技支撑和大数据应用，明确海关业务指标体系，完善覆盖全领域、全过程的运行监控，为全面深化业务改革提供多方位保障。

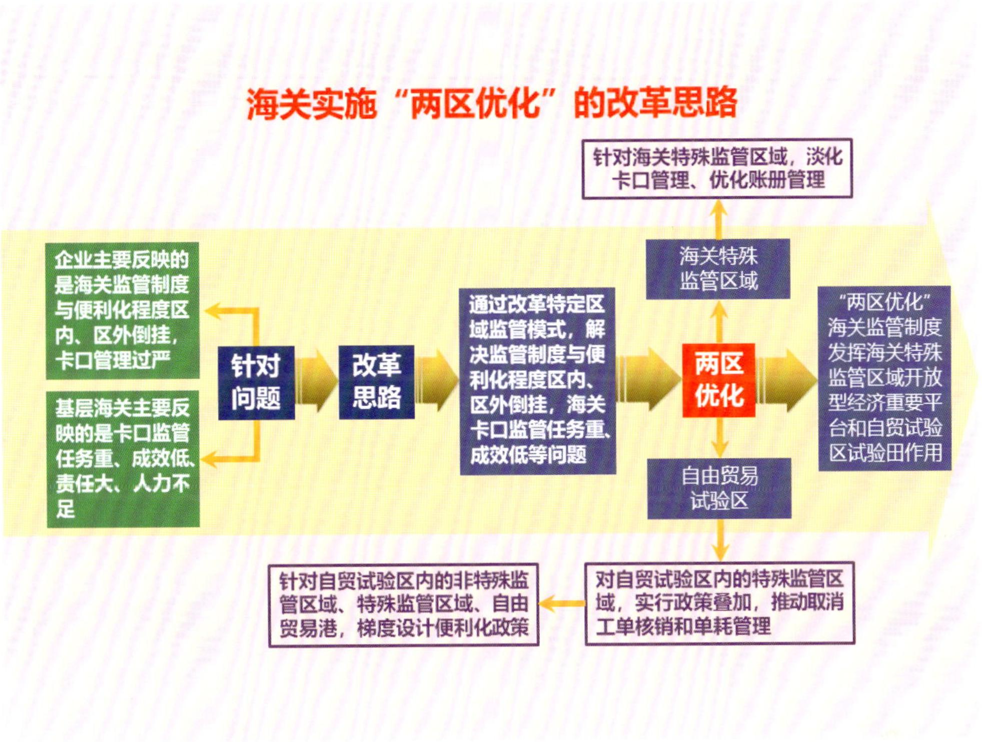
海关实施“两区优化”的改革思路
针对海关特殊监管区域，淡化卡口管理、优化账册管理
企业主要反映的是海关监管制度与便利化程度区内、区外倒挂，卡口管理过严
基层海关主要反映的是卡口监管任务重、成效低、责任大、人力不足
针对问题
改革思路
通过改革特定区域监管模式，解决监管制度与便利化程度区内、区外倒挂，海关卡口监管任务重、成效低等问题
海关特殊监管区域
两区优化
自由贸易试验区
“两区优化”海关监管制度发挥海关特殊监管区域开放型经济重要平台和自贸试验区试验田作用
针对自贸试验区内的非特殊监管区域、特殊监管区域、自由贸易港，梯度设计便利化政策
对自贸试验区内的特殊监管区域，实行政策叠加，推动取消工单核销和单耗管理

▲海关实施“两区优化”的改革思路

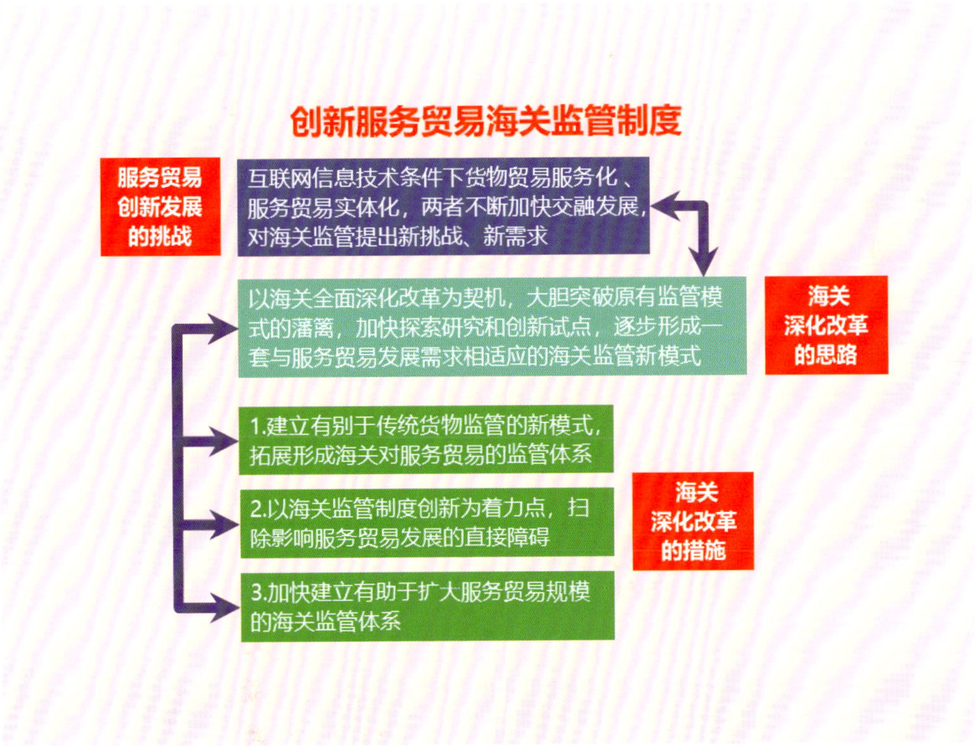
创新服务贸易海关监管制度
服务贸易创新发展的挑战
互联网信息技术条件下货物贸易服务化、服务贸易实体化，两者不断加快交融发展，对海关监管提出新挑战、新需求
以海关全面深化改革为契机，大胆突破原有监管模式的藩篱，加快探索研究和创新试点，逐步形成一套与服务贸易发展需求相适应的海关监管新模式
海关深化改革的思路
1.建立有别于传统货物监管的新模式，拓展形成海关对服务贸易的监管体系
2.以海关监管制度创新为着力点，扫除影响服务贸易发展的直接障碍
3.加快建立有助于扩大服务贸易规模的海关监管体系
海关深化改革的措施

▲创新服务贸易海关监管制度

1 为确保改革任务顺利实施，还需要完善哪些配套制度？——完善舱单管理制度、海关担保制度、提前申报制度及主动披露制度。

1.1 完善舱单管理制度

优化运输工具申报管理并与舱单管理有效衔接，落实运输工具负责人申报义务和法律责任。健全并落实舱单管理规定，进一步明确承运人及货运代理人等舱单传输人的传输义务和法律责任。细化运输工具及舱单管理有关处罚程序和标准。将相关责任主体纳入海关信用管理体系。

1.2 完善海关担保制度

建立健全总担保制度。扩大担保主体范围，推广应用企业增信担保、企业集团财务公司担保等方式。对符合条件的高级认证企业自动免除税款担保。拓展海关事务担保领域。

1.3 完善提前申报制度

加强与口岸相关部门和运营单位的协同，依托“两步申报”，支撑进口提前申报，推动实现抵进口卸货直提；完善出口提前申报管理，在符合条件的口岸实现运直装。

1.4 完善主动披露制度

建立健全主动披露相关管理制度，结合企业资信和行为分析，完善主动披露的认定、处置等程序和要求。建立自报自缴容错机制，对企业自行发现并提出修正申请的涉税申报错误，经海关认定确属工作差错的，不作为案件线索移交。

重点内容解读：关于主动披露制度

中国海关推行主动披露制度（proactive disclosure）是对自愿披露制度这一国际海关领域通行做法的积极尝试［进入 21 世纪以后，世界海关组织在国际海关和贸易领域积极倡导“知情守法”（informed compliance）、“责任共担”（shared responsibility）、“合理关注”（reasonable care）、“自愿披露”（voluntary disclosure）等先进理念和做法］，是自愿披露制度的“中国化”。从国内外自愿披露的实践经验来看，建立主动披露制度对海关执法有着积极的意义，可以在不增加额外行政资源投入的前提下，既提高行政执法的有效性，又提高企业守法的自觉性。

（1）主动披露的处理

依据《〈中华人民共和国海关稽查条例〉实施办法》的相关规定，对于主动披露的企业处理分为以下几种情况：

①对主动披露的进出口企业、单位，违反海关监管规定的，海关应当从轻或者减轻行政处罚；

②对违法行为轻微并及时纠正，没有造成危害后果的，不予行政处罚；

完善配套制度,确保改革任务顺利实施
1
完善舱单管理制度
优化运输工具申报管理并与舱单管理有效衔接。落实运输工具负责人、舱单传输人的传输义务和法律责任，并细化有关处罚程序和标准。将相关责任主体纳入海关信用管理体系。
2
完善海关担保制度
建立健全总担保制度。扩大担保主体范围，推广应用企业增信担保、企业集团财务公司担保等方式。对符合条件的高级认证企业自动免除税款担保。拓展海关事务担保领域。
3
完善提前申报制度
加强与口岸相关部门和运营单位的协同，依托“两步申报”，支持进口提前申报，推动实现抵进口卸货直提；完善出口提前申报管理，在符合条件的口岸实现运直装。
4
完善主动披露制度
建立健全主动披露管理制度，完善主动披露的认定、处置等程序和要求。建立自报自缴容错机制，对企业自行发现并申请修正的涉税申报错误，经海关认定确属工作差错的，不作为案件线索移交。
5
建立货样预裁定制度
优化预裁定实现方式，应企业申请，海关对进口货样实施检验及归类、原产地等确定，其结果可用于后续相同货物批量进口监管依据。
6
完善加工贸易监管制度
基于信用管理，构建集中审核、实地稽（核）查、协同监管“三位一体”的新时代加工贸易监管制度体系。优化以企业为单元监管模式，实施全程电子化管理。

▲完善配套制度，确保改革任务顺利实施

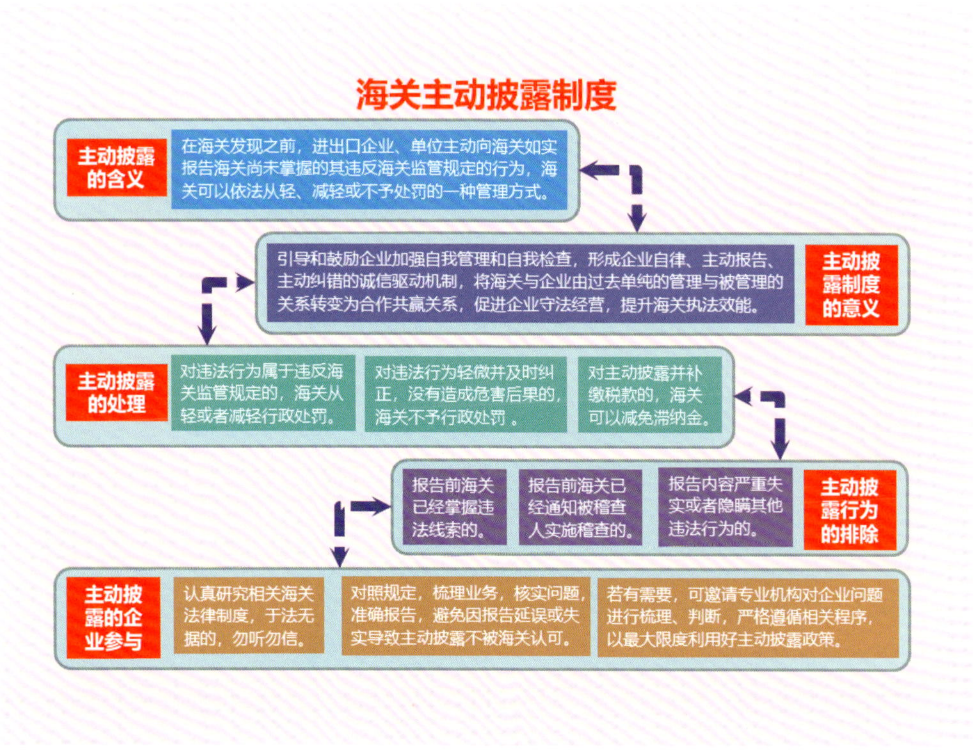

海关主动披露制度
主动披露的含义
在海关发现之前，进出口企业、单位主动向海关如实报告海关尚未掌握的其违反海关监管规定的行为，海关可以依法从轻、减轻或不予处罚的一种管理方式。
引导和鼓励企业加强自我管理和自我检查，形成企业自律、主动报告、主动纠错的诚信驱动机制，将海关与企业由过去单纯的管理与被管理的关系转变为合作共赢关系，促进企业守法经营，提升海关执法效能。
主动披露制度的意义
主动披露的处理
对违法行为属于违反海关监管规定的，海关从轻或者减轻行政处罚。
对违法行为轻微并及时纠正，没有造成危害后果的，海关不予行政处罚。
对主动披露并补缴税款的，海关可以减免滞纳金。
报告前海关已经掌握违法线索的。
报告前海关已经通知被稽查人实施稽查的。
报告内容严重失实或者隐瞒其他违法行为的。
主动披露行为的排除
主动披露的企业参与
认真研究相关海关法律制度，于法无据的，勿听勿信。
对照规定，梳理业务，核实问题，准确报告，避免因报告延误或失实导致主动披露不被海关认可。
若有需要，可邀请专业机构对企业问题进行梳理、判断，严格遵循相关程序，以最大限度利用好主动披露政策。

▲海关主动披露制度

③对主动披露并补缴税款的进出口企业、单位，海关可以减免滞纳金。

（2）主动披露行为的排除

《中华人民共和国海关稽查条例》中并没有对企业实施主动披露进行限制，也就是说企业在任何时间节点发现其自身存在违反海关监管规定的行为，都可以主动向海关报告。

但《〈中华人民共和国海关稽查条例〉实施办法》中对是否可以认定为主动披露的行为进行了排除限定，具体是有下列三种情况的不能被认定为主动披露行为：

①报告前海关已经掌握违法线索的；

②报告前海关已经通知被稽查人实施稽查的；

③报告内容严重失实或者隐瞒其他违法行为的。

（3）主动披露的参与

企业参与和利用海关主动披露政策的正确做法是：

①认真研究相关法律、法规，特别是海关法律、法规、海关总署令以及海关总署公告，对于法无明确授权的事项，勿听勿信；

②实时对照海关监管规定，及时全面梳理自身业务，核实相关问题，准确报告，避免因报告时间延误或者报告内容严重失实等原因导致主动披露行为不被海关认可的风险；

③若有需要，可考虑邀请专业机构、专业人士帮助企业，依靠专业技能对企业进出口环节已产生和可能产生问题的全面梳理，判断问题的性质，严格遵循相关程序，以最大限度利用好主动披露政策；

④最重要的一点就是要先弄清楚什么是违反海关监管规定的行为。

1.5 建立货样预裁定制度

优化预裁定实现方式，应企业申请，海关对进口货样实施检验及归类、原产地等确定，其结果可用于后续相同货物批量进口监管依据。

重点内容解读：关于海关预裁定

（1）含义

海关预裁定是指有关直属海关应对外贸易经营者的申请，对其与实际进出口活动有关的海关事务，在货物实际进出口规定时间前作出的仅对申请人具有约束力，并在海关全关境适用的处理决定。

（2）适用范围

申请人可以就下列海关事务申请预裁定：

①进出口货物的商品归类。

②进出口货物的原产地或者原产资格，即对货物是否具备所申请的优惠贸易协定项下中国或伙伴方原产资格进行预裁定。

③进口货物完税价格相关要素、估价方法。所称“完税价格相关要素”，包括特

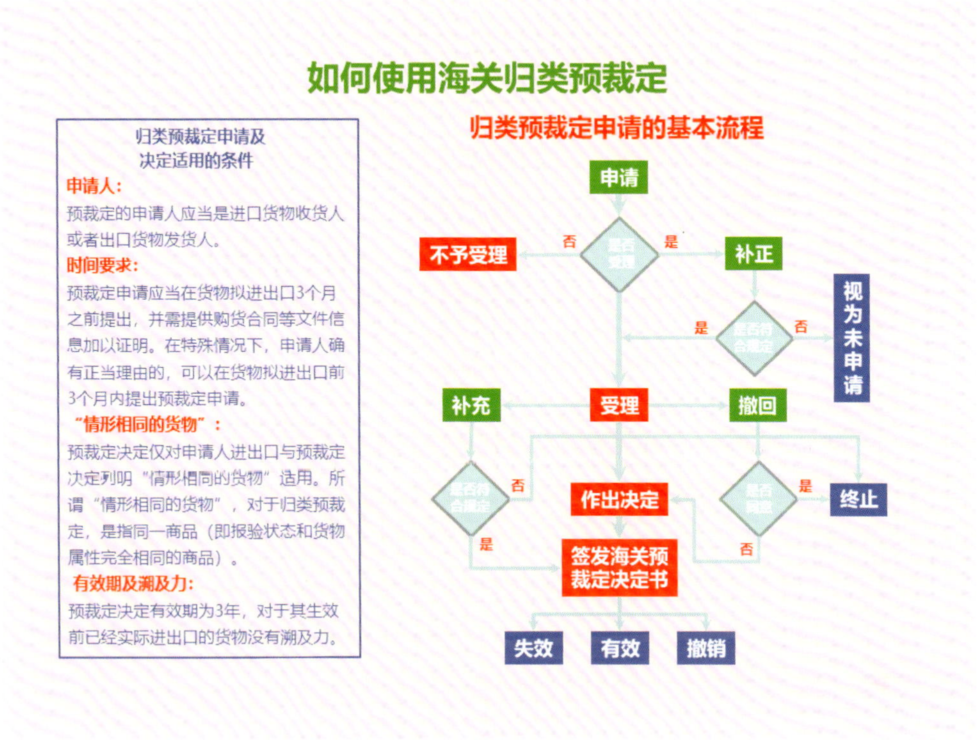
如何使用海关归类预裁定
归类预裁定申请及
决定适用的条件
申请人：
预裁定的申请人应当是进口货物收货人或者出口货物发货人。
时间要求：
预裁定申请应当在货物拟进出口3个月之前提出，并需提供购货合同等文件信息加以证明。在特殊情况下，申请人确有正当理由的，可以在货物拟进出口前3个月内提出预裁定申请。
"情形相同的货物"：
预裁定决定仅对申请人进出口与预裁定决定列明"情形相同的货物"适用。所谓"情形相同的货物"，对于归类预裁定，是指同一商品（即报验状态和货物属性完全相同的商品）。
有效期及溯及力：
预裁定决定有效期为3年，对于其生效前已经实际进出口的货物没有溯及力。
归类预裁定申请的基本流程
申请
否
是
不予受理
补正
是
否
视为未申请
补充
受理
撤回
否
是
作出决定
终止
是
否
签发海关预裁定决定书
失效
有效
撤销

▲如何使用海关归类预裁定

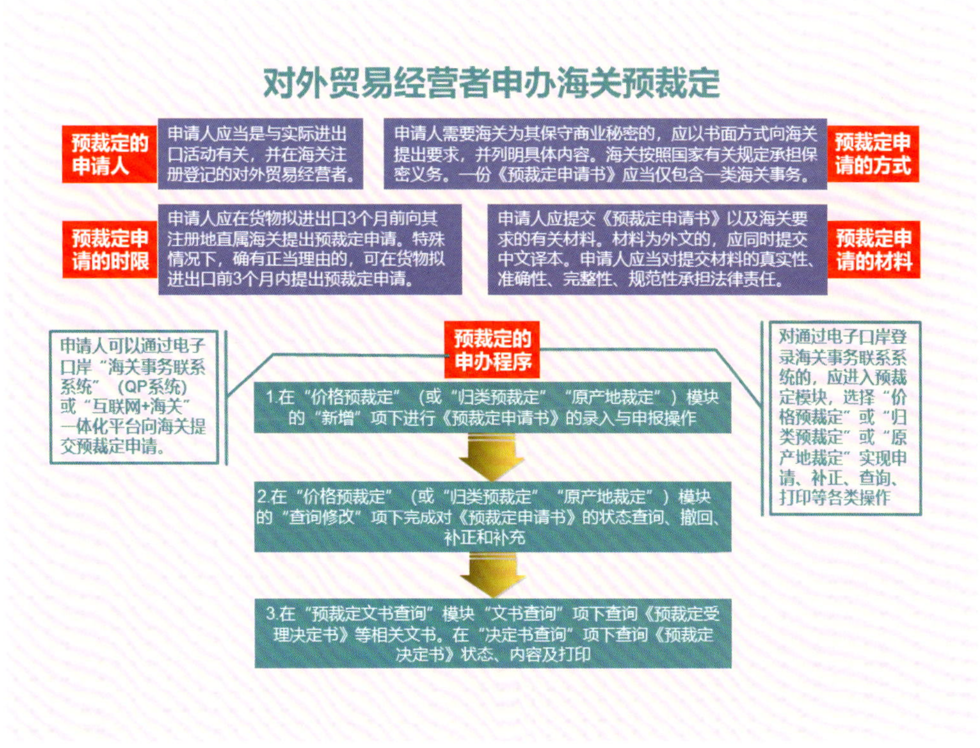
对外贸易经营者申办海关预裁定
预裁定的申请人
申请人应当是与实际进出口活动有关，并在海关注册登记的对外贸易经营者。
申请人需要海关为其保守商业秘密的，应以书面方式向海关提出要求，并列明具体内容。海关按照国家有关规定承担保密义务。一份《预裁定申请书》应当仅包含一类海关事务。
预裁定申请的方式
预裁定申请的时限
申请人应在货物拟进出口3个月前向其注册地直属海关提出预裁定申请。特殊情况下，确有正当理由的，可在货物拟进出口前3个月内提出预裁定申请。
申请人应提交《预裁定申请书》以及海关要求的有关材料。材料为外文的，应同时提交中文译本。申请人应当对提交材料的真实性、准确性、完整性、规范性承担法律责任。
预裁定申请的材料
申请人可以通过电子口岸"海关事务联系系统"（QP系统）或"互联网+海关"一体化平台向海关提交预裁定申请。
预裁定的申办程序
对通过电子口岸登录海关事务联系系统的，应进入预裁定模块，选择"价格预裁定"或"归类预裁定"或"原产地裁定"实现申请、补正、查询、打印等各类操作
1.在"价格预裁定"（或"归类预裁定""原产地裁定"）模块的"新增"项下进行《预裁定申请书》的录入与申报操作
2.在"价格预裁定"（或"归类预裁定""原产地裁定"）模块的"查询修改"项下完成对《预裁定申请书》的状态查询、撤回、补正和补充
3.在"预裁定文书查询"模块"文书查询"项下查询《预裁定受理决定书》等相关文书。在"决定书查询"项下查询《预裁定决定书》状态、内容及打印

▲对外贸易经营者申办海关预裁定

许权使用费、佣金、运保费、特殊关系，以及其他与审定完税价格有关的要素。

④海关总署规定的其他海关事务。

（3）实施意义

世界贸易组织《贸易便利化协定》已生效实施。在预裁定领域，我国此前已推行了“三预”制度（商品预归类、原产地预确定、价格预审核），基本都符合《贸易便利化协定》关于预裁定制度的有关规定。在《贸易便利化协定》实施后，根据该协定的有关要求，海关在整合、优化“三预”制度的基础上，健全完善海关预裁定制度，以更好地落实和执行《贸易便利化协定》的有关规定。

预裁定制度的实施，不但能够简化企业通关流程，提高通关效率，还能帮助企业提前准确了解关税政策及涉税要素，有效评估交易成本，降低不合规申报的风险，进一步增强企业对进出口贸易活动的可预见性，便于企业合理安排生产和贸易活动。

（4）法律效力

预裁定决定对申请人和海关均具有约束力。对申请人而言，其进出口与预裁定决定列明情形相同的货物，应当按照预裁定决定向海关申报；对海关而言，对于申请人按照预裁定决定进行的申报，海关应当予以认可。

关于预裁定决定的法律效力主要涉及以下三方面内容：

①预裁定决定的有效期为3年。在有效期内，预裁定决定所依据的法律、行政法规、海关规章和海关总署公告发生变化，影响其效力的，预裁定决定自动失效。

②预裁定决定自作出之日起发生法律效力，不溯及既往，对其生效前已经实际进出口的货物没有溯及力。

③预裁定决定不仅适用于企业申请预裁定所指向的进出口货物，对于申请人在其有效期内进出口与该决定列明情形相同的所有货物均具有法律效力，任何一份预裁定决定都可在全国海关适用。

（5）进出口申报

申请人进出口与《中华人民共和国海关预裁定决定书》（以下简称《预裁定决定书》）列明情形相同的货物时，应当作为报关单的“收发货人”，按照《预裁定决定书》申报，并在报关单备注栏内逐项填写：“预裁定《预裁定决定书》编号”。

1.6 完善加工贸易监管制度

基于信用管理，构建集中审核、实地稽（核）查、协同监管“三位一体”的新时代加工贸易监管制度体系。优化以企业为单元监管模式，实施全程电子化管理。

重点内容解读：关于以企业为单元的监管模式

（1）新模式的内涵

改变以合同为单元的传统监管模式，建立符合企业生产特点的加工贸易监管模式，逐步推行以企业为单元，以账册为主线，以企业物料编码（料号）或HS编码（项号）

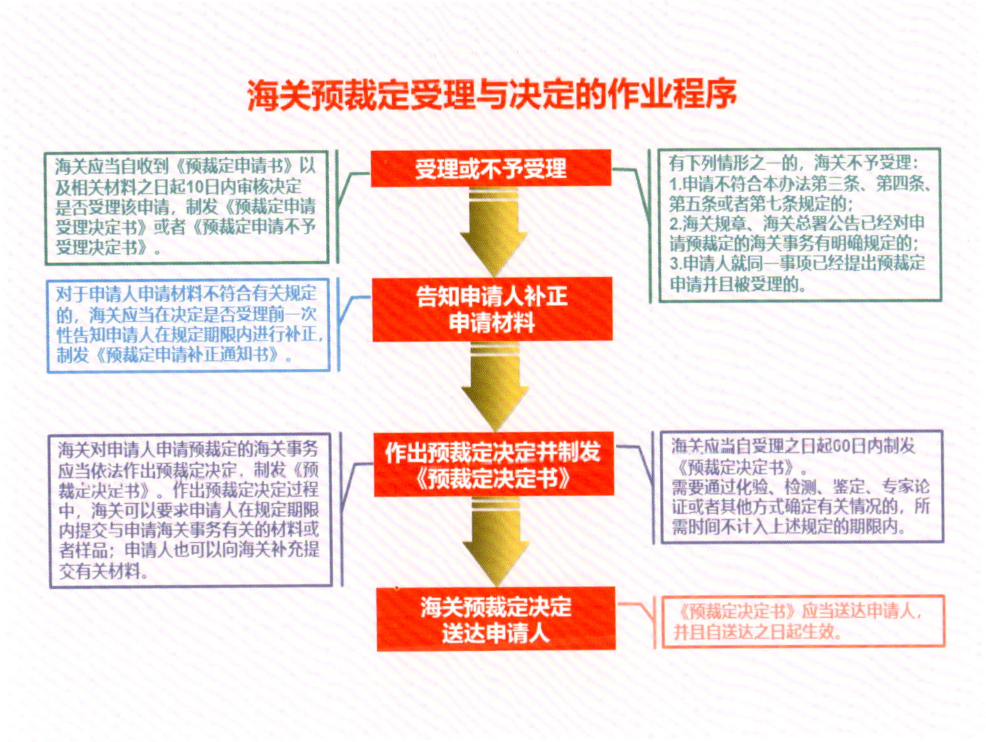
海关预裁定受理与决定的作业程序
海关应当自收到《预裁定申请书》以及相关材料之日起10日内审核决定是否受理该申请，制发《预裁定申请受理决定书》或者《预裁定申请不予受理决定书》。
受理或不予受理
有下列情形之一的，海关不予受理：
1.申请不符合本办法第三条、第四条、第五条或者第七条规定的；
2.海关规章、海关总署公告已经对申请预裁定的海关事务有明确规定的；
3.申请人就同一事项已经提出预裁定申请并且被受理的。
对于申请人申请材料不符合有关规定的，海关应当在决定是否受理前一次性告知申请人在规定期限内进行补正，制发《预裁定申请补正通知书》。
告知申请人补正申请材料
海关对申请人申请预裁定的海关事务应当依法作出预裁定决定，制发《预裁定决定书》。作出预裁定决定过程中，海关可以要求申请人在规定期限内提交与申请海关事务有关的材料或者样品；申请人也可以向海关补充提交有关材料。
作出预裁定决定并制发《预裁定决定书》
海关应当自受理之日起60日内制发《预裁定决定书》。
需要通过化验、检测、鉴定、专家论证或者其他方式确定有关情况的，所需时间不计入上述规定的期限内。
海关预裁定决定送达申请人
《预裁定决定书》应当送达申请人，并且自送达之日起生效。

▲海关预裁定受理与决定的作业程序

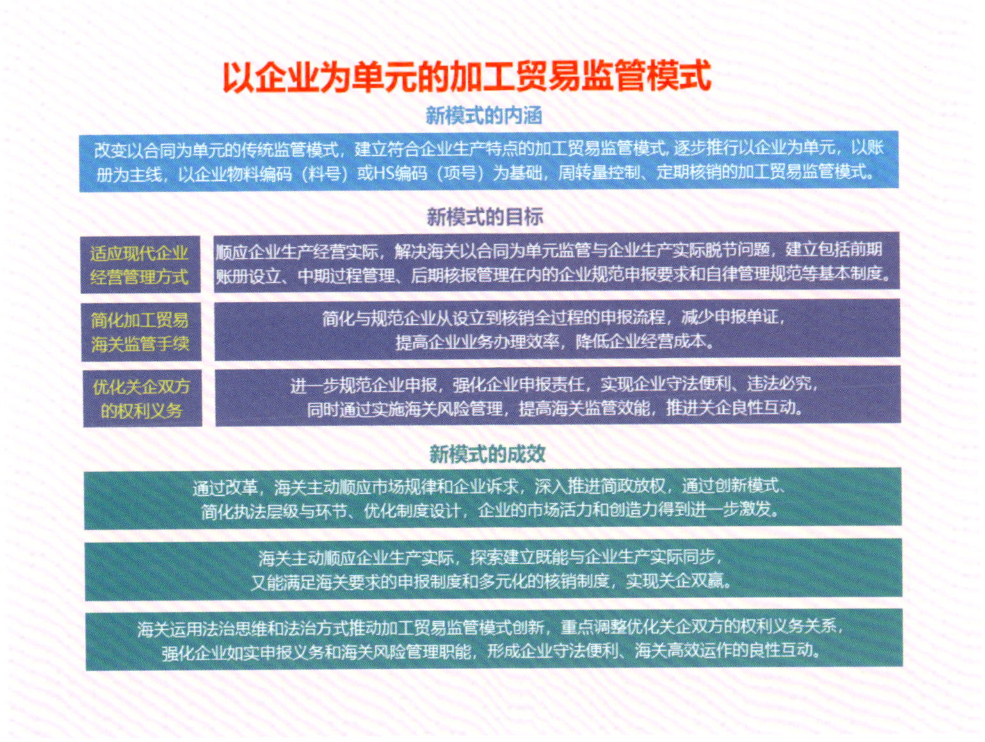
以企业为单元的加工贸易监管模式
新模式的内涵
改变以合同为单元的传统监管模式，建立符合企业生产特点的加工贸易监管模式，逐步推行以企业为单元，以账册为主线，以企业物料编码（料号）或HS编码（项号）为基础，周转量控制、定期核销的加工贸易监管模式。
新模式的目标
适应现代企业经营管理方式
顺应企业生产经营实际，解决海关以合同为单元监管与企业生产实际脱节问题，建立包括前期账册设立、中期过程管理、后期核报管理在内的企业规范申报要求和自律管理规范等基本制度。
简化加工贸易海关监管手续
简化与规范企业从设立到核销全过程的申报流程，减少申报单证，提高企业业务办理效率，降低企业经营成本。
优化关企双方的权利义务
进一步规范企业申报，强化企业申报责任，实现企业守法便利、违法必究，同时通过实施海关风险管理，提高海关监管效能，推进关企良性互动。
新模式的成效
通过改革，海关主动顺应市场规律和企业诉求，深入推进简政放权，通过创新模式、简化执法层级与环节、优化制度设计，企业的市场活力和创造力得到进一步激发。
海关主动顺应企业生产实际，探索建立既能与企业生产实际同步，又能满足海关要求的申报制度和多元化的核销制度，实现关企双赢。
海关运用法治思维和法治方式推动加工贸易监管模式创新，重点调整优化关企双方的权利义务关系，强化企业如实申报义务和海关风险管理职能，形成企业守法便利、海关高效运作的良性互动。

▲以企业为单元的加工贸易监管模式

为基础，周转量控制、定期核销的加工贸易监管模式。

（2）新模式的目标

通过实施新的监管模式可以实现以下目标：

①适应现代企业经营管理方式。顺应企业生产经营实际，解决海关以合同为单元监管与企业生产实际脱节的问题，建立一套包括前期账册设立、中期过程管理、后期核报管理在内的企业规范申报要求和自律管理规范等基本制度。

②简化加工贸易海关监管手续。简化与规范企业从设立到核销全过程的申报流程，减少申报单证，提高企业业务办理效率，降低企业经营成本。

③优化关企双方的权利义务。进一步规范企业申报，强化企业申报责任，实现企业守法便利、违法必究，同时通过实施海关风险管理，提高海关监管效能，推进关企良性互动。

（3）新模式的成效

①通过改革，海关主动顺应市场规律和企业诉求，深入推进简政放权，通过创新模式、简化执法层级与环节、优化制度设计，企业的市场活力和创造力得到进一步激发。

②海关主动顺应企业生产实际，探索建立既能与企业生产实际同步，又能满足海关要求的申报制度和多元化的核销制度，实现关企双赢。

③海关运用法治思维和法治方式推动加工贸易监管模式创新，重点调整优化关企双方的权利义务关系，强化企业如实申报义务和海关风险管理职能，形成企业守法便利、海关高效运作的良性互动。

2 为确保改革任务顺利实施，还需要完善哪些保障机制？——加强法律法规保障、优化职能实现方式、突出科技支撑作用、强化大数据应用、建立业务指标体系、完善业务运行监控。

2.1 加强法律法规保障

依法推进改革。根据改革进程，做好法律规范立改废释工作，健全海关法律法规体系。

重点内容解读：关于法律规范的立改废释

为确保改革任务顺利实施，须积极推动《中华人民共和国海关法》（以下简称《海关法》）等法律法规制定修订，统筹推进海关规章“立改废释”，加强规范性文件合法性审查。实施行政执法公示、执法全过程记录、重大执法决定法制审核制度。健全执法资格管理，进一步规范行政裁量权。充分发挥公职律师作用，统筹使用全国海关应诉人才，强化复议、应诉的执法风险防控。深入推进“谁执法谁普法”，广泛开展法治宣传教育。

目前正处于全面修订《海关法》等法律法规的时间。下一步经实践检验、行之有

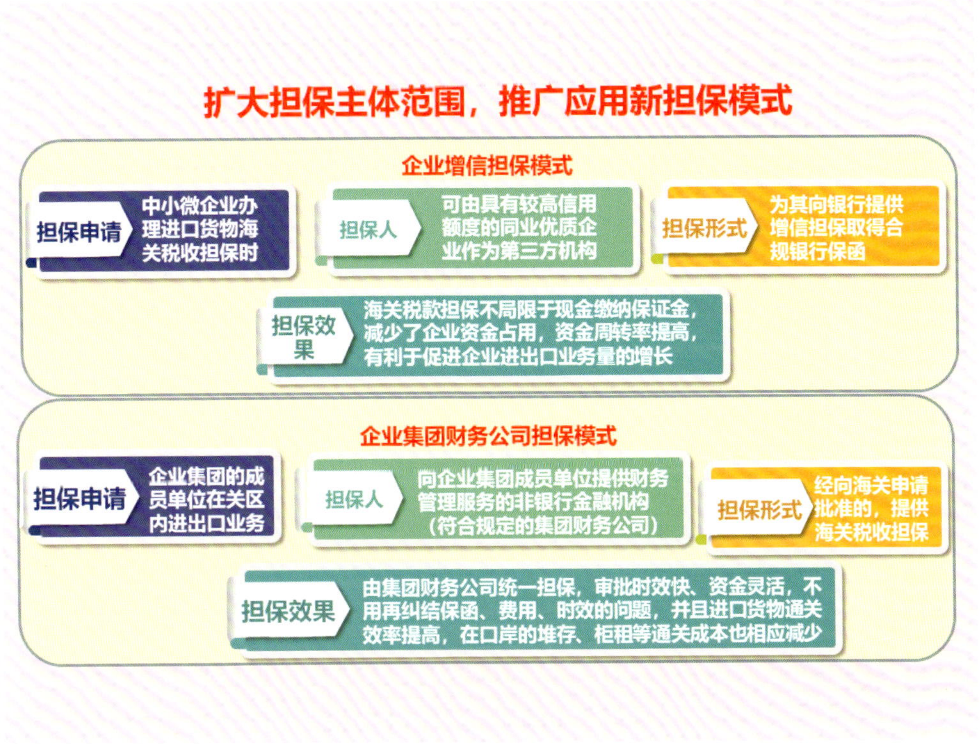
扩大担保主体范围，推广应用新担保模式
企业增信担保模式
担保申请
中小微企业办理进口货物海关税收担保时
担保人
可由具有较高信用额度的同业优质企业作为第三方机构
担保形式
为其向银行提供增信担保取得合规银行保函
担保效果
海关税款担保不局限于现金缴纳保证金，减少了企业资金占用，资金周转率提高，有利于促进企业进出口业务量的增长
企业集团财务公司担保模式
担保申请
企业集团的成员单位在关区内进出口业务
担保人
向企业集团成员单位提供财务管理服务的非银行金融机构（符合规定的集团财务公司）
担保形式
经向海关申请批准的，提供海关税收担保
担保效果
由集团财务公司统一担保，审批时效快、资金灵活，不用再纠结保函、费用、时效的问题，并且进口货物通关效率提高，在口岸的堆存、柜租等通关成本也相应减少

▲扩大担保主体范围，推广应用新担保模式

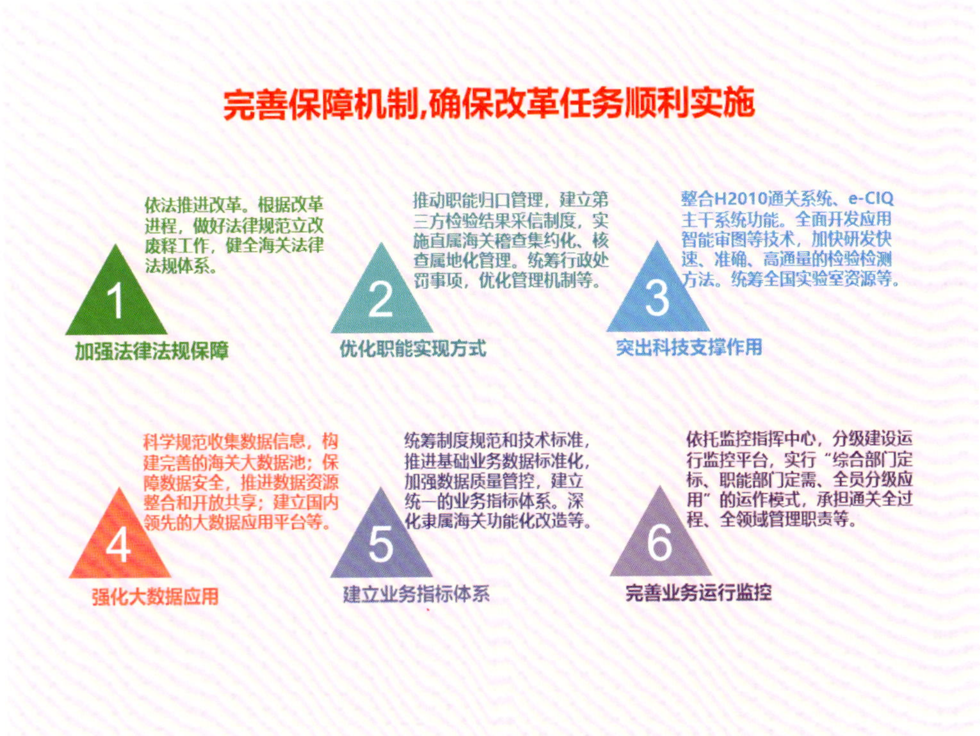
完善保障机制,确保改革任务顺利实施
依法推进改革。根据改革进程，做好法律规范立改废释工作，健全海关法律法规体系。
1
加强法律法规保障
推动职能归口管理，建立第三方检验结果采信制度，实施直属海关稽查集约化、核查属地化管理。统筹行政处罚事项，优化管理机制等。
2
优化职能实现方式
整合H2010通关系统、e-CIQ主干系统功能。全面开发应用智能审图等技术，加快研发快速、准确、高通量的检验检测方法。统筹全国实验室资源等。
3
突出科技支撑作用
科学规范收集数据信息，构建完善的海关大数据池；保障数据安全，推进数据资源整合和开放共享；建立国内领先的大数据应用平台等。
4
强化大数据应用
统筹制度规范和技术标准，推进基础业务数据标准化，加强数据质量管控，建立统一的业务指标体系。深化隶属海关功能化改造等。
5
建立业务指标体系
依托监控指挥中心，分级建设运行监控平台，实行“综合部门定标、职能部门定需、全员分级应用”的运作模式，承担通关全过程、全领域管理职责等。
6
完善业务运行监控

▲完善保障机制，确保改革任务顺利实施

效的改革举措可以通过法律法规的调整予以固化，为构建科学完备的海关法律制度体系奠定坚实的实践基础。

2.2 优化职能实现方式

厘清职能管理和执行管理边界，推动职能归口管理。建立第三方检验结果采信制度，检验结果适用于全国。实施直属海关稽查集约化、核查属地化管理。统筹行政处罚事项，优化管理机制。建立健全维护海关现场执法权威的相关制度。加快推进口岸安全风险联防联控机制建设。

2.3 突出科技支撑作用

将 H2010 通关系统、e-CIQ 主干系统功能整合到新一代海关信息系统。提升监管装备科技水平，全面开发应用智能审图等技术，加快研发快速、准确、高通量的进出口检验检测方法。统筹全国实验室资源，优化功能布局，推进检测结果实时反馈、共享共用。健全信息资源、系统应用功能目录管理，支持全国海关调用信息资源、使用相关功能。

重点内容解读：关于 H2010 通关系统、e-CIQ 主干系统的功能整合

新一代通关管理系统 (H2018) 整合了原海关通关管理系统 (H2010) 和原检验检疫主干系统 (e-CIQ) 接审单的职责功能，实现了海关现场综合业务与检验检疫检务业务统一在一个系统中办理处置，在 2018 年 8 月 1 日实现整合申报的基础上实现了关检综合业务后台统一办理，是关检融合以来第一个真正意义上实现统一作业的系统模块。新一代通关管理系统的正式启用，有效提高了海关现场作业效率和企业通关效率，也是关检业务全面融合的重大改革措施，推动关检融合上了一个新的台阶。

2.4 强化大数据应用

以企业和相关自然人为基础，科学规范收集数据信息，构建完善的海关大数据池；保障数据安全，推进数据资源整合和开放共享；强化大数据应用基础建设，丰富和升级大数据分析工具，建立国内领先的大数据应用平台；全领域加强大数据应用，提高海关洞察力。

2.5 建立业务指标体系

统筹制度规范和技术标准，推进基础业务数据标准化，加强数据质量管控，建立全国海关统一的业务指标体系，区分核心指标、一般指标等属性，实施目录管理，由一个部门统筹发布。深化隶属海关功能化改造，统一全国海关业务岗位设置，实施目录管理，明确各岗位职责及其对应的信息化系统角色权限，统一维护、自动授权。

2.6 完善业务运行监控

依托监控指挥中心，分级建设运行监控平台，实行“综合部门定标、职能部门定需、全员分级应用”的运作模式，承担通关全过程、全领域运行状况监控展示、辅助指挥、

海关实施第三方检验结果采信制度,促进整车口岸发展

采信是指海关在进出口商品检验过程中，根据收发货人提交的产品符合性声明及由符合资质条件的检验机构出具的检验证书或检验报告，对进出口商品实施"合格保证+符合性评估"的合格评定程序。

自2018年起，青岛海关按照合格假定、风险管理、事中监管、事后追责等改革理念，对平行进口汽车实施第三方检验结果采信制度，借助检验市场的专业化服务，为检验监管工作提供合格评定依据，在提高监管有效性的前提下，提升通关效率，促进贸易便利化。

在青岛前湾保税港区，海关查验人员对进口越野车实施查验，采信了青岛××检验有限公司出具的对该批车辆安全、环保项目的检测报告，并在进行一致性验证合格后，车辆予以放行。进口整车从上线检测到取得“进口机动车辆随车检验单”不到1天半时间。

2018年，青岛海关共对3376辆进口汽车实施检验结果采信。通过检验结果采信，大幅缩短了检验流程时间，检验放行时间由原来的7个工作日缩短到2个工作日。

▲海关实施第三方检验结果采信制度，促进整车口岸发展

运用大数据技术提升海关管理智能化水平 数据科学赋能海关

1 建立海关大数据应用的统筹协调机制，落实牵头管理责任，形成职责明晰、共享共用、协同推进的工作格局。

2 实施信息先导战略，构建“广泛搜集、专业研判、科学处置、共享互联”的现代海关信息体系，实现对高风险目标智能感知、智能识别、精准锁定。

3 推进技术融合、业务融合、数据融合，对接中央政府网站和各地各部门平台，服务全国一体化的国家大数据中心建设。

4 建立运行监测、问题诊断、执行反馈、综合展示的数字化闭合管理机制，加强数据质量控制，发挥其海关业务管理信息化门户作用。

5 在报关单、舱单等数据基础上，采用新的处理模式，广泛搜集与分析商品、行业、企业等相关的信息，为风险分析和防控提供统一的"数据池"。

6 建立预测性的企业信用评估模型和风险分析模型，实现计算机自动采集并形成布控参数，提升海关监管的针对性、有效性。

▲运用大数据技术提升海关管理智能化水平数据科学赋能海关

内控监控、督办问效、应急管理及重大活动运行保障等职责，及时发现、分析、处置现场通关异常、违规操作、管理不当、突发事件等情况，全链条监督制约权力运行。

重点内容解读：关于海关监控指挥中心

（1）海关监控指挥中心的含义

海关监控指挥中心是一套充分利用物联网、视频监控、图像分析处理、地理信息、数据存储及大数据等技术，对海关业务现场的各类信息进行分析、处理、存储和展示，解决监控指挥与业务现场的多媒体交互，对现场通关查验工作监控指挥、对风险和突发事件防控处置等问题所构建的现代化多级监控指挥系统。

（2）海关监控指挥中心的核心价值

强化对各级海关业务的监管、综合利用各种信息化手段进行指挥和调度、通过设备互联实现数据共享，消除信息孤岛、建立有效的风险防范、控制和处理的机制。

（3）海关监控指挥中心的主要功能

可视化监管、综合指挥调度、图像集中查验、数据集中管理、远程咨询和培训。

3 按 2019 年和 2020 年两个时间阶段，应如何有步骤、有重点地推进改革任务的落实？

——在全国通关一体化整体框架下研究并实施各项改革方案，在试点基础上适时在全国海关推广。

2019 年，在全国通关一体化整体框架下，研究制定各项改革的实施方案。其中，“两步申报”、风险防控“两轮驱动”、“两段准入”三项改革互为支撑，协同完成流程设计和系统改造，率先启动试点并一揽子协同推进；推进邮件和 A 类、B 类快件通关整合，将 C 类快件纳入货物的一体化通关管理；研究细化特定区域监管改革举措，其中“两步申报”可在自贸试验区先行先试；相关配套保障改革举措取得实质性进展。

2020 年，相关改革在试点基础上适时在全国海关推广；形成货运渠道和寄递渠道两类通关模式并行的通关格局；实现海关特殊监管区域和自贸试验区监管制度“双优化”。形成职能优化、管理协同、运行高效的新海关业务管理体系。

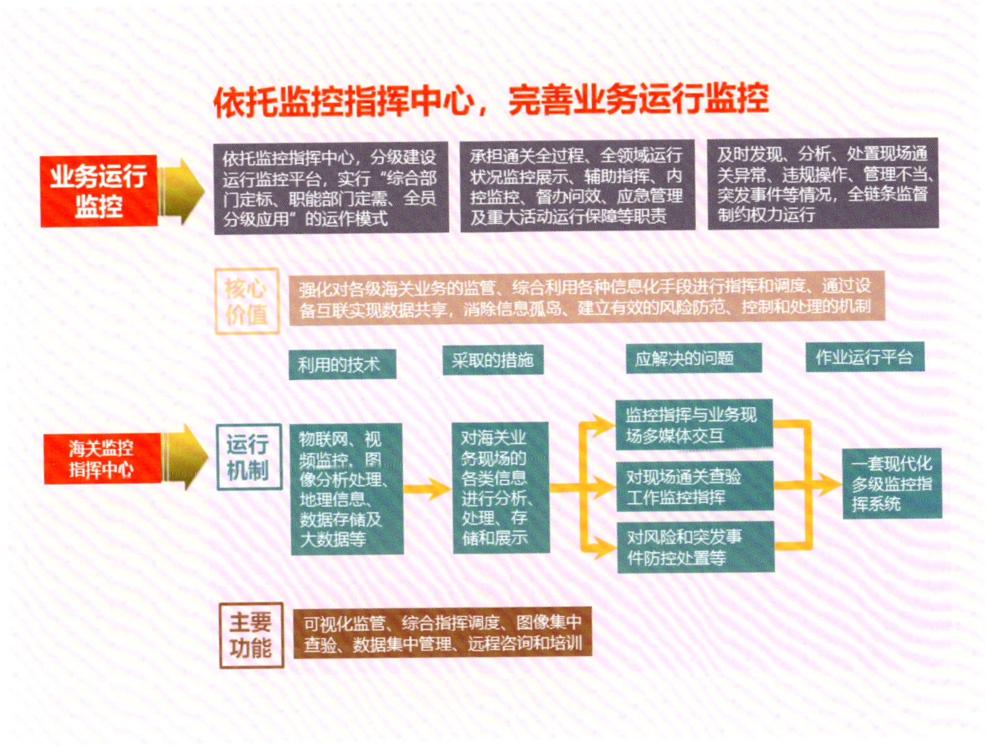
依托监控指挥中心，完善业务运行监控
业务运行监控
依托监控指挥中心，分级建设运行监控平台，实行“综合部门定标、职能部门定需、全员分级应用”的运作模式
承担通关全过程、全领域运行状况监控展示、辅助指挥、内控监控、督办问效、应急管理及重大活动运行保障等职责
及时发现、分析、处置现场通关异常、违规操作、管理不当、突发事件等情况，全链条监督制约权力运行
核心价值
强化对各级海关业务的监管、综合利用各种信息化手段进行指挥和调度、通过设备互联实现数据共享，消除信息孤岛、建立有效的风险防范、控制和处理的机制
利用的技术
采取的措施
应解决的问题
作业运行平台
海关监控指挥中心
运行机制
物联网、视频监控，图像分析处理、地理信息、数据存储及大数据等
对海关业务现场的各类信息进行分析、处理、存储和展示
监控指挥与业务现场多媒体交互
对现场通关查验工作监控指挥
对风险和突发事件防控处置等
一套现代化多级监控指挥系统
主要功能
可视化监管、综合指挥调度、图像集中查验、数据集中管理、远程咨询和培训

▲依托监控指挥中心，完善业务运行监控

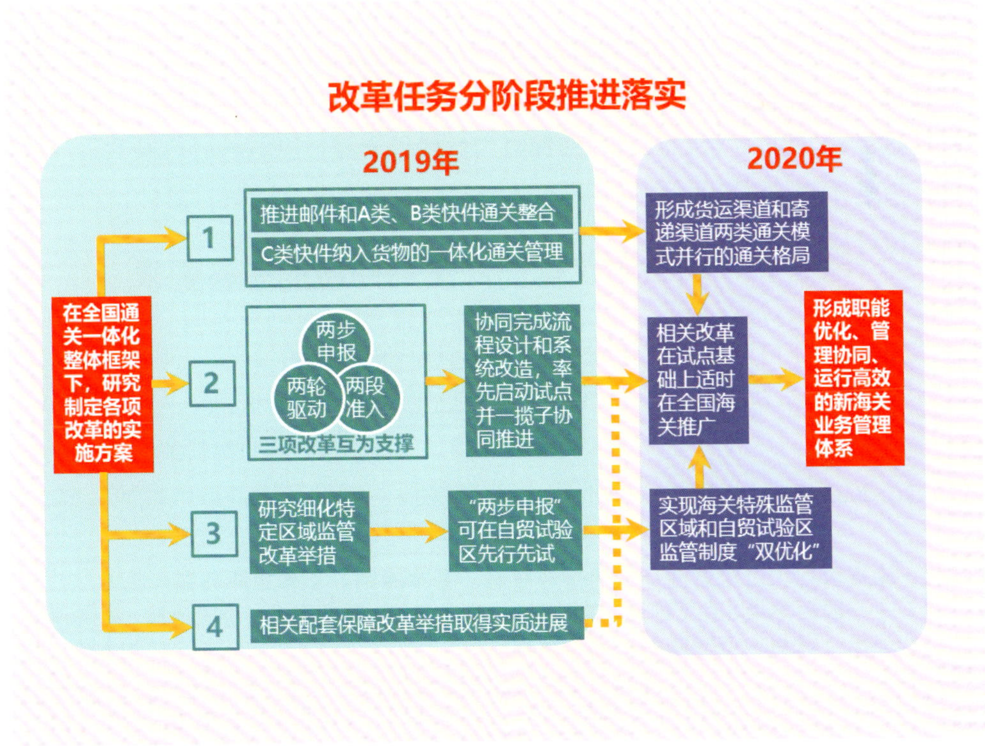
改革任务分阶段推进落实
2019年
2020年
在全国通关一体化整体框架下，研究制定各项改革的实施方案
1
推进邮件和A类、B类快件通关整合
C类快件纳入货物的一体化通关管理
形成货运渠道和寄递渠道两类通关模式并行的通关格局
2
两步申报
两轮驱动
两段准入
三项改革互为支撑
协同完成流程设计和系统改造，率先启动试点并一揽子协同推进
相关改革在试点基础上适时在全国海关推广
形成职能优化、管理协同、运行高效的新海关业务管理体系
3
研究细化特定区域监管改革举措
“两步申报”可在自贸试验区先行先试
实现海关特殊监管区域和自贸试验区监管制度“双优化”
4
相关配套保障改革举措取得实质进展

▲改革任务分阶段推进落实

第二章
优化口岸营商环境，提升贸易便利化水平

1 **优化口岸营商环境，促进跨境贸易便利化工作的重要性体现在哪些方面？**
——帮助企业渡过当前国际经济环境下的难关，推动跨境贸易转型升级，推动形成国际化、法治化、便利化的营商环境。

从国际看，当前世界经济复苏乏力，贸易保护主义愈演愈烈，中美贸易摩擦持续升级，在这个大背景下，中国作为多边贸易的维护者，作为全球经济一体化的推动者，我们要进一步做好自身的工作。对于口岸工作，我们要进一步提高认识，切实贯彻落实党中央、国务院的决策部署，一方面为广大进出口企业松绑减负，通过实实在在的举措，帮助企业渡过难关；另一方面要以此为契机，推动我国跨境贸易转型升级，实现从“大进大出”向“优进优出”的转变。

从国内看，经过改革开放近40年的发展，我国成为世界上第二大经济体、第一贸易大国，对外贸易成为我国经济发展的重要推动力。2018年前三个季度，中国货物贸易进出口总值22.28万亿元人民币，比2017年同期增长9.9%。其中，出口11.86万亿元，增长6.5%；进口10.42万亿元，增长14.1%；贸易顺差1.44万亿元，收窄28.3%。成绩来之不易，如果想保持下去，需要我们继续改进口岸工作，营造更好的口岸营商环境。

从国际、国内横向对比看，2017年世界银行发布的《营商环境报告》显示，我国跨境贸易营商环境排名在190个经济体中位于97位，远低于韩国、美国、新加坡、日本等发达经济体，我国跨境贸易便利化水平与世界先进国家相比仍然存在不小差距。我们要对标国际先进水平，找出自身差距，进一步深化“放管服”改革，持续推动贸易便利化，激发改革动力，增强改革实效，加快推动形成更有吸引力的国际化、法治化、便利化营商环境。

第一节　国家对优化口岸营商环境的总体要求

2018年10月13日，国务院印发《优化口岸营商环境促进跨境贸易便利化工作方案》（以下简称《工作方案》），着力深入推进“放管服”改革，营造稳定、公平、透明、可预期的口岸营商环境，促进外贸稳定健康发展。《工作方案》在目标任务中分2018年、2020年、2021年三个时间节点提出了一系列的指标。

1 **国家对优化口岸营商环境的指导思想、基本原则、工作目标各是什么？**
——简政放权、改革创新，对标国际、高效便利，目标导向、协同治理，营造稳定、公平、透明、可预期的口岸营商环境。

1.1　指导思想

全面贯彻党的十九大和十九届二中、三中全会精神，以习近平新时代中国特色社

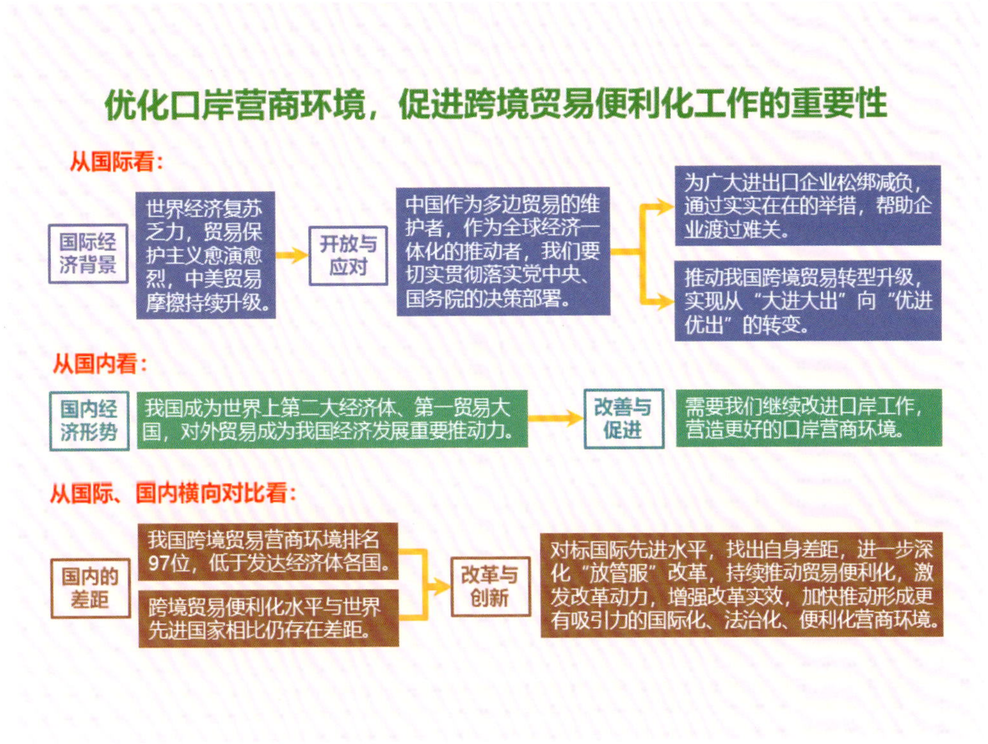
优化口岸营商环境，促进跨境贸易便利化工作的重要性
从国际看：
国际经济背景
世界经济复苏乏力，贸易保护主义愈演愈烈，中美贸易摩擦持续升级。
开放与应对
中国作为多边贸易的维护者，作为全球经济一体化的推动者，我们要切实贯彻落实党中央、国务院的决策部署。
为广大进出口企业松绑减负，通过实实在在的举措，帮助企业渡过难关。
推动我国跨境贸易转型升级，实现从“大进大出”向“优进优出”的转变。
从国内看：
国内经济形势
我国成为世界上第二大经济体、第一贸易大国，对外贸易成为我国经济发展重要推动力。
改善与促进
需要我们继续改进口岸工作，营造更好的口岸营商环境。
从国际、国内横向对比看：
国内的差距
我国跨境贸易营商环境排名97位，低于发达经济体各国。
跨境贸易便利化水平与世界先进国家相比仍存在差距。
改革与创新
对标国际先进水平，找出自身差距，进一步深化“放管服”改革，持续推动贸易便利化，激发改革动力，增强改革实效，加快推动形成更有吸引力的国际化、法治化、便利化营商环境。

▲优化口岸营商环境，促进跨境贸易便利化工作的重要性

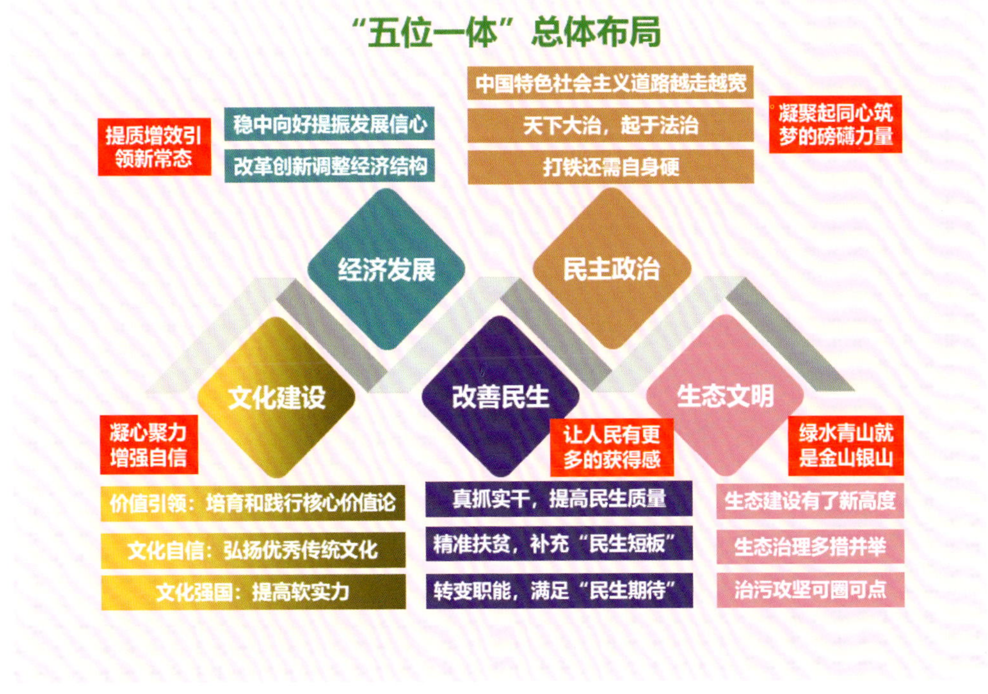
“五位一体”总体布局
提质增效引领新常态
稳中向好提振发展信心
改革创新调整经济结构
中国特色社会主义道路越走越宽
天下大治，起于法治
打铁还需自身硬
凝聚起同心筑梦的磅礴力量
经济发展
民主政治
文化建设
改善民生
生态文明
凝心聚力增强自信
让人民有更多的获得感
绿水青山就是金山银山
价值引领：培育和践行核心价值论
文化自信：弘扬优秀传统文化
文化强国：提高软实力
真抓实干，提高民生质量
精准扶贫，补充“民生短板”
转变职能，满足“民生期待”
生态建设有了新高度
生态治理多措并举
治污攻坚可圈可点

▲“五位一体”总体布局

会主义思想为指导，统筹推进“五位一体”总体布局和协调推进“四个全面”战略布局，按照党中央、国务院决策部署，坚持稳中求进工作总基调，坚持新发展理念，深入推进“放管服”改革，对标国际先进水平，创新监管方式，优化通关流程，提高通关效率，降低通关成本，营造稳定、公平、透明、可预期的口岸营商环境。

1.2 基本原则

1.2.1 简政放权，改革创新

进一步削减进出口环节审批事项，规范审批行为，优化简化通关流程，取消不必要的监管要求，清理不合理收费，加快完善与我国经济社会发展要求相适应的跨境贸易管理体系。

1.2.2 对标国际，高效便利

充分利用信息化、智能化手段，提高口岸监管执法和物流作业效率。借鉴国际经验，建立符合我国口岸管理实际、与国际通行做法对接并可比的口岸营商环境评价机制。

1.2.3 目标导向，协同治理

充分发挥国务院口岸工作部际联席会议制度作用，加强各有关部门、各地方协作配合，找准制约口岸营商环境持续优化的短板，从企业和社会实际需要出发，着力压缩整体通关时间，降低进出口环节合规成本。

1.3 工作目标

在精简监管证件方面，到 2018 年年底，需在进出口环节验核的监管证件数量比 2017 年减少三分之一以上，除安全保密需要等特殊情况外，全部实现联网核查，整体通关时间压缩三分之一。

在降低口岸成本方面，到 2020 年年底，相比 2017 年集装箱进出口环节合规成本降低一半。

在压缩货物整体通关时间方面，到 2021 年年底，整体通关时间比 2017 年压缩一半。

在提升世界银行排名方面，世界银行跨境贸易便利化指标排名提升 30 位，初步实现口岸治理体系和治理能力现代化，形成更有活力、更富效率、更加开放、更具便利的口岸营商环境。

重点内容解读 1：关于精简监管证件

为落实“减证便民”有关要求，有效降低制度性交易成本，持续改善营商环境，海关总署在对海关和原出入境检验检疫两部分合计 206 部规章进行全面清理的基础上，于 2018 年 5 月 29 日公布了《海关总署关于修改部分规章的决定》（海关总署令第 240 号）和《海关总署关于废止部分规章的决定》（海关总署令第 241 号），通过修改或者废止 84 部现行规章，大幅精简海关单证，将要求企业和群众提交单证材料的种类由 132 种缩减至 40 种，精简比率达到 70%。

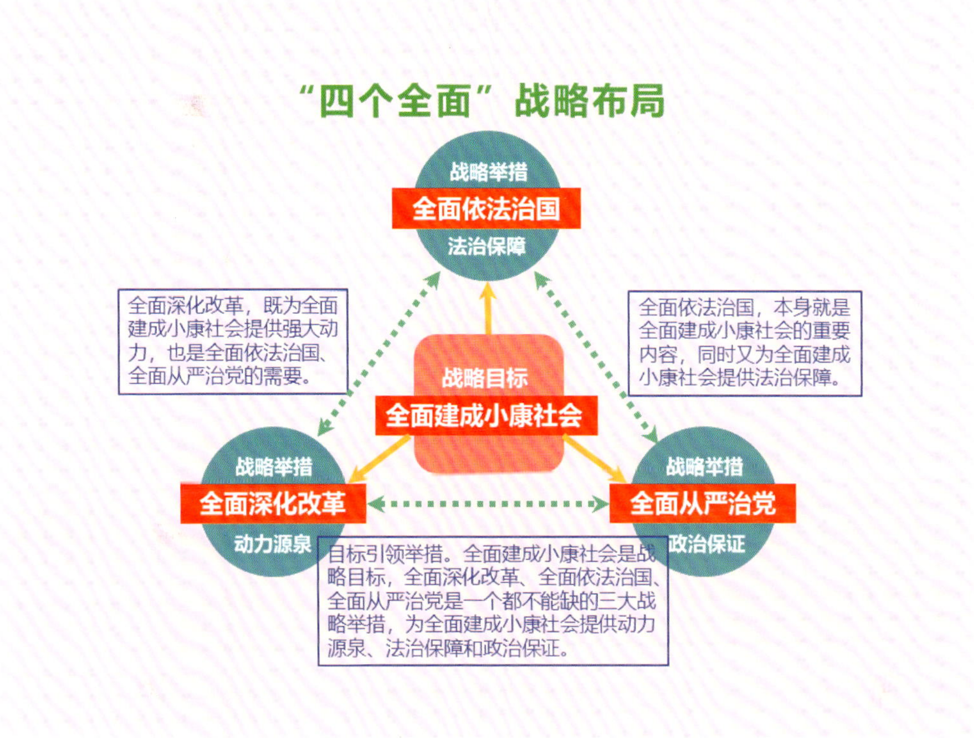

"四个全面"战略布局
战略举措
全面依法治国
法治保障
全面深化改革，既为全面建成小康社会提供强大动力，也是全面依法治国、全面从严治党的需要。
全面依法治国，本身就是全面建成小康社会的重要内容，同时又为全面建成小康社会提供法治保障。
战略目标
全面建成小康社会
战略举措
全面深化改革
动力源泉
战略举措
全面从严治党
政治保证
目标引领举措。全面建成小康社会是战略目标，全面深化改革、全面依法治国、全面从严治党是一个都不能缺的三大战略举措，为全面建成小康社会提供动力源泉、法治保障和政治保证。

▲"四个全面"战略布局

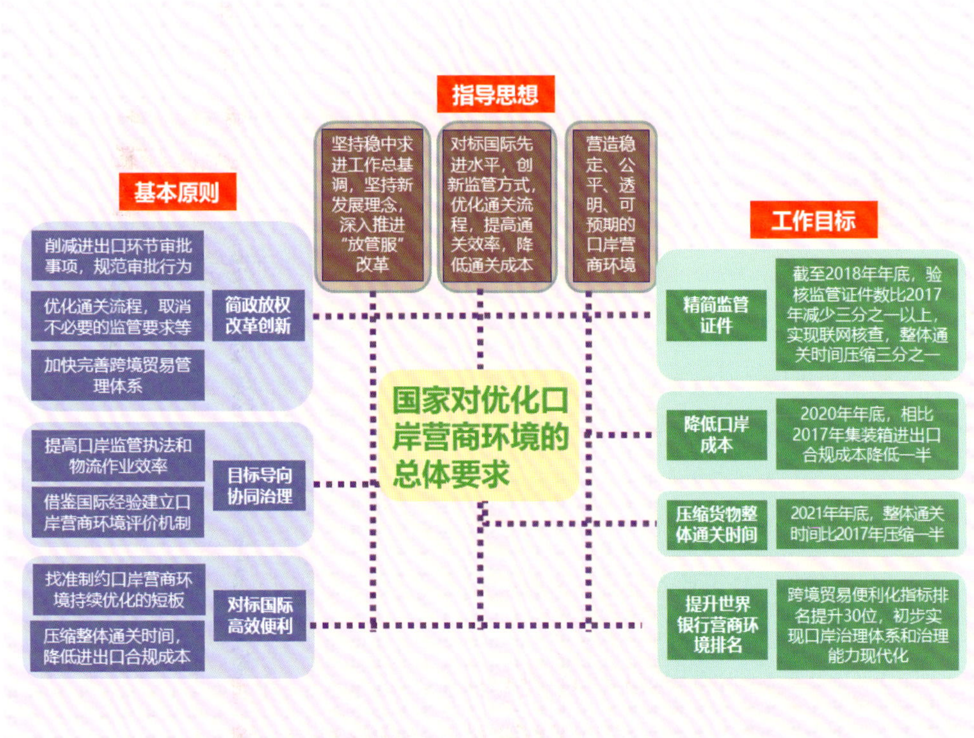

指导思想
坚持稳中求进工作总基调，坚持新发展理念，深入推进"放管服"改革
对标国际先进水平，创新监管方式，优化通关流程，提高通关效率，降低通关成本
营造稳定、公平、透明、可预期的口岸营商环境
基本原则
削减进出口环节审批事项，规范审批行为
优化通关流程，取消不必要的监管要求等
加快完善跨境贸易管理体系
简政放权改革创新
提高口岸监管执法和物流作业效率
借鉴国际经验建立口岸营商环境评价机制
目标导向协同治理
找准制约口岸营商环境持续优化的短板
压缩整体通关时间，降低进出口合规成本
对标国际高效便利
国家对优化口岸营商环境的总体要求
工作目标
精简监管证件
截至2018年年底，验核监管证件数比2017年减少三分之一以上，实现联网核查，整体通关时间压缩三分之一
降低口岸成本
2020年年底，相比2017年集装箱进出口合规成本降低一半
压缩货物整体通关时间
2021年年底，整体通关时间比2017年压缩一半
提升世界银行营商环境排名
跨境贸易便利化指标排名提升30位，初步实现口岸治理体系和治理能力现代化

▲国家对优化口岸营商环境的总体要求

海关总署在精简单证方面确定了如下原则：一是不属于海关监管所必需的单证，一律取消；二是海关可以通过与其他单位或者部门联网获取的单证以及海关可以自行查询的单证，企业无须提交；三是海关出具的且不需要签注作业的单证，企业无须提交；四是其他管理环节已向海关提交的单证，企业无须重复提交。

重点内容解读 2：关于压缩货物整体通关时间

2017 年，我国整体通关时间是 97.39 小时，按照压缩三分之一的幅度，2018 年年底，要压缩到 65 小时。2017 年，我国出口整体通关时间 12.29 小时，压缩三分之一就是压缩到 8.2 小时之内。整体通关时间与海关通关时间是两个概念。整体通关时间是指货物抵港到货物允许提离整个进出口环节的时间，包括货物的抵港、装卸、堆放、理货、申报、查验、放行、提离等多个环节的耗时。海关通关时间是指货物从申报到放行，在海关的单一环节内海关作业时间。2018 年按照国务院的要求，从压缩海关通关时间开始，压缩了三分之一。2019 年的工作重点转移到压缩整体通关时间，目前已经取得明显成效。

下一步要继续采取有力措施，2019 年年底前要确保完成《政府工作报告》规定的整体通关时间压缩三分之一的任务，我们要采取一些有效管用的措施来实现这个目标。比如提高进口货物抵达口岸前的提前申报比例，非查验货物抵达口岸后即可以放行提离，抵港即可以提离；要推进关税保证保险的改革，可以在关税保证保险的前提下“先放行后缴税”；推行铁矿石等矿产品“先验放后检测”，开通农副产品、鲜活产品快速通关的“绿色通道”，这些措施都是为了实现 2019 年年底前压缩整体通关时间三分之一的目标。

第二节　国家下达的工作任务及海关等部门的推动落实

可量化的指标是《工作方案》最核心的内容，是国务院明确必须完成的硬任务，概括起来讲，就是“减单证、提时效、降成本”这 9 个字。我们要以目标为导向，确保目标任务的完成，切切实实提高广大进出口企业的获得感。

1　精简进出口环节监管证件的工作任务是什么？应怎样推动落实？——精简监管证件验核数量，通过多种形式实现联网。

1.1　工作任务

取消一批进出口环节监管证件，能退出口岸验核的全部退出。2018 年 11 月 1 日前，需在进出口环节验核的监管证件减至 48 种；除安全保密需要等特殊情况外，通过多种形式全部实现联网、在通关环节比对核查。

1.2　推动落实

在“减单证”方面，按照“能取消的就取消、能合并的就合并、能退出口岸验核

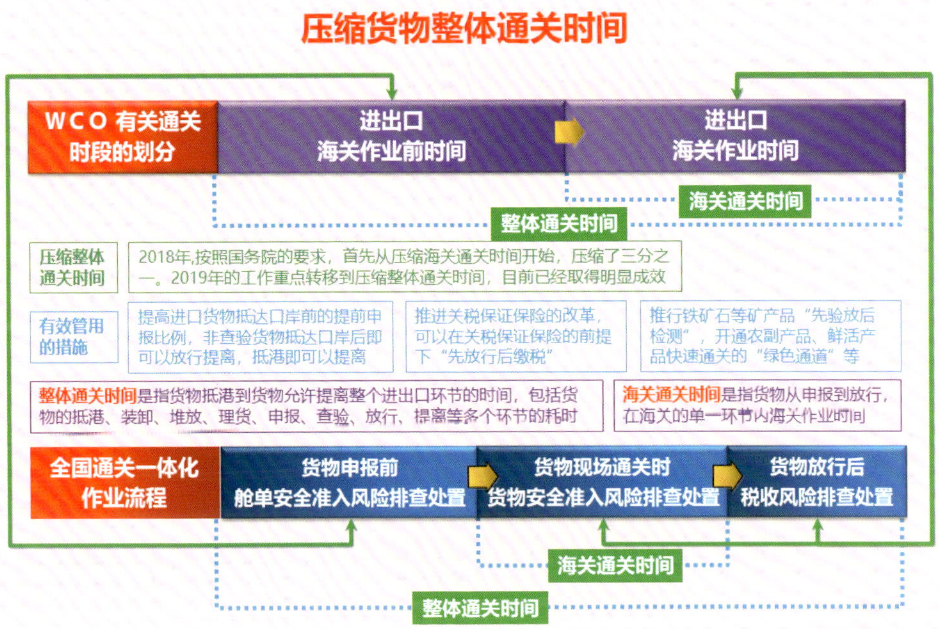

压缩货物整体通关时间
WCO 有关通关时段的划分
进出口海关作业前时间
进出口海关作业时间
海关通关时间
整体通关时间
压缩整体通关时间
2018年,按照国务院的要求，首先从压缩海关通关时间开始，压缩了三分之一。2019年的工作重点转移到压缩整体通关时间，目前已经取得明显成效
有效管用的措施
提高进口货物抵达口岸前的提前申报比例，非查验货物抵达口岸后即可以放行提离，抵港即可以提离
推进关税保证保险的改革，可以在关税保证保险的前提下“先放行后缴税”
推行铁矿石等矿产品“先验放后检测”，开通农副产品、鲜活产品快速通关的“绿色通道”等
整体通关时间是指货物抵港到货物允许提离整个进出口环节的时间，包括货物的抵港、装卸、堆放、理货、申报、查验、放行、提离等各个环节的耗时
海关通关时间是指货物从申报到放行，在海关的单一环节内海关作业时间
全国通关一体化作业流程
货物申报前 舱单安全准入风险排查处置
货物现场通关时 货物安全准入风险排查处置
货物放行后 税收风险排查处置
海关通关时间
整体通关时间

▲压缩货物整体通关时间

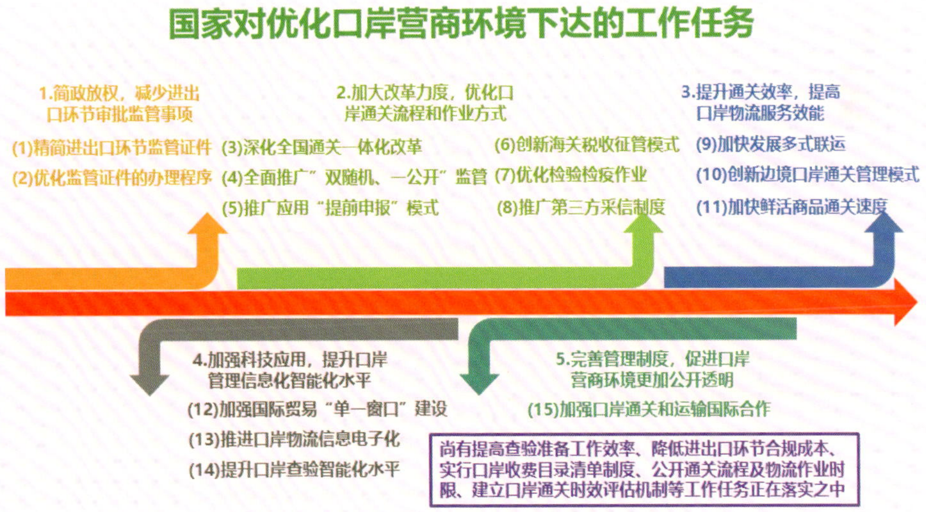

国家对优化口岸营商环境下达的工作任务
1.简政放权，减少进出口环节审批监管事项
(1)精简进出口环节监管证件
(2)优化监管证件的办理程序
2.加大改革力度，优化口岸通关流程和作业方式
(3)深化全国通关一体化改革
(4)全面推广“双随机、一公开”监管
(5)推广应用“提前申报”模式
(6)创新海关税收征管模式
(7)优化检验检疫作业
(8)推广第三方采信制度
3.提升通关效率，提高口岸物流服务效能
(9)加快发展多式联运
(10)创新边境口岸通关管理模式
(11)加快鲜活商品通关速度
4.加强科技应用，提升口岸管理信息化智能化水平
(12)加强国际贸易“单一窗口”建设
(13)推进口岸物流信息电子化
(14)提升口岸查验智能化水平
5.完善管理制度，促进口岸营商环境更加公开透明
(15)加强口岸通关和运输国际合作
尚有提高查验准备工作效率、降低进出口环节合规成本、实行口岸收费目录清单制度、公开通关流程及物流作业时限、建立口岸通关时效评估机制等工作任务正在落实之中

▲国家对优化口岸营商环境下达的工作任务

的就退出口岸验核”的要求，海关与有关部门合力推动监管证件联网核查工作，进出口环节验核的监管证件在 2018 年 11 月 1 日前由 86 种减至 48 种。

2 如何优化监管证件的办理程序？——网上申报、网上办理，监管证件办理程序进一步优化。

2.1 工作任务

除安全保密需要等特殊情况外，2020 年年底前，监管证件全部实现网上申报、网上办理。

2.2 推动落实

2.2.1 监管证件办理程序进一步优化

商务部将 10 种汽车零部件的自动进口许可证下放至地方办理，并从 2018 年 10 月 15 日起实现自动进口许可证和进口许可证（除消耗臭氧层物质外）申请、签发、通关全流程无纸化，并将调整有关进口许可管理目录，调整完成后，预计机电产品自动进口许可管理目录和限制进口旧机电产品管理目录的产品数量、办证份数、金额将大幅减少。

海关总署、中国国际贸易促进委员会的原产地证书可通过“单一窗口”等方式在线申请并收到审核结果。

国家市场监督管理总局（以下简称“市场监管总局”）的特种设备行政许可项目已实现“网上办理全流程”。

移民局正在开展边检行政许可网上窗口建设，建成后可实现人员登轮、船舶搭靠证件网上申请、网上办理。

重点内容解读：关于自动进口许可证和进口许可证申请、签发、通关全流程无纸化

进口单位申请进口属于自动进口许可管理的货物和属于进口许可证管理的货物（除消耗臭氧层物质以外）的，可自行选择有纸作业或者无纸作业方式。选择无纸作业方式的进口单位，应按规定向商务部或者商务部委托的机构申领自动进口许可证电子证书或进口许可证电子证书。

进口单位以通关作业无纸化方式在海关办理报关验放手续时，可免予提交自动进口许可证或进口许可证纸质证书。因管理需要或者其他情形需验核自动进口许可证或进口许可证纸质证书的，进口单位应当补充提交纸质证书，或者以有纸作业方式向海关办理报关验放手续。

海关以进口许可证件联网核查的方式验核自动进口许可证或进口许可证电子证书，不再进行纸面签注。自动进口许可证或进口许可证发证机构按照海关反馈的进口许可

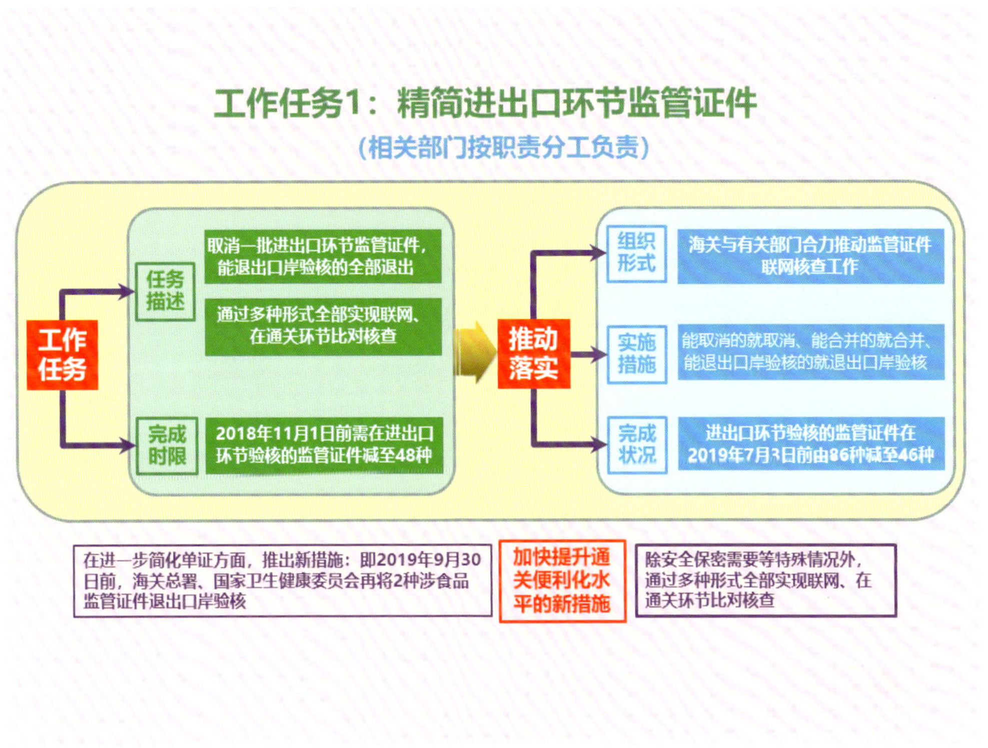
工作任务1：精简进出口环节监管证件
（相关部门按职责分工负责）
工作任务
任务描述
取消一批进出口环节监管证件，能退出口岸验核的全部退出
通过多种形式全部实现联网、在通关环节比对核查
完成时限
2018年11月1日前需在进出口环节验核的监管证件减至48种
推动落实
组织形式
海关与有关部门合力推动监管证件联网核查工作
实施措施
能取消的就取消、能合并的就合并、能退出口岸验核的就退出口岸验核
完成状况
进出口环节验核的监管证件在2019年7月3日前由86种减至46种
在进一步简化单证方面，推出新措施：即2019年9月30日前，海关总署、国家卫生健康委员会再将2种涉食品监管证件退出口岸验核
加快提升通关便利化水平的新措施
除安全保密需要等特殊情况外，通过多种形式全部实现联网、在通关环节比对核查

▲工作任务 1：精简进出口环节监管证件

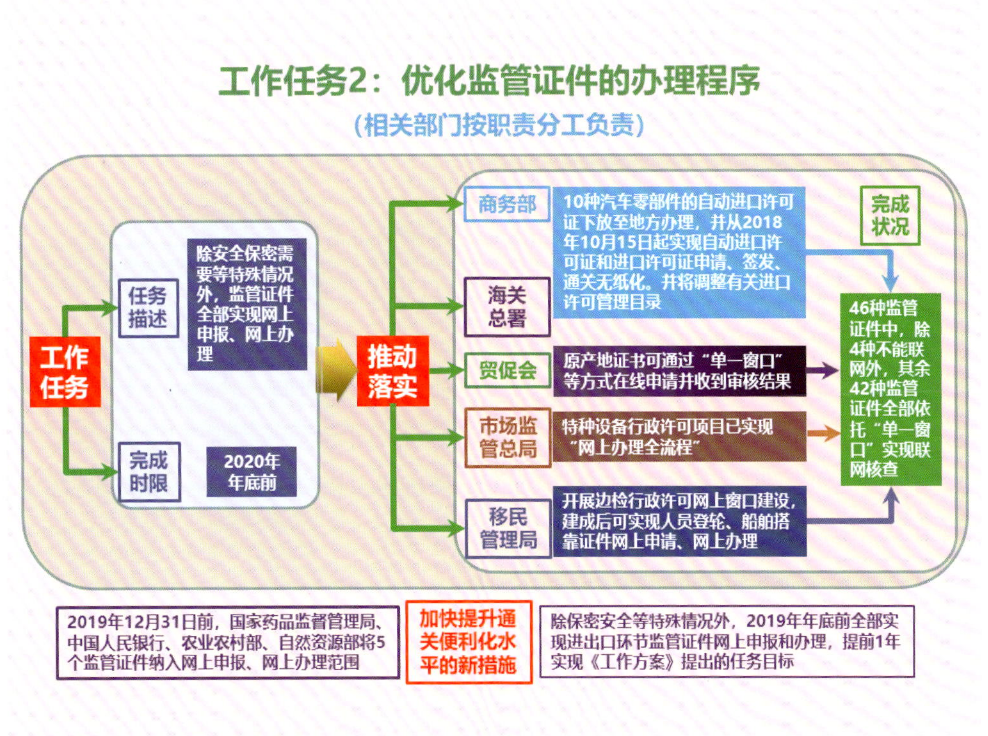
工作任务2：优化监管证件的办理程序
（相关部门按职责分工负责）
工作任务
任务描述
除安全保密需要等特殊情况外，监管证件全部实现网上申报、网上办理
完成时限
2020年年底前
推动落实
商务部
10种汽车零部件的自动进口许可证下放至地方办理，并从2018年10月15日起实现自动进口许可证和进口许可证申请、签发、通关无纸化，并将调整有关进口许可管理目录
海关总署
贸促会
原产地证书可通过“单一窗口”等方式在线申请并收到审核结果
市场监管总局
特种设备行政许可项目已实现“网上办理全流程”
移民管理局
开展边检行政许可网上窗口建设，建成后可实现人员登轮、船舶搭靠证件网上申请、网上办理
完成状况
46种监管证件中，除4种不能联网外，其余42种监管证件全部依托“单一窗口”实现联网核查
2019年12月31日前，国家药品监督管理局、中国人民银行、农业农村部、自然资源部将5个监管证件纳入网上申报、网上办理范围
加快提升通关便利化水平的新措施
除保密安全等特殊情况外，2019年年底前全部实现进出口环节监管证件网上申报和办理，提前1年实现《工作方案》提出的任务目标

▲工作任务 2：优化监管证件的办理程序

证件使用状态、清关数据等进行延期、变更、核销等操作。

2.2.2 监管证件联网核查已顺利完成

2018年11月1日前，已经将进出口环节需验核的监管证件数量从86种减至46种，比2017年减少三分之一，除4种不能联网外，其余42种监管证件全部依托“单一窗口”实现联网核查。

重点内容解读：关于监管证件联网核查

海关总署与农业农村部、商务部、工信部、人民银行、市场监管总局等16家发证机关系统对接和数据互联，依托国际贸易“单一窗口”平台，对进出口环节42种监管证件全部实现联网核查。

企业用户可直接登录“单一窗口”门户网站，进行线上申请，发证部门审核通过后将证书电子数据传输到海关，并在通关环节实现与海关报关数据的自动比对、智能验核，审核结果统一通过“单一窗口”反馈给企业，实现了监管证件申报、审核、通关和反馈的全流程网上办理。

3 如何深化全国通关一体化改革？
——推进海关、边检、海事一次性联合检查，推进关检业务全面融合“五统一”。

3.1 工作任务

推进海关、边检、海事一次性联合检查。海关直接使用市场监管、商务等部门数据办理进出口货物收发货人注册登记。加强关铁信息共享，推进铁路运输货物无纸化通关。2018年年底前，海关与检验检疫业务全面融合，实现“五统一”：统一申报单证、统一作业系统、统一风险研判、统一指令下达、统一现场执法。（海关总署牵头，商务部、市场监管总局、移民局、交通运输部、民航局、中国铁路总公司按职责分工负责）

重点内容解读：关于海关、边检、海事口岸监管联合执法

口岸海关、边检、海事通过联席会议制度，建立信息通报、违禁品执法协作、海上联合执法互助、出入境维稳管控、安全反恐处突等工作机制，共同推动贸易便利化建设，防范和打击涉暴、涉恐、涉毒、走私等违规违法行为，全面提升口岸联合服务、执法合作水平，同时，为政府部门搭起一个协调口岸工作的统一服务、执法平台。

3.2 推动落实

海关总署大力推进关检业务全面融合“五统一”。2018年8月1日，实现统一申报单证；9月30日启动统一风险研判、统一指令下达试点，2018年年底前推广到各直属海关；“查检合一”和“多查合一”正在积极推进，2018年年底前实现统一现场执法并将原海关通关作业系统和原检验检疫通关主干系统合二为一，实现统一作业系统。

市场监管总局通过与海关总署之间的数据共享专线等渠道向海关总署提供涉企信

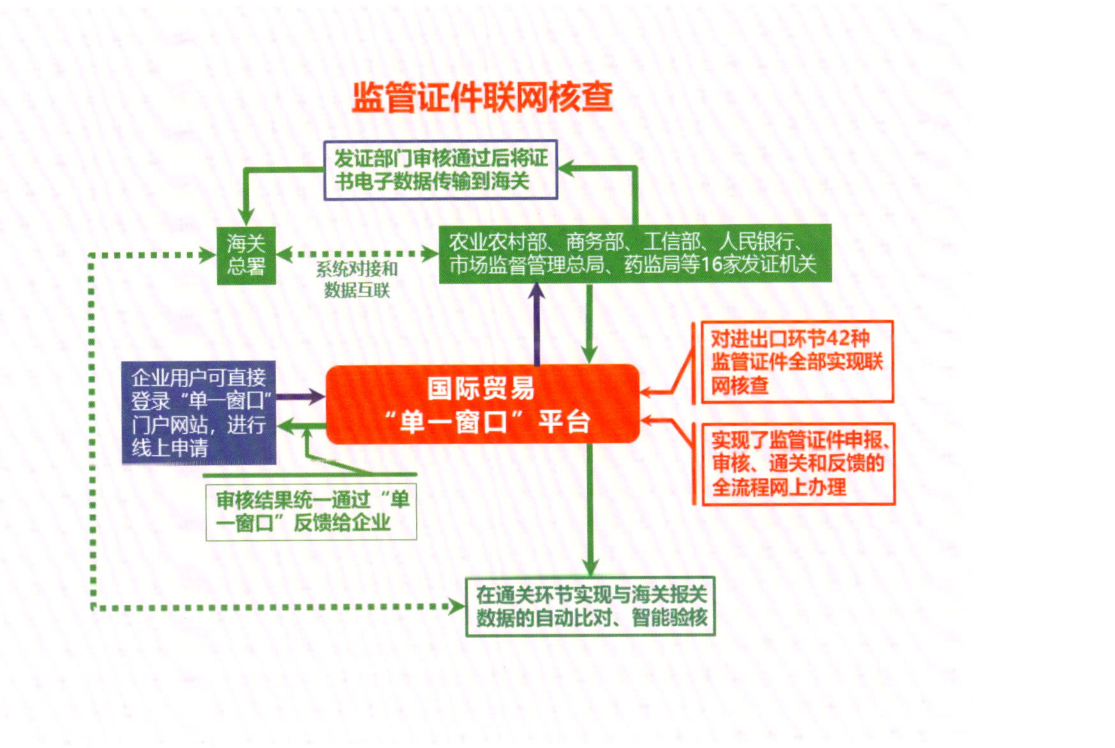
监管证件联网核查
发证部门审核通过后将证书电子数据传输到海关
海关总署
系统对接和数据互联
农业农村部、商务部、工信部、人民银行、市场监督管理总局、药监局等16家发证机关
对进出口环节42种监管证件全部实现联网核查
企业用户可直接登录“单一窗口”门户网站，进行线上申请
国际贸易“单一窗口”平台
实现了监管证件申报、审核、通关和反馈的全流程网上办理
审核结果统一通过“单一窗口”反馈给企业
在通关环节实现与海关报关数据的自动比对、智能验核

▲监管证件联网核查

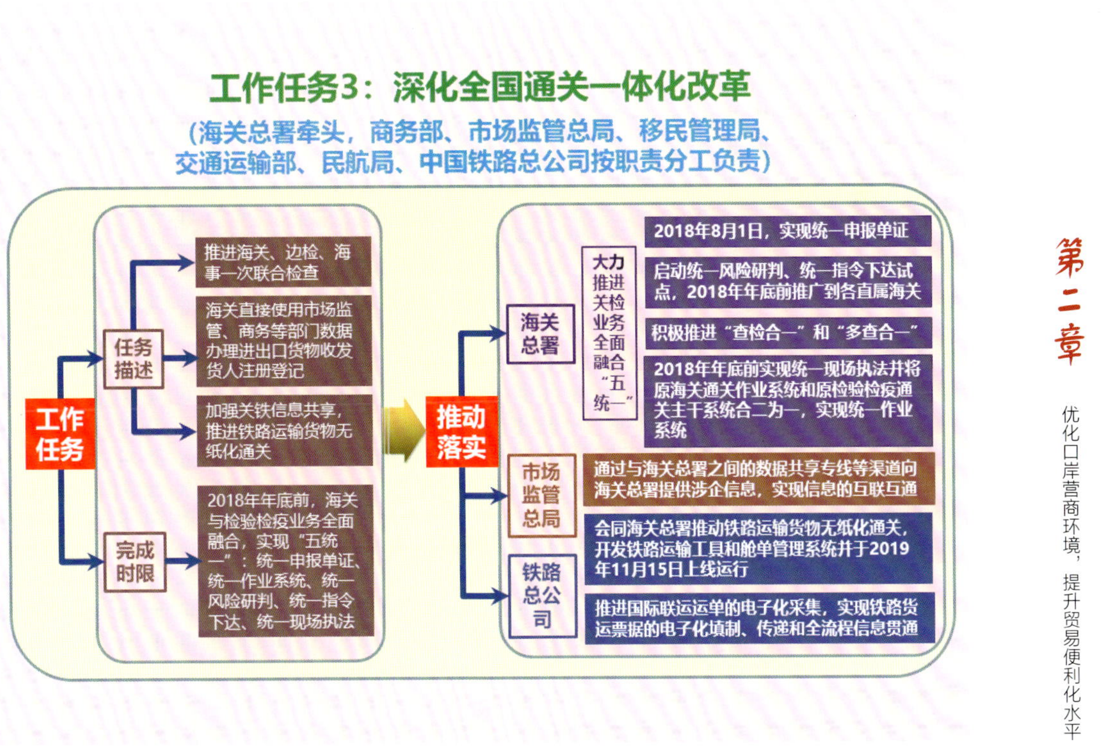
工作任务3：深化全国通关一体化改革
（海关总署牵头，商务部、市场监管总局、移民管理局、交通运输部、民航局、中国铁路总公司按职责分工负责）
工作任务
任务描述
推进海关、边检、海事一次联合检查
海关直接使用市场监管、商务等部门数据办理进出口货物收发货人注册登记
加强关铁信息共享，推进铁路运输货物无纸化通关
完成时限
2018年年底前，海关与检验检疫业务全面融合，实现“五统一”：统一申报单证、统一作业系统、统一风险研判、统一指令下达、统一现场执法
推动落实
海关总署
大力推进关检业务全面融合“五统一”
2018年8月1日，实现统一申报单证
启动统一风险研判、统一指令下达试点，2018年年底前推广到各直属海关
积极推进“查检合一”和“多查合一”
2018年年底前实现统一现场执法并将原海关通关作业系统和原检验检疫通关主干系统合二为一，实现统一作业系统
市场监管总局
通过与海关总署之间的数据共享专线等渠道向海关总署提供涉企信息，实现信息的互联互通
铁路总公司
会同海关总署推动铁路运输货物无纸化通关，开发铁路运输工具和舱单管理系统并于2019年11月15日上线运行
推进国际联运运单的电子化采集，实现铁路货运票据的电子化填制、传递和全流程信息贯通

▲工作任务 3：深化全国通关一体化改革

息，实现信息的互联互通。中国铁路总公司会同海关总署推动铁路运输货物无纸化通关，开发铁路运输工具和舱单管理系统并于11月15日上线运行，推进国际联运运单的电子化采集，实现铁路货运票据的电子化填制、传递和全流程信息贯通。

4 如何全面推广“双随机、一公开”监管？——拓展“双随机、一公开”至海关全部执法领域，推进全链条监管“选、查、处”分离，完成抽查事项的全覆盖。

4.1 工作任务

从进出口货物一般监管拓展到常规稽查、保税核查和保税货物监管等全部执法领域。推进全链条监管“选、查、处”分离，提升“双随机”监管效能。（海关总署牵头，相关部门按职责分工负责）

4.2 推动落实

“双随机、一公开”实现执法领域全覆盖。海关总署按照全链条监管“选、查、处”分离的要求，目前已完成全部执法领域12种抽查事项的全覆盖，除现场发生特殊异常外，已全面实现“随机选择布控”和“随机派员查验”。

重点内容解读：关于“双随机、一公开”

（1）“双随机、一公开”监管的内涵

就是随机抽取检查对象，随机选派执法检查人员，及时公布查处结果，目的是解决行政执法中的任性检查、执法不公和内部管理中的人情检查等问题，提高管理科学性，营造公开透明、公平公正、诚信自律的管理环境，为稳增长、促改革、调结构、惠民生提供有力支撑。

（2）进出口货物监管海关查验领域“双随机、一公开”

就是指海关依法实施进出口货物监管过程中，在货物进出口通关环节，随机抽取检查对象、随机选派海关执法人员实施海关查验，并及时公开相关结果的活动。

（3）海关常规稽查“双随机、一公开”

就是指海关依法实施常规稽查过程中，随机抽取稽查对象、随机选派海关执法人员实施稽查，并及时公开相关结果的活动。

（4）进出口运输工具的一般监管及特殊监管海关登临检查的“双随机、一公开”

就是指海关依法实施进出口运输工具的一般监管及特殊监管过程中，随机抽取检查对象、随机选派海关执法人员实施海关登临检查，并及时公开相关结果的活动。

5 如何推广应用“提前申报”模式？——不断扩大“提前申报”模式，鼓励企业采取“提前申报”方式报关，积极推进报关单运行实时监控系统建设。

5.1 工作任务

提高进口货物“提前申报”比例，鼓励企业采用“提前申报”，提前办理单证审

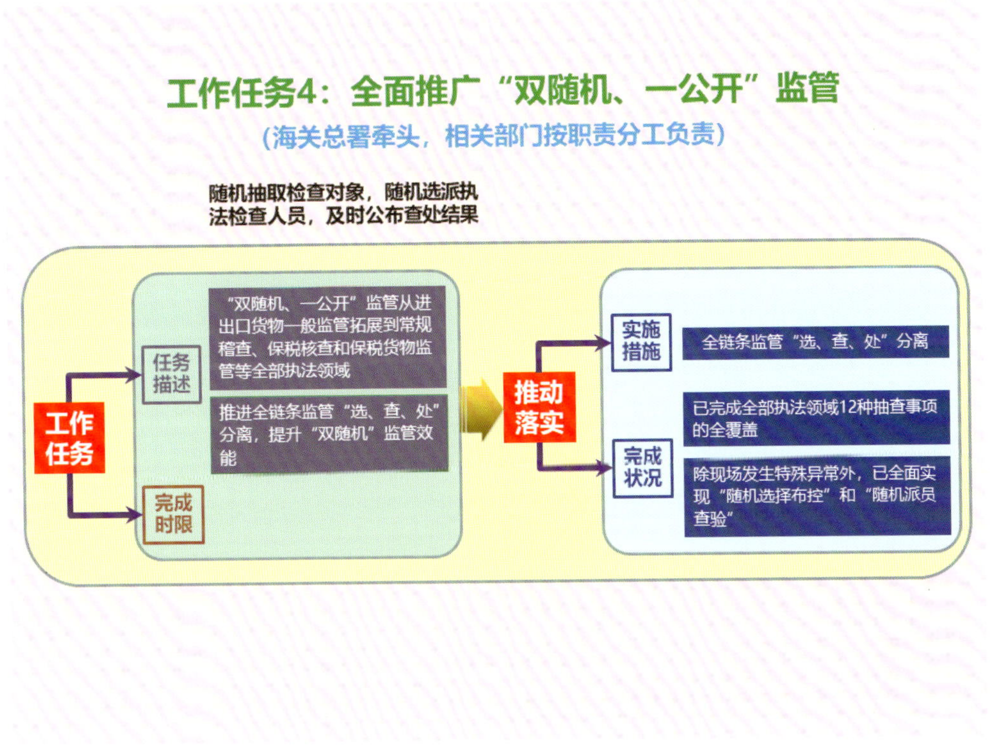
工作任务4：全面推广“双随机、一公开”监管
（海关总署牵头，相关部门按职责分工负责）
随机抽取检查对象，随机选派执法检查人员，及时公布查处结果
工作任务
任务描述
“双随机、一公开”监管从进出口货物一般监管拓展到常规稽查、保税核查和保税货物监管等全部执法领域
推进全链条监管“选、查、处”分离，提升“双随机”监管效能
完成时限
推动落实
实施措施
全链条监管“选、查、处”分离
完成状况
已完成全部执法领域12种抽查事项的全覆盖
除现场发生特殊异常外，已全面实现“随机选择布控”和“随机派员查验”

▲工作任务 4：全面推广“双随机、一公开”监管

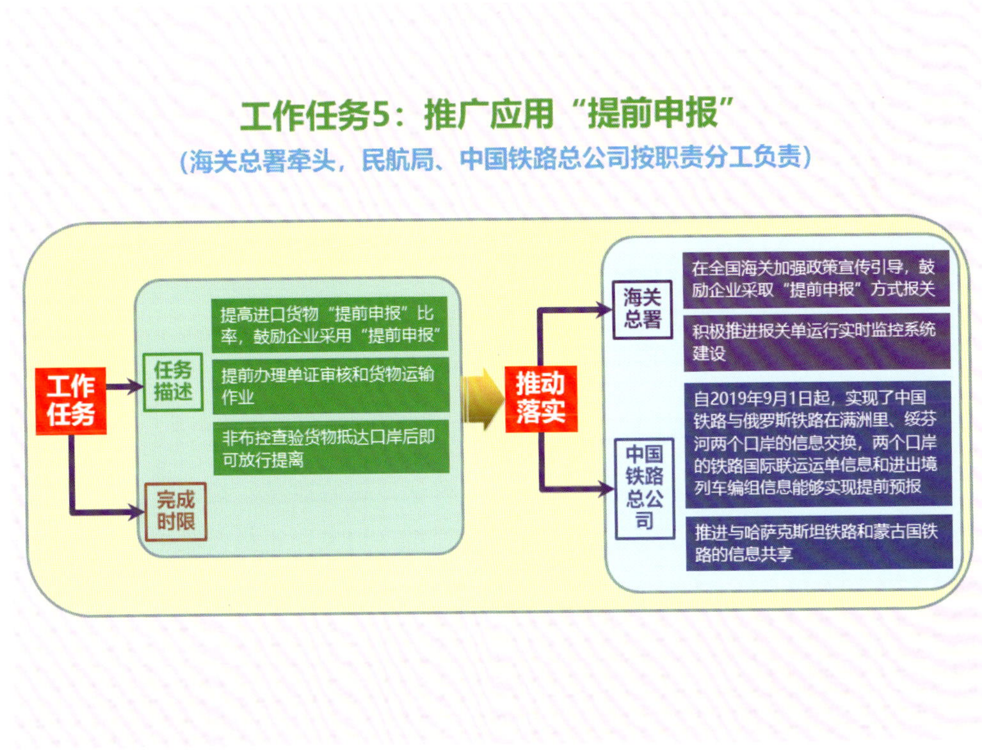
工作任务5：推广应用“提前申报”
（海关总署牵头，民航局、中国铁路总公司按职责分工负责）
工作任务
任务描述
提高进口货物“提前申报”比率，鼓励企业采用“提前申报”
提前办理单证审核和货物运输作业
非布控查验货物抵达口岸后即可放行提离
完成时限
推动落实
海关总署
在全国海关加强政策宣传引导，鼓励企业采取“提前申报”方式报关
积极推进报关单运行实时监控系统建设
中国铁路总公司
自2019年9月1日起，实现了中国铁路与俄罗斯铁路在满洲里、绥芬河两个口岸的信息交换，两个口岸的铁路国际联运运单信息和进出境列车编组信息能够实现提前预报
推进与哈萨克斯坦铁路和蒙古国铁路的信息共享

▲工作任务 5：推广应用“提前申报”

核和货物运输作业，非布控查验货物抵达口岸后即可放行提离。（海关总署牵头，民航局、中国铁路总公司按职责分工负责）

5.2 推动落实

“提前申报”应用不断扩大。全国海关加强政策宣传引导，鼓励企业采取“提前申报”方式报关，上海海关的提前申报比率已达到20%；同时，海关总署正在积极推进报关单运行实时监控系统建设。

中国铁路总公司自2019年9月1日起，实现了中国铁路与俄罗斯铁路在满洲里、绥芬河两个口岸的信息交换，两个口岸的铁路国际联运运单信息和进出境列车编组信息能够实现提前预报，下一步将推进与哈萨克斯坦铁路和蒙古国铁路的信息共享。

重点内容解读：关于“提前申报”模式

“提前申报”是指在已取得载货清单（舱单）数据的前提下，进口货物的收货人、受委托的报关企业提前向海关申报，海关提前办理单证审核及税费征收，待货物实际到港后办理查验及放行手续，非布控查验货物抵达口岸后即可放行提离。

在优化口岸通关流程和作业方式，全面推广应用“提前申报”模式的背景下，实际进境货物（含分拨货物），不限企业信用等级、运输方式、通关类型均适用进出境通关“提前申报”模式。对于采用无纸化方式申报，电子支付税款，且不涉及布控查验的货物，企业可利用货物运输阶段完成申报前准备和申报手续，实现货物到港即提离，大幅提升通关效率。

与此同时，海关高度重视进口货物“提前申报”容错机制的建立，对非由企业主观故意引起且企业主动向海关书面报明并能够及时纠正的违规行为，可从轻、减轻或免予处罚。

6 如何创新海关税收征管模式？
——加大关税保证保险改革力度，加快推进税单无纸化改革。

6.1 工作任务

全面创新多元化税收担保方式，推进关税保证保险改革，探索实施企业集团财务公司、融资担保公司担保改革试点。全面推广财关库银横向联网，加快推进税单无纸化改革。（海关总署、银保监会、财政部、人民银行、税务总局按职责分工负责）

6.2 推动落实

6.2.1 关税保证保险试点扩大至全国海关

海关总署加大关税保证保险改革力度，由前期的本地保单本地使用扩大至保单全

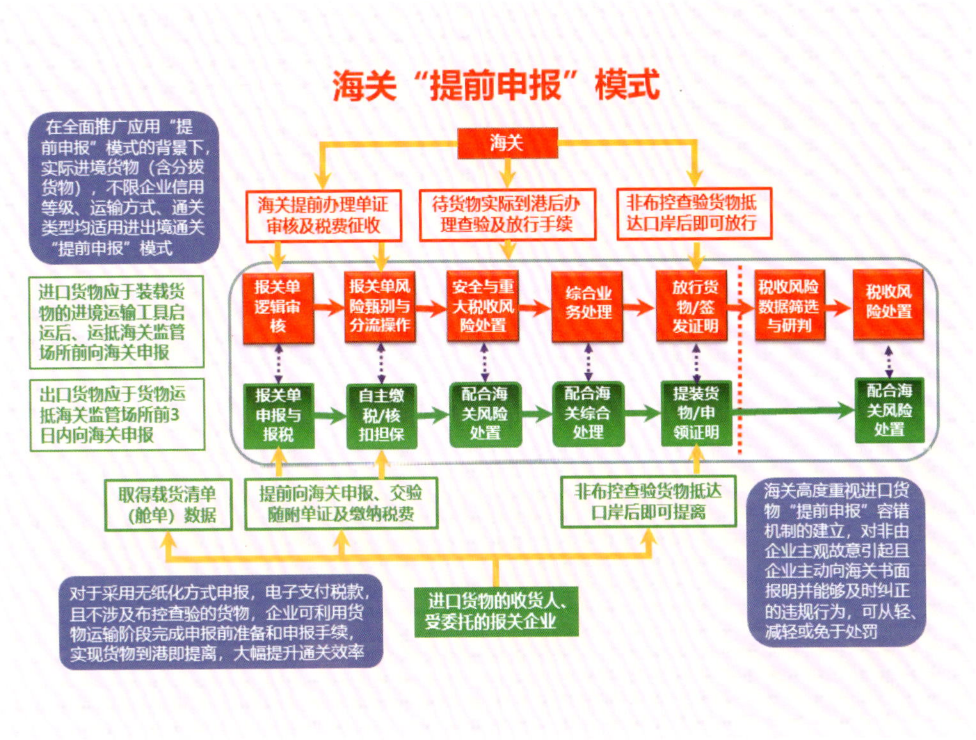

海关“提前申报”模式
海关
海关提前办理单证审核及税费征收
待货物实际到港后办理查验及放行手续
非布控查验货物抵达口岸后即可放行
在全面推广应用“提前申报”模式的背景下，实际进境货物（含分拨货物），不限企业信用等级、运输方式、通关类型均适用进出境通关“提前申报”模式
进口货物应于装载货物的进境运输工具启运后、运抵海关监管场所前向海关申报
出口货物应于货物运抵海关监管场所前3日内向海关申报
报关单逻辑审核
报关单风险甄别与分流操作
安全与重大税收风险处置
综合业务处理
放行货物/签发证明
税收风险数据筛选与研判
税收风险处置
报关单申报与报税
自主缴税/核扣担保
配合海关风险处置
配合海关综合处理
提装货物/申领证明
配合海关风险处置
取得载货清单（舱单）数据
提前向海关申报、交验随附单证及缴纳税费
非布控查验货物抵达口岸后即可提离
海关高度重视进口货物“提前申报”容错机制的建立，对非由企业主观故意引起且企业主动向海关书面报明并能够及时纠正的违规行为，可从轻、减轻或免于处罚
对于采用无纸化方式申报，电子支付税款，且不涉及布控查验的货物，企业可利用货物运输阶段完成申报前准备和申报手续，实现货物到港即提离，大幅提升通关效率
进口货物的收货人、受委托的报关企业

▲海关“提前申报”模式

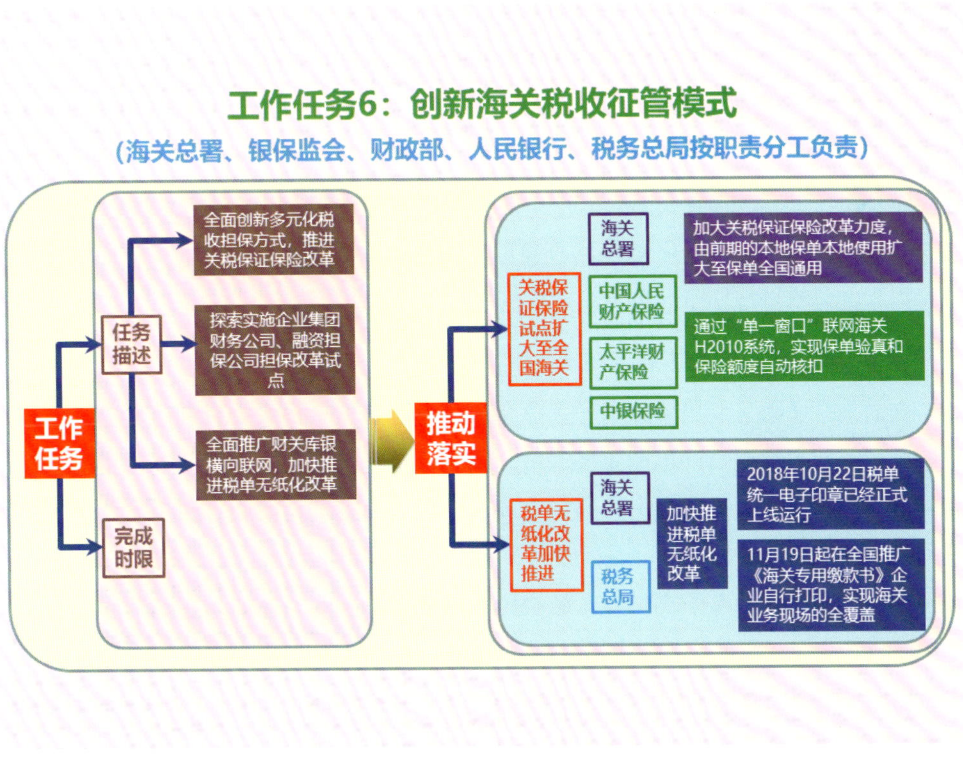

工作任务6：创新海关税收征管模式
（海关总署、银保监会、财政部、人民银行、税务总局按职责分工负责）
工作任务
任务描述
完成时限
全面创新多元化税收担保方式，推进关税保证保险改革
探索实施企业集团财务公司、融资担保公司担保改革试点
全面推广财关库银横向联网，加快推进税单无纸化改革
推动落实
关税保证保险试点扩大至全国海关
海关总署
中国人民财产保险
太平洋财产保险
中银保险
加大关税保证保险改革力度，由前期的本地保单本地使用扩大至保单全国通用
通过“单一窗口”联网海关H2010系统，实现保单验真和保险额度自动核扣
税单无纸化改革加快推进
海关总署
税务总局
加快推进税单无纸化改革
2018年10月22日税单统一电子印章已经正式上线运行
11月19日起在全国推广《海关专用缴款书》企业自行打印，实现海关业务现场的全覆盖

▲工作任务 6：创新海关税收征管模式

国通用，中国人民财产保险、中国太平洋财产保险、中银保险 3 家保险公司通过“单一窗口”联网海关 H2010 系统，实现保单验真和保险额度自动核扣。

重点内容解读：关于关税保证保险担保模式

多元化税收担保改革是海关总署为落实中央财经领导小组第十六次会议关于“切实解决进口环节制度性成本高”问题的精神以及《海关全面深化改革总体方案》关于“创新税收担保方式”的部署，助力企业减负增效而推出的一项改革举措。目前，主要有三种模式，除上文已介绍过的企业集团财务公司担保模式和企业增信担保模式外，还有关税保证保险担保模式。

在关税保证保险担保模式下，企业为关税保证保险合同的投保人，海关为被保险人，保险公司按照保险条例的约定承担保险责任。企业在保险期间内申报进口货物所涉及的海关税款，如未按海关规定的期限缴纳，海关向保险公司提出赔偿申请，保险公司按照保险合同的约定向海关赔偿企业应缴的税款及其滞纳金。

关税保证保险的推出，可充分释放保证金所占用的企业流动资金，避免银行保函对企业的银行授信额度的占用，具有保费成本低、准入门槛低、通关时效强的特点，切实能为企业“减负增速”。相比以往银行保函和保证金模式，关税保证保险办理手续简单，不需要占用企业大量资金，适合面临“融资难”压力，对通关时效要求较高，在银行授信额度不足或暂未获批银行授信，但又不希望占用自有资金作为保证金质押的企业使用。目前除了失信企业之外，其他任何类型、任何规模的企业均可办理该业务。

6.2.2 税单无纸化改革加快推进

海关总署会同税务总局加快推进税单无纸化改革，两次常务会议之后，10 月 22 日税单统一电子印章已经正式上线运行，11 月 19 日起在全国推广《海关专用缴款书》企业自行打印，实现海关业务现场的全覆盖。过去企业需要跑到海关现场打印，现在企业可以在办公室自行打印，实现了“数据多跑路，企业少跑腿”。

重点内容解读：关于税单无纸化改革

全面推广《海关专用缴款书》企业自行打印改革试点是海关贯彻落实党中央、国务院关于优化口岸营商环境的重要举措。海关税单企业自行打印在实现税单无纸化流转的同时，也实现了企业进出口通关业务全流程线上办理，彻底打通了海关通关全流程无纸化的“最后一公里”，真正做到了让“数据多跑路，企业少跑腿”。

选择以海关税费电子支付方式缴纳税款的进出口企业、单位，在税费支付后，可以通过“互联网 + 海关”一体化网上办事平台，自行打印版式化《海关专用缴款书》，也可以向海关申请打印纸质《海关专用缴款书》。自行打印的版式化《海关专用缴款书》与海关打印的纸质《海关专用缴款书》具同等效力。

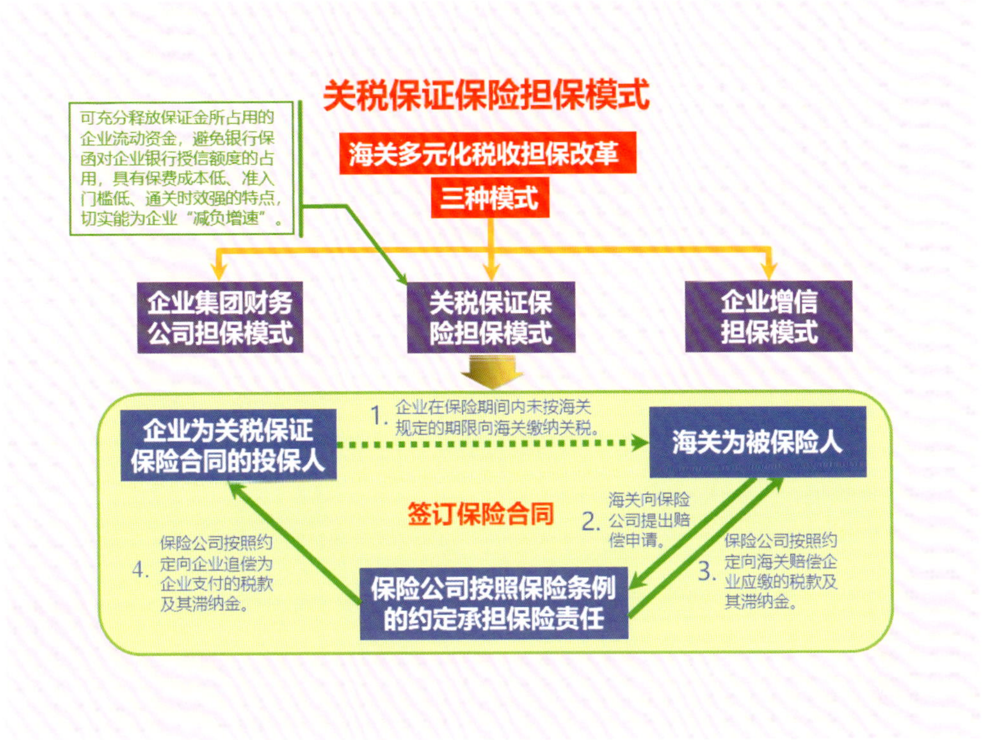
关税保证保险担保模式
可充分释放保证金所占用的企业流动资金，避免银行保函对企业银行授信额度的占用，具有保费成本低、准入门槛低、通关时效强的特点，切实能为企业“减负增速”。
海关多元化税收担保改革
三种模式
企业集团财务公司担保模式
关税保证保险担保模式
企业增信担保模式
企业为关税保证保险合同的投保人
1. 企业在保险期间内未按海关规定的期限向海关缴纳关税。
海关为被保险人
签订保险合同
2. 海关向保险公司提出赔偿申请。
3. 保险公司按照约定向海关赔偿企业应缴的税款及其滞纳金。
4. 保险公司按照约定向企业追偿为企业支付的税款及其滞纳金。
保险公司按照保险条例的约定承担保险责任

▲关税保证保险担保模式

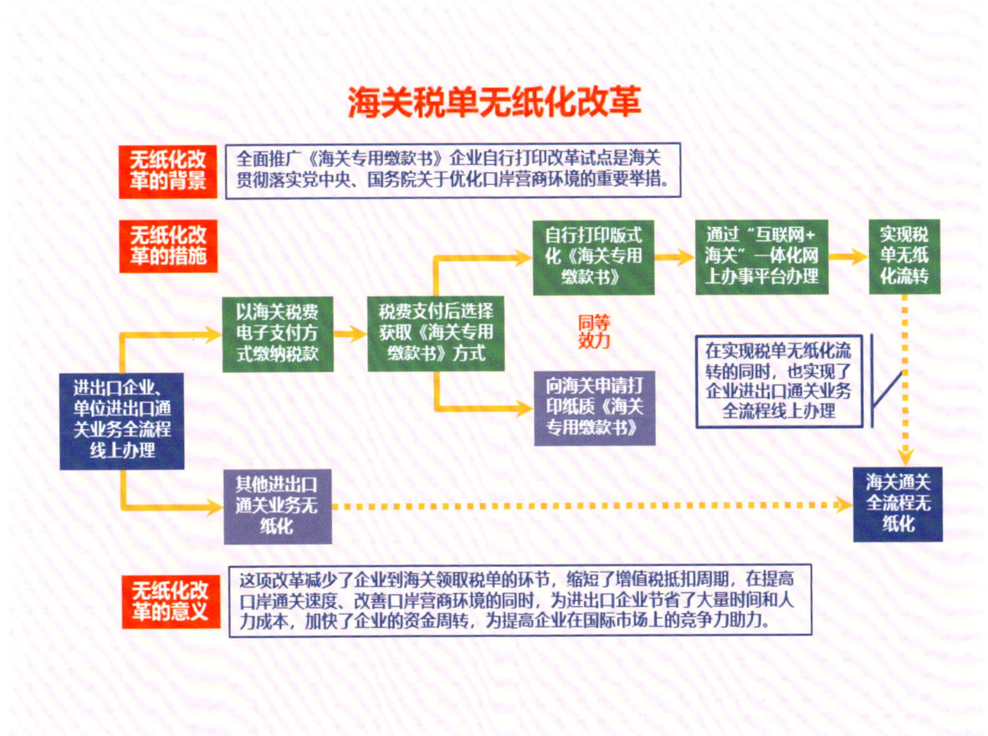
海关税单无纸化改革
无纸化改革的背景
全面推广《海关专用缴款书》企业自行打印改革试点是海关贯彻落实党中央、国务院关于优化口岸营商环境的重要举措。
无纸化改革的措施
进出口企业、单位进出口通关业务全流程线上办理
以海关税费电子支付方式缴纳税款
税费支付后选择获取《海关专用缴款书》方式
自行打印版式化《海关专用缴款书》
向海关申请打印纸质《海关专用缴款书》
同等效力
通过“互联网+海关”一体化网上办事平台办理
实现税单无纸化流转
在实现税单无纸化流转的同时，也实现了企业进出口通关业务全流程线上办理
其他进出口通关业务无纸化
海关通关全流程无纸化
无纸化改革的意义
这项改革减少了企业到海关领取税单的环节，缩短了增值税抵扣周期，在提高口岸通关速度、改善口岸营商环境的同时，为进出口企业节省了大量时间和人力成本，加快了企业的资金周转，为提高企业在国际市场上的竞争力助力。

▲海关税单无纸化改革

这项改革减少了企业到海关领取税单的环节，缩短了增值税抵扣周期，在提高口岸通关速度、改善口岸营商环境的同时，为进出口企业节省了大量时间和人力成本，加快了企业的资金周转，为提高企业在国际市场上的竞争力助力。

7 如何优化检验检疫作业？
——进一步扩大“先验放后检测”政策适用范围，创新检验检疫方法，进一步缩短检验检疫周期。

7.1 工作任务

减少双边协议出口商品装运前的检验数量。推行进口矿产品等大宗资源性商品“先验放后检测”检验监管方式。创新检验检疫方法，应用现场快速检测技术，进一步缩短检验检疫周期。（海关总署负责）

7.2 推动落实

“先验放后检测”政策适用范围进一步扩大。2018 年 10 月 19 日起，海关总署将进口铁矿“先验放后检测”监管模式推广到锰矿、铬矿、铅矿、锌矿等矿产品领域。

重点内容解读 1：关于“先验放后检测”检验监管方式

“先验放”指进口矿产品经现场检验检疫（包括放射性检测、外来夹杂物检疫、数（重）量鉴定、外观检验以及取制样等）符合要求后，即可提离海关监管作业场所；

“后检测”指进口矿产品提离后实施实验室检测并签发证书。

目前，海关对风险程度较低的进口铁矿、锰矿、铬矿，铅矿及其精矿，锌矿及其精矿，采取“先放后检”监管方式。现场检验检疫中如发现货物存在放射性超标、疑似或掺杂固体废物、货证不一致、外来夹杂物等情况，则不适用“先放后检”监管方式。

新监管方式改变了进口货物必须在完成现场检验检疫、实验室检测、合格评定、签发证书后方可提离海关监管作业场所的传统作业方法，使通关放行时间缩短，港口泊位、堆场利用率和装卸效率得到提高，堆存、船舶滞港等费用得以缩减。

企业在适用新监管方式须注意：

①其他矿种由于风险程度较高，暂不适宜推广。

②“先放”是指允许提前转运，海关完成合格评定并签发证书后，企业方可销售、使用进口矿产品。

监管中发现存在安全、卫生、环保、贸易欺诈等重大问题的，海关将依法依规进行处置，并适时调整监管方式。

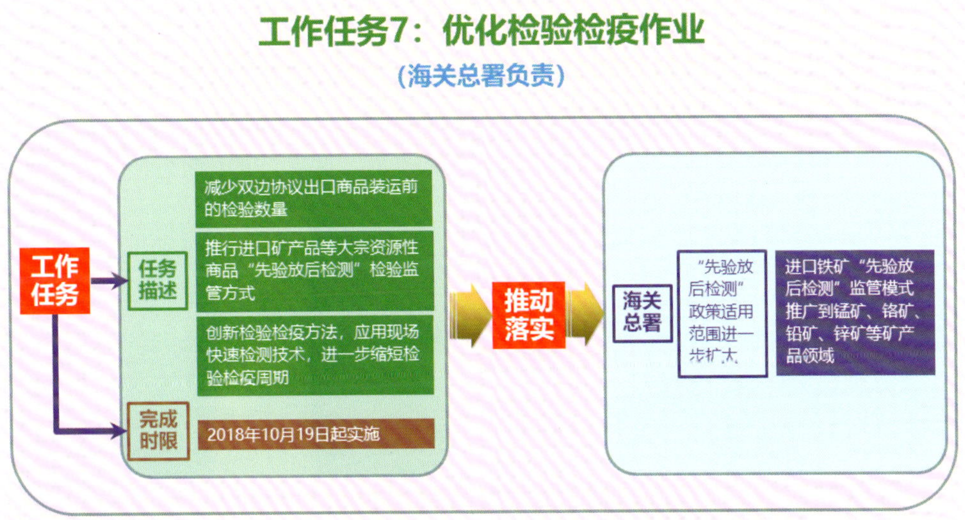
工作任务7：优化检验检疫作业
（海关总署负责）
工作任务
任务描述
减少双边协议出口商品装运前的检验数量
推行进口矿产品等大宗资源性商品"先验放后检测"检验监管方式
创新检验检疫方法，应用现场快速检测技术，进一步缩短检验检疫周期
完成时限
2018年10月19日起实施
推动落实
海关总署
"先验放后检测"政策适用范围进一步扩大
进口铁矿"先验放后检测"监管模式推广到锰矿、铬矿、铅矿、锌矿等矿产品领域

▲工作任务 7：优化检验检疫作业

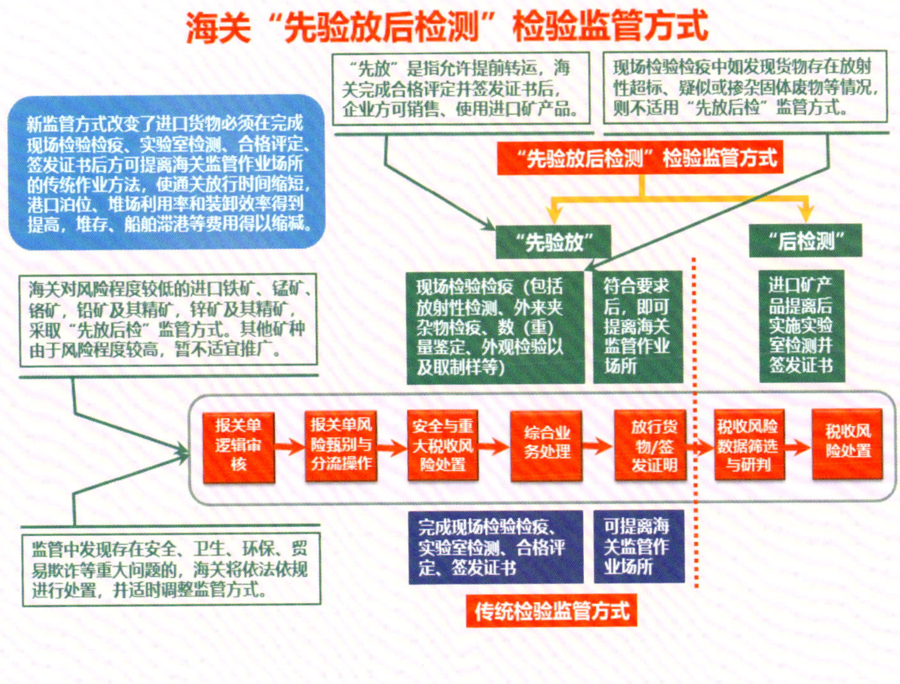
海关"先验放后检测"检验监管方式
"先放"是指允许提前转运，海关完成合格评定并签发证书后，企业方可销售、使用进口矿产品。
现场检验检疫中如发现货物存在放射性超标、疑似或掺杂固体废物等情况，则不适用"先放后检"监管方式。
新监管方式改变了进口货物必须在完成现场检验检疫、实验室检测、合格评定、签发证书后方可提离海关监管作业场所的传统作业方法，使通关放行时间缩短，港口泊位、堆场利用率和装卸效率得到提高，堆存、船舶滞港等费用得以缩减。
"先验放后检测"检验监管方式
"先验放"
"后检测"
海关对风险程度较低的进口铁矿、锰矿、铬矿，铅矿及其精矿，锌矿及其精矿，采取"先放后检"监管方式。其他矿种由于风险程度较高，暂不适宜推广。
现场检验检疫（包括放射性检测、外来夹杂物检疫、数（重）量鉴定、外观检验以及取制样等）
符合要求后，即可提离海关监管作业场所
进口矿产品提离后实施实验室检测并签发证书
报关单逻辑审核
报关单风险甄别与分流操作
安全与重大税收风险处置
综合业务处理
放行货物/签发证明
税收风险数据筛选与研判
税收风险处置
监管中发现存在安全、卫生、环保、贸易欺诈等重大问题的，海关将依法依规进行处置，并适时调整监管方式。
完成现场检验检疫、实验室检测、合格评定、签发证书
可提离海关监管作业场所
传统检验监管方式

▲海关"先验放后检测"检验监管方式

重点内容解读 2：关于现场快速检测（point of care testing,POCT）

这是指在采样现场进行的、利用便携分析仪器及配套试剂快速得到检测结果的一种检测方式。

POCT 技术广泛应用于临床检验、慢病检测、应急反恐、灾害医学救援、传染病监测、检验检疫、食品安全、毒品检验等公共卫生领域。近年来，随着微纳制造、生物科技、新材料、移动互联网信息技术等高新技术的快速发展，使得 POCT 技术不断向实时、定量和检测设备小型化的方向发展。

8 如何推广第三方采信制度？——积极开展进出口商品质量安全风险预警和快速反应监管体系下的第三方采信机制专项研究，逐步扩大试点范围。

8.1 工作任务

引入市场竞争机制，发挥社会检验检测机构作用，在进出口环节推广第三方检验检测结果采信制度。（海关总署牵头，相关部门按职责分工负责）

8.2 推动落实

第三方采信制度稳步推进。海关总署加强与国际检验检疫标准与技术法规研究中心合作，积极开展在进出口商品质量安全风险预警和快速反应监管体系下的第三方采信机制专项研究。下一步将总结上海自贸试验区等第三方采信试点经验，扩大试点范围，选取 2~3 种一般风险进出口商品在全国范围试行第三方采信制度。

重点内容解读：关于上海自贸试验区第三方采信试点经验

2014 年，原上海出入境检验检疫局率先在上海自贸试验区进口机动车的检验监管领域试点采信第三方检验结果，即在合格保证的前提下，采纳符合条件的机动车安检机构所出具的检验结果，使进口机动车质量安全管理方式从检验监管转向对“检验”的监管，与国际通行做法和发展趋势接轨。

通过第三方采信方式，原上海出入境检验检疫局既为 9.19 万辆进口合格机动车开了“绿灯”，又查获了不合格进口机动车 9242 辆，在便利贸易的同时有效保障了进口机动车的质量安全。继进口机动车之后，上海自贸试验区的部分进口医疗器械及玩具等也先后被纳入采信试点范围，进一步激发了市场活力，促进第三方检验市场健康、规范、有序发展。

上海自贸试验区试行的第三方检验机构检测结果采信制度，有三大特点：一是以“合格保证＋符合性评估”为合格评定程序组合；二是以“第三方检验结果”进行追溯，进一步完善了进出口商品质量安全责任调查和追究机制；三是以第三方检验机构登记公示制度为手段，按照事中监管和事后追责原则，完善第三方检验机构的监管与退出机制，稳步推进“管检分离”，探索打造检验检疫监管的新制度体系。

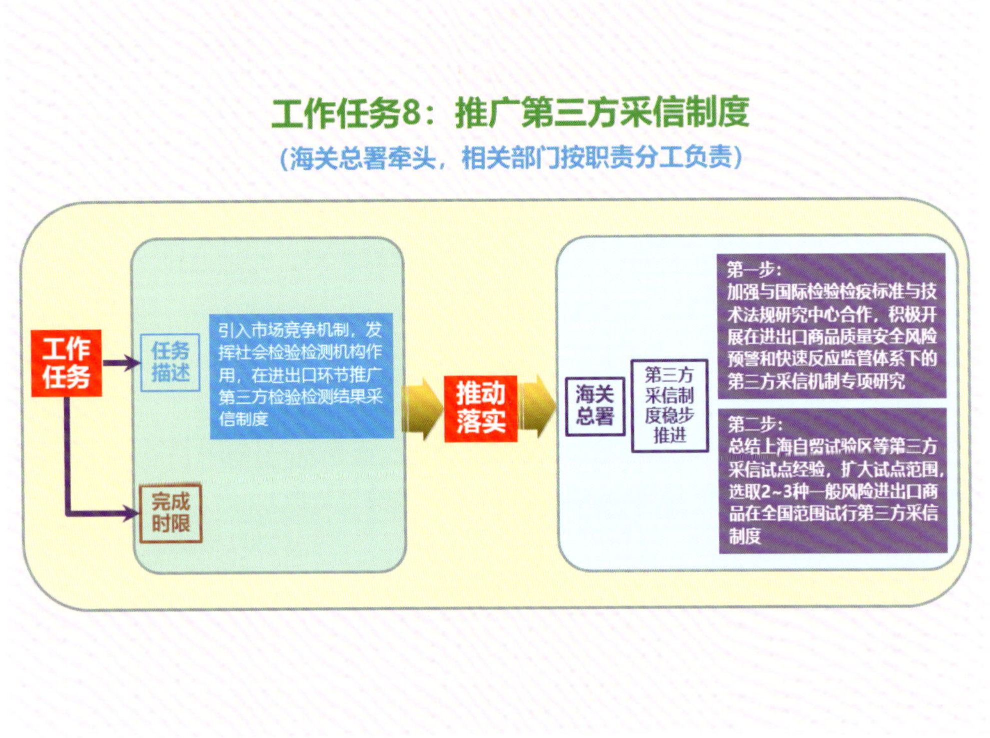
工作任务8：推广第三方采信制度
（海关总署牵头，相关部门按职责分工负责）
工作任务
任务描述
引入市场竞争机制，发挥社会检验检测机构作用，在进出口环节推广第三方检验检测结果采信制度
完成时限
推动落实
海关总署
第三方采信制度稳步推进
第一步：
加强与国际检验检疫标准与技术法规研究中心合作，积极开展在进出口商品质量安全风险预警和快速反应监管体系下的第三方采信机制专项研究
第二步：
总结上海自贸试验区等第三方采信试点经验，扩大试点范围，选取2~3种一般风险进出口商品在全国范围试行第三方采信制度

▲工作任务 8：推广第三方采信制度

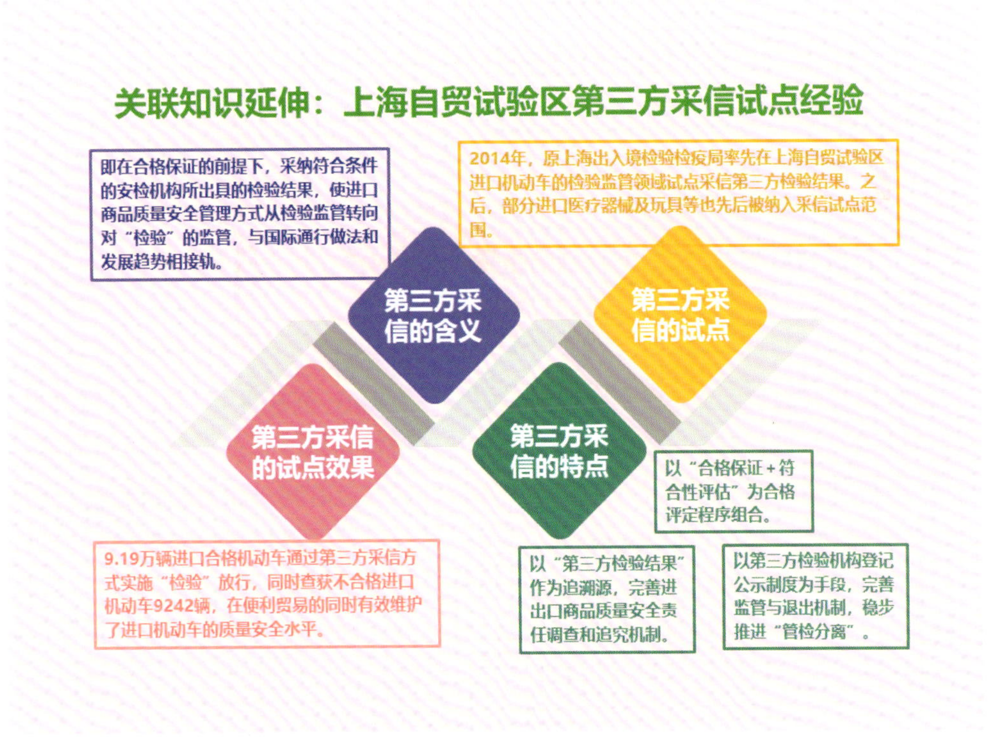
关联知识延伸：上海自贸试验区第三方采信试点经验
即在合格保证的前提下，采纳符合条件的安检机构所出具的检验结果，使进口商品质量安全管理方式从检验监管转向对“检验”的监管，与国际通行做法和发展趋势相接轨。
2014年，原上海出入境检验检疫局率先在上海自贸试验区进口机动车的检验监管领域试点采信第三方检验结果。之后，部分进口医疗器械及玩具等也先后被纳入采信试点范围。
第三方采信的含义
第三方采信的试点
第三方采信的试点效果
第三方采信的特点
以“合格保证＋符合性评估”为合格评定程序组合。
9.19万辆进口合格机动车通过第三方采信方式实施“检验”放行，同时查获不合格进口机动车9242辆，在便利贸易的同时有效维护了进口机动车的质量安全水平。
以“第三方检验结果”作为追溯源，完善进出口商品质量安全责任调查和追究机制。
以第三方检验机构登记公示制度为手段，完善监管与退出机制，稳步推进“管检分离”。

▲关联知识延伸：上海自贸试验区第三方采信试点经验

9 如何加快发展多式联运？——研究制定多式联运服务规则，不断夯实多式联运监管基础，开发协同信息系统，提升联运换装转运效率和服务质量。

9.1 工作任务

研究制定多式联运服务规则。加快建设多式联运公共信息平台，加强交通运输、海关、市场监管等部门间信息开放共享，为企业提供资质资格、认证认可、检验检疫、通关查验、信用评价等一站式综合信息服务。推动外贸集装箱货物在途、舱单、运单、装卸等铁水联运物流信息交换共享，提供全程追踪、实时查询等服务。2019 年年底前，沿海及长江干线主要港口实现铁水联运信息交换和共享。2020 年年底前，基本建成多式联运公共信息平台。（交通运输部、发展改革委、商务部、中国铁路总公司牵头，海关总署、市场监管总局、民航局等相关部门按职责分工负责）

9.2 推动落实

多式联运监管基础不断夯实。海关总署研究制定海关多式联运进出境货物监管办法，推动海关多式联运监管立法工作，并优化相应业务系统。

中国铁路总公司与宁波港、连云港等港口推行 EDI 信息交换，开发路港装卸和多式联运协同信息系统，提升多式联运换装转运效率和服务质量，下一步，将探索与全国主要港口推行信息交换，推进与船公司、大客户、海关、国外铁路等信息的交换。

关联知识延伸：关于国际多式联运

国际多式联运（International multimodal transport，简称多式联运），是在集装箱运输的基础上产生和发展起来的，是指按照国际多式联运制度，以至少两种不同的运输方式，由多式联运经营人将货物从一国境内的接管地点运至另一国境内指定交付地点的货物运输。国际多式联运适用于水路、公路、铁路和航空多种运输方式。在国际贸易中，由于 85% ~ 90% 的货物是通过海运完成的，故海运在国际多式联运中占据主导地位。

国际多式联运的优点主要是：责任统一，手续简便；节省费用，降低运输成本；减少中间环节，时间缩短，运输质量提高；运输组织水平提高，运输更加合理化；实现门对门运输。从政府角度来看，发展国际多式联运有利于加强政府对整个货物运输链的监督与管理；保证本国在整个货物运输过程中获得较高的运费收入比例；有助于引进新的先进运输技术；减少外汇支出；改善本国基础设施的利用状态；通过国家的宏观调控与指导，保证使用对环境破坏最小的运输方式达到保护本国生态环境的目的。

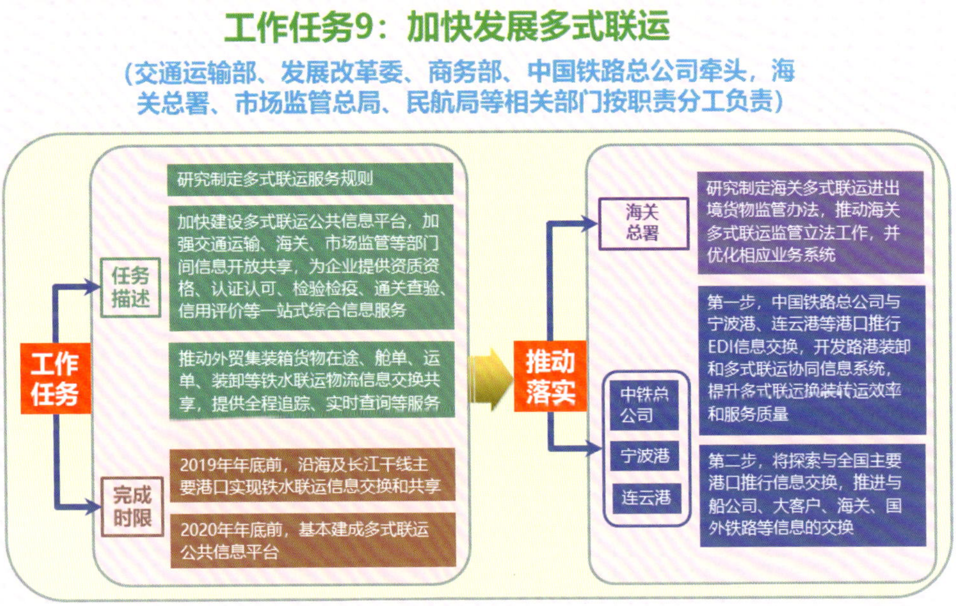
工作任务9：加快发展多式联运
（交通运输部、发展改革委、商务部、中国铁路总公司牵头，海关总署、市场监管总局、民航局等相关部门按职责分工负责）
工作任务
任务描述
研究制定多式联运服务规则
加快建设多式联运公共信息平台，加强交通运输、海关、市场监管等部门间信息开放共享，为企业提供资质资格、认证认可、检验检疫、通关查验、信用评价等一站式综合信息服务
推动外贸集装箱货物在途、舱单、运单、装卸等铁水联运物流信息交换共享，提供全程追踪、实时查询等服务
完成时限
2019年年底前，沿海及长江干线主要港口实现铁水联运信息交换和共享
2020年年底前，基本建成多式联运公共信息平台
推动落实
海关总署
研究制定海关多式联运进出境货物监管办法，推动海关多式联运监管立法工作，并优化相应业务系统
中铁总公司
宁波港
连云港
第一步，中国铁路总公司与宁波港、连云港等港口推行EDI信息交换，开发路港装卸和多式联运协同信息系统，提升多式联运换装转运效率和服务质量
第二步，将探索与全国主要港口推行信息交换，推进与船公司、大客户、海关、国外铁路等信息的交换

▲工作任务 9：加快发展多式联运

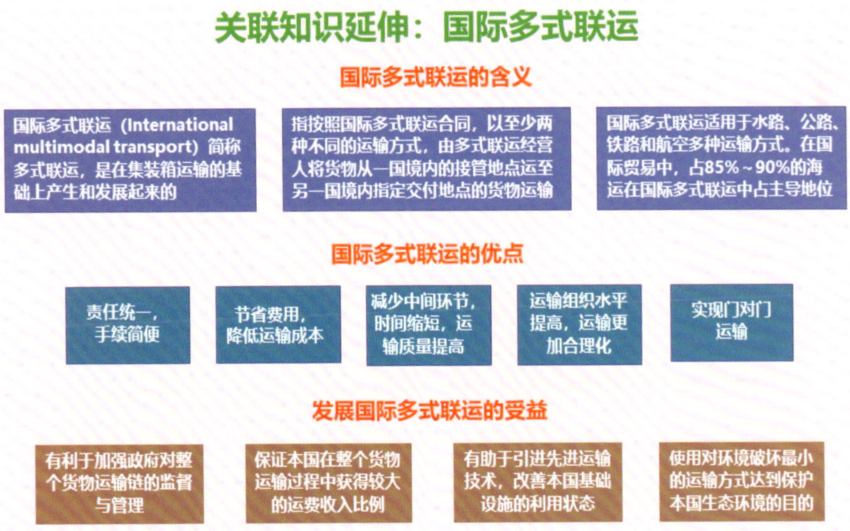
关联知识延伸：国际多式联运
国际多式联运的含义
国际多式联运（International multimodal transport）简称多式联运，是在集装箱运输的基础上产生和发展起来的
指按照国际多式联运合同，以至少两种不同的运输方式，由多式联运经营人将货物从一国境内的接管地点运至另一国境内指定交付地点的货物运输
国际多式联运适用于水路、公路、铁路和航空多种运输方式。在国际贸易中，占85%～90%的海运在国际多式联运中占主导地位
国际多式联运的优点
责任统一，手续简便
节省费用，降低运输成本
减少中间环节，时间缩短，运输质量提高
运输组织水平提高，运输更加合理化
实现门对门运输
发展国际多式联运的受益
有利于加强政府对整个货物运输链的监督与管理
保证本国在整个货物运输过程中获得较大的运费收入比例
有助于引进先进运输技术，改善本国基础设施的利用状态
使用对环境破坏最小的运输方式达到保护本国生态环境的目的

▲关联知识延伸：国际多式联运

10 如何创新边境口岸通关管理模式？

——推进与毗邻国家和地区共同监管设施的建设和共用；推动工作制度和通关模式的协调。

10.1 工作任务

推进与毗邻国家和地区共同监管设施的建设和共用，推动工作制度和通关模式的协调，支持陆路边境口岸创新通关管理模式。在毗邻港澳口岸实施更便利的通关措施，在有条件的口岸推广粤港澳“客、货车一站式通关”模式。（相关省、自治区、直辖市人民政府牵头，交通运输部、海关总署、移民管理局按职责分工负责）

10.2 推动落实

边境口岸通关管理模式进一步创新。海关总署、移民管理局协调港澳方面，在港珠澳大桥、青茂等口岸实施“合作查验、一次放行”等新型查验通关模式，下一步将复制到其他具备条件的口岸。

重点内容解读：关于粤港澳“客、货车一站式通关”模式

港珠澳大桥口岸车辆一站式通关系统，简称“一站式”系统，由各类车辆通关智能卡口、车辆通关一站式信息平台、海关车辆及货物核放平台、边检司机及车辆核放平台、视频监控等基础配套系统构成，通过合并不同查验单位的查验卡口，将传统公路口岸车辆的“串行通关核放”模式改为“并行核放”，有效应对口岸场地资源紧张的难题，改通关车辆“多次停车受检”为“一次停车受检”，实现了通关信息资源共享，优化了通关流程，压缩了通关核放时间。

港珠澳大桥内地段项目的海关（包括原出入境检验检疫）、边检一站式进出境智能卡口业务，包括 114 条客货车智能卡口通道，单体数量创造全国第一。这套通关系统采用 AI 人脸识别技术，能识别出人脸表面最能反映体温的 5 个关键部分，再进行精确测量，准确度在 0.4 度之内，可以助力来往的客货车实现 8 秒通关出入境，极大地提升通关效率。

11 如何加快鲜活商品通关速度？

——优化鲜活产品检验检疫流程，总结推广与毗邻国家的合作经验，加快开通农副产品快速通关的“绿色通道”。

11.1 工作任务

在风险可控的前提下优化鲜活产品检验检疫流程，加快通关放行。总结推广合作经验，与毗邻国家确定鲜活农副产品目录清单，加快开通农副产品快速通关“绿色通道”。（海关总署、交通运输部、移民管理局及各省、自治区、直辖市人民政府按职责分工负责）

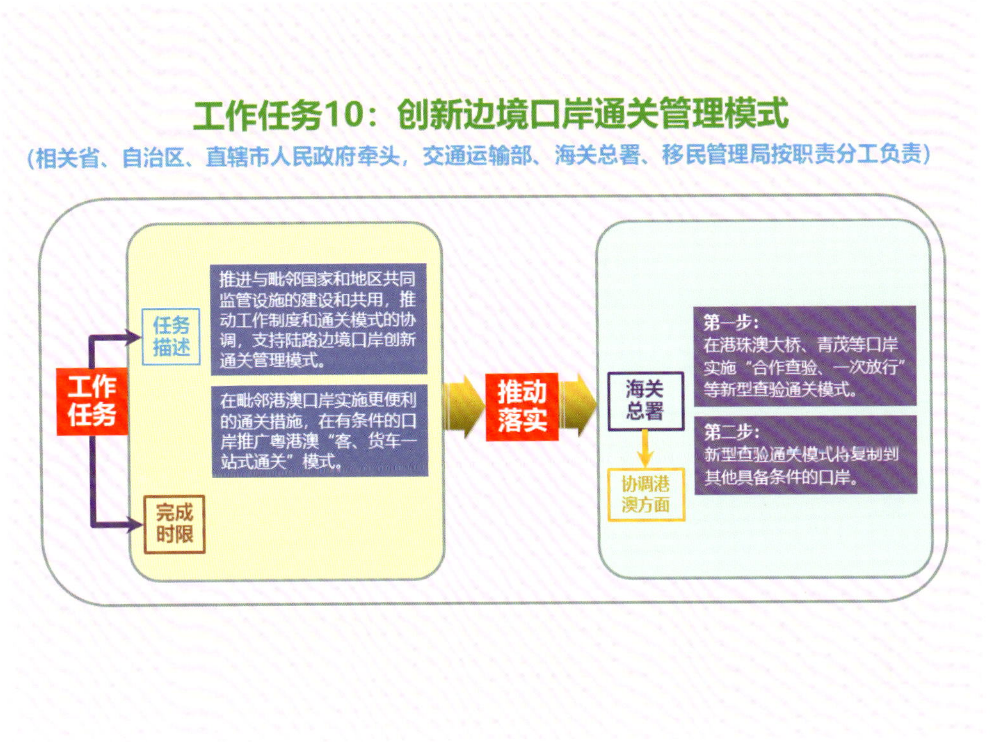
工作任务10：创新边境口岸通关管理模式
（相关省、自治区、直辖市人民政府牵头，交通运输部、海关总署、移民管理局按职责分工负责）
工作任务
任务描述
推进与毗邻国家和地区共同监管设施的建设和共用，推动工作制度和通关模式的协调，支持陆路边境口岸创新通关管理模式。
在毗邻港澳口岸实施更便利的通关措施，在有条件的口岸推广粤港澳“客、货车一站式通关”模式。
完成时限
推动落实
海关总署
协调港澳方面
第一步：
在港珠澳大桥、青茂等口岸实施“合作查验、一次放行”等新型查验通关模式。
第二步：
新型查验通关模式将复制到其他具备条件的口岸。

▲工作任务 10：创新边境口岸通关管理模式

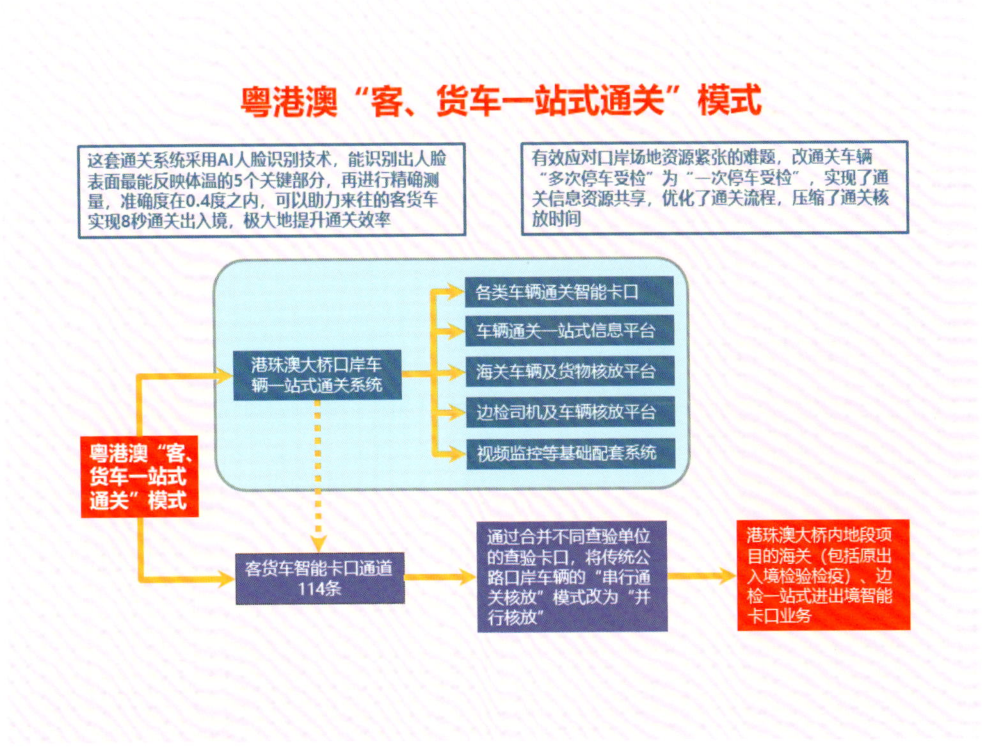
粤港澳“客、货车一站式通关”模式
这套通关系统采用AI人脸识别技术，能识别出人脸表面最能反映体温的5个关键部分，再进行精确测量，准确度在0.4度之内，可以助力来往的客货车实现8秒通关出入境，极大地提升通关效率
有效应对口岸场地资源紧张的难题，改通关车辆“多次停车受检”为“一次停车受检”，实现了通关信息资源共享，优化了通关流程，压缩了通关核放时间
粤港澳“客、货车一站式通关”模式
港珠澳大桥口岸车辆一站式通关系统
各类车辆通关智能卡口
车辆通关一站式信息平台
海关车辆及货物核放平台
边检司机及车辆核放平台
视频监控等基础配套系统
客货车智能卡口通道114条
通过合并不同查验单位的查验卡口，将传统公路口岸车辆的“串行通关核放”模式改为“并行核放”
港珠澳大桥内地段项目的海关（包括原出入境检验检疫）、边检一站式进出境智能卡口业务

▲粤港澳“客、货车一站式通关”模式

第二章 优化口岸营商环境，提升贸易便利化水平

11.2 推动落实

鲜活农副产品通关更加便利。海关已经在新疆和内蒙古的部分边境口岸与哈萨克斯坦、塔吉克斯坦、吉尔吉斯斯坦和蒙古国开通了5条农副产品快速通关“绿色通道”。下一步将在其他边境口岸继续推动开通“绿色通道”。

移民管理局部署在内蒙古满洲里、广西友谊关、云南磨憨、深圳皇岗和珠海拱北等陆地边境口岸我方一侧设立边检专用“绿色通道”，为载运水产品、果蔬等鲜活产品的出入境车辆提供优先检查、快速验放服务。

重点内容解读：关于农副产品快速通关“绿色通道”

这是指针对农副产品鲜活性、时效性要求较高的特点，海关在进出境口岸设置农产品“专用窗口、专用通道、专用标志”，全力确保出口农副产品第一时间办理通关手续、第一时间优先验放出境的措施。

12 如何加强国际贸易“单一窗口”建设？——将“单一窗口”功能覆盖到海关特殊监管区和跨境电商综合试验区，对接全国版跨境电商线上综合服务平台。

12.1 工作任务

将“单一窗口”功能覆盖至海关特殊监管区域和跨境电子商务综合试验区等相关区域，对接全国版跨境电商线上综合服务平台。加强“单一窗口”与银行、保险、民航、铁路、港口等相关行业机构合作对接，共同建设跨境贸易大数据平台。推广国际航行船舶“一单多报”，实现进出境通关全流程无纸化。2018年年底前，主要业务（货物、舱单、运输工具申报）应用率达到80%；2020年年底前，达到100%；2021年年底前，除安全保密需要等特殊情况外，“单一窗口”功能覆盖国际贸易管理全链条，打造“一站式”贸易服务平台。（海关总署牵头，相关部门按职责分工负责，各省、自治区、直辖市人民政府配合）

12.2 推动落实

“单一窗口”建设成效显著。2018年11月1日起，“单一窗口”在原有26项服务项目的基础上，新增8项服务项目并在全国推广应用。目前，“单一窗口”实现与25个部委系统“总对总”对接，完成12大基本功能建设，覆盖全国31个省（区、市）所有口岸范围，满足海运、空运、公路等各种口岸类型和特殊监管区、自贸试验区、跨境电商综合试验区业务办理，主要业务（货物、舱单和运输工具申报）应用率由2017年年底的30%提升至87%以上，其中货物申报应用率基本达到100%，提前完成国务院提出的2018年目标任务。

工作任务11：加快鲜活商品通关速度

（海关总署、交通运输部、移民管理局及各省、自治区、直辖市人民政府按职责分工负责）

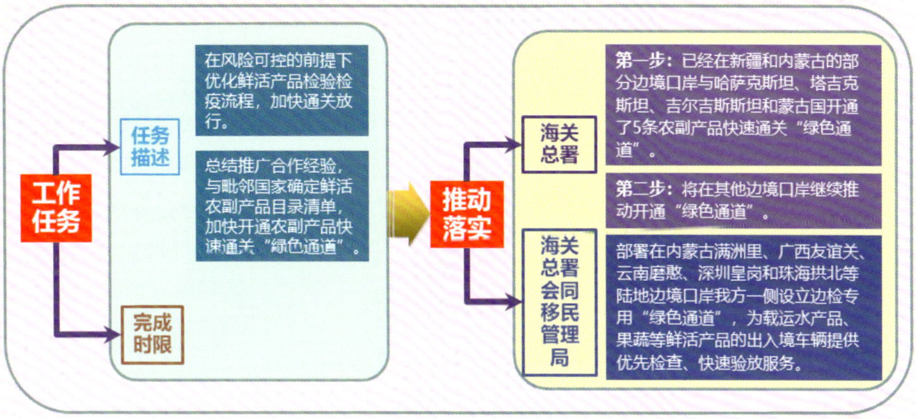
工作任务
任务描述
在风险可控的前提下优化鲜活产品检验检疫流程，加快通关放行。
总结推广合作经验，与毗邻国家确定鲜活农副产品目录清单，加快开通农副产品快速通关“绿色通道”。
完成时限
推动落实
海关总署
第一步：已经在新疆和内蒙古的部分边境口岸与哈萨克斯坦、塔吉克斯坦、吉尔吉斯斯坦和蒙古国开通了5条农副产品快速通关“绿色通道”。
第二步：将在其他边境口岸继续推动开通“绿色通道”。
海关总署会同移民管理局
部署在内蒙古满洲里、广西友谊关、云南磨憨、深圳皇岗和珠海拱北等陆地边境口岸我方一侧设立边检专用“绿色通道”，为载运水产品、果蔬等鲜活产品的出入境车辆提供优先检查、快速验放服务。

▲工作任务 11：加快鲜活商品通关速度

工作任务12：加强国际贸易“单一窗口”建设

（海关总署牵头，相关部门按职责分工负责，各省、自治区、直辖市人民政府配合）

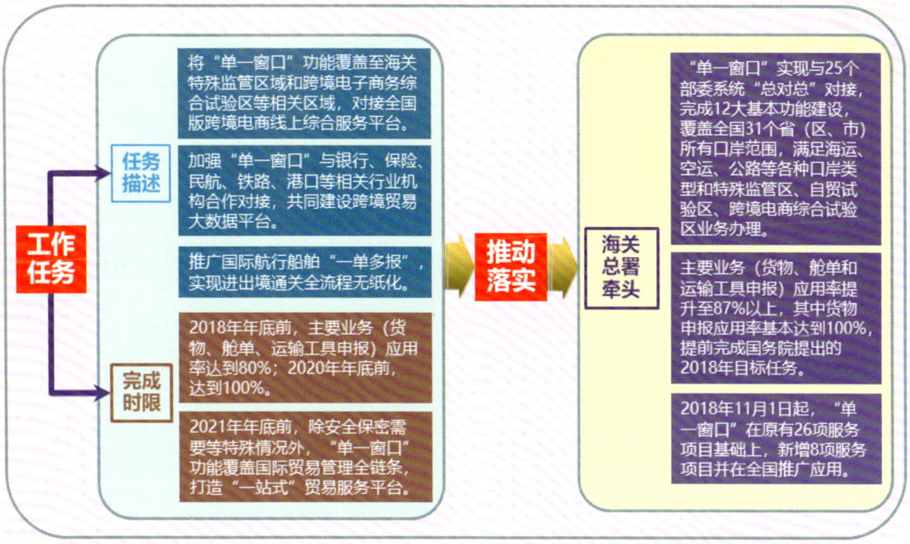
工作任务
任务描述
将“单一窗口”功能覆盖至海关特殊监管区域和跨境电子商务综合试验区等相关区域，对接全国版跨境电商线上综合服务平台。
加强“单一窗口”与银行、保险、民航、铁路、港口等相关行业机构合作对接，共同建设跨境贸易大数据平台。
推广国际航行船舶“一单多报”，实现进出境通关全流程无纸化。
完成时限
2018年年底前，主要业务（货物、舱单、运输工具申报）应用率达到80%；2020年年底前，达到100%。
2021年年底前，除安全保密需要等特殊情况外，“单一窗口”功能覆盖国际贸易管理全链条，打造“一站式”贸易服务平台。
推动落实
海关总署牵头
“单一窗口”实现与25个部委系统“总对总”对接，完成12大基本功能建设，覆盖全国31个省（区、市）所有口岸范围，满足海运、空运、公路等各种口岸类型和特殊监管区、自贸试验区、跨境电商综合试验区业务办理。
主要业务（货物、舱单和运输工具申报）应用率提升至87%以上，其中货物申报应用率基本达到100%，提前完成国务院提出的2018年目标任务。
2018年11月1日起，“单一窗口”在原有26项服务项目基础上，新增8项服务项目并在全国推广应用。

▲工作任务 12：加强国际贸易“单一窗口”建设

13 如何推进口岸物流信息电子化？——制定完善不同运输方式集装箱、整车货物运输电子数据交换报文标准，推动在口岸查验单位与运输企业中应用。

13.1 工作任务

制定完善不同运输方式集装箱、整车货物运输电子数据交换报文标准，推动在口岸查验单位与运输企业中应用。实现口岸作业场站货物装卸、仓储理货、报关、物流运输、费用结算等环节无纸化和电子化。推动海运提单换提货单电子化，企业在报关环节不再提交纸质提单或提货单。2019 年 6 月底前，实现内外贸集装箱堆场的电子化海关监管。2019 年年底前，在主要远洋航线实现海关与企业间的海运提单、提货单、装箱单等信息电子化流转。（海关总署、交通运输部、民航局、中国铁路总公司按职责分工负责，各省、自治区、直辖市人民政府配合）

13.2 推动落实

13.2.1 海关总署积极推进报关单无纸化

目前，报关单无纸化应用比率已达 98%。正在开发测试进出口集装箱堆场信息的动态管理功能子系统，努力实现内外贸集装箱堆场的电子化海关监管。

重点内容解读：关于集装箱堆场的电子化海关监管

集装箱堆场是指在集装箱码头内或码头周边地区，用于交接和保管集装箱的场所。常包括集装箱编排场、码头前沿堆场等。主要办理整箱货运的交接、存储和保管，编排配载图并办理装卸，有关货运单据的编签，集装箱和运载工具出入及流转的有关单据签发，集装箱的检查、维护、清扫、熏蒸消毒，空箱的收发、储存、保管等业务。

针对集装箱堆场的作业管理需求，集装箱堆场的营运企业引入物联网，将 RFID 技术应用于集装箱自动识别和货物信息数据采集，实现物品追踪定位，从而解决集装箱识别精度较低的问题；所有集装箱的信息均能在系统里查找，减少各终端输入错误，从而保证堆场进提箱作业的准确度，使提箱效率得以提升；建立堆场集装箱管理平台，实现用箱公司、船公司、集装箱制造公司及海关之间的信息共享，由数据库存储集装箱的进场时间，并预先存储集装箱的出场时间、箱属、箱型、内装货物等信息，由系统按照一定顺序自动为集装箱分配箱位，并在预计出场时间之前自动分配不同的时间段给客户并通知其前来提箱，从而避免人工安排箱位，并减少随机提箱、装船等造成的翻箱情况，实现集装箱堆场的高效作业与管理。

而集装箱堆场的电子化海关监管，即指海关全面规范监管场所管理，加大海关与监管场所的联网力度，大力推进进出口集装箱堆场信息的动态管理功能子系统的应用，以网络技术为依托，将海关管理系统与企业集装箱堆场作业管理系统及港务、船代等有关部门的管理系统联网，实现数据信息交换和共享，利用舱单和场站作业的瞬时信息，实现海关与集装箱堆场作业的联动，借此完成海关集装箱堆场作业的实际监

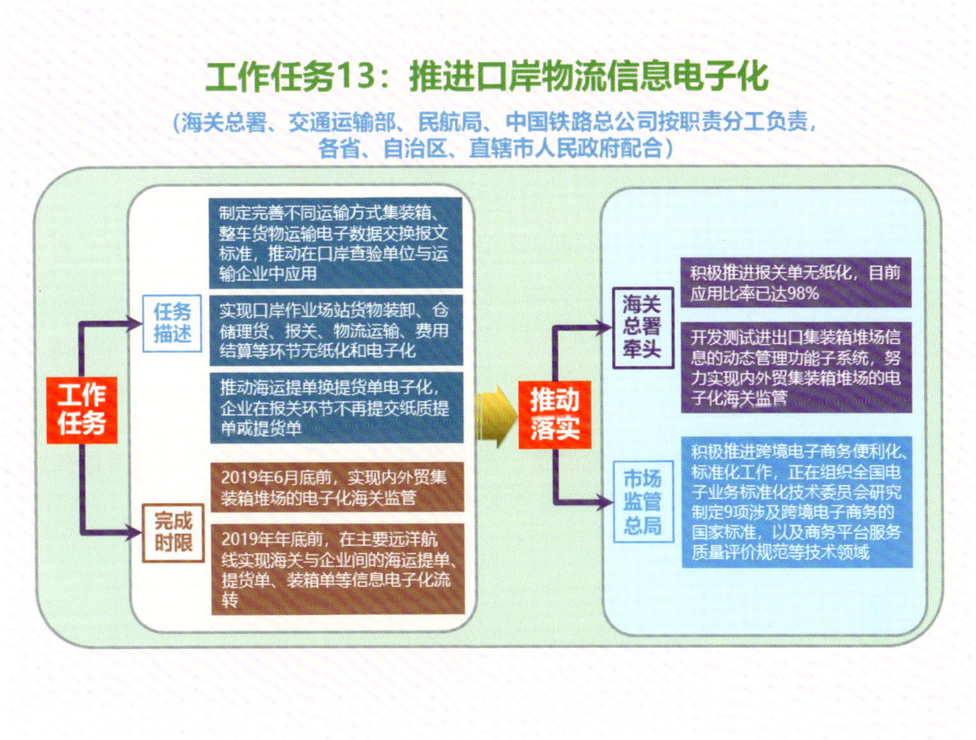
工作任务13：推进口岸物流信息电子化
（海关总署、交通运输部、民航局、中国铁路总公司按职责分工负责，各省、自治区、直辖市人民政府配合）
工作任务
任务描述
制定完善不同运输方式集装箱、整车货物运输电子数据交换报文标准，推动在口岸查验单位与运输企业中应用
实现口岸作业场站货物装卸、仓储理货、报关、物流运输、费用结算等环节无纸化和电子化
推动海运提单换提货单电子化，企业在报关环节不再提交纸质提单或提货单
完成时限
2019年6月底前，实现内外贸集装箱堆场的电子化海关监管
2019年年底前，在主要远洋航线实现海关与企业间的海运提单、提货单、装箱单等信息电子化流转
推动落实
海关总署牵头
积极推进报关单无纸化，目前应用比率已达98%
开发测试进出口集装箱堆场信息的动态管理功能子系统，努力实现内外贸集装箱堆场的电子化海关监管
市场监管总局
积极推进跨境电子商务便利化、标准化工作，正在组织全国电子业务标准化技术委员会研究制定9项涉及跨境电子商务的国家标准，以及商务平台服务质量评价规范等技术领域

▲工作任务 13：推进口岸物流信息电子化

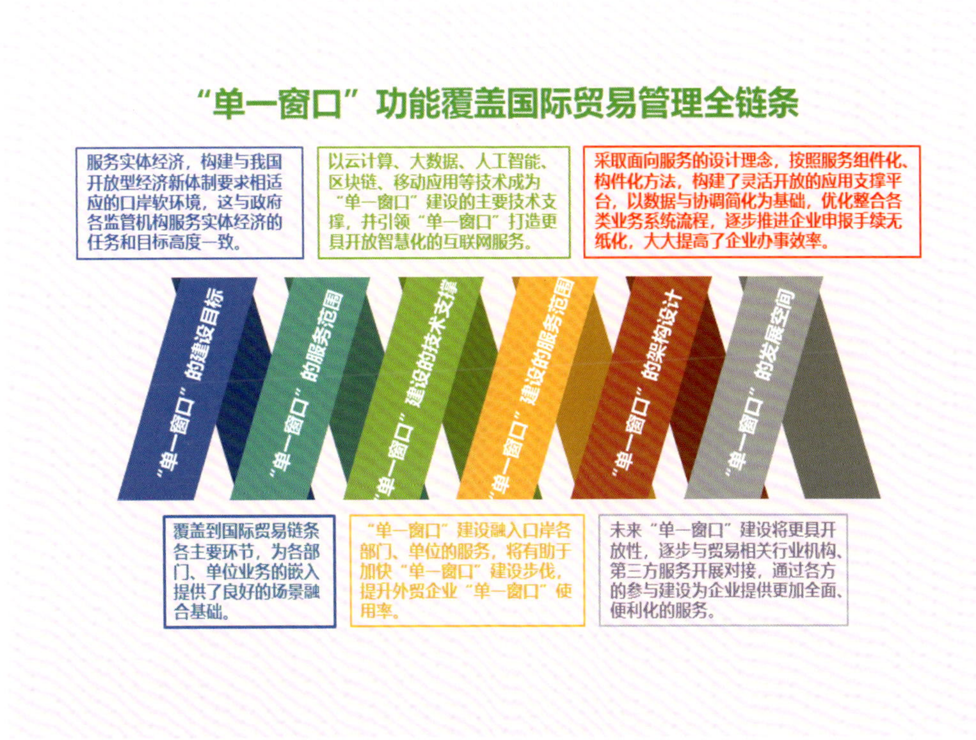
“单一窗口”功能覆盖国际贸易管理全链条
服务实体经济，构建与我国开放型经济新体制要求相适应的口岸软环境，这与政府各监管机构服务实体经济的任务和目标高度一致。
以云计算、大数据、人工智能、区块链、移动应用等技术成为“单一窗口”建设的主要技术支撑，并引领“单一窗口”打造更具开放智慧化的互联网服务。
采取面向服务的设计理念，按照服务组件化、构件化方法，构建了灵活开放的应用支撑平台，以数据与协调简化为基础，优化整合各类业务系统流程，逐步推进企业申报手续无纸化，大大提高了企业办事效率。
“单一窗口”的建设目标
“单一窗口”的服务范围
“单一窗口”建设的技术支撑
“单一窗口”建设的服务范围
“单一窗口”的架构设计
“单一窗口”的发展空间
覆盖到国际贸易链条各主要环节，为各部门、单位业务的嵌入提供了良好的场景融合基础。
“单一窗口”建设融入口岸各部门、单位的服务，将有助于加快“单一窗口”建设步伐，提升外贸企业“单一窗口”使用率。
未来“单一窗口”建设将更具开放性，逐步与贸易相关行业机构、第三方服务开展对接，通过各方的参与建设为企业提供更加全面、便利化的服务。

▲“单一窗口”功能覆盖国际贸易管理全链条

控，并可在货主提箱前，使海关在港方作业的恰当环节及时对集装箱实施必要的检疫和卫生除害处理，减少口岸移箱次数和海关检疫工作待时，大大提高通关速度；通过该系统可以对口岸所有进出境集装箱实行电子监控，在高效运作的过程中有效监管、严格把关。

13.2.2 市场监管总局积极推进跨境电子商务便利化、标准化工作

市场监管总局正在组织全国电子业务标准化技术委员会研究制定 9 项涉及跨境电子商务的国家标准，包括跨境电商交易服务规范、电子运单规范、电子报关单和订单基础信息描述，以及商务平台服务质量评价规范等技术领域。

14 如何提升口岸查验智能化水平？——加大集装箱空箱检测仪、高清车底探测系统、安全智能锁等设备的应用力度，提高单兵作业设备配备率等。

14.1 工作任务

加大集装箱空箱检测仪、高清车底探测系统、安全智能锁等设备的应用力度，提高单兵作业设备配备率。扩大“先期机检”“智能识别”作业试点，提高机检后直接放行比例。2021 年年底前，全部实现大型集装箱检查设备联网集中审像。（海关总署、移民管理局按职责分工负责）

14.2 推动落实

查验设备智能化工作有序开展。海关总署 2018 年年底在部分海关开展“先期机检”和“智能识别”作业试点，下一步将在全国具备条件的海关现场实施“先期机检”和“智能识别”作业；在全国主要沿海、沿边口岸货运查验现场推广集中审像，目前全国在用的 H986 设备中已有 80% 连入集中审像系统；在部分直属海关开发监管录证可视化系统，执法作业图像、视频上传至云端，实现查验全程“透明化”；在出入境旅客流量较大的口岸推广应用人脸识别系统，加快配备旅检智能指挥台、人体快速检查设备等。

重点内容解读 1：关于“先期机检”作业

“先期机检”是指在货物运抵海关监管场所后，先进行过机查验，再进行报关申报。这是海关优化机检查验作业的新模式。

在关检尚未融合之前的“商检先查验—检验合格出通关单—企业报关—过机查验”查验模式下，货物通关需要在海关、检验检疫部门与码头堆场之间反复地搬运、装卸货柜，造成了物流运转的时间较长。而“先期机检”从根本上改变了原先的模式，将过机查验放入货物的物流运转链条当中，货物卸船即可直接过机查验，企业无须反复搬运货物。这对码头经营方、货主企业、物流企业等多方来说均可实现效益的最大化。

重点内容解读 2：关于集中审像与“智能识别”

这是指海关实施集中审像作业改革，在全国各海关建立集中审像中心，取消了现

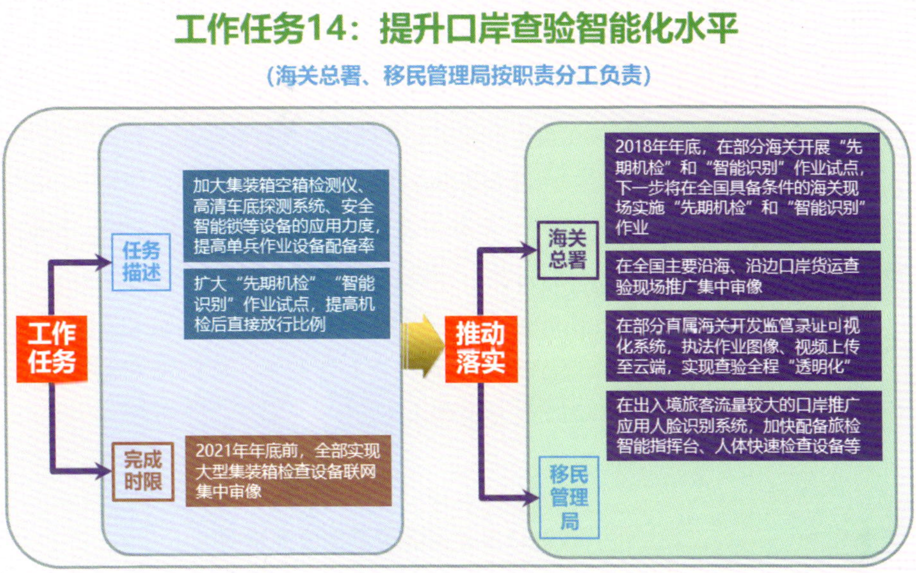
工作任务14：提升口岸查验智能化水平
（海关总署、移民管理局按职责分工负责）
工作任务
任务描述
加大集装箱空箱检测仪、高清车底探测系统、安全智能锁等设备的应用力度，提高单兵作业设备配备率
扩大“先期机检”“智能识别”作业试点，提高机检后直接放行比例
完成时限
2021年年底前，全部实现大型集装箱检查设备联网集中审像
推动落实
海关总署
2018年年底，在部分海关开展“先期机检”和“智能识别”作业试点，下一步将在全国具备条件的海关现场实施“先期机检”和“智能识别”作业
在全国主要沿海、沿边口岸货运查验现场推广集中审像
在部分直属海关开发监管录证可视化系统，执法作业图像、视频上传至云端，实现查验全程“透明化”
在出入境旅客流量较大的口岸推广应用人脸识别系统，加快配备旅检智能指挥台、人体快速检查设备等
移民管理局

▲工作任务 14：提升口岸查验智能化水平

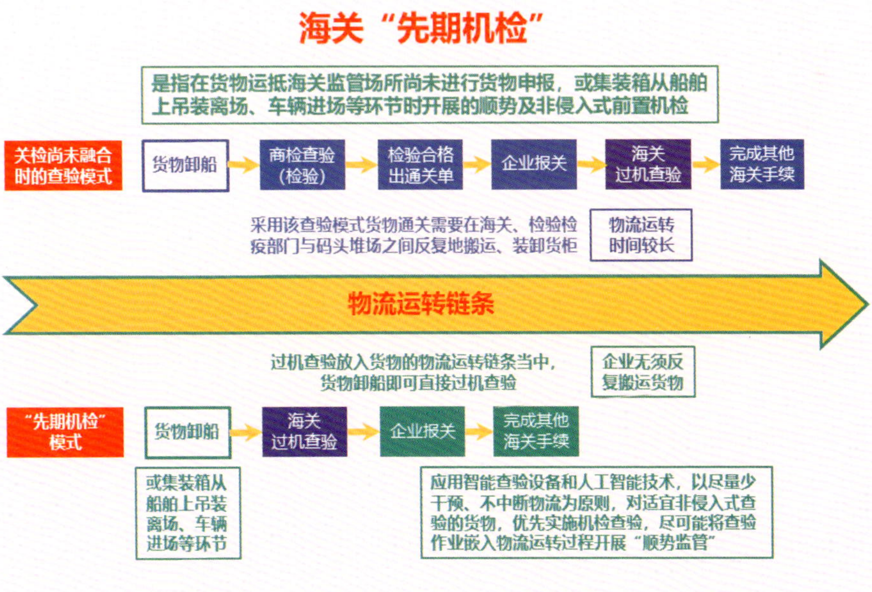
海关“先期机检”
是指在货物运抵海关监管场所尚未进行货物申报，或集装箱从船舶上吊装离场、车辆进场等环节时开展的顺势及非侵入式前置机检
关检尚未融合时的查验模式
货物卸船
商检查验（检验）
检验合格出通关单
企业报关
海关过机查验
完成其他海关手续
采用该查验模式货物通关需要在海关、检验检疫部门与码头堆场之间反复地搬运、装卸货柜
物流运转时间较长
物流运转链条
过机查验放入货物的物流运转链条当中，货物卸船即可直接过机查验
企业无须反复搬运货物
“先期机检”模式
货物卸船
海关过机查验
企业报关
完成其他海关手续
或集装箱从船舶上吊装离场、车辆进场等环节
应用智能查验设备和人工智能技术，以尽量少干预、不中断物流为原则，对适宜非侵入式查验的货物，优先实施机检查验，尽可能将查验作业嵌入物流运转过程开展“顺势监管”

▲海关“先期机检”

场海关对 H986 大型集装箱检查设备的图像分析职责，采用物理集中的方式将各隶属海关的多台 H986 设备的审像业务集中上收至总关处置，通过远程审核图像，实现对关区不同地点进出口集装箱的集中机检查验。

机检查验正常的可通过计算机系统直接放行货物，货物放行速度大大提升。同时，审像系统与查验系统对接，海关在集中审像中心开展自动化智能机检，利用智能审像系统对图像风险进行自动筛查比对，通过大数据审图、云计算对企业风险级别、商品的风险属性进行综合判别，在通关过程中，只要审像系统作出正常放行的结论，数据信息会立刻自动写入查验系统，触发放行指令；如通过审查发现疑点，只需在图像上作出标注，转人工查验。在审像中心还可通过音、视频单兵装备与人工查验关员视频通话，为人工开箱查验提供辅助支持，提升机检异常货物处置效率。这使通关速度更快、布控更精准、效率更高，大大提升海关智慧监管水平。

15 如何加强口岸通关和运输国际合作？——完善管理制度，促进口岸营商环境更加公开透明。

15.1 工作任务

加快制、修订国际运输双边、多边协定，推动与相关国家在技术标准、单证规则、数据交换等方面开展合作。扩大海关“经认证的经营者”（AEO）国际互认范围，支持指导企业取得认证，2020 年年底前，与所有已建立 AEO 制度且有意愿的“一带一路”沿线国家海关实现 AEO 互认。加快实施检验检疫证书国际联网核查，重点推进与欧盟签署电子证书合作协议，2021 年年底前，与所有已签署电子证书合作协议且建有信息系统的国家实现联网核查。（交通运输部、海关总署、市场监管总局按职责分工负责）

15.2 推动落实

国际合作不断深化。截至 2018 年，我国海关已与欧盟、韩国、新加坡等 9 个经济体、36 个国家（地区）实现了“经认证的经营者”（AEO）互认，目前正在加快推进与哈萨克斯坦、蒙古、白俄罗斯等“一带一路”沿线国家及加拿大等重要贸易国家的 AEO 互认工作。此外，正与欧盟就检验检疫证书联网合作进行磋商，推动双方电子证书数据交换，同时推进我国的电子证书系统与已签署合作协议且建有信息系统的泰国、墨西哥等国家的系统对接。

重点内容解读：关于“经认证的经营者”（AEO）国际互认

“经认证的经营者”（AEO）是世界海关组织倡导的一项制度，即海关对信用状况、守法程度和安全措施较好的企业进行认证，为通过认证的企业提供通关便利，包括缩短通关时间，降低通关成本等。不同国家海关之间可以通过 AEO 互认制度，相互给予

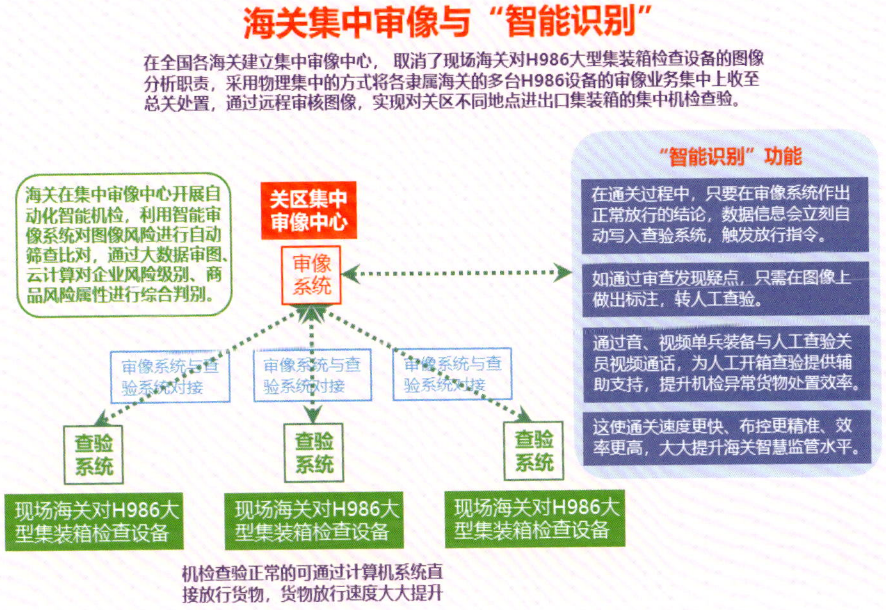

海关集中审像与“智能识别”
在全国各海关建立集中审像中心，取消了现场海关对H986大型集装箱检查设备的图像分析职责，采用物理集中的方式将各隶属海关的多台H986设备的审像业务集中上收至总关处置，通过远程审核图像，实现对关区不同地点进出口集装箱的集中机检查验。
海关在集中审像中心开展自动化智能机检，利用智能审像系统对图像风险进行自动筛查比对，通过大数据审图、云计算对企业风险级别、商品风险属性进行综合判别。
关区集中审像中心
审像系统
“智能识别”功能
在通关过程中，只要在审像系统作出正常放行的结论，数据信息会立刻自动写入查验系统，触发放行指令。
如通过审查发现疑点，只需在图像上做出标注，转人工查验。
通过音、视频单兵装备与人工查验关员视频通话，为人工开箱查验提供辅助支持，提升机检异常货物处置效率。
这使通关速度更快、布控更精准、效率更高，大大提升海关智慧监管水平。
审像系统与查验系统对接
审像系统与查验系统对接
审像系统与查验系统对接
查验系统
查验系统
查验系统
现场海关对H986大型集装箱检查设备
现场海关对H986大型集装箱检查设备
现场海关对H986大型集装箱检查设备
机检查验正常的可通过计算机系统直接放行货物，货物放行速度大大提升

▲海关集中审像与“智能识别”

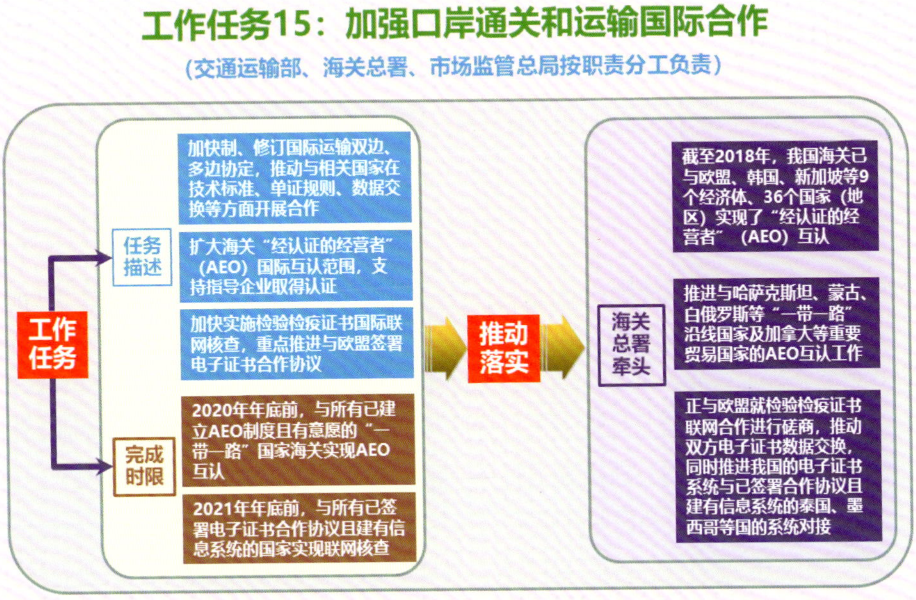

工作任务15：加强口岸通关和运输国际合作
（交通运输部、海关总署、市场监管总局按职责分工负责）
工作任务
任务描述
加快制、修订国际运输双边、多边协定，推动与相关国家在技术标准、单证规则、数据交换等方面开展合作
扩大海关“经认证的经营者”（AEO）国际互认范围，支持指导企业取得认证
加快实施检验检疫证书国际联网核查，重点推进与欧盟签署电子证书合作协议
完成时限
2020年年底前，与所有已建立AEO制度且有意愿的“一带一路”国家海关实现AEO互认
2021年年底前，与所有已签署电子证书合作协议且建有信息系统的国家实现联网核查
推动落实
海关总署牵头
截至2018年，我国海关已与欧盟、韩国、新加坡等9个经济体、36个国家（地区）实现了“经认证的经营者”（AEO）互认
推进与哈萨克斯坦、蒙古、白俄罗斯等“一带一路”沿线国家及加拿大等重要贸易国家的AEO互认工作
正与欧盟就检验检疫证书联网合作进行磋商，推动双方电子证书数据交换，同时推进我国的电子证书系统与已签署合作协议且建有信息系统的泰国、墨西哥等国的系统对接

▲工作任务 15：加强口岸通关和运输国际合作

对方 AEO 企业优惠便利措施。2018 年，中国海关以“一带一路”沿线国家及主要贸易国家为重点，推进与相关国家 AEO 互认磋商并取得阶段性成果，包括与日本海关签署互认安排；与以色列正式实施互认；与蒙古国、哈萨克斯坦、白俄罗斯完成互认磋商；与马来西亚、俄罗斯等 10 余个国家正在开展互认磋商。

根据中外双方海关之间的互认安排，双方相互认可对方海关的“经认证的经营者”（Authorized Economic Operator，“AEO 企业”），为进口自对方 AEO 企业的货物提供通关便利。其中，外方海关认可中国海关的高级认证企业为中国的 AEO 企业；中国海关认可外方海关“经认证的经营者”为 AEO 企业。双方海关在进口货物通关时，相互给予对方 AEO 企业降低进口查验率；进口货物优先通关；在各自项目下，指定海关关员处理与项目成员货物通关相关的事宜；贸易中断恢复后优先办理手续等通关便利措施。

除上述国家下达的工作任务已经或正由海关等部门推动落实外，尚有提高查验准备工作效率、降低进出口环节合规成本、实行口岸收费目录清单制度、公开通关流程及物流作业时限、建立口岸通关时效评估机制等工作任务正在落实之中。

16 如何优化口岸营商环境，加快提升通关便利化水平？——进一步简化单证，进一步优化流程、提高通关效率，进一步提升口岸信息化水平，进一步降低口岸收费。

2019 年 6 月 10 日，国务院召开常务会议，对下一阶段优化口岸营商环境、加快提升通关便利化水平作出进一步部署，提出新的要求。围绕贯彻落实常务会议精神，海关总署会同财政部、自然资源部、交通运输部、农业农村部、商务部、国家卫生健康委员会、中国人民银行、国家市场监督管理总局、中国银行保险监督管理委员会、国家药品监督管理局 10 个相关部门，做了深入政策研究和措施细化，10 部门于 6 月 27 日联合印发了《关于加快提升通关便利化水平的通知》，提出四个方面共 10 条具体措施。

16.1 进一步简化单证

在这方面，推出 2 条措施。

（1）2019 年 9 月 30 日前，在 2018 年将进出口环节 86 种监管证件中的 40 种退出口岸验核的基础上，海关总署、国家卫生健康委员会将新食品原料监管证件和尚无食品安全国家标准的食品监管证件退出口岸验核，进出口通关环节不再要求企业提供该项证件。退出口岸验核后，改由在通关环节根据进口食品与其适用的食品安全国家标准及公告，由系统进行自动比对并提示，符合条件则自动放行。

（2）2019 年 12 月 31 日前，国家药品监督管理局、中国人民银行、农业农村部、自然资源部将 5 个监管证件纳入网上申报、网上办理范围，进一步提高通关效率。这 5 个监管证件分别是：“进口药品通关单”“黄金及黄金制品进出口准许证”“银行调运人民币现钞进出境证明文件”“合法捕捞产品通关证明”“古生物化石出境批件”。

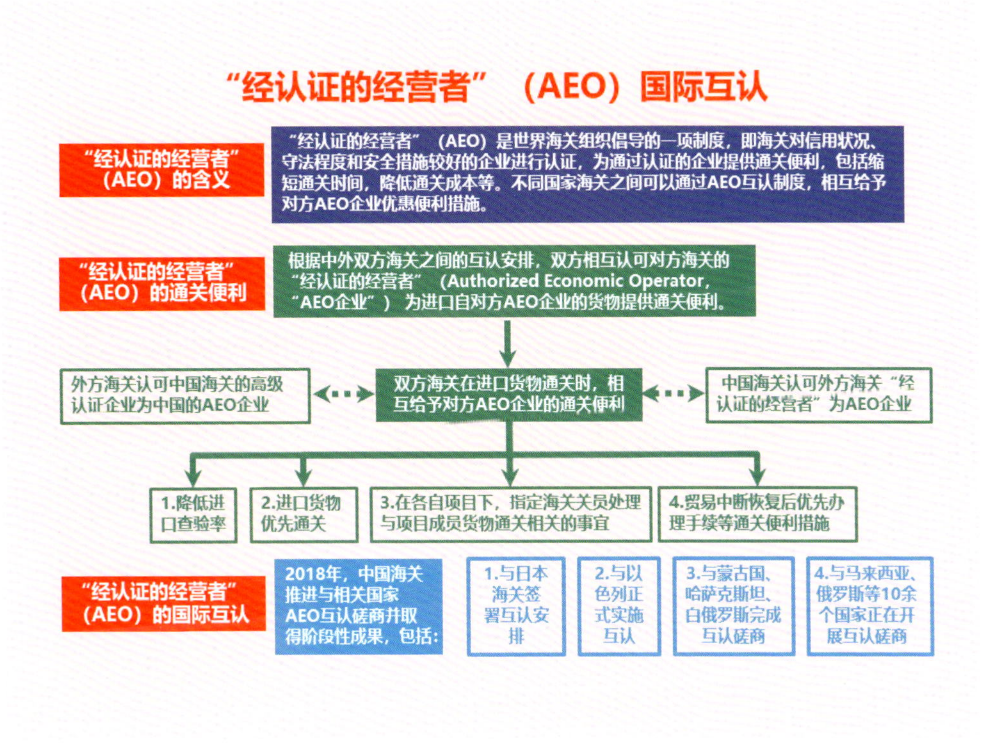
“经认证的经营者”（AEO）国际互认
“经认证的经营者”（AEO）的含义
“经认证的经营者”（AEO）是世界海关组织倡导的一项制度，即海关对信用状况、守法程度和安全措施较好的企业进行认证，为通过认证的企业提供通关便利，包括缩短通关时间，降低通关成本等。不同国家海关之间可以通过AEO互认制度，相互给予对方AEO企业优惠便利措施。
“经认证的经营者”（AEO）的通关便利
根据中外双方海关之间的互认安排，双方相互认可对方海关的“经认证的经营者”（Authorized Economic Operator，“AEO企业”）为进口自对方AEO企业的货物提供通关便利。
外方海关认可中国海关的高级认证企业为中国的AEO企业
双方海关在进口货物通关时，相互给予对方AEO企业的通关便利
中国海关认可外方海关“经认证的经营者”为AEO企业
1.降低进口查验率
2.进口货物优先通关
3.在各自项目下，指定海关关员处理与项目成员货物通关相关的事宜
4.贸易中断恢复后优先办理手续等通关便利措施
“经认证的经营者”（AEO）的国际互认
2018年，中国海关推进与相关国家AEO互认磋商并取得阶段性成果，包括：
1.与日本海关签署互认安排
2.与以色列正式实施互认
3.与蒙古国、哈萨克斯坦、白俄罗斯完成互认磋商
4.与马来西亚、俄罗斯等10余个国家正在开展互认磋商

▲“经认证的经营者”（AEO）国际互认

加快提升通关便利化水平
1.在简化单证方面
进出口环节监管证件已从86种减少到46种，除4种证件有保密特殊需要、不能联网以外，其他42种都已实现联网核查、自动比对，到2019年年底，这42种监管证件有望实现全面网上申报、网上办理。
2.提高通关效率方面
2019年8月31日前，海关总署将启动实施进口概要申报、完整申报的“两步申报”通关模式改革试点；中国银保监会、海关总署将进一步扩大关税保证保险试点的保险公司范围。
3.在提升口岸信息化水平方面
深化国际贸易“单一窗口”建设，加快与民航、港口、铁路等行业机构合作对接，提供全程“一站式”通关物流信息服务；2019年年底前，主要业务应用率达到100%，其他业务应用率全面提升。
4.在降低口岸收费方面
主要采取规范和降低口岸检查检验服务性收费、治理口岸经营服务企业不合理收费、继续开展落实免除查验吊装移位仓储费用试点工作3项措施。

▲加快提升通关便利化水平

除保密安全等特殊情况外，2019 年年底前全部实现进出口环节监管证件网上申报和办理，提前 1 年实现《工作方案》提出的任务目标。

16.2 进一步优化流程、提高通关效率

在这方面，推出 4 条措施。

（1）2019 年 8 月 31 日前，海关总署启动实施进口概要申报、完整申报的“两步申报”通关模式改革试点。

（2）深入推进关税保证保险等多元化税收担保制度改革，2019 年 8 月 31 日前，中国银行保险监督管理委员会、海关总署进一步扩大关税保证保险试点的保险公司范围。

（3）2019 年 12 月 31 日前，各省、自治区、直辖市口岸管理部门制定并公开口岸经营服务企业场内转运、吊箱移位、掏箱和货方提箱等作业时限标准。

（4）2019 年 12 月 31 日前，海关总署会同相关部门及地方政府开通中越边境河口—老街口岸、中哈边境霍尔果斯—努尔饶尔口岸农副产品快速通关“绿色通道”，协调推动中俄边境满洲里—后贝加尔斯克、绥芬河—波格拉尼奇内口岸“绿色通道”开通。

16.3 进一步提升口岸信息化水平

在这方面，推出 2 条措施。

（1）海关总署会同各有关部门继续深化国际贸易“单一窗口”建设，加快与民航、港口、铁路等行业机构合作对接，为市场主体提供全程“一站式”通关物流信息服务；2019 年年底前，主要业务应用率达到 100%，其他业务应用率全面提升。

（2）各省、自治区、直辖市交通运输和口岸管理部门加快推进口岸作业各环节无纸化，2019 年年底前，沿海口岸将实现企业在互联网上办理集装箱设备交接、提箱作业计划申报、费用结算等手续。

16.4 进一步降低口岸收费

在这方面，推出 2 条措施。

（1）2019 年 9 月 30 日前，交通运输部、商务部对主要国际班轮运输公司、国际货代公司进行引导督促，切实落实降费措施，增强进出口企业获得感。

（2）2019 年 9 月 30 日前，国家市场监督管理总局开展进出口环节收费专项督查，依法查处违法违规收费行为，对涉嫌垄断的口岸经营服务单位和企业进行调查。

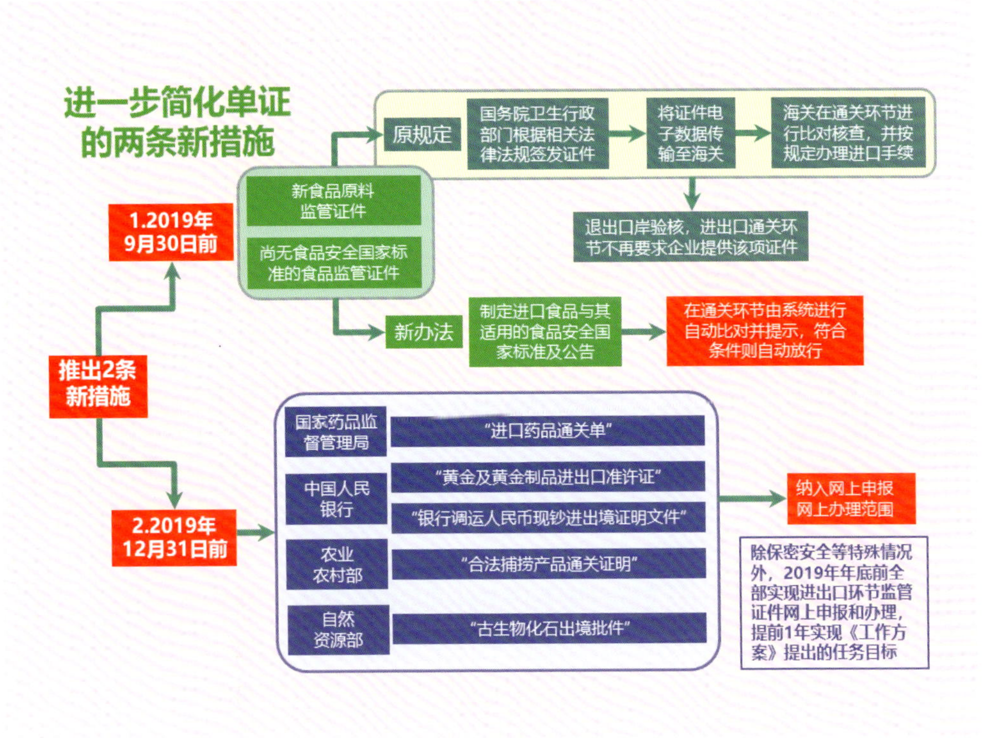
进一步简化单证的两条新措施
推出2条新措施
1.2019年9月30日前
新食品原料监管证件
尚无食品安全国家标准的食品监管证件
原规定
国务院卫生行政部门根据相关法律法规签发证件
将证件电子数据传输至海关
海关在通关环节进行比对核查，并按规定办理进口手续
退出口岸验核，进出口通关环节不再要求企业提供该项证件
新办法
制定进口食品与其适用的食品安全国家标准及公告
在通关环节由系统进行自动比对并提示，符合条件则自动放行
2.2019年12月31日前
国家药品监督管理局
"进口药品通关单"
中国人民银行
"黄金及黄金制品进出口准许证"
"银行调运人民币现钞进出境证明文件"
农业农村部
"合法捕捞产品通关证明"
自然资源部
"古生物化石出境批件"
纳入网上申报网上办理范围
除保密安全等特殊情况外，2019年年底前全部实现进出口环节监管证件网上申报和办理，提前1年实现《工作方案》提出的任务目标

▲进一步简化单证的两条新措施

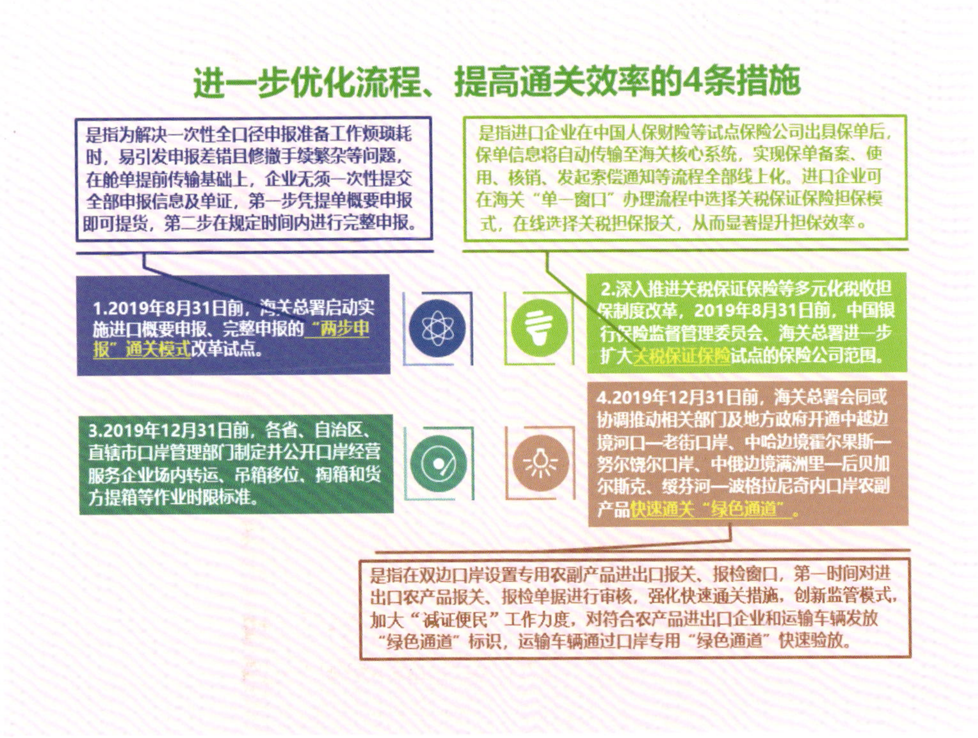
进一步优化流程、提高通关效率的4条措施
是指为解决一次性全口径申报准备工作烦琐耗时，易引发申报差错且修撤手续繁杂等问题，在舱单提前传输基础上，企业无须一次性提交全部申报信息及单证，第一步凭提单概要申报即可提货，第二步在规定时间内进行完整申报。
是指进口企业在中国人保财险等试点保险公司出具保单后，保单信息将自动传输至海关核心系统，实现保单备案、使用、核销、发起索偿通知等流程全部线上化。进口企业可在海关"单一窗口"办理流程中选择关税保证保险担保模式，在线选择关税担保报关，从而显著提升担保效率。
1.2019年8月31日前，海关总署启动实施进口概要申报、完整申报的"两步申报"通关模式改革试点。
2.深入推进关税保证保险等多元化税收担保制度改革，2019年8月31日前，中国银行保险监督管理委员会、海关总署进一步扩大关税保证保险试点的保险公司范围。
3.2019年12月31日前，各省、自治区、直辖市口岸管理部门制定并公开口岸经营服务企业场内转运、吊箱移位、掏箱和货方提箱等作业时限标准。
4.2019年12月31日前，海关总署会同或协调推动相关部门及地方政府开通中越边境河口—老街口岸、中哈边境霍尔果斯—努尔饶尔口岸、中俄边境满洲里—后贝加尔斯克、绥芬河—波格拉尼奇内口岸农副产品快速通关"绿色通道"。
是指在双边口岸设置专用农副产品进出口报关、报检窗口，第一时间对进出口农产品报关、报检单据进行审核，强化快速通关措施，创新监管模式，加大"减证便民"工作力度，对符合农产品进出口企业和运输车辆发放"绿色通道"标识，运输车辆通过口岸专用"绿色通道"快速验放。

▲进一步优化流程、提高通关效率的 4 条措施

第三章
促进综合保税区高水平开放、高质量发展

第一节　促进综合保税区高水平开放、高质量发展的背景与总体要求

1
海关特殊监管区域发展的具体情况怎么样？在我国开放型经济建设中发挥了怎样的作用？
——发挥了促外贸、引外资的先导区作用和发挥了带动中西部地区开放发展助推器作用。

海关特殊监管区域的设立是随着我国对外开放的发展而逐渐形成的。在我国对外开放过程中，保税加工贸易的发展是其中一个重要的形态。在保税加工发展过程中，企业需要一些符合发展的政策和功能，为了适应这种发展的要求，国家研究实施了设立海关特殊监管区域的相关政策。

海关特殊监管区域的发展受到了广大进出口企业的普遍欢迎，在我国对外开放当中发挥了积极作用。单从数据上看，应该是非常明显的，以占两万分之一的国土面积，实现了六分之一的外贸总量，足以说明它的贡献和作用。具体来讲，它的作用归纳起来有四个方面。

1.1　发挥了促外贸、引外资的先导区作用

在促外贸方面，海关特殊监管区域一直保持着较快的发展速度，进出口值占我国外贸的比重从2000年的6.47%增长到现在的16.8%，每平方公里平均进出口值超过100亿元。据自然资源部发布的数据显示，海关特殊监管区域单位面积投资强度和工业产值均居我国各类开发区之首。

引进外资方面，据统计，我国海关特殊监管区域实际利用外资累计已超过1000亿美元，吸引了三星、富士康、戴尔、惠普、空客和波音等世界知名生产制造企业和一大批现代物流、服务企业入驻，创造了200多万个直接就业岗位。

1.2　发挥了带动中西部地区开放发展助推器作用

近年来，我国部分中西部地区省份外贸异军突起，增幅高于全国平均水平，其中一个很重要的因素就是海关特殊监管区域在外贸方面发挥了“小区推动大省”的特殊作用。以成都、郑州、西安3个地市为例，2018年1~11月，成都、郑州、西安的海关特殊监管区域进出口值分别为481.2亿美元、468.6亿美元、312.2亿美元，占同期四川、河南、陕西省外贸总值的比率分别为58.3%、61.8%、63.7%。以海关特殊监管区域为承接跨国

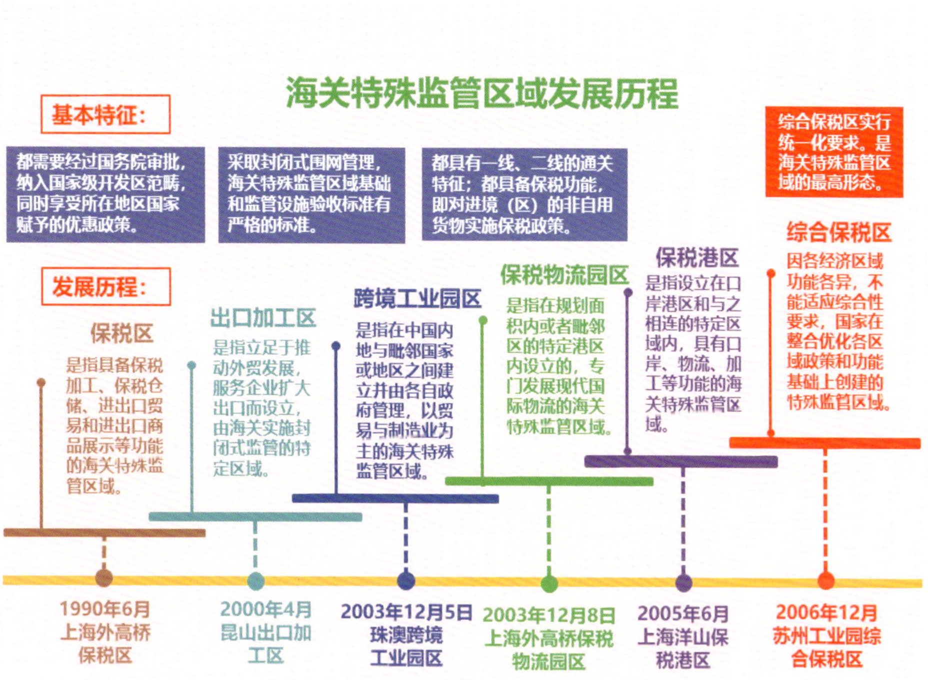
海关特殊监管区域发展历程
基本特征：
都需要经过国务院审批，纳入国家级开发区范畴，同时享受所在地区国家赋予的优惠政策。
采取封闭式围网管理，海关特殊监管区域基础和监管设施验收标准有严格的标准。
都具有一线、二线的通关特征；都具备保税功能，即对进境（区）的非自用货物实施保税政策。
综合保税区实行统一化要求。是海关特殊监管区域的最高形态。
发展历程：
保税区
是指具备保税加工、保税仓储、进出口贸易和进出口商品展示等功能的海关特殊监管区域。
出口加工区
是指立足于推动外贸发展，服务企业扩大出口而设立，由海关实施封闭式监管的特定区域。
跨境工业园区
是指在中国内地与毗邻国家或地区之间建立并由各自政府管理，以贸易与制造业为主的海关特殊监管区域。
保税物流园区
是指在规划面积内或者毗邻区的特定港区内设立的，专门发展现代国际物流的海关特殊监管区域。
保税港区
是指设立在口岸港区和与之相连的特定区域内，具有口岸、物流、加工等功能的海关特殊监管区域。
综合保税区
因各经济区域功能各异，不能适应综合性要求，国家在整合优化各区域政策和功能基础上创建的特殊监管区域。
1990年6月
上海外高桥保税区
2000年4月
昆山出口加工区
2003年12月5日
珠澳跨境工业园区
2003年12月8日
上海外高桥保税物流园区
2005年6月
上海洋山保税港区
2006年12月
苏州工业园综合保税区

▲海关特殊监管区域发展历程

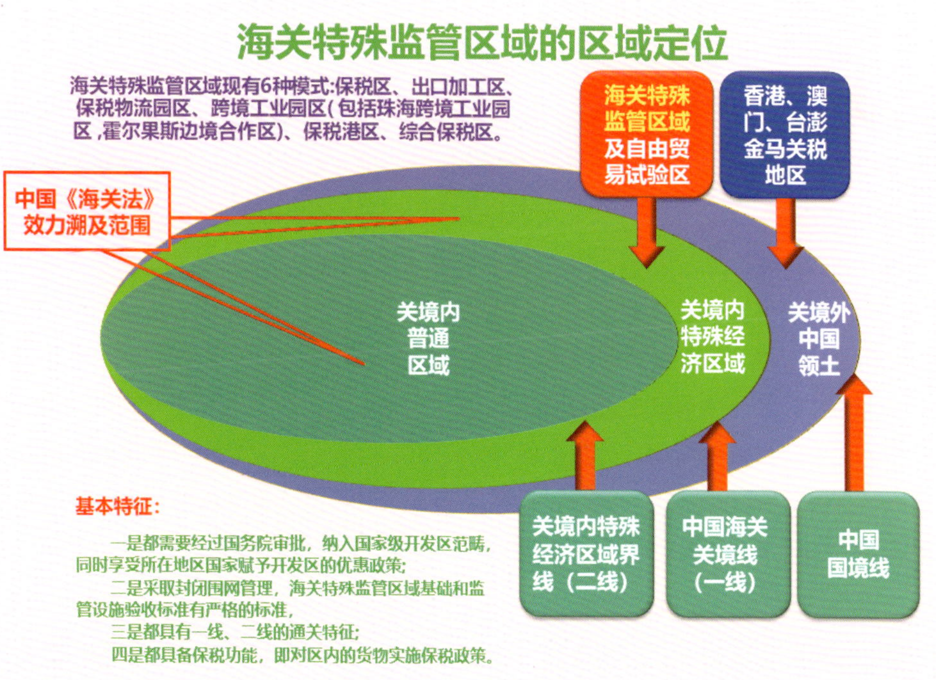
海关特殊监管区域的区域定位
海关特殊监管区域现有6种模式:保税区、出口加工区、保税物流园区、跨境工业园区(包括珠海跨境工业园区,霍尔果斯边境合作区)、保税港区、综合保税区。
海关特殊监管区域及自由贸易试验区
香港、澳门、台澎金马关税地区
中国《海关法》效力溯及范围
关境内普通区域
关境内特殊经济区域
关境外中国领土
基本特征：
一是都需要经过国务院审批，纳入国家级开发区范畴，同时享受所在地区国家赋予开发区的优惠政策；
二是采取封闭围网管理，海关特殊监管区域基础和监管设施验收标准有严格的标准；
三是都具有一线、二线的通关特征；
四是都具备保税功能，即对区内的货物实施保税政策。
关境内特殊经济区域界线（二线）
中国海关关境线（一线）
中国国境线

▲海关特殊监管区域的区域定位

产业转移平台，吸引外资龙头企业入区，直接带动周边集聚一大批配套企业，打通本地进出口国际通道，促进外向型经济建设，已成为当前中西部地区开放发展的成功范例。

1.3 发挥了引领新业态探索创新孵化器作用

目前，跨境电商网购保税进口、期货保税交割、保税融资租赁、文化艺术品保税展示等新兴贸易业态在海关特殊监管区域内快速发展，区内企业创新发展的内生动力不断增强。以飞机保税融资租赁为例，天津东疆保税港区通过不断开展业务创新，开展保税的融资租赁业务，目前已成为仅次于爱尔兰的全球第二大飞机租赁聚集地。

1.4 发挥了自贸试验区制度创新实验室作用

例如上海自贸试验区依托 4 个海关特殊监管区域建设，目前，12 个自贸试验区共包含了 32 个海关特殊监管区域，海关特殊监管区域成了自贸试验区深化改革、扩大开放试验田中的实验室。形成了“先入区、后报关”“集中汇总纳税”等 25 项监管创新制度，并复制推广到全国。国务院在全国复制推广的自贸试验区经验中，特殊区域贡献了 13 项，占比 16.3%，其中“先入区、后报关”制度被第三方机构评为最重要、企业受益最广、影响力最大的自贸试验区改革之一。

2 国家对促进综合保税区高水平开放，高质量发展的指导思想、基本原则各是什么？

——赋予综合保税区改革开放新使命，打造具有国际竞争力和创造力的海关特殊监管区，并在发展过程中坚持深化改革，简政放权等四项原则。

为贯彻落实习近平总书记关于发展更高层次的开放型经济，拓展对外贸易，培育贸易新业态、新模式，实行高水平的贸易和投资自由化、便利化政策，优化区域开放布局，推动形成全面开放新格局的重要指示，以及国务院有关开放型经济建设的具体部署，海关总署深入调研论证，认真听取地方人民政府、相关部门及企业的意见和建议，会同税务总局、商务部等 14 个部委研究起草了《关于促进综合保税区高水平开放高质量发展的若干意见》（以下简称《若干意见》），2019 年 1 月 2 日，已经国务院常务会议审议通过，并正式印发实施。

综合保税区是开放型经济的重要平台，对发展对外贸易、吸引外商投资、促进产业转型升级发挥着重要作用。为贯彻落实党中央、国务院关于推动形成全面开放新格局的决策部署，实行高水平的贸易和投资自由化、便利化政策，以高水平开放推动高质量发展，将综合保税区建设成为新时代全面深化改革开放的新高地。

重点内容解读：综合保税区

综合保税区是我国开放层次最高、优惠政策最多、功能最齐全、手续最简化的特殊开放区域。与保税区一词之差，功能更为齐全，它整合原保税区、保税物流园区、出口加工区等多种外向型功能区后，成为更为开放的一种形态，也更符合国际惯例。

引领新业态探索创新孵化器作用
贸易新业态已成为促进外贸供给侧结构性改革、培育竞争新优势、建设贸易强国的重要动力，推动大众创业、万众创新的重要平台，深入推进“一带一路”合作、提升开放型经济水平的重要渠道。
1.促进跨境电商健康快速发展
2.稳步推进市场采购贸易方式试点
3.促进外贸综合服务企业发展
坚持问题导向，加强顶层设计，面向全国复制推广成熟经验做法。
推动“一带一路”建设，鼓励建设覆盖重要国别、重点市场的“海外仓”。
促进各跨境电商试验区线上服务平台对接。推动在更大范围发展。
创新建立以“六体系两平台”为核心的政策框架。
实现增值税“免征不退”、允许简化归类申报等四方面政策突破。
基本实现“风险可控、源头可溯、责任可究”的管理目标。
提升便利化水平，提高试点市场国际知名度。
开展管理和服务创新，完善配套服务，形成新经验并总结推广。
积极促进各综合试验区线上综合服务平台对接。推动跨境电商在更大范围发展。
坚持问题导向，优化管理模式，明确主体责任，提升便利化水平。
明确综服企业定义，并提出完善综服企业出口退（免）税等政策。
创新建立以“六体系两平台”为核心的政策框架。

▲引领新业态探索创新孵化器作用

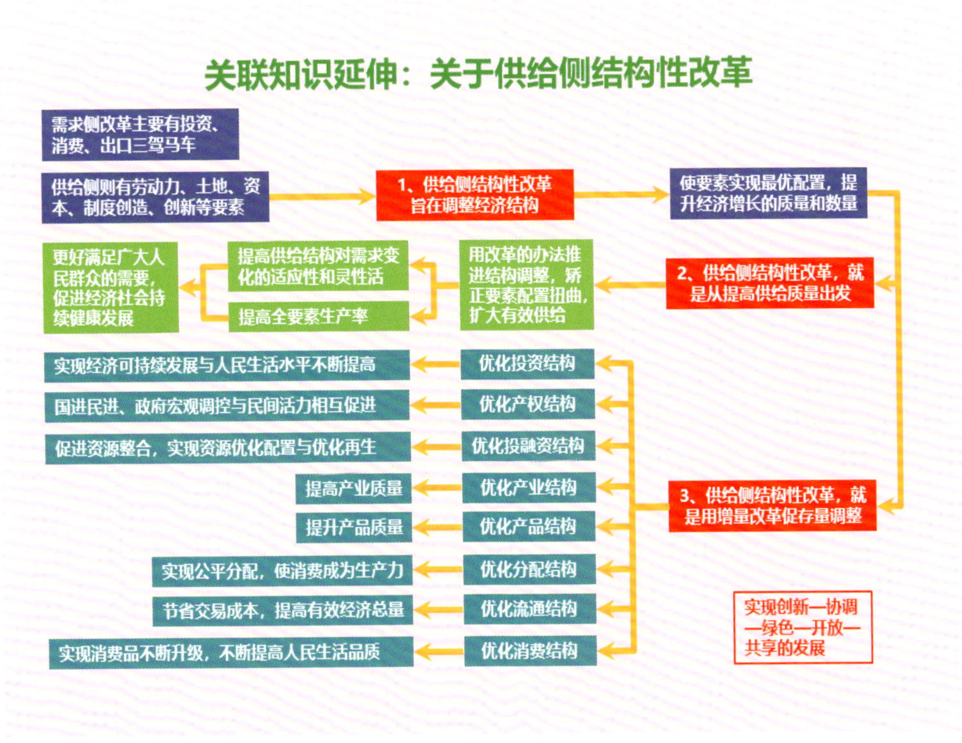
关联知识延伸：关于供给侧结构性改革
需求侧改革主要有投资、消费、出口三驾马车
供给侧则有劳动力、土地、资本、制度创造、创新等要素
1、供给侧结构性改革旨在调整经济结构
使要素实现最优配置，提升经济增长的质量和数量
2、供给侧结构性改革，就是从提高供给质量出发
用改革的办法推进结构调整，矫正要素配置扭曲，扩大有效供给
提高供给结构对需求变化的适应性和灵活性
提高全要素生产率
更好满足广大人民群众的需要，促进经济社会持续健康发展
3、供给侧结构性改革，就是用增量改革促存量调整
优化投资结构
实现经济可持续发展与人民生活水平不断提高
优化产权结构
国进民进、政府宏观调控与民间活力相互促进
优化投融资结构
促进资源整合，实现资源优化配置与优化再生
优化产业结构
提高产业质量
优化产品结构
提升产品质量
优化分配结构
实现公平分配，使消费成为生产力
优化流通结构
节省交易成本，提高有效经济总量
优化消费结构
实现消费品不断升级，不断提高人民生活品质
实现创新—协调—绿色—开放—共享的发展

▲关联知识延伸：关于供给侧结构性改革

国务院办公厅印发《加快海关特殊监管区域整合优化方案》提出逐步将现有出口加工区、保税物流园区、跨境工业区、保税港区及符合条件的保税区整合为综合保税区；新设立的海关特殊监管区域统一命名为综合保税区。逐步统一海关特殊监管区域信息化管理系统，统一监管模式。

海关参照有关规定对综合保税区进行管理，执行保税港区的税收和外汇政策，集保税区、出口加工区、保税物流区、港口的功能于一身，可以发展国际中转、配送、采购、转口贸易和出口加工等业务。

海关对综合保税区实行封闭式管理，非自用的境外货物进入综合保税区，实行保税管理；境内其他地区货物进入保税区，视同出境；同时，外经贸、外汇管理部门也对综合保税区实行相对优惠的政策。企业在综合保税区开展口岸作业业务，海关等部门在园区内查验货物后，货物可在任何口岸(海港或空港)转关出口，无须再开箱查验。

2.1 指导思想

以习近平新时代中国特色社会主义思想为指导，全面贯彻党的十九大和十九届二中、三中全会精神，统筹推进“五位一体”总体布局和协调推进“四个全面”战略布局，按照党中央、国务院决策部署，坚持稳中求进工作总基调，坚持新发展理念，坚持高质量发展，以供给侧结构性改革为主线，深入推进“放管服”改革，解放思想，创新发展，赋予综合保税区改革开放新使命，打造具有国际竞争力和创新力的海关特殊监管区域。

2.2 指导原则

坚持深化改革，简政放权。进一步健全综合监管体系，持续改善营商环境和创新环境，有效降低市场运行成本，充分激发市场活力。

坚持对标国际，开放引领。对标国际先进水平，注重要素整合和产业配套，深度融入国际产业链、价值链、供应链，更好地统筹利用国际国内两个市场、两种资源，培育和提升国际竞争新优势。

坚持创新驱动，转型升级。推动综合保税区优化产业结构，支持和鼓励新技术、新产业、新业态、新模式发展。

坚持质量第一，效益优先。适应经济新常态下发展新变化，尊重市场规律，因势利导，量质并举，充分发挥综合保税区辐射带动作用。

重点内容解读：关于海关促进优化口岸营商环境

3 月 28 日，广州海关对外发布提时效、降成本、减单证、优流程等 4 个方面 25 项进一步优化口岸营商环境、提升跨境贸易便利化水平的服务措施。

（1）快！为进出口货物通关提速

在 2018 年整体通关时间压缩过半，2019 年年初持续压缩的基础上，此次广州海关又推出 9 项与进一步压缩进出口货物通关时间相关的措施，包括：加快报关单处理效率，

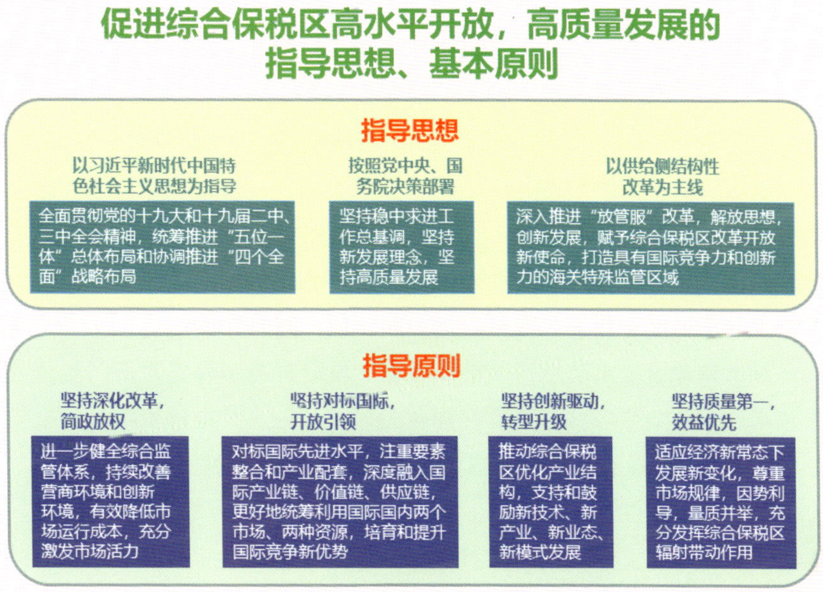
促进综合保税区高水平开放，高质量发展的指导思想、基本原则
指导思想
以习近平新时代中国特色社会主义思想为指导
全面贯彻党的十九大和十九届二中、三中全会精神，统筹推进“五位一体”总体布局和协调推进“四个全面”战略布局
按照党中央、国务院决策部署
坚持稳中求进工作总基调，坚持新发展理念，坚持高质量发展
以供给侧结构性改革为主线
深入推进“放管服”改革，解放思想，创新发展，赋予综合保税区改革开放新使命，打造具有国际竞争力和创新力的海关特殊监管区域
指导原则
坚持深化改革，简政放权
进一步健全综合监管体系，持续改善营商环境和创新环境，有效降低市场运行成本，充分激发市场活力
坚持对标国际，开放引领
对标国际先进水平，注重要素整合和产业配套，深度融入国际产业链、价值链、供应链，更好地统筹利用国际国内两个市场、两种资源，培育和提升国际竞争新优势
坚持创新驱动，转型升级
推动综合保税区优化产业结构，支持和鼓励新技术、新产业、新业态、新模式发展
坚持质量第一，效益优先
适应经济新常态下发展新变化，尊重市场规律，因势利导，量质并举，充分发挥综合保税区辐射带动作用

▲促进综合保税区高水平开放，高质量发展的指导思想、基本原则

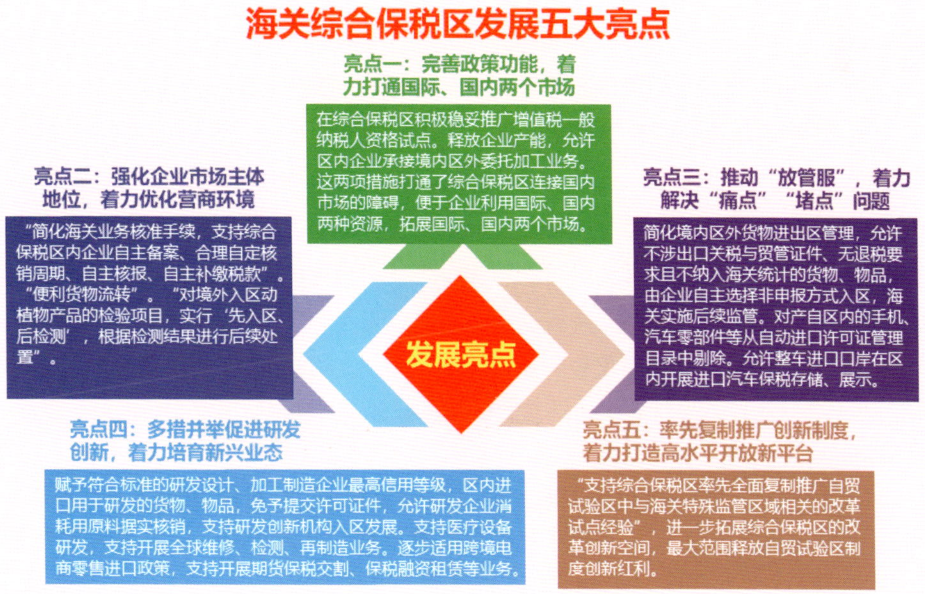
海关综合保税区发展五大亮点
亮点一：完善政策功能，着力打通国际、国内两个市场
在综合保税区积极稳妥推广增值税一般纳税人资格试点。释放企业产能，允许区内企业承接境内区外委托加工业务。这两项措施打通了综合保税区连接国内市场的障碍，便于企业利用国际、国内两种资源，拓展国际、国内两个市场。
亮点二：强化企业市场主体地位，着力优化营商环境
“简化海关业务核准手续，支持综合保税区内企业自主备案、合理自定核销周期、自主核报、自主补缴税款”。“便利货物流转”。“对境外入区动植物产品的检验项目，实行‘先入区、后检测’，根据检测结果进行后续处置”。
亮点三：推动“放管服”，着力解决“痛点”“堵点”问题
简化境内区外货物进出区管理，允许不涉出口关税与贸管证件、无退税要求且不纳入海关统计的货物、物品，由企业自主选择非申报方式入区，海关实施后续监管。对产自区内的手机、汽车零部件等从自动进口许可证管理目录中剔除。允许整车进口口岸在区内开展进口汽车保税存储、展示。
发展亮点
亮点四：多措并举促进研发创新，着力培育新兴业态
赋予符合标准的研发设计、加工制造企业最高信用等级，区内进口用于研发的货物、物品，免予提交许可证件，允许研发企业消耗用原料据实核销，支持研发创新机构入区发展。支持医疗设备研发，支持开展全球维修、检测、再制造业务。逐步适用跨境电商零售进口政策，支持开展期货保税交割、保税融资租赁等业务。
亮点五：率先复制推广创新制度，着力打造高水平开放新平台
“支持综合保税区率先全面复制推广自贸试验区中与海关特殊监管区域相关的改革试点经验”，进一步拓展综合保税区的改革创新空间，最大范围释放自贸试验区制度创新红利。

▲海关综合保税区发展五大亮点

当日申报、具备放行条件的报关单当日完成放行手续；进口货物“提前申报”比率提高到40%以上；南沙、机场等监管现场实现全年365天常态化通关；加快货物查验和后续处置效率，加大非侵入式查验比例；实现机检查验比率不低于60%，对查验后仅需改单放行的货物“先放后改”；对进口铁矿、锰矿、铬矿，铅矿及其精矿，锌矿及其精矿等实行“先验放后检测”检验监管方式；对供港澳食品农产品推行直通放行制度；建立广州空港综合技术快速检测中心等。

（2）降！减轻企业进出口成本

此次广州海关推出进一步降低企业进出口成本的措施有3项，分别是：更大范围内推动政府支付服务费改革，将关区内所有口岸检验检疫作业没有问题的货物吊装、装卸费用等纳入口岸查验配套服务费改革范围。配合地方口岸管理部门规范公开口岸收费目录清单，加强口岸收费检查。在深化关检业务融合、推进货物报关报检“一次申报”的基础上，推动整合降低报关报检服务和检疫处理费用。

（3）简！通关全程线上办理

在前期已落实海关总署简化整合进口申报随附单证部署的基础上，广州海关此次推出4项措施精简进出口通关所需单证资料，实现通关全程无纸化和“线上”办理，它们是：精简申报单证，取消企业相关清单、发票及纸质报关委托书，海关审核确有需要时，企业以无纸化方式提供；推动口岸物流信息化，支持辖区口岸实现物流信息电子化流转，进出口企业“一站式”在线办理通关手续，减少单证流转环节和时间；简化进口免予3C认证的证明验核程序，对目的地为广州关区、凭免办3C证明进口的汽车零部件产品，取消纸质验核程序；全面推广“单一窗口”标准版应用功能，2019年年底海运、空运货物报关申报、运输工具申报、舱单申报三项主要功能应用覆盖率达到100%，实现企业通过“单一窗口”自助打印出口原产地证书，推广自行打印《海关专用缴款书》。

（4）优！创新便利通关模式

此次广州海关出台9项措施优化通关流程，支持地方特色产业发展，努力打造具有国际竞争力的通关模式，主要是：对进出口货物的监管时空实现“前推后移”；将归类、审价、原产地等疑难问题以及商品检验检测尽量在货物现场通关前后处理；优化监管流程，打造白云机场综合保税区集中查验中心；推进完善粤港跨境货栈模式，实现香港机场与南沙保税港区、顺德国通保税物流中心一站式“空陆联运”；为广州国际会展业、生物医药产业、从化马匹产业、粤港澳游艇自由行分别“量身定做”相应的监管模式。

3 国家对促进综合保税区高水平开放，高质量发展提出的目标、实施要求各是什么？——推动综合保税区发展成为具有影响力的“五大中心”，并为此要切实强化组织领导，加强协同配合，认真落实任务分工。

3.1 发展目标

对标高质量发展要求，完善政策，拓展功能，创新监管，培育综合保税区产业配套、

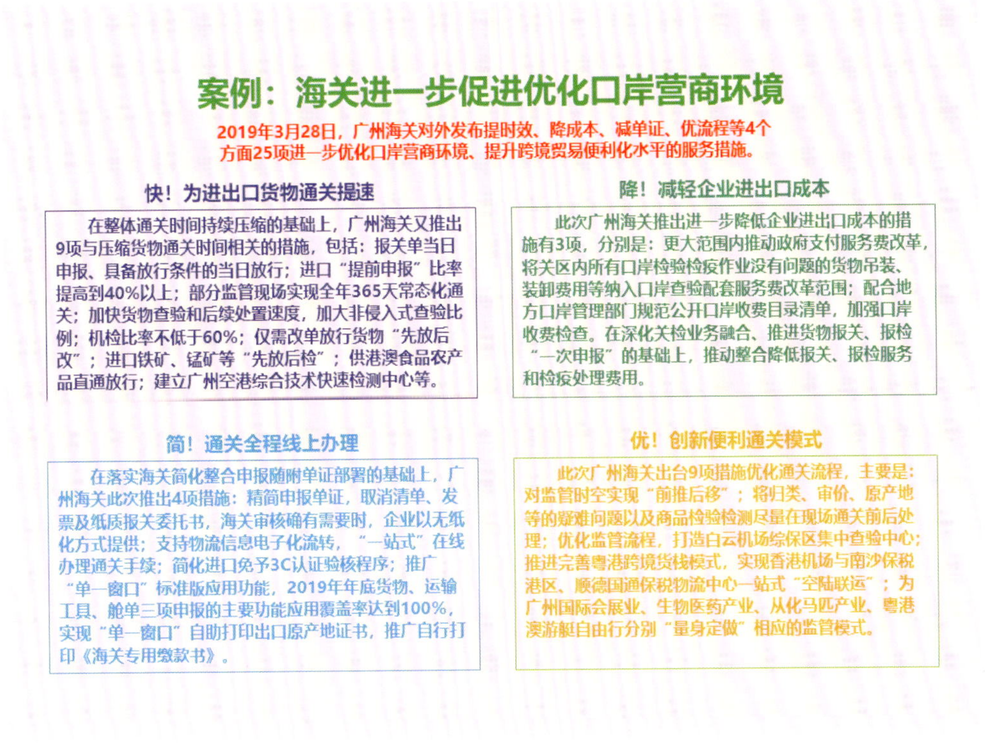

案例：海关进一步促进优化口岸营商环境

2019年3月28日，广州海关对外发布提时效、降成本、减单证、优流程等4个方面25项进一步优化口岸营商环境、提升跨境贸易便利化水平的服务措施。

快！为进出口货物通关提速

在整体通关时间持续压缩的基础上，广州海关又推出9项与压缩货物通关时间相关的措施，包括：报关单当日申报、具备放行条件的当日放行；进口“提前申报”比率提高到40%以上；部分监管现场实现全年365天常态化通关；加快货物查验和后续处置速度，加大非侵入式查验比例；机检比率不低于60%；仅需改单放行货物“先放后改”；进口铁矿、锰矿等“先放后检”；供港澳食品农产品直通放行；建立广州空港综合技术快速检测中心等。

降！减轻企业进出口成本

此次广州海关推出进一步降低企业进出口成本的措施有3项，分别是：更大范围内推动政府支付服务费改革，将关区内所有口岸检验检疫作业没有问题的货物吊装、装卸费用等纳入口岸查验配套服务费改革范围；配合地方口岸管理部门规范公开口岸收费目录清单，加强口岸收费检查。在深化关检业务融合、推进货物报关、报检“一次申报”的基础上，推动整合降低报关、报检服务和检疫处理费用。

简！通关全程线上办理

在落实海关简化整合申报随附单证部署的基础上，广州海关此次推出4项措施：精简申报单证，取消清单、发票及纸质报关委托书，海关审核确有需要时，企业以无纸化方式提供；支持物流信息电子化流转，“一站式”在线办理通关手续；简化进口免予3C认证验核程序；推广“单一窗口”标准版应用功能，2019年年底货物、运输工具、舱单三项申报的主要功能应用覆盖率达到100%，实现“单一窗口”自助打印出口原产地证书，推广自行打印《海关专用缴款书》。

优！创新便利通关模式

此次广州海关出台9项措施优化通关流程，主要是：对监管时空实现“前推后移”；将归类、审价、原产地等的疑难问题以及商品检验检测尽量在现场通关前后处理；优化监管流程，打造白云机场综保区集中查验中心；推进完善粤港跨境货栈模式，实现香港机场与南沙保税港区、顺德国通保税物流中心一站式“空陆联运”；为广州国际会展业、生物医药产业、从化马匹产业、粤港澳游艇自由行分别“量身定做”相应的监管模式。

▲案例：海关进一步促进优化口岸营商环境

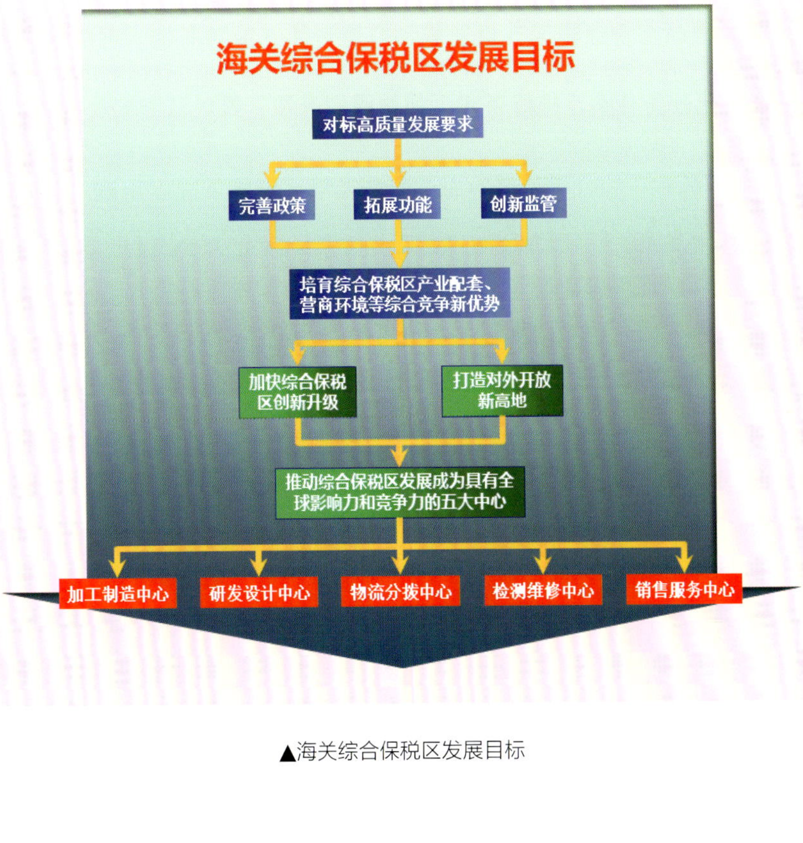

▲海关综合保税区发展目标

营商环境等综合竞争新优势。加快综合保税区创新升级，打造对外开放新高地，推动综合保税区发展成为具有全球影响力和竞争力的加工制造中心、研发设计中心、物流分拨中心、检测维修中心、销售服务中心。

3.2 实施要求

各地区各有关部门要充分认识促进综合保税区高水平开放高质量发展、打造全面深化改革开放新高地的重要意义，切实强化组织领导，加强协同配合，积极推动本意见贯彻落实。

海关总署要继续做好牵头工作，进一步优化区域布局，发挥东部地区创新引领作用，促进中西部地区承接加工贸易产业转移，提高开放水平。要继续促进海关特殊监管区域整合提升，推动符合条件的各类型海关特殊监管区域优化为综合保税区。要加大统筹协调力度，会同有关部门建立完善促进综合保税区发展的部门协调机制。要深入推进“放管服”改革，简化综合保税区设立、整合的审核和验收程序，加强安全准入监管和事中事后监督。

国务院有关部门要增强大局意识，积极配合，全力支持，认真落实任务分工。支持综合保税区制度创新，率先全面复制推广自贸试验区相关改革试点经验，实行高水平的贸易和投资自由化、便利化政策，积极营造一流的营商环境，进一步提高综合保税区发展质量，协同打造开放型经济新高地。

各省、自治区、直辖市人民政府作为综合保税区的申请设立、规划建设和运行管理主体，要切实落实主体责任，强化安全监管，加强管理，优化服务，促进综合保税区高水平开放、高质量发展。

4 为大力推动综合保税区升级发展和打造对外开放新高地，海关应采取哪些落实措施？

——细化任务分解，抓好落实，加快转型升级，推进监管制度创新。

党中央、国务院对综合保税区等海关特殊监管区域发展高度重视。国务院这次专门出台的《若干意见》，是当前和今后一个时期综合保税区升级发展的重要指导性文件，政策性强，含金量高，涉及面广，给地方政府和企业带来了新的重大发展机遇，中央领导、各地政府和广大企业对此都寄予了很高期望。这个《若干意见》的出台很不容易，要落实好更不容易。海关要切实发挥好牵头作用，加强协调推进，着力把政策落到实处，促进综合保税区高水平开放、高质量发展。

4.1 细化任务分解，抓好《若干意见》的落实

海关总署各部门要认真做好《若干意见》任务的分工，细化工作措施，列出工作进度表，对账销号抓落实。各直属海关单位要主动担当、积极作为，会同地方政府抓好《若干意见》的实施，提高综合保税区运行效益和发展质量。

4.2 进一步加快转型升级，促进综合保税区整合提升

现有的 96 个综合保税区要加快推进落实《若干意见》的各项政策措施。对尚未整

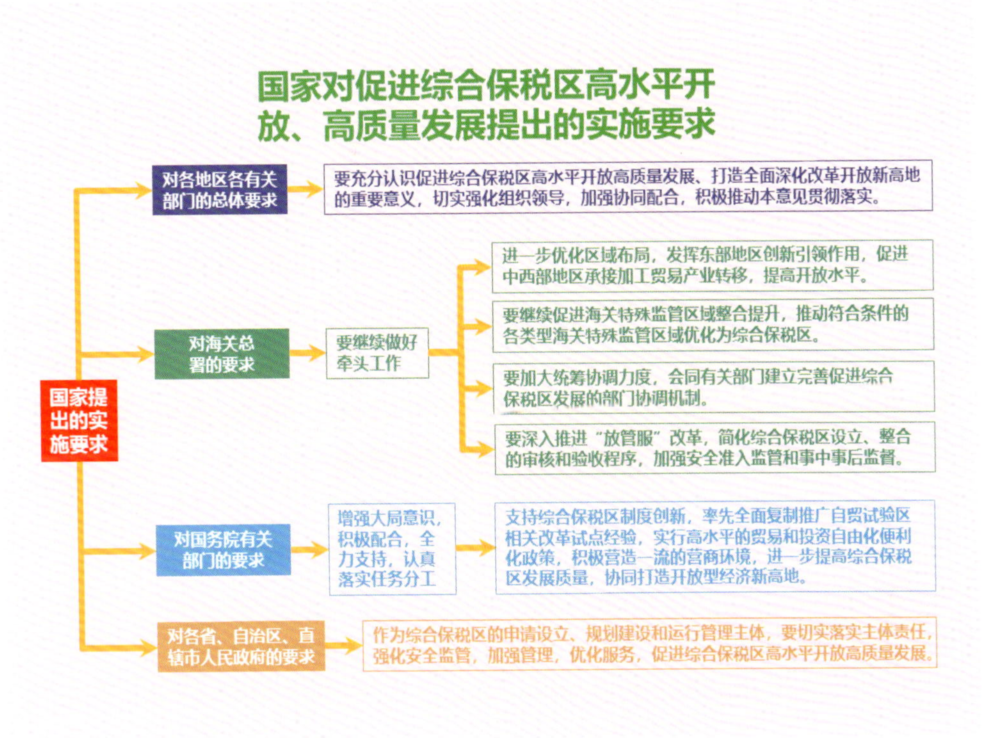
国家对促进综合保税区高水平开放、高质量发展提出的实施要求
国家提出的实施要求
对各地区各有关部门的总体要求
要充分认识促进综合保税区高水平开放高质量发展、打造全面深化改革开放新高地的重要意义，切实强化组织领导，加强协同配合，积极推动本意见贯彻落实。
对海关总署的要求
要继续做好牵头工作
进一步优化区域布局，发挥东部地区创新引领作用，促进中西部地区承接加工贸易产业转移，提高开放水平。
要继续促进海关特殊监管区域整合提升，推动符合条件的各类型海关特殊监管区域优化为综合保税区。
要加大统筹协调力度，会同有关部门建立完善促进综合保税区发展的部门协调机制。
要深入推进“放管服”改革，简化综合保税区设立、整合的审核和验收程序，加强安全准入监管和事中事后监督。
对国务院有关部门的要求
增强大局意识，积极配合，全力支持，认真落实任务分工
支持综合保税区制度创新，率先全面复制推广自贸试验区相关改革试点经验，实行高水平的贸易和投资自由化便利化政策，积极营造一流的营商环境，进一步提高综合保税区发展质量，协同打造开放型经济新高地。
对各省、自治区、直辖市人民政府的要求
作为综合保税区的申请设立、规划建设和运行管理主体，要切实落实主体责任，强化安全监管，加强管理，优化服务，促进综合保税区高水平开放高质量发展。

▲国家对促进综合保税区高水平开放、高质量发展提出的实施要求

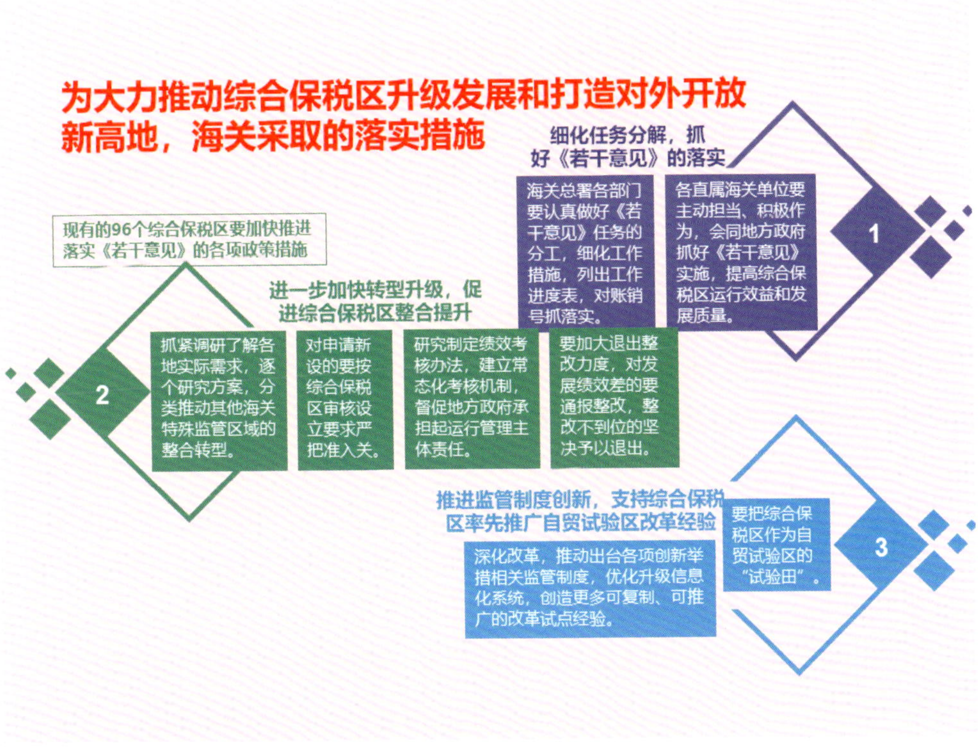
为大力推动综合保税区升级发展和打造对外开放新高地，海关采取的落实措施
细化任务分解，抓好《若干意见》的落实
海关总署各部门要认真做好《若干意见》任务的分工，细化工作措施，列出工作进度表，对账销号抓落实。
各直属海关单位要主动担当、积极作为，会同地方政府抓好《若干意见》实施，提高综合保税区运行效益和发展质量。
1
现有的96个综合保税区要加快推进落实《若干意见》的各项政策措施
进一步加快转型升级，促进综合保税区整合提升
2
抓紧调研了解各地实际需求，逐个研究方案，分类推动其他海关特殊监管区域的整合转型。
对申请新设的要按综合保税区审核设立要求严把准入关。
研究制定绩效考核办法，建立常态化考核机制，督促地方政府承担起运行管理主体责任。
要加大退出整改力度，对发展绩效差的要通报整改，整改不到位的坚决予以退出。
推进监管制度创新，支持综合保税区率先推广自贸试验区改革经验
深化改革，推动出台各项创新举措相关监管制度，优化升级信息化系统，创造更多可复制、可推广的改革试点经验。
要把综合保税区作为自贸试验区的“试验田”。
3

▲为大力推动综合保税区升级发展和打造对外开放新高地，海关采取的落实措施

合转型的海关特殊监管区域，要抓紧调研了解各地实际需求，逐个研究方案，分类推动整合；对申请新设的要按综合保税区审核设立要求严把准入关。要研究制定绩效考核办法，建立常态化考核机制，督促地方政府承担起运行管理主体责任，把综合保税区建设好、发展好。要加大退出整改力度，对发展绩效差的要通报整改，整改不到位的坚决予以退出。

4.3 大力推进监管制度创新，支持综合保税区率先推广自贸试验区改革经验

要把综合保税区作为自贸试验区的“试验田”，深化改革，推动出台各项创新举措相关监管制度，优化升级信息化系统，创造更多可复制、可推广的改革试点经验。

第二节 促进综合保税区高水平开放、高质量发展的工作任务与推进措施

《若干意见》共提出了21项具体任务举措，着力培育综合保税区在产业配套、营商环境等方面的综合竞争新优势，推动综合保税区发展成为具有全球影响力和竞争力的加工制造中心、研发设计中心、物流分拨中心、检测维修中心、销售服务中心等“五大中心”。海关将协调商务部等其他部委加快推进相关工作任务，特别是其他部委牵头任务的推进落实。

1 **《若干意见》在统筹两个市场，打造加工制造中心方面提出了哪些工作任务？拟解决什么问题？有怎样的预期效益？**
——在拓展两个市场、提前适用政策、释放企业产能、促进便利内销、强化市场主体地位的过程中解决问题，实现预期效益。

1.1 拓展两个市场（国家税务总局、财政部、海关总署负责）

1.1.1 工作任务

积极稳妥地在综合保税区推广增值税一般纳税人资格试点。

1.1.2 拟解决问题

一是区内企业向境内区外的企业销售产品，可以直接向对方开具增值税专用发票，对方可以获得抵扣。二是区内企业从境内区外企业购买原材料或者承接区外委托加工的业务，可以向对方索取增值税专用发票，这样可以用于抵扣。

1.1.3 预期效益

基于这样的政策设计，海关综合保税区内的企业“跟国内做生意”更加便利，同时企业开展“两头在外”的业务，在这个政策设计下仍然不受影响，从而较好地满足了企业开拓国际、国内两个市场和利用两种资源的诉求。

重点内容解读：海关特殊监管区域增值税一般纳税人资格认定的变化

一般纳税人是指年应征增值税销售额（以下简称年应税销售额，包括一个公历年度内的全部应税销售额）超过财政部规定的小规模纳税人标准的企业和企业性单位。

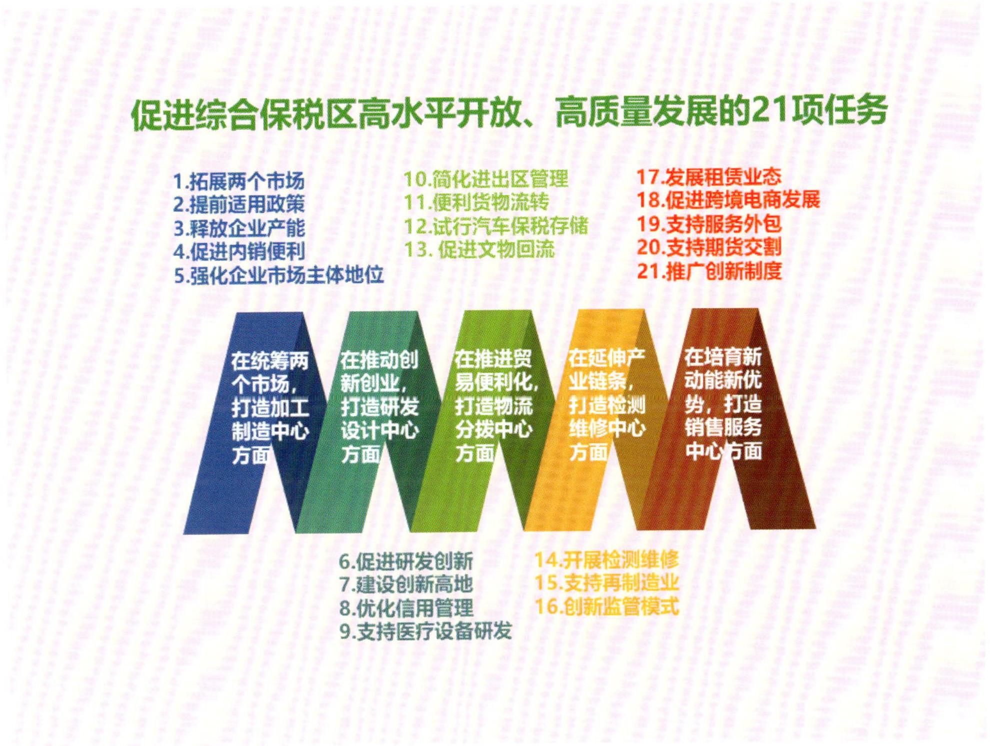
促进综合保税区高水平开放、高质量发展的21项任务
1.拓展两个市场
2.提前适用政策
3.释放企业产能
4.促进内销便利
5.强化企业市场主体地位
10.简化进出区管理
11.便利货物流转
12.试行汽车保税存储
13. 促进文物回流
17.发展租赁业态
18.促进跨境电商发展
19.支持服务外包
20.支持期货交割
21.推广创新制度
在统筹两个市场，打造加工制造中心方面
在推动创新创业，打造研发设计中心方面
在推进贸易便利化，打造物流分拨中心方面
在延伸产业链条，打造检测维修中心方面
在培育新动能新优势，打造销售服务中心方面
6.促进研发创新
7.建设创新高地
8.优化信用管理
9.支持医疗设备研发
14.开展检测维修
15.支持再制造业
16.创新监管模式

▲促进综合保税区高水平开放、高质量发展的 21 项任务

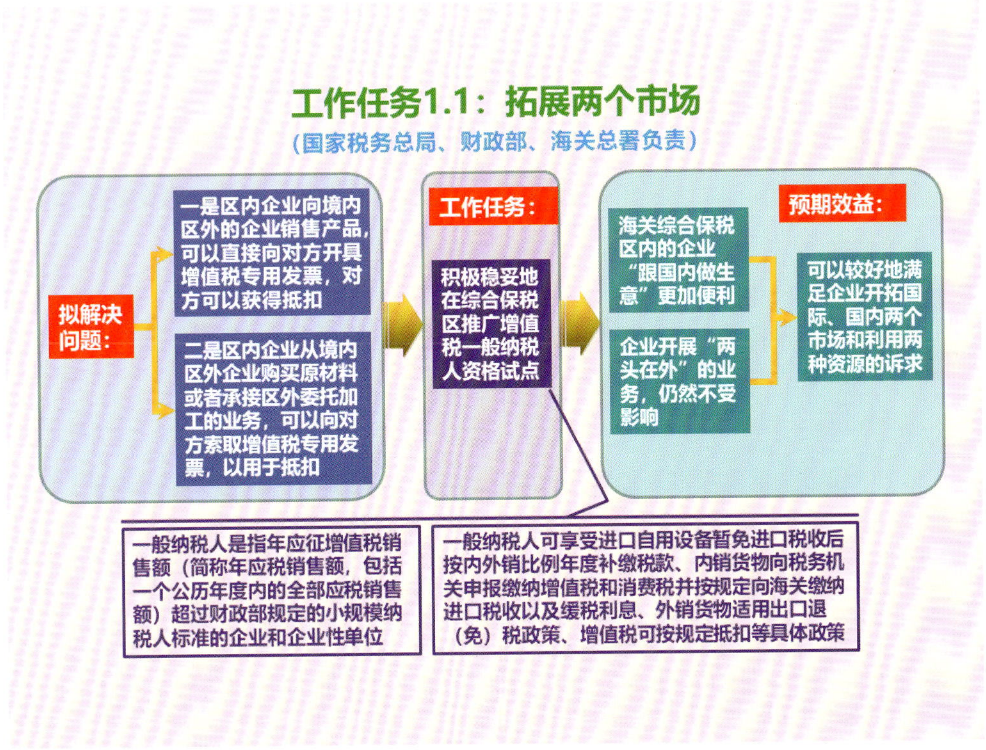
工作任务1.1：拓展两个市场
（国家税务总局、财政部、海关总署负责）
拟解决问题：
一是区内企业向境内区外的企业销售产品，可以直接向对方开具增值税专用发票，对方可以获得抵扣
二是区内企业从境内区外企业购买原材料或者承接区外委托加工的业务，可以向对方索取增值税专用发票，以用于抵扣
工作任务：
积极稳妥地在综合保税区推广增值税一般纳税人资格试点
预期效益：
海关综合保税区内的企业"跟国内做生意"更加便利
企业开展"两头在外"的业务，仍然不受影响
可以较好地满足企业开拓国际、国内两个市场和利用两种资源的诉求
一般纳税人是指年应征增值税销售额（简称年应税销售额，包括一个公历年度内的全部应税销售额）超过财政部规定的小规模纳税人标准的企业和企业性单位
一般纳税人可享受进口自用设备暂免进口税收后按内外销比例年度补缴税款、内销货物向税务机关申报缴纳增值税和消费税并按规定向海关缴纳进口税收以及缓税利息、外销货物适用出口退（免）税政策、增值税可按规定抵扣等具体政策

▲工作任务 1.1：拓展两个市场

一般纳税人的特点是增值税进项税额可以抵扣销项税额。

1990 年，上海外高桥保税区设立，成为首个海关特殊监管区域，保税区一如其英文名称“Free Trade Zone”一样，不断地放飞自我，陆续实行了能想到的各种优惠政策，如进口设备减免税、进口入区货物保税、出口货物入区退税、和贸易仓储分销以及现在上了国务院综合保税区政策头条的增值税一般纳税人资格。

1995 年，保税区入区出口退税政策被喊停，国家对特殊监管区域的发展模式发生了转向，自 2000 年批准设立出口加工区起，实行了真正的全封闭管理，所有与境内其他一般地区企业的往来视同进出口业务，需要报关。因此，此后各类型的特殊监管区域内企业就不再具有增值税一般纳税人的资格，领不到增值税发票。这使得区内企业与区外企业间除了围网和卡口的物理硬隔断外，又多了道财务上的软隔断，区内企业有了一个稳定的规范的政策高地，进口货物可以保税，国内入区的出口报关货物可以马上退税，这样加工贸易业态得以高速发展，世界工厂形成，成就了“中国制造”。但其弊端也逐渐显现，随着国际市场式微，国内市场的兴起，区内企业的经营被人为隔断，供应链的国内部分畅通不起来。

2016 年 10 月，国家税务总局、财政部、海关总署联合发文在上海、苏州、郑州、重庆等地的 7 个特殊监管区域又重新开始了增值税一般纳税人资格试点，试着打破特殊监管区域和其他地区间的“软、硬隔断”问题。2018 年 1 月，又有宁波、北京、福州等地的 17 个特殊监管区域扩大试点。2019 年 1 月底，试点再次扩大到海口、舟山、长沙等 24 个综合保税区，至此全国目前共有 48 个特殊监管区域被赋予试点，占了全国特殊监管区域数量的三分之一。

1.2 提前适用政策（海关总署、财政部、国家税务总局负责）

1.2.1 工作任务

自国务院批准设立综合保税区之日起，对入区企业进口自用的机器设备等，在确保海关有效监管的前提下，可按现行规定享受综合保税区税收政策。

1.2.2 拟解决问题

突破企业必须在综合保税区封关运作后才能享受政策优惠的限制，企业入驻区内后可尽快进口相关设备并进行安装调试等活动。

1.2.3 预期效益

此项工作推进落实后，新设综合保税区内企业将能提前适用相关免税政策，便于企业入驻区内后尽快进口相关设备并进行生产等经营活动。

重点内容解读：综合保税区的基本政策

（1）税收优惠政策

①基建物资及设备进口免征进口关税和进口环节税。

区内生产性的基础设施建设项目所需的机器、设备和建设生产厂房、仓储设施所需的基建物资免税；

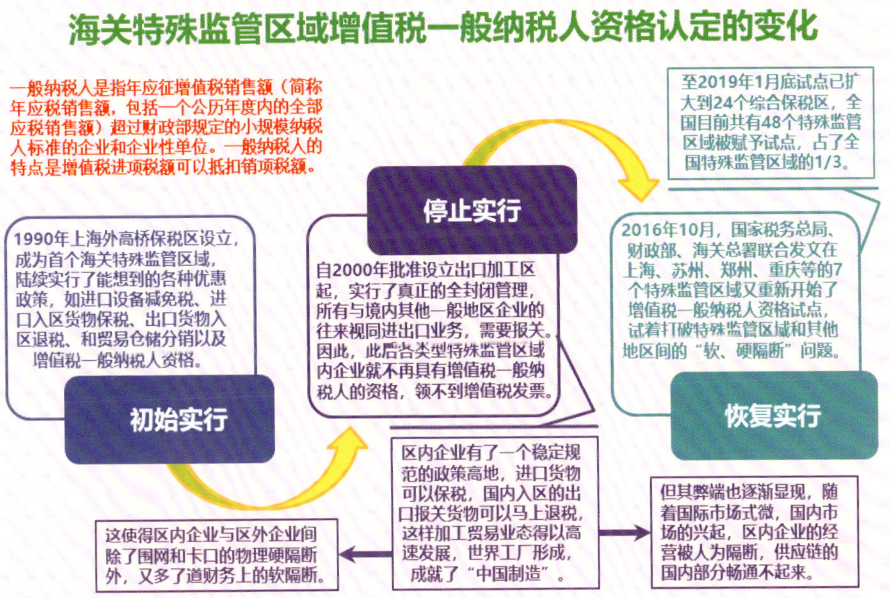
海关特殊监管区域增值税一般纳税人资格认定的变化
一般纳税人是指年应征增值税销售额（简称年应税销售额，包括一个公历年度内的全部应税销售额）超过财政部规定的小规模纳税人标准的企业和企业性单位。一般纳税人的特点是增值税进项税额可以抵扣销项税额。
1990年上海外高桥保税区设立，成为首个海关特殊监管区域，陆续实行了能想到的各种优惠政策，如进口设备减免税、进口入区货物保税、出口货物入区退税、和贸易仓储分销以及增值税一般纳税人资格。
初始实行
停止实行
自2000年批准设立出口加工区起，实行了真正的全封闭管理，所有与境内其他一般地区企业的往来视同进出口业务，需要报关。因此，此后各类型特殊监管区域内企业就不再具有增值税一般纳税人的资格，领不到增值税发票。
至2019年1月底试点已扩大到24个综合保税区，全国目前共有48个特殊监管区域被赋予试点，占了全国特殊监管区域的1/3。
2016年10月，国家税务总局、财政部、海关总署联合发文在上海、苏州、郑州、重庆等的7个特殊监管区域又重新开始了增值税一般纳税人资格试点，试着打破特殊监管区域和其他地区间的“软、硬隔断”问题。
恢复实行
区内企业有了一个稳定规范的政策高地，进口货物可以保税，国内入区的出口报关货物可以马上退税，这样加工贸易业态得以高速发展，世界工厂形成，成就了“中国制造”。
这使得区内企业与区外企业间除了围网和卡口的物理硬隔断外，又多了道财务上的软隔断。
但其弊端也逐渐显现，随着国际市场式微，国内市场的兴起，区内企业的经营被人为隔断，供应链的国内部分畅通不起来。

▲海关特殊监管区域增值税一般纳税人资格认定的变化

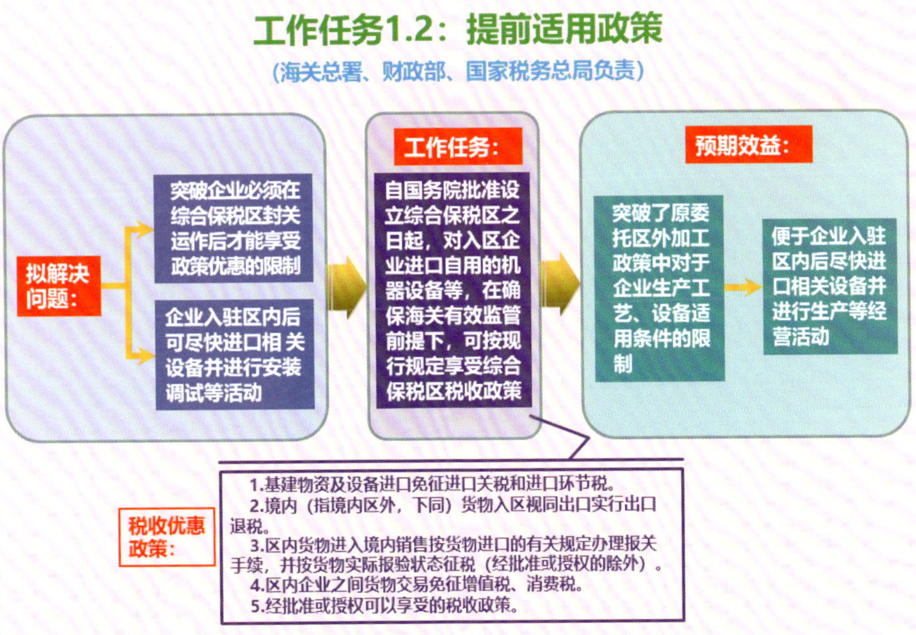
工作任务1.2：提前适用政策
（海关总署、财政部、国家税务总局负责）
拟解决问题：
突破企业必须在综合保税区封关运作后才能享受政策优惠的限制
企业入驻区内后可尽快进口相关设备并进行安装调试等活动
工作任务：
自国务院批准设立综合保税区之日起，对入区企业进口自用的机器设备等，在确保海关有效监管前提下，可按现行规定享受综合保税区税收政策
预期效益：
突破了原委托区外加工政策中对于企业生产工艺、设备适用条件的限制
便于企业入驻区内后尽快进口相关设备并进行生产等经营活动
税收优惠政策：
1.基建物资及设备进口免征进口关税和进口环节税。
2.境内（指境内区外，下同）货物入区视同出口实行出口退税。
3.区内货物进入境内销售按货物进口的有关规定办理报关手续，并按货物实际报验状态征税（经批准或授权的除外）。
4.区内企业之间货物交易免征增值税、消费税。
5.经批准或授权可以享受的税收政策。

▲工作任务 1.2：提前适用政策

区内企业生产所需的机器、设备、模具及其维修用零配件免税；

区内企业和行政管理机构自用合理数量的办公用品，区内企业从国外进口自用的机器、设备免税。

②境内（指境内区外，下同）货物入区视同出口实行出口退税。

③区内货物进入境内销售按货物进口的有关规定办理报关手续，并按货物实际报验状态征税（经批准或授权的除外）。

④区内企业之间货物交易免征增值税、消费税。

⑤经批准或授权可以享受的税收政策。

选择性征收关税政策。区内企业生产、加工并销往区外的保税货物，企业可以选择按其对应进口料件或者按实际报验状态缴纳进口关税。

跨境电子商务零售进口税收政策。区内企业开展跨境电子商务网购保税进口业务可以享受跨境电子商务零售进口税收政策。

赋予区内企业增值税一般纳税人资格政策。经批准试点的综合保税区内企业可自愿申请成为试点企业，并按规定办理增值税一般纳税人资格登记，自增值税一般纳税人资格生效之日起，可享受进口自用设备暂免进口税收后按内外销比例年度补缴税款、内销货物向税务机关申报缴纳增值税和消费税并按规定向海关缴纳进口税收以及缓税利息、外销货物适用出口退（免）税政策、增值税可按规定抵扣等具体政策。

经批准或授权的其他税收政策。

（2）贸易管制政策

除法律、行政法规和规章另有规定外，与境外之间进出的货物，不实行进出口配额、许可证件管理。

（3）保税监管政策

①区内保税存储货物不设存储期限。

②进口货物入区保税。

③区内企业之间保税货物可以自由流转。

（4）外汇政策

进出区（境内区外）货物可用外币或人民币结算。

1.3 释放企业产能（海关总署、商务部负责）

1.3.1 工作任务

允许综合保税区内加工制造企业利用剩余产能承接境内区外委托加工。

1.3.2 拟解决问题

委托加工业务对企业准入条件、生产工艺、设备适用条件等方面的限制，以及不允许综合保税区内加工企业利用剩余产能承接境内区外委托加工的限制。

1.3.3 预期效益

突破了原委托区外加工政策中对于企业生产工艺、设备适用条件的限制，可有效

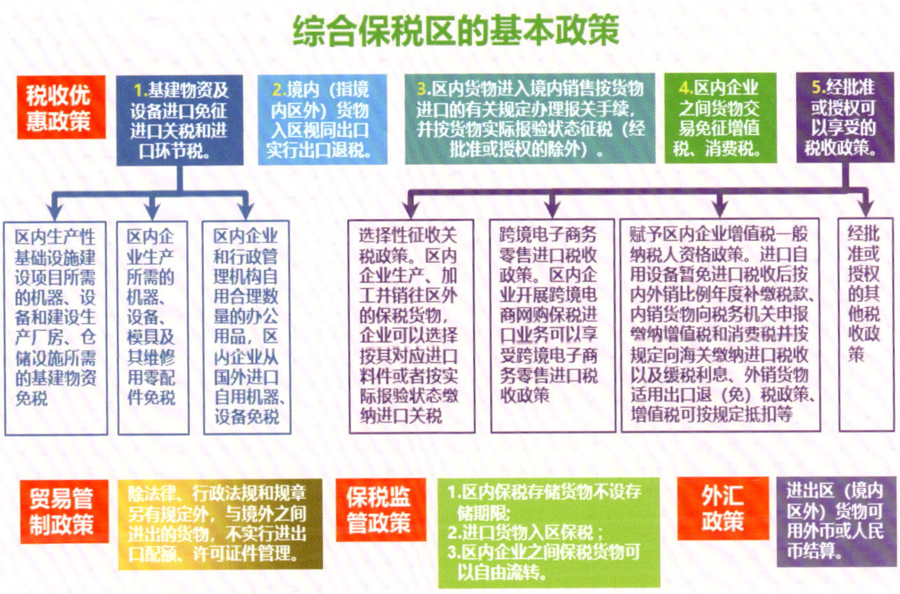
综合保税区的基本政策
税收优惠政策
1.基建物资及设备进口免征进口关税和进口环节税。
2.境内（指境内区外）货物入区视同出口实行出口退税。
3.区内货物进入境内销售按货物进口的有关规定办理报关手续，并按货物实际报验状态征税（经批准或授权的除外）。
4.区内企业之间货物交易免征增值税、消费税。
5.经批准或授权可以享受的税收政策。
区内生产性基础设施建设项目所需的机器、设备和建设生产厂房、仓储设施所需的基建物资免税
区内企业生产所需的机器、设备、模具及其维修用零配件免税
区内企业和行政管理机构自用合理数量的办公用品，区内企业从国外进口自用机器、设备免税
选择性征收关税政策。区内企业生产、加工并销往区外的保税货物，企业可以选择按其对应进口料件或者按实际报验状态缴纳进口关税
跨境电子商务零售进口税收政策。区内企业开展跨境电商网购保税进口业务可以享受跨境电子商务零售进口税收政策
赋予区内企业增值税一般纳税人资格政策。进口自用设备暂免进口税收后按内外销比例年度补缴税款、内销货物向税务机关申报缴纳增值税和消费税并按规定向海关缴纳进口税收以及缓税利息、外销货物适用出口退（免）税政策、增值税可按规定抵扣等
经批准或授权的其他税收政策
贸易管制政策
除法律、行政法规和规章另有规定外，与境外之间进出的货物，不实行进出口配额、许可证件管理。
保税监管政策
1.区内保税存储货物不设存储期限；
2.进口货物入区保税；
3.区内企业之间保税货物可以自由流转。
外汇政策
进出区（境内区外）货物可用外币或人民币结算。

▲综合保税区的基本政策

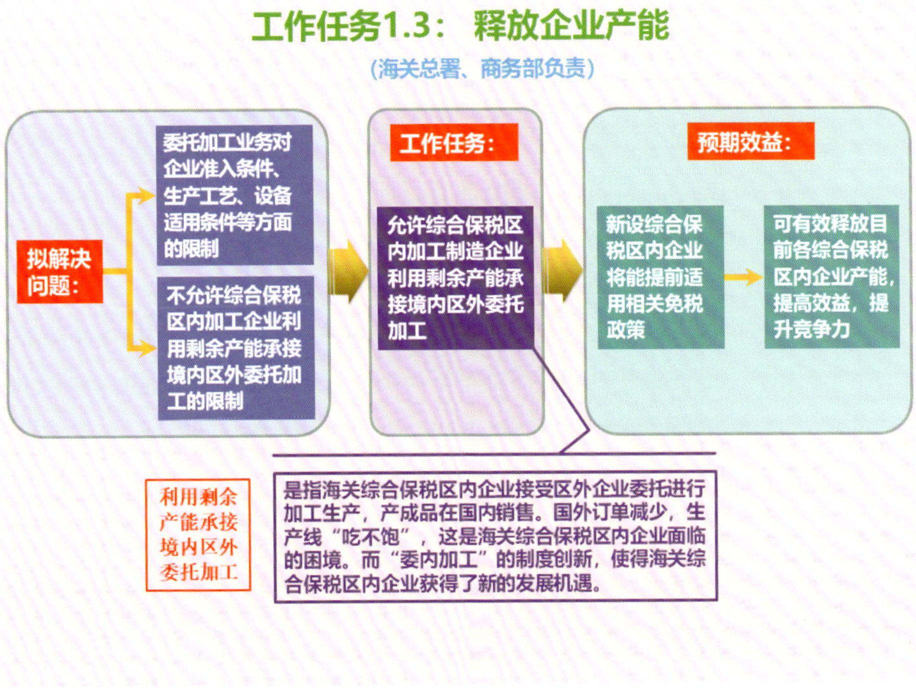
工作任务1.3：释放企业产能
（海关总署、商务部负责）
拟解决问题：
委托加工业务对企业准入条件、生产工艺、设备适用条件等方面的限制
不允许综合保税区内加工企业利用剩余产能承接境内区外委托加工的限制
工作任务：
允许综合保税区内加工制造企业利用剩余产能承接境内区外委托加工
预期效益：
新设综合保税区内企业将能提前适用相关免税政策
可有效释放目前各综合保税区内企业产能，提高效益，提升竞争力
利用剩余产能承接境内区外委托加工
是指海关综合保税区内企业接受区外企业委托进行加工生产，产成品在国内销售。国外订单减少，生产线“吃不饱”，这是海关综合保税区内企业面临的困境。而“委内加工”的制度创新，使得海关综合保税区内企业获得了新的发展机遇。

▲工作任务 1.3：释放企业产能

释放目前各综合保税区内企业产能，提高效益，提升竞争力。

1.4　促进内销便利（商务部、海关总署负责）

1.4.1 工作任务

将在综合保税区内生产制造的手机、汽车零部件等重点产品从自动进口许可证管理货物目录中剔除，便利企业内销。

1.4.2 拟解决问题

区内企业产品内销时，属于自动进口许可证管理的部分商品，区内企业在内销时，可不再需要申领自动进口许可证。

关联知识延伸：综合保税区的自动进口管理

（1）综合保税区自动进口许可证管理

除国家禁止、限制进出口货物、技术外的其他货物、技术，均属于自由进出口范围。

自由进出口货物、技术的进出口不受限制，但基于监测进出口情况的需要，国家对部分属于自由进口的货物实行自动进口许可管理，对自由进出口的技术实行技术进出口合同登记管理。

目前，我国自动进口许可管理只有自动进口许可证管理。进口属于自动进口许可管理的货物，进口经营者应当在办理海关报关手续前，向国务院相关主管部门提交自动进口许可申请，凭相关部门发放的自动进口许可的批准证件，向海关办理报关手续。自动进口许可证（自动进口许可机电产品除外）监管证件代码为“7”。机电产品自动进口许可证监管证件代码为“O”。加工贸易自动进口许可证监管证件代码为“v”。列入 2019 年自动进口许可证管理商品有 46 种。

按照上述规定，区内企业产品内销时，属于自动进口许可证管理的商品，原本也应当向海关出具自动进口许可证。而此次国务院印发《关于促进综合保税区高水平开放高质量发展的若干意见》，明确要求，将在综合保税区内生产制造的手机、汽车零部件等重点产品从自动进口许可证管理货物目录中剔除，区内企业产品内销时，属于自动进口许可证管理的这部分商品，可不再申领自动进口许可证。

1.4.3 预期效益

对于综合保税区内生产制造的手机、汽车零部件等重点产品出区内销，可等同于国内生产货物销售，无须申领自动进口许可证。企业可因此减少通关成本，扩大内销比例。同时，也有利于吸引更多区外企业进入区内开展业务。

1.5　强化企业市场主体地位（海关总署负责）

1.5.1 工作任务

简化海关业务核准手续，支持综合保税区内企业自主备案、合理自定核销周期、自主核报、自主补缴税款。

1.5.2 拟解决问题

企业办理电子账册备案手续较为烦琐，单项业务办理时间较长。申请核销尚需准

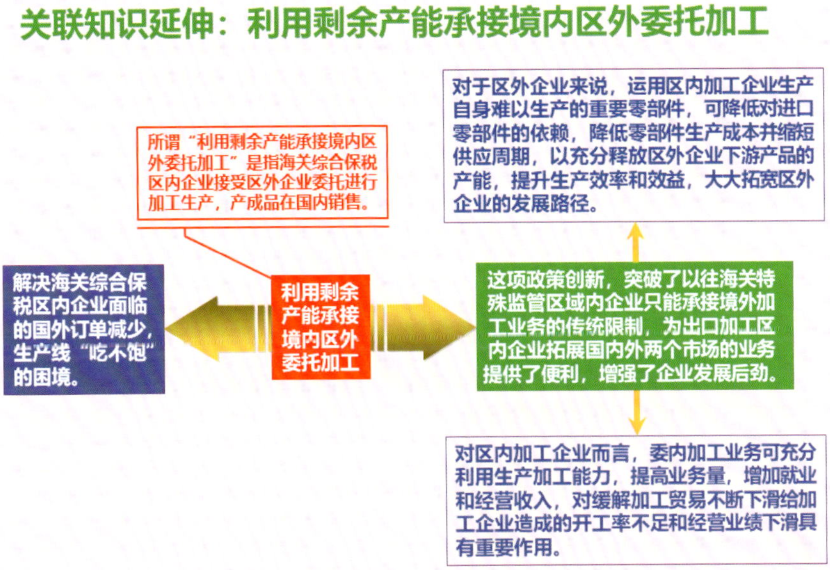
关联知识延伸：利用剩余产能承接境内区外委托加工
所谓“利用剩余产能承接境内区外委托加工”是指海关综合保税区内企业接受区外企业委托进行加工生产，产成品在国内销售。
对于区外企业来说，运用区内加工企业生产自身难以生产的重要零部件，可降低对进口零部件的依赖，降低零部件生产成本并缩短供应周期，以充分释放区外企业下游产品的产能，提升生产效率和效益，大大拓宽区外企业的发展路径。
解决海关综合保税区内企业面临的国外订单减少，生产线“吃不饱”的困境。
利用剩余产能承接境内区外委托加工
这项政策创新，突破了以往海关特殊监管区域内企业只能承接境外加工业务的传统限制，为出口加工区内企业拓展国内外两个市场的业务提供了便利，增强了企业发展后劲。
对区内加工企业而言，委内加工业务可充分利用生产加工能力，提高业务量，增加就业和经营收入，对缓解加工贸易不断下滑给加工企业造成的开工率不足和经营业绩下滑具有重要作用。

▲关联知识延伸：利用剩余产能承接境内区外委托加工

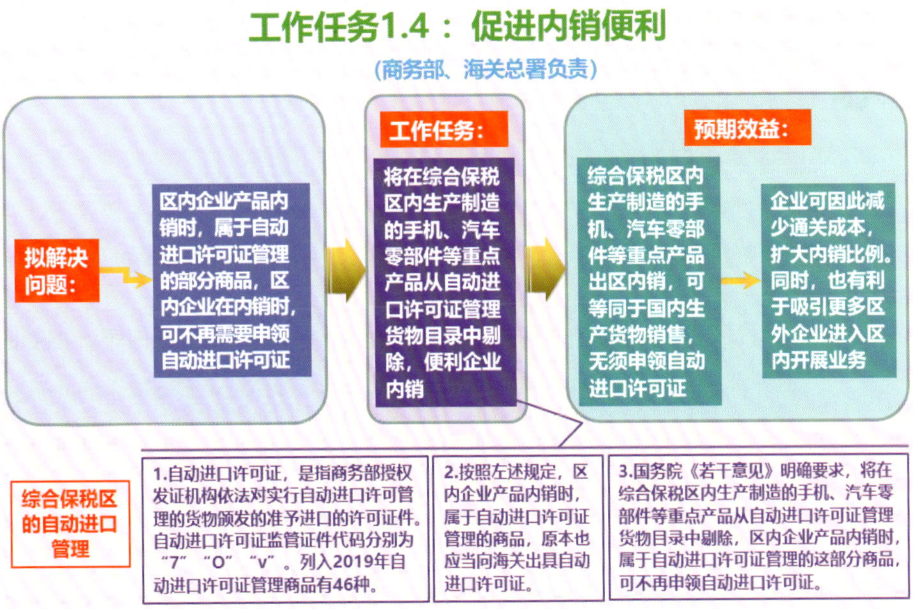
工作任务1.4：促进内销便利
（商务部、海关总署负责）
拟解决问题：
区内企业产品内销时，属于自动进口许可证管理的部分商品，区内企业在内销时，可不再需要申领自动进口许可证
工作任务：
将在综合保税区内生产制造的手机、汽车零部件等重点产品从自动进口许可证管理货物目录中剔除，便利企业内销
预期效益：
综合保税区内生产制造的手机、汽车零部件等重点产品出区内销，可等同于国内生产货物销售，无须申领自动进口许可证
企业可因此减少通关成本，扩大内销比例。同时，也有利于吸引更多区外企业进入区内开展业务
综合保税区的自动进口管理
1.自动进口许可证，是指商务部授权发证机构依法对实行自动进口许可管理的货物颁发的准予进口的许可证件。自动进口许可证监管证件代码分别为“7”“O”“v”。列入2019年自动进口许可证管理商品有46种。
2.按照左述规定，区内企业产品内销时，属于自动进口许可证管理的商品，原本也应当向海关出具自动进口许可证。
3.国务院《若干意见》明确要求，将在综合保税区内生产制造的手机、汽车零部件等重点产品从自动进口许可证管理货物目录中剔除，区内企业产品内销时，属于自动进口许可证管理的这部分商品，可不再申领自动进口许可证。

▲工作任务 1.4：促进内销便利

备大量纸质材料，并多次往返海关。

1.5.3 预期效益

“四自一简”监管创新在现行法规框架内最大限度地简化了企业办理的海关手续，优化了作业流程，在保障贸易安全的同时，强化企业自主管理责任，引导企业守法自律，探索建立与企业生产经营实际相适应的“进、出、转、存、销”保税监管体系，为企业减负、为海关减压，实现了“去繁就简”，对营造公平公正、竞争有序的市场环境发挥了积极作用。这一监管新模式下，企业办事手续更加简化，企业核销盘点工作效率明显提升。

2 《若干意见》在推动创新创业，打造研发设计中心方面提出了哪些工作任务？拟解决什么问题？有怎样的预期效益？——在促进研发创新、建设创新高地、优化信用管理、支持医疗设备研发的过程中解决问题，实现预期效益。

2.1 促进研发创新（海关总署、商务部等有关部门负责）

2.1.1 工作任务

除禁止进境的外，综合保税区内企业从境外进口且在区内用于研发的货物、物品，免予提交许可证件，进口的消耗性材料根据实际研发耗用核销。

2.1.2 拟解决问题

寻求改变区内企业每年都要花很长时间配合海关做保税研发业务的常规性核验方法，以及改变进口的消耗性材料按照一般业务标准补税的传统做法。

2.1.3 预期效益

简化了核验和补税的步骤，减少了税收和人力资源成本，有利于吸引一批技术研发企业入驻区内，服务于研发创新。

关联知识延伸：保税研发业务

保税作为一种国际通行的海关监管制度，是指企业进口的货物在海关监管下，在境内指定的场所进行包括但不限于储存、加工、装配等活动，并暂缓缴纳各种进口环节税费。

保税研发是指海关特殊监管区内的企业在研发产品生产的过程中，因无成熟和耗用稳定的配方，且无法适用常规生产性物料的记录方法与海关后期核查，经海关认可，对用作研发的进口原材料可以按实际耗用状态据实核销，免予征税，并在海关保税管理下开展的研发创新活动。

发展保税研发业务的意义：可以减缓企业资金压力，大幅降低研发运营风险，扩大研发规模；可以推动贸易便利化 、缩短研发周期、提升研发实效，推动中间产品和高技术复杂产品出口从而助力经济发展；可以通过吸引 FDI（外国直接投资）和加工贸易转型升级而推动出口技术复杂度较高的产品；可以推动融入全球价值链从而升级产业结构。

保税研发业务的创新发展，有助于发挥海关特殊监管区的特殊区域政策优势，推动区内企业从加工制造向研发 设计、检测维修、售后服务等两端延伸，促进生产性服

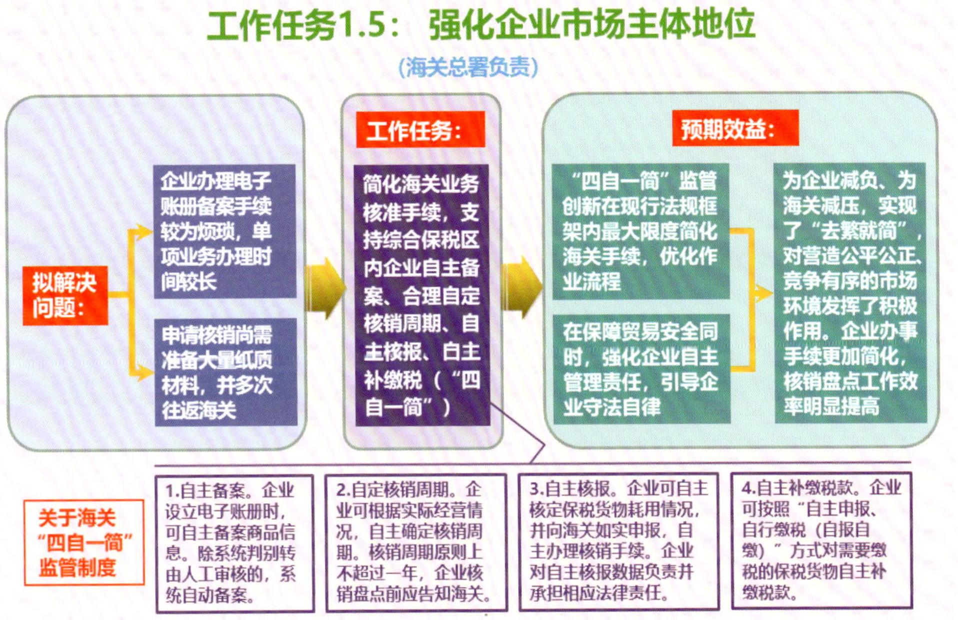
工作任务1.5： 强化企业市场主体地位
（海关总署负责）
拟解决问题：
企业办理电子账册备案手续较为烦琐，单项业务办理时间较长
申请核销尚需准备大量纸质材料，并多次往返海关
工作任务：
简化海关业务核准手续，支持综合保税区内企业自主备案、合理自定核销周期、自主核报、自主补缴税（“四自一简”）
预期效益：
“四自一简”监管创新在现行法规框架内最大限度简化海关手续，优化作业流程
在保障贸易安全同时，强化企业自主管理责任，引导企业守法自律
为企业减负、为海关减压，实现了“去繁就简”，对营造公平公正、竞争有序的市场环境发挥了积极作用。企业办事手续更加简化，核销盘点工作效率明显提高
关于海关“四自一简”监管制度
1.自主备案。企业设立电子账册时，可自主备案商品信息。除系统判别转由人工审核的，系统自动备案。
2.自定核销周期。企业可根据实际经营情况，自主确定核销周期。核销周期原则上不超过一年，企业核销盘点前应告知海关。
3.自主核报。企业可自主核定保税货物耗用情况，并向海关如实申报，自主办理核销手续。企业对自主核报数据负责并承担相应法律责任。
4.自主补缴税款。企业可按照“自主申报、自行缴税（自报自缴）”方式对需要缴税的保税货物自主补缴税款。

▲工作任务 1.5：强化企业市场主体地位

工作任务2.1： 促进研发创新
（海关总署、商务部等有关部门负责）
拟解决问题：
寻求改变区内企业每年都要花很长时间配合海关做保税研发业务的常规性核验
改变进口消耗性材料按照一般业务标准补税的传统做法
工作任务：
除禁止进境的外，综合保税区内企业从境外进口且在区内用于研发的货物、物品，免予提交许可证件，进口的消耗性材料根据实际研发耗用核销
预期效益：
简化了核验和补税的步骤，减少了税收和人力资源成本
有利于吸引一批技术研发企业入驻区内，服务于研发创新
保税研发业务的含义
是指海关特殊监管区内企业在研发产品生产过程中，因无成熟和耗用稳定的配方，且无法适用常规生产性物料的记录方法与海关后期核查，经海关认可，对用作研发的进口原材料可以按实际耗用状态据实核销，免予征税，并在海关保税管理下开展的研发创新活动。

▲工作任务 2.1：促进研发创新

务业发展；通过吸引研发型企业入驻特殊监管区，发挥集聚效应，推动特殊监管区立足于高新技术产业集群，充分提升区域综合服务功能，打造开放型经济发展的新平台。

“保税研发”业务的海关管理可参阅“支持综合保税区内企业在综合保税区开展保税研发业务的新规定”（本书第 242 页）

2.2 建设创新高地（发展改革委、科技部、海关总署负责）

2.2.1 工作任务

综合运用综合保税区政策功能优势，支持国家产业创新中心、国家技术创新中心、国家工程研究中心、新型研发机构等研发创新机构在综合保税区发展。

2.2.2 拟解决问题

与制造业相关联的研发、销售、结算、维修等生产性服务业发展还不充分，跨境电子商务、融资租赁、期货保税交割等“保税 +”新模式、新业态规模还不大。

2.2.3 预期效益

此项政策有利于推动综合保税区内产业从加工物流为主向保税服务为主转变。

关联知识延伸：综合保税区研发创新机构

（1）综合保税区研发创新机构的含义

这是指在海关特殊监管区内设立的独立或非独立的具有自主研发能力的技术创新组织载体。研发创新机构是企业技术创新的基础平台，是全面提高自主创新能力的中坚力量。

（2）建立研发创新机构的意义

综合运用综合保税区政策功能优势，支持研发创新机构在综合保税区发展，有利于充分发挥企业在技术创新中的主体作用，体现政府引导，鼓励企业建立健全以“企业研发机构”等形式为主的自主研发机构；提高企业技术创新能力，推进产学研科技合作，为企业产品升级和规模化生产提供技术支撑，强化科技成果研发和转化。

（3）各类型研发创新机构的主要任务

①为企业开发适销对路的新产品；应用高新技术对企业的传统工艺技术进行改造提升；对企业引进的科技成果进行消化、吸收、再创新。

②开展人才交流和合作，为企业培训急需的高素质工程技术人员和工程管理人员。

③开展产学研合作，提供研发、设计、试验、测试等服务。

2.3 优化信用管理（国家市场监督管理总局、海关总署负责）

2.3.1 工作任务

综合保税区内新设的研发设计、加工制造企业，经评定符合有关标准的，直接赋予最高信用等级。

2.3.2 拟解决问题

突破目前海关等相关部门对入区企业信用等级的评定方法。

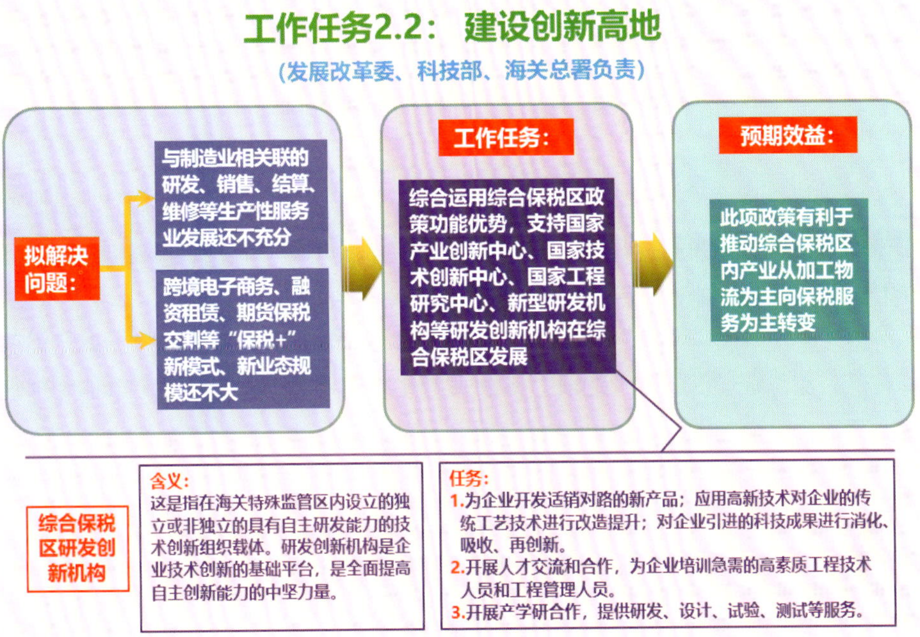
工作任务2.2：建设创新高地
（发展改革委、科技部、海关总署负责）
拟解决问题：
与制造业相关联的研发、销售、结算、维修等生产性服务业发展还不充分
跨境电子商务、融资租赁、期货保税交割等"保税+"新模式、新业态规模还不大
工作任务：
综合运用综合保税区政策功能优势，支持国家产业创新中心、国家技术创新中心、国家工程研究中心、新型研发机构等研发创新机构在综合保税区发展
预期效益：
此项政策有利于推动综合保税区内产业从加工物流为主向保税服务为主转变
综合保税区研发创新机构
含义：
这是指在海关特殊监管区内设立的独立或非独立的具有自主研发能力的技术创新组织载体。研发创新机构是企业技术创新的基础平台，是全面提高自主创新能力的中坚力量。
任务：
1.为企业开发适销对路的新产品；应用高新技术对企业的传统工艺技术进行改造提升；对企业引进的科技成果进行消化、吸收、再创新。
2.开展人才交流和合作，为企业培训急需的高素质工程技术人员和工程管理人员。
3.开展产学研合作，提供研发、设计、试验、测试等服务。

▲工作任务 2.2：建设创新高地

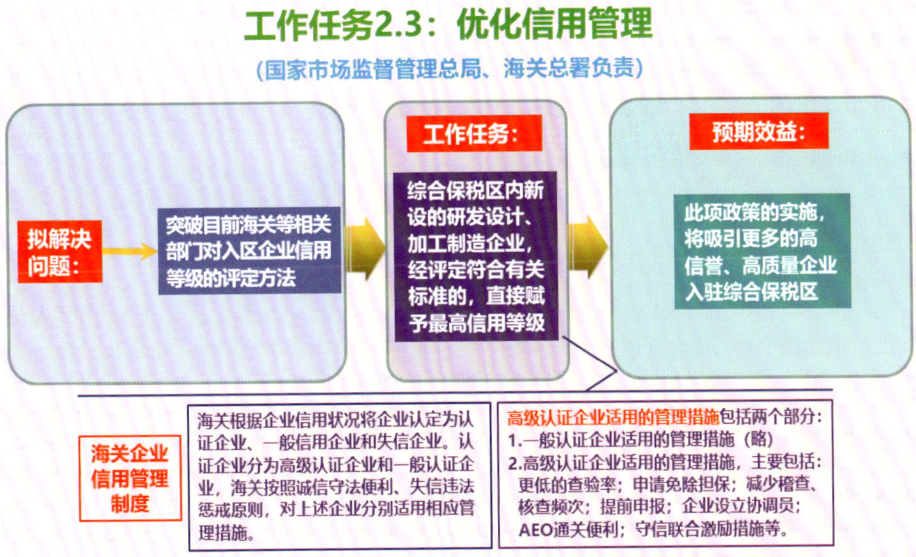
工作任务2.3：优化信用管理
（国家市场监督管理总局、海关总署负责）
拟解决问题：
突破目前海关等相关部门对入区企业信用等级的评定方法
工作任务：
综合保税区内新设的研发设计、加工制造企业，经评定符合有关标准的，直接赋予最高信用等级
预期效益：
此项政策的实施，将吸引更多的高信誉、高质量企业入驻综合保税区
海关企业信用管理制度
海关根据企业信用状况将企业认定为认证企业、一般信用企业和失信企业。认证企业分为高级认证企业和一般认证企业，海关按照诚信守法便利、失信违法惩戒原则，对上述企业分别适用相应管理措施。
高级认证企业适用的管理措施包括两个部分：
1.一般认证企业适用的管理措施（略）
2.高级认证企业适用的管理措施，主要包括：更低的查验率；申请免除担保；减少稽查、核查频次；提前申报；企业设立协调员；AEO通关便利；守信联合激励措施等。

▲工作任务 2.3：优化信用管理

2.3.3 预期效益

以前，各综合保税区企业的信用等级认证与区外企业一致。此项政策实施，将吸引更多的高信誉、高质量企业入驻综合保税区。

2.4 支持医疗设备研发（国家市场监督管理总局、海关总署负责）

2.4.1 工作任务

综合保税区内企业进口的医疗器械用于研发、展示的，可不办理相关注册或备案手续。进入国内销售、使用的医疗器械，应当按照相关规定申请注册或办理备案。

2.4.2 拟解决问题

根据《医疗器械监督管理条例》的规定，境内企业首次进口的医疗器械，仍须经国务院药品监督管理部门审批注册，领取进口注册证书后，方可向海关申请办理进口手续。而综合保税区内企业进口的医疗器械仅用于研发、展示，应视作并未实际进入国内市场，入区环节可暂不办理相关注册或备案手续。

2.4.3 预期效益

综合保税区内企业进口的医疗器械用于研发、展示的，可不办理相关注册或备案手续，这可视作海关综合保税区医疗器械监管的突破，有利于医疗器械产业更健康发展。

3 《若干意见》在推进贸易便利化，打造物流分拨中心方面提出了哪些工作任务？拟解决什么问题？有怎样的预期效益？——在简化进出区管理、便利货物流转、试行汽车保税存储、促进文物回流的过程中解决问题，实现预期效益。

3.1 简化进出区管理（海关总署负责）

3.1.1 工作任务

允许对境内入区的不涉出口关税、不涉贸易管制证件、不要求退税且不纳入海关统计的货物、物品，实施便捷进出区管理模式。

3.1.2 拟解决问题

对部分境内入区的货物、物品，因其并不涉及出口关税、贸易管制证件，也不要求退税且不纳入海关统计，故进出区安全准入与税收风险较低，海关或企业都期待通过简化进出境手续，减少资源投入，降低管理或经营成本，提高通关效率。

3.1.3 预期效益

此项措施无疑为相关货物通过非报关方式入区提供了明确的法律保障，通过简化该部分安全准入与税收风险均较低的货物、物品进出区手续，降低了制度性成本，加快了该部分货物、物品的通关速度。

3.2 便利货物流转（海关总署负责）

3.2.1 工作任务

运用智能监管手段，创新监管模式，简化业务流程，实行数据自动比对、卡口自

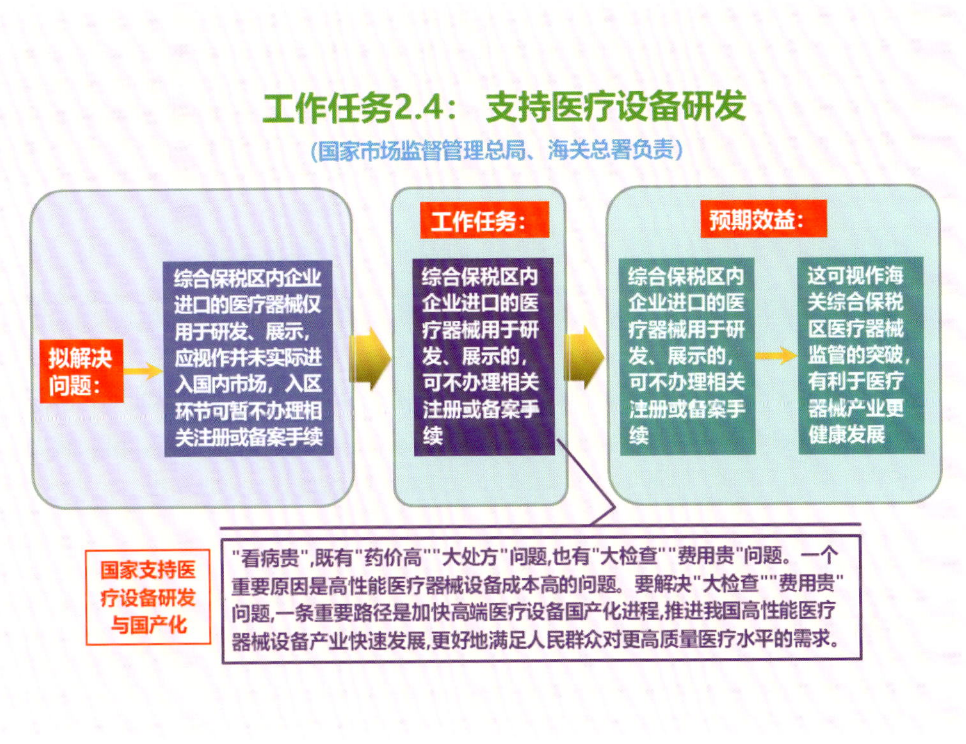
工作任务2.4：支持医疗设备研发
（国家市场监督管理总局、海关总署负责）
拟解决问题：
综合保税区内企业进口的医疗器械仅用于研发、展示，应视作并未实际进入国内市场，入区环节可暂不办理相关注册或备案手续
工作任务：
综合保税区内企业进口的医疗器械用于研发、展示的，可不办理相关注册或备案手续
预期效益：
综合保税区内企业进口的医疗器械用于研发、展示的，可不办理相关注册或备案手续
这可视作海关综合保税区医疗器械监管的突破，有利于医疗器械产业更健康发展
国家支持医疗设备研发与国产化
"看病贵",既有"药价高""大处方"问题,也有"大检查""费用贵"问题。一个重要原因是高性能医疗器械设备成本高的问题。要解决"大检查""费用贵"问题,一条重要路径是加快高端医疗设备国产化进程,推进我国高性能医疗器械设备产业快速发展,更好地满足人民群众对更高质量医疗水平的需求。

▲工作任务 2.4：支持医疗设备研发

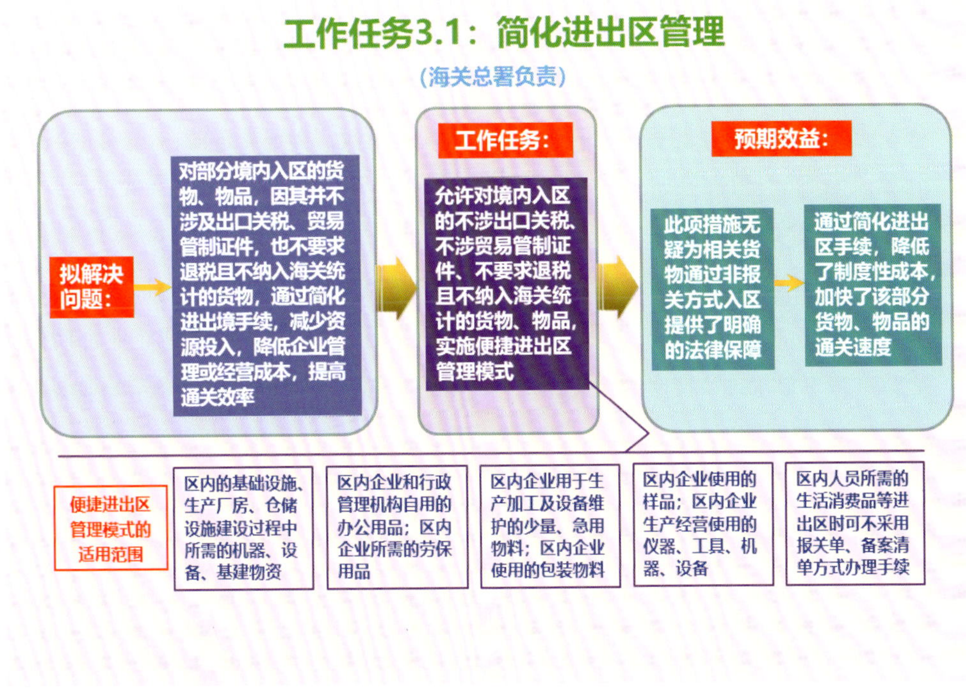
工作任务3.1：简化进出区管理
（海关总署负责）
拟解决问题：
对部分境内入区的货物、物品，因其并不涉及出口关税、贸易管制证件，也不要求退税且不纳入海关统计的货物，通过简化进出境手续，减少资源投入，降低企业管理或经营成本，提高通关效率
工作任务：
允许对境内入区的不涉出口关税、不涉贸易管制证件、不要求退税且不纳入海关统计的货物、物品，实施便捷进出区管理模式
预期效益：
此项措施无疑为相关货物通过非报关方式入区提供了明确的法律保障
通过简化进出区手续，降低了制度性成本，加快了该部分货物、物品的通关速度
便捷进出区管理模式的适用范围
区内的基础设施、生产厂房、仓储设施建设过程中所需的机器、设备、基建物资
区内企业和行政管理机构自用的办公用品；区内企业所需的劳保用品
区内企业用于生产加工及设备维护的少量、急用物料；区内企业使用的包装物料
区内企业使用的样品；区内企业生产经营使用的仪器、工具、机器、设备
区内人员所需的生活消费品等进出区时可不采用报关单、备案清单方式办理手续

▲工作任务 3.1：简化进出区管理

动核放，实现保税货物点对点直接流转，降低运行成本，提升监管效能。

3.2.2 拟解决问题

在综合保税区全面推广应用金关二期系统，以形成系统、完善的岗位配置、作业模式、业务操作流程等主要内容的业务操作规范。

3.2.3 预期效益

在适用于特殊监管区域及保税监管场所的保税加工、保税物流、服务贸易、新兴业务（检测、维修、研发等生产性服务业）等的海关业务均纳入金关二期保税流转系统管理后。系统会以企业为单元、以账册和记账凭证管理作为基础、区域／场所为整体进行一体化规划和作业流程设计，将区域／场所内企业的货物流、单证流和海关的信息流有机结合，实现数据智能化管理，对进出区域／场所的货物的进、出、转、存等环节实施全方位监管，企业与其他地区企业均能借此降低运行成本，提升经营效能。

关联知识延伸：金关工程（二期）

1993 年，国务院提出实施金关工程（一期），推动海关报关业务的电子化取代传统的报关方式，以节省单据传送的时间和成本。海关金关工程（二期）则在金关工程（一期）项目建设的基础上，通过顶层设计和科技创新，采用物联网、云计算等新技术，重点建设全国海关监控指挥系统、进出口企业诚信管理系统、加工和保税监管系统、海关物流监控系统等应用系统。这一工程被称为中国海关的“智慧大脑”。它的核心价值是：

（1）实现进出口货物全过程可视化监控，对监控信息实时分析、风险研判、快速反应和应急处置，全面发挥海关在国家建设发展中的关境保护作用。

（2）形成进出口企业进出口信用评价体系及口岸通关差别化管理机制，推动口岸各部门信息共享，准确核查企业进出口申报的真实性，有效改善进出口贸易秩序。

（3）进一步优化保税货物的备案、通关、核销流程，实现先进的、与国际接轨的无纸化通关模式，有效促进加工贸易转型升级，大幅提升口岸通关效率，降低贸易成本，进一步优化海关监管与服务。

3.3 试行汽车保税存储（发展改革委、海关总署负责）

3.3.1 工作任务

允许在汽车整车进口口岸的综合保税区内开展进口汽车保税存储、展示等业务。

3.3.2 拟解决问题

突破现行的进口汽车“落地征税”政策，并可以将所有整车（不限于平行进口汽车）进口至口岸综合保税区内，不仅可以存放汽车整车，区内企业还可以将保税汽车在保税状态下运出综合保税区，并进入有关展示平台进行展示销售。

3.3.3 预期效益

在展示平台进行展示销售后，企业可以集中向海关办理进口缴税手续，不再需要一次性上缴全部税金。一方面有利于降低汽车进口企业的经营成本，另一方面也是落实

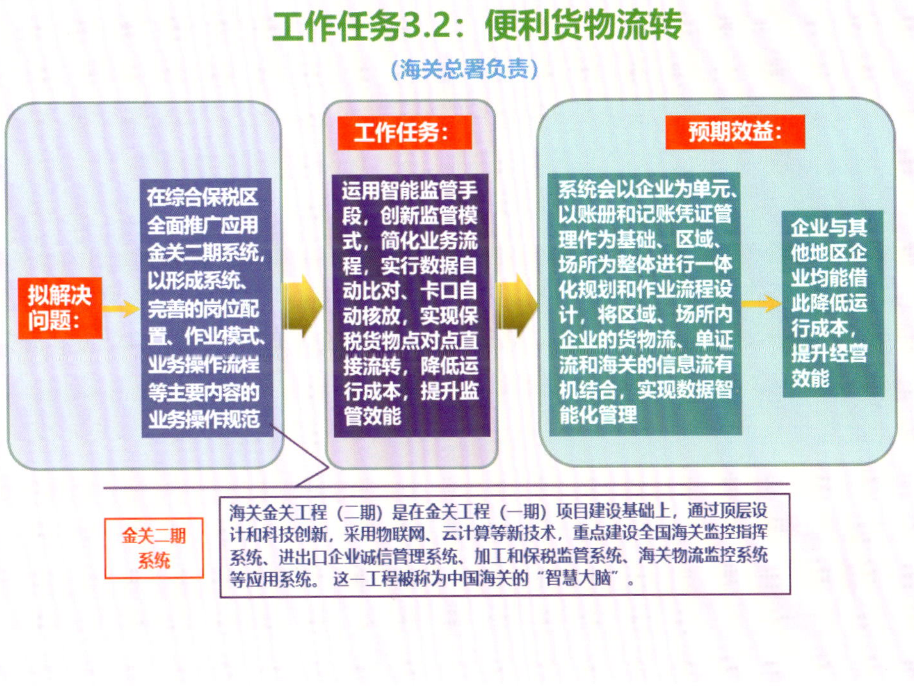
工作任务3.2：便利货物流转
（海关总署负责）
拟解决问题：
在综合保税区全面推广应用金关二期系统，以形成系统、完善的岗位配置、作业模式、业务操作流程等主要内容的业务操作规范
工作任务：
运用智能监管手段，创新监管模式，简化业务流程，实行数据自动比对、卡口自动核放，实现保税货物点对点直接流转，降低运行成本，提升监管效能
预期效益：
系统会以企业为单元、以账册和记账凭证管理作为基础、区域、场所为整体进行一体化规划和作业流程设计，将区域、场所内企业的货物流、单证流和海关的信息流有机结合，实现数据智能化管理
企业与其他地区企业均能借此降低运行成本，提升经营效能
金关二期系统
海关金关工程（二期）是在金关工程（一期）项目建设基础上，通过顶层设计和科技创新，采用物联网、云计算等新技术，重点建设全国海关监控指挥系统、进出口企业诚信管理系统、加工和保税监管系统、海关物流监控系统等应用系统。这一工程被称为中国海关的“智慧大脑”。

▲工作任务 3.2：便利货物流转

工作任务3.3：试行汽车保税存储
（发展改革委、海关总署负责）
拟解决问题：
突破现行的进口汽车“落地征税”政策，并可以将所有整车（不限于平行进口汽车）进口至口岸综合保税区内存放
区内企业可以将保税汽车在保税状态下运出综合保税区，并进入有关展示平台进行展示销售
工作任务：
允许在汽车整车进口口岸的综合保税区内开展进口汽车保税存储、展示等业务
预期效益：
在展示平台展示销售后，企业可以集中向海关办理进口缴税手续，进境时不再需要一次性上缴全部税金
一方面有利于降低汽车进口企业的经营成本,另一方面也是落实进一步扩大进口、拉动内需的具体举措
汽车保税存储、展示交易
整车进口口岸：依据国家对整车进口限定口岸管理的政策，享有开展从国外进口汽车整体业务范围的口岸。目前，我国已经有28个整车进口口岸。
保税存储、展示：境内企业经海关批准可以在整车进口口岸建立汽车保税仓库，经营汽车保税存储及展示销售业务。在汽车保税仓库暂存及展示的进口汽车若出仓进入国内市场，应按一般进口货物的报关程序办理进口报关纳税手续。

▲工作任务 3.3：试行汽车保税存储

进一步扩大进口、拉动内需的具体举措。

3.4 促进文物回流（海关总署、文化和旅游部、国家文物局负责）

3.4.1 工作任务

优化文物及文化艺术品从境外入区监管模式，简化文化艺术品备案程序，实施文物进出境登记审核，促进文物及文化艺术品在综合保税区存储、展示等。

3.4.2 拟解决问题

企业依法合规开展面向全球的保税文化艺术品展示、拍卖、交易业务更为便利。

3.4.3 预期效益

文物及艺术品入区准入手续更为简化，有利于促进区内文化艺术品展示平台建设。

4 《若干意见》在延伸产业链条，打造检测维修中心方面提出了哪些工作任务？拟解决什么问题？有怎样的预期效益？

——在开展检测维修、支持再制造业、创新监管模式的过程中解决问题，实现预期效益。

4.1 开展检测维修（商务部、工业和信息化部、生态环境部、海关总署负责）

4.1.1 工作任务

允许综合保税区内企业开展高技术、高附加值、符合环保要求的保税检测和全球维修业务。支持第三方检验检测认证机构在综合保税区开展进出口检验认证服务。

4.1.2 拟解决问题

取消现行国家相关部委对综合保税区内开展全球维修必须个案审批的限制。允许区内企业开展保税检测业务，支持第三方检验检测认证机构在区内开展进出口检验认证服务。

4.1.3 预期效益

在综合保税区内放开了对全球维修、第三方维修的限制，且无须再经商务部批准；同时还取消了维修货物修理完毕必须复运的限制。可以更好地满足区内企业开展技术要求与收益率高的全球维修业务的需求，维修周期缩短，维修备件成本降低。

重点内容解读：检测维修业务的海关保税管理

（1）企业应在法律、行政法规、国务院规定和部门规章允许或国务院和国家有关部门批准的前提下以保税方式将存在部件损坏、功能失效、质量缺陷等问题的货物或运输工具（以下统称“待维修货物”）从境外运入境内进行检测、维修后复运出境。企业不得开展国家禁止进出口货物的保税维修业务，不得通过保税维修方式开展拆解、报废等业务。

（2）企业开展保税维修业务应满足以下条件，并接受海关实地验核评估：

海关认定的企业信用状况为一般信用及以上；

企业应当具备开展该项业务所需的场所和设备，对已维修货物、待维修货物、无法维修货物、维修用料件、维修过程中替换下的旧件或坏件、维修过程中产生的边角料等进行专门管理；

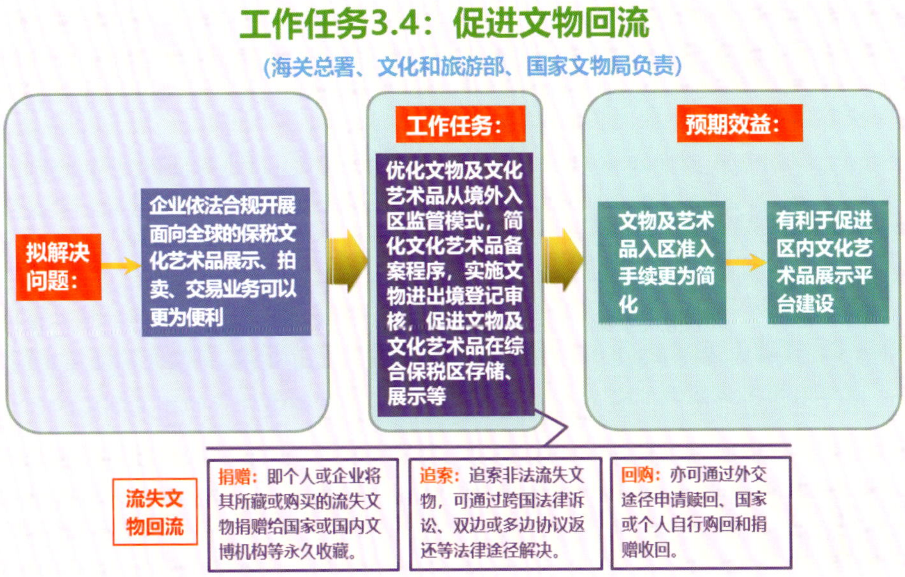
工作任务3.4：促进文物回流
（海关总署、文化和旅游部、国家文物局负责）
拟解决问题：
企业依法合规开展面向全球的保税文化艺术品展示、拍卖、交易业务可以更为便利
工作任务：
优化文物及文化艺术品从境外入区监管模式，简化文化艺术品备案程序，实施文物进出境登记审核，促进文物及文化艺术品在综合保税区存储、展示等
预期效益：
文物及艺术品入区准入手续更为简化
有利于促进区内文化艺术品展示平台建设
流失文物回流
捐赠：即个人或企业将其所藏或购买的流失文物捐赠给国家或国内文博机构等永久收藏。
追索：追索非法流失文物，可通过跨国法律诉讼、双边或多边协议返还等法律途径解决。
回购：亦可通过外交途径申请赎回、国家或个人自行购回和捐赠收回。

▲工作任务 3.4：促进文物回流

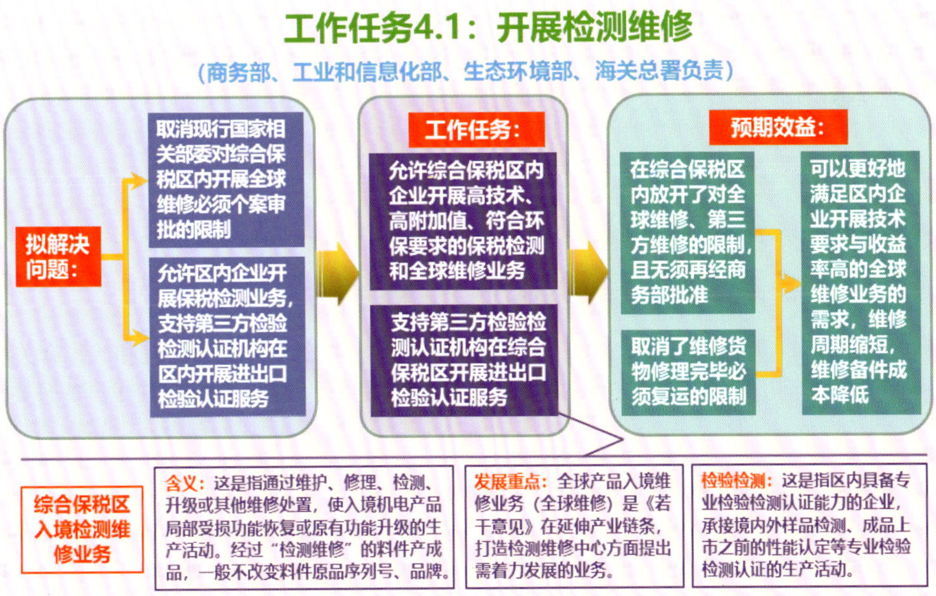
工作任务4.1：开展检测维修
（商务部、工业和信息化部、生态环境部、海关总署负责）
拟解决问题：
取消现行国家相关部委对综合保税区内开展全球维修必须个案审批的限制
允许区内企业开展保税检测业务，支持第三方检验检测认证机构在区内开展进出口检验认证服务
工作任务：
允许综合保税区内企业开展高技术、高附加值、符合环保要求的保税检测和全球维修业务
支持第三方检验检测认证机构在综合保税区开展进出口检验认证服务
预期效益：
在综合保税区内放开了对全球维修、第三方维修的限制，且无须再经商务部批准
取消了维修货物修理完毕必须复运的限制
可以更好地满足区内企业开展技术要求与收益率高的全球维修业务的需求，维修周期缩短，维修备件成本降低
综合保税区入境检测维修业务
含义：这是指通过维护、修理、检测、升级或其他维修处置，使入境机电产品局部受损功能恢复或原有功能升级的生产活动。经过“检测维修”的料件产成品，一般不改变料件原品序列号、品牌。
发展重点：全球产品入境维修业务（全球维修）是《若干意见》在延伸产业链条，打造检测维修中心方面提出需着力发展的业务。
检验检测：这是指区内具备专业检验检测认证能力的企业，承接境内外样品检测、成品上市之前的性能认定等专业检验检测认证的生产活动。

▲工作任务 4.1：开展检测维修

企业应当建立符合海关监管要求的管理制度和计算机管理系统，实现对维修耗用等信息的全程跟踪，并按照海关要求进行申报；

符合海关监管所需的其他条件。

（3）企业开展保税维修业务所需的维修用料件可以采用保税或者非保税方式进口。适用保税方式进口的，企业应实施以维修工单为基础的据实核销。

（4）企业开展保税维修业务，应设立保税维修专用账（手）册，建立待维修货物、已维修货物、无法维修货物等信息的电子底账。企业采用保税方式进口维修用料件的，保税维修专用账（手）册还应包含维修用料件电子底账。

（5）企业开展保税维修业务的待维修货物、已维修货物、无法修复货物、维修过程中产生的边角料、替换下的旧件、坏件，原则上应全部复运出境。确实无法复运出境的，不得内销，企业应当按照《海关总署关于加工贸易货物销毁处置的相关问题的公告》相关规定进行处置。其中属于固体废物的，企业应当按照《固体废物进口管理办法》和国家生态环境主管部门有关要求交由有资质的企业进行处置。通过保税方式进口的维修用料件余料，企业可按照加工贸易的相关规定处置。

4.2 支持再制造业（商务部、发展改革委、工业和信息化部、海关总署负责）

4.2.1 工作任务

允许综合保税区内企业开展高技术含量、高附加值的航空航天、工程机械、数控机床等再制造业务。

4.2.2 拟解决问题

促进综合保税区向产业链高端和增值发展，推动综合保税区产业转型升级，从而引领国内技术创新和产业升级，助推开放型经济从规模扩张向质量效益提升转变。

4.2.3 预期效益

是对区内开展保税再制造业务的进一步支持，将推动再制造产业在区内发展，进一步优化海关综合保税区产业结构，促进循环经济发展。

4.3 创新监管模式（海关总署负责）

4.3.1 工作任务

综合保税区内企业从境外进口已获批的人用疫苗或体外诊断试剂，允许在具备必要监管查验条件的综合保税区内查验。境外入区的食品，如需检测的，在抽样后即放行，对境外入区动植物产品的检验项目，实行“先入区、后检测”，根据检测结果进行后续处置。

4.3.2 拟解决问题

将对境外入区生物制品、食品、动植物产品的检疫和检验进一步融入海关创新的监管制度和作业程序，简化手续，提高境外入区的通关效率。

4.3.3 预期效益

区内海关检验检疫业务的改革创新，可以促进综合保税区升级发展，全面提高进

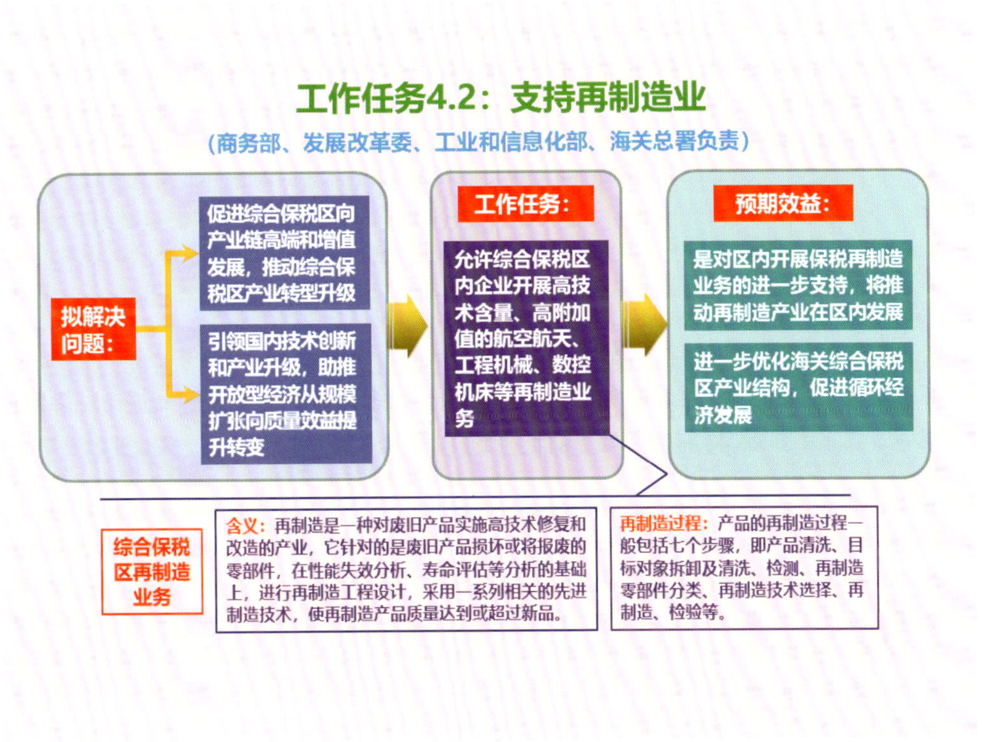
工作任务4.2：支持再制造业
（商务部、发展改革委、工业和信息化部、海关总署负责）
拟解决问题：
促进综合保税区向产业链高端和增值发展，推动综合保税区产业转型升级
引领国内技术创新和产业升级，助推开放型经济从规模扩张向质量效益提升转变
工作任务：
允许综合保税区内企业开展高技术含量、高附加值的航空航天、工程机械、数控机床等再制造业务
预期效益：
是对区内开展保税再制造业务的进一步支持，将推动再制造产业在区内发展
进一步优化海关综合保税区产业结构，促进循环经济发展
综合保税区再制造业务
含义：再制造是一种对废旧产品实施高技术修复和改造的产业，它针对的是废旧产品损坏或将报废的零部件，在性能失效分析、寿命评估等分析的基础上，进行再制造工程设计，采用一系列相关的先进制造技术，使再制造产品质量达到或超过新品。
再制造过程：产品的再制造过程一般包括七个步骤，即产品清洗、目标对象拆卸及清洗、检测、再制造零部件分类、再制造技术选择、再制造、检验等。

▲工作任务 4.2：支持再制造业

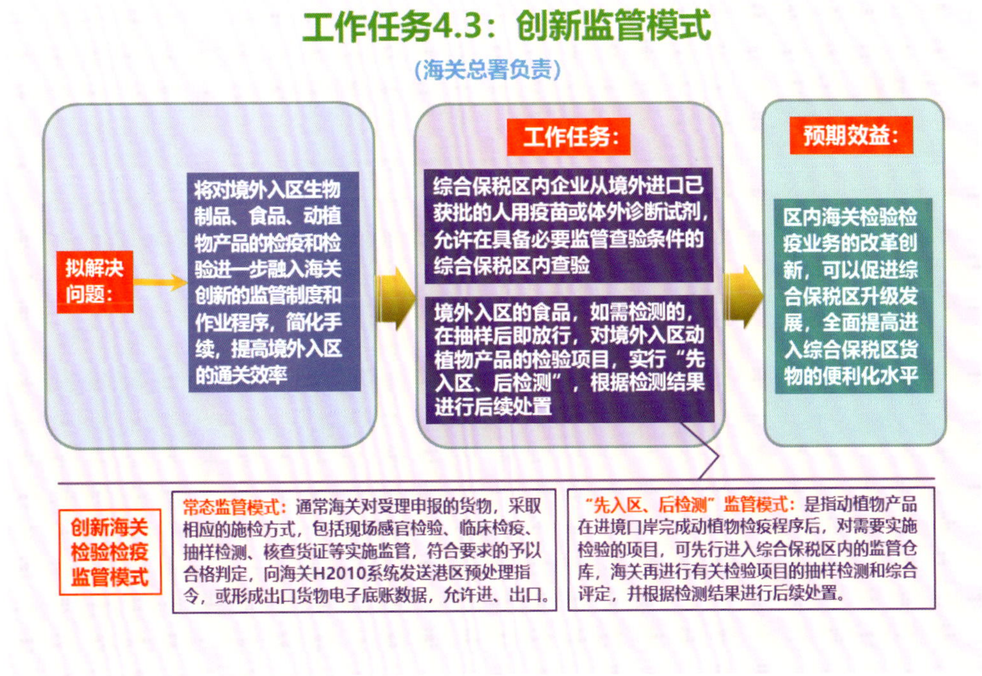
工作任务4.3：创新监管模式
（海关总署负责）
拟解决问题：
将对境外入区生物制品、食品、动植物产品的检疫和检验进一步融入海关创新的监管制度和作业程序，简化手续，提高境外入区的通关效率
工作任务：
综合保税区内企业从境外进口已获批的人用疫苗或体外诊断试剂，允许在具备必要监管查验条件的综合保税区内查验
境外入区的食品，如需检测的，在抽样后即放行，对境外入区动植物产品的检验项目，实行"先入区、后检测"，根据检测结果进行后续处置
预期效益：
区内海关检验检疫业务的改革创新，可以促进综合保税区升级发展，全面提高进入综合保税区货物的便利化水平
创新海关检验检疫监管模式
常态监管模式：通常海关对受理申报的货物，采取相应的施检方式，包括现场感官检验、临床检疫、抽样检测、核查货证等实施监管，符合要求的予以合格判定，向海关H2010系统发送港区预处理指令，或形成出口货物电子底账数据，允许进、出口。
"先入区、后检测"监管模式：是指动植物产品在进境口岸完成动植物检疫程序后，对需要实施检验的项目，可先行进入综合保税区内的监管仓库，海关再进行有关检验项目的抽样检测和综合评定，并根据检测结果进行后续处置。

▲工作任务 4.3：创新监管模式

入综合保税区货物的便利化水平。

重点内容解读：综合保税区动植物产品“先入区、后检测”

从境外进入综合保税区的动植物产品（不包括食品），依据我国法律法规规定应当实施检验检疫。海关对动植物产品实施检验的项目包括动植物产品涉及的农（兽）药残留、环境污染物、生物毒素、重金属等安全卫生项目。

通常海关对受理申报的货物，根据对应的检验检疫类别，以及业务信息化管理系统（原主干系统）规则运算的指令，采取相应的施检方式，包括现场感官检验、临床检疫、抽样检测、核查货证等实施监管，符合要求的予以合格判定，向海关 H2010 系统发送港区预处理指令，或形成出口货物电子底账数据，允许进、出口；不符合要求的，具备条件的进行技术处理，无法技术处理的予以不合格判定，并视情况退货、销毁，或不允许出口。

在综合保税区实施的“先入区、后检测”监管模式是指动植物产品在进境口岸完成动植物检疫程序后，对需要实施检验的项目，可先行进入综合保税区内的监管仓库，海关再进行有关检验项目的抽样检测和综合评定，并根据检测结果进行后续处置。

5 《若干意见》在培育新动能、新优势，打造销售服务中心方面提出了哪些工作任务？拟解决什么问题？有怎样的预期效益？

——在发展租赁业态、促进跨境电商发展、支持服务外包、支持期货交割、推广创新制度的过程中解决问题，实现预期效益。

5.1 发展租赁业态（海关总署、财政部、税务总局负责）

5.1.1 工作任务

对注册在综合保税区内的融资租赁企业进出口飞机、船舶和海洋工程结构物等大型设备涉及跨关区的，在确保有效监管和执行现行相关税收政策的前提下，按物流实际需要，实行海关异地委托监管。

5.1.2 拟解决问题

针对飞机、船舶、海洋工程结构物等租赁业务的特殊性，提高综合保税区通关监管操作的针对性和便利性，优化综合保税区融资租赁业务的海关监管服务。

5.1.3 预期效益

这是对区内融资租赁业务支持措施的进一步优化，使综合保税区也能够享受自贸试验区的海关异地委托监管政策，促进区内融资租赁业态的规模化发展。

重点内容解读：综合保税区融资租赁业务的海关管理

（1）企业资质

区内企业开展融资租赁业务须经相关主管部门批准，取得融资租赁业务资格，并在主管海关办理报关单位注册登记手续。

（2）业务规则

融资租赁企业作为出租人向境内外承租企业出租融资租赁货物，应当按照海关特

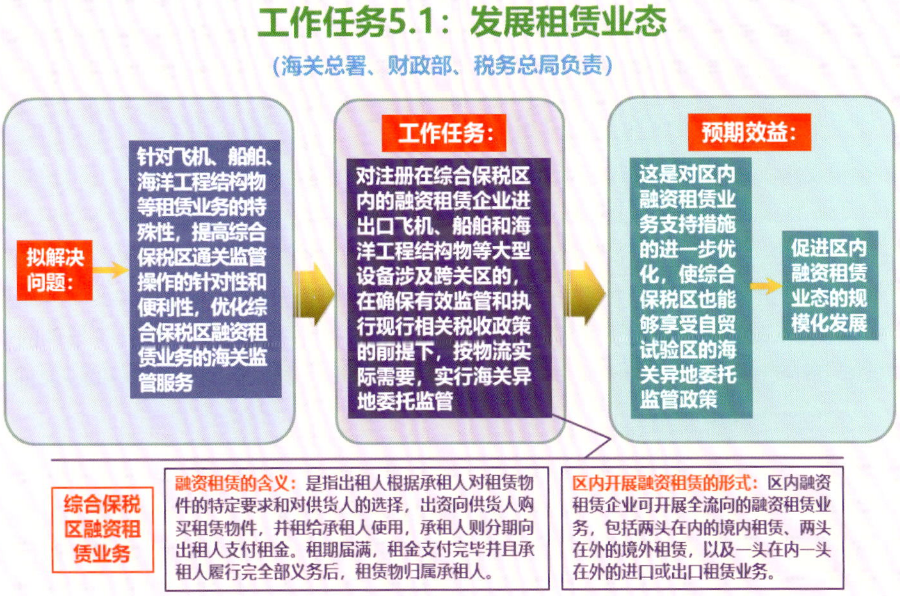
工作任务5.1：发展租赁业态
（海关总署、财政部、税务总局负责）
拟解决问题：
针对飞机、船舶、海洋工程结构物等租赁业务的特殊性，提高综合保税区通关监管操作的针对性和便利性，优化综合保税区融资租赁业务的海关监管服务
工作任务：
对注册在综合保税区内的融资租赁企业进出口飞机、船舶和海洋工程结构物等大型设备涉及跨关区的，在确保有效监管和执行现行相关税收政策的前提下，按物流实际需要，实行海关异地委托监管
预期效益：
这是对区内融资租赁业务支持措施的进一步优化，使综合保税区也能够享受自贸试验区的海关异地委托监管政策
促进区内融资租赁业态的规模化发展
综合保税区融资租赁业务
融资租赁的含义：是指出租人根据承租人对租赁物件的特定要求和对供货人的选择，出资向供货人购买租赁物件，并租给承租人使用，承租人则分期向出租人支付租金。租期届满，租金支付完毕并且承租人履行完全部义务后，租赁物归属承租人。
区内开展融资租赁的形式：区内融资租赁企业可开展全流向的融资租赁业务，包括两头在内的境内租赁、两头在外的境外租赁，以及一头在内一头在外的进口或出口租赁业务。

▲工作任务 5.1：发展租赁业态

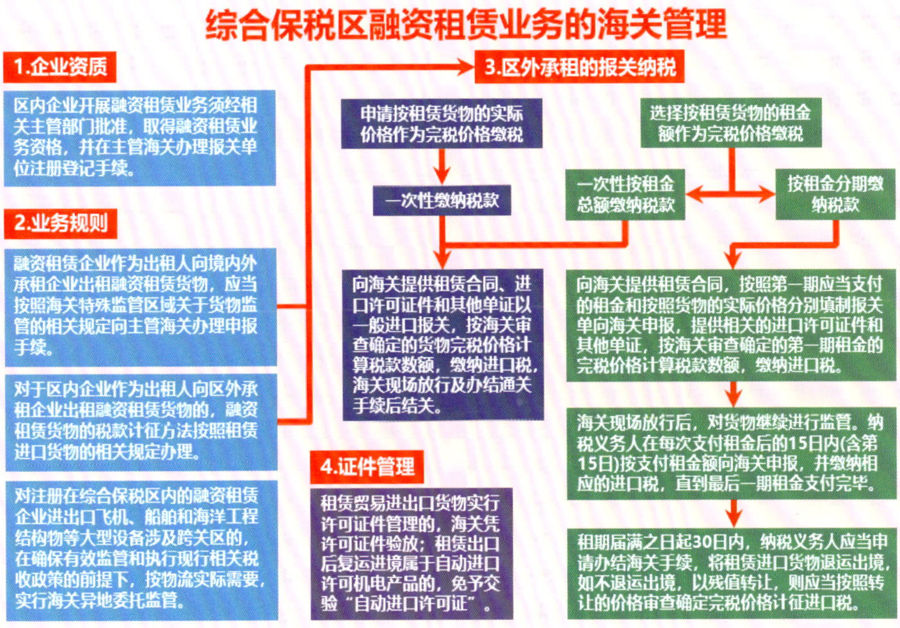
综合保税区融资租赁业务的海关管理
1.企业资质
区内企业开展融资租赁业务须经相关主管部门批准，取得融资租赁业务资格，并在主管海关办理报关单位注册登记手续。
2.业务规则
融资租赁企业作为出租人向境内外承租企业出租融资租赁货物，应当按照海关特殊监管区域关于货物监管的相关规定向主管海关办理申报手续。
对于区内企业作为出租人向区外承租企业出租融资租赁货物的，融资租赁货物的税款计征方法按照租赁进口货物的相关规定办理。
对注册在综合保税区内的融资租赁企业进出口飞机、船舶和海洋工程结构物等大型设备涉及跨关区的，在确保有效监管和执行现行相关税收政策的前提下，按物流实际需要，实行海关异地委托监管。
3.区外承租的报关纳税
申请按租赁货物的实际价格作为完税价格缴税
一次性缴纳税款
向海关提供租赁合同、进口许可证件和其他单证以一般进口报关，按海关审查确定的货物完税价格计算税款数额，缴纳进口税，海关现场放行及办结通关手续后结关。
选择按租赁货物的租金额作为完税价格缴税
一次性按租金总额缴纳税款
按租金分期缴纳税款
向海关提供租赁合同，按照第一期应当支付的租金和按照货物的实际价格分别填制报关单向海关申报，提供相关的进口许可证件和其他单证，按海关审查确定的第一期租金的完税价格计算税款数额，缴纳进口税。
海关现场放行后，对货物继续进行监管。纳税义务人在每次支付租金后的15日内(含第15日)按支付租金额向海关申报，并缴纳相应的进口税，直到最后一期租金支付完毕。
租期届满之日起30日内，纳税义务人应当申请办结海关手续，将租赁进口货物退运出境，如不退运出境，以残值转让，则应当按照转让的价格审查确定完税价格计征进口税。
4.证件管理
租赁贸易进出口货物实行许可证件管理的，海关凭许可证件验放；租赁出口后复运进境属于自动进口许可机电产品的，免予交验“自动进口许可证”。

▲综合保税区融资租赁业务的海关管理

殊监管区域关于货物监管的相关规定向主管海关办理申报手续。

对于区内企业作为出租人向区外承租企业出租融资租赁货物的，融资租赁货物的税款计征方法按照租赁进口货物的相关规定办理，由区外承租企业对融资租赁货物按照海关审查确定的每期租金分期缴纳关税和增值税。

对注册在综合保税区内的融资租赁企业进出口飞机、船舶和海洋工程结构物等大型设备涉及跨关区的，在确保有效监管和执行现行相关税收政策的前提下，按物流实际需要，实行海关异地委托监管。

5.2 促进跨境电商发展（商务部、海关总署等有关部门负责）

5.2.1 工作任务

支持综合保税区内企业开展跨境电商进出口业务，逐步实现综合保税区全面适用跨境电商零售进口政策。

5.2.2 拟解决问题

将原有商品及企业备案、进区报检、查验的保税进口监管的操作方法，改为海关入区申报实行 7×24 小时全天候电子核放，对电商客户频繁的多波次、高密度的货物出区提供了最大的便利，并逐步实现综合保税区全面适用。

5.2.3 预期效益

极大地缩短了之前海外订单到货的周期。整个通关手续在 1 小时内就可以顺利完成，不但手续便利还节约了大量物流时间成本。在全国所有综合保税区实行跨境电商零售进口政策，将推动全国跨境电商保税进口业务的全面发展，使本地消费者将有机会从家门口买到跨境电商零售商品，在购物和物流体验上将有进一步提升。

5.3 支持服务外包（海关总署、财政部、商务部负责）

5.3.1 工作任务

允许综合保税区内企业进口专业设备开展软件测试、文化创意等国际服务外包业务，促进跨境服务贸易。

5.3.2 拟解决问题

允许进口专业设备开展软件测试、文化创意等业务，为开展此类业务所进口的、属于 20 种不予免税货物的机器设备停止征税。

5.3.3 预期效益

有利于通过税收优惠政策，支持服务外包类企业入驻，鼓励区内企业发展国际服务外包等附加值产业。

重点内容解读：国际服务外包业务的海关管理

（1）基本政策突破只有技术先进型服务企业可享受海关保税政策的限制

降低企业准入门槛，对区内企业从事离岸服务外包业务的进口货物实施保税监管。

工作任务5.2：促进跨境电商发展

（商务部、海关总署等有关部门负责）

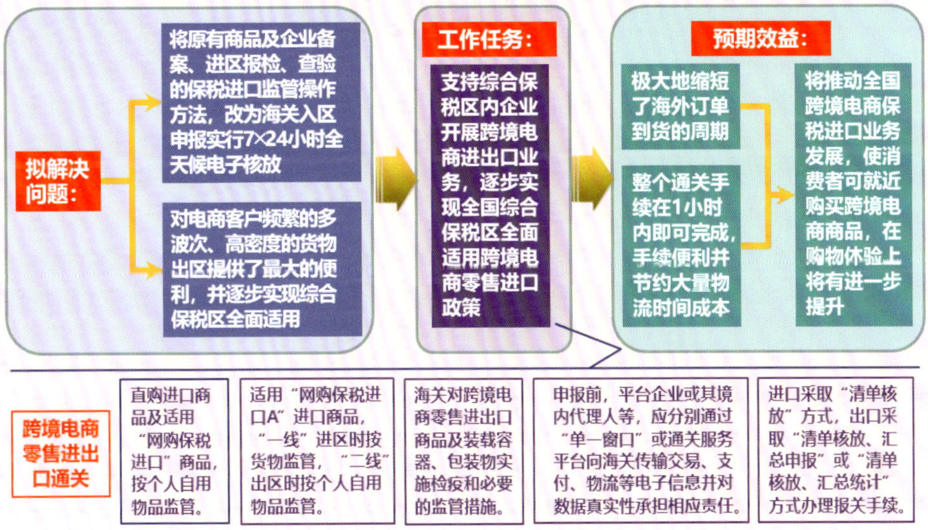
拟解决问题：
将原有商品及企业备案、进区报检、查验的保税进口监管操作方法，改为海关入区申报实行7×24小时全天候电子核放
对电商客户频繁的多波次、高密度的货物出区提供了最大的便利，并逐步实现综合保税区全面适用
工作任务：
支持综合保税区内企业开展跨境电商进出口业务，逐步实现全国综合保税区全面适用跨境电商零售进口政策
预期效益：
极大地缩短了海外订单到货的周期
整个通关手续在1小时内即可完成，手续便利并节约大量物流时间成本
将推动全国跨境电商保税进口业务发展，使消费者可就近购买跨境电商商品，在购物体验上将有进一步提升
跨境电商零售进出口通关
直购进口商品及适用“网购保税进口”商品，按个人自用物品监管。
适用“网购保税进口A”进口商品，“一线”进区时按货物监管，“二线”出区时按个人自用物品监管。
海关对跨境电商零售进出口商品及装载容器、包装物实施检疫和必要的监管措施。
申报前，平台企业或其境内代理人等，应分别通过“单一窗口”或通关服务平台向海关传输交易、支付、物流等电子信息并对数据真实性承担相应责任。
进口采取“清单核放”方式，出口采取“清单核放、汇总申报”或“清单核放、汇总统计”方式办理报关手续。

▲工作任务 5.2：促进跨境电商发展

工作任务5.3：支持服务外包

（海关总署、财政部、商务部负责）

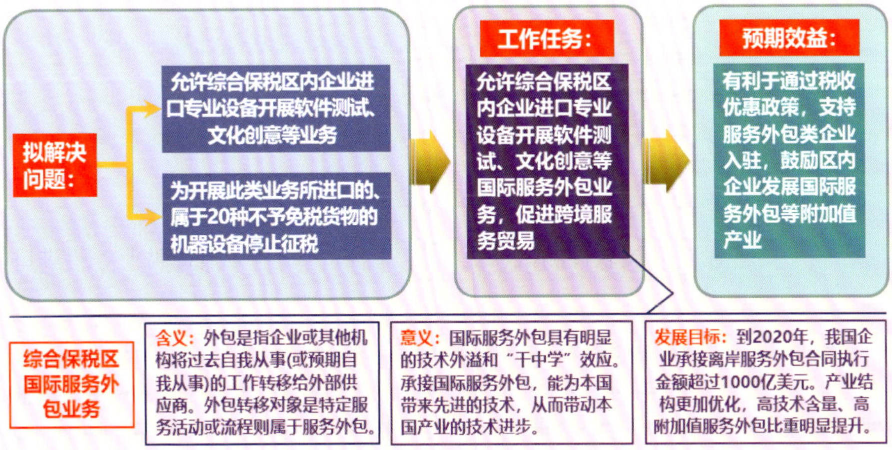
拟解决问题：
允许综合保税区内企业进口专业设备开展软件测试、文化创意等业务
为开展此类业务所进口的、属于20种不予免税货物的机器设备停止征税
工作任务：
允许综合保税区内企业进口专业设备开展软件测试、文化创意等国际服务外包业务，促进跨境服务贸易
预期效益：
有利于通过税收优惠政策，支持服务外包类企业入驻，鼓励区内企业发展国际服务外包等附加值产业
综合保税区国际服务外包业务
含义：外包是指企业或其他机构将过去自我从事(或预期自我从事)的工作转移给外部供应商。外包转移对象是特定服务活动或流程则属于服务外包。
意义：国际服务外包具有明显的技术外溢和“干中学”效应。承接国际服务外包，能为本国带来先进的技术，从而带动本国产业的技术进步。
发展目标：到2020年，我国企业承接离岸服务外包合同执行金额超过1000亿美元。产业结构更加优化，高技术含量、高附加值服务外包比重明显提升。

▲工作任务 5.3：支持服务外包

（2）海关手续

服务外包企业凭企业法人营业执照、与境外发包方签订的国际服务外包合同及合同所附的设备清单，以及海关需要的其他单证向主管海关办理备案。主管海关受理备案申请后，经审核符合要求的予以核发手册。手册到期后，服务外包企业应在30天内向海关申请核销。

外包进口货物在外包业务的合同执行完毕后应退运出境。外包进口货物如销往国内或到期不退运境外的，按规定办理进口征税手续，涉及许可证件管理的须提供许可证件。

5.4 支持期货交割（海关总署、中国证监会负责）

5.4.1 工作任务

支持具备条件的综合保税区开展铁矿石、天然橡胶等商品期货保税交割业务。

5.4.2 拟解决问题

出台适用于全国综合保税区的期货保税交割监管规范，支持在区内开展铁矿石、天然橡胶等商品期货保税交割业务。

5.4.3 预期效益

原油期货作为试点品种，已实现引入境外交易者开展交易，同时依托海关综合保税区进行实物交割，将推动更多境外投资者参与国内商品期货交易。

重点内容解读：综合保税区期货保税交割业务的海关管理

（1）保税交割经营企业应承担的业务

期货交易所（以下简称期交所）开展期货保税交割业务，应当与海关实现计算机联网，并实时向海关提供保税交割结算单、保税标准仓单等电子信息。开展期货保税交割业务的货物种类应为期交所上市品种。

经营指定保税交割仓库的海关注册企业（以下简称交割仓库）应当建立符合海关监管要求的计算机管理系统，能够通过数据交换平台或者其他计算机网络，按照海关规定的认证方式与海关监管信息化系统联网，向海关报送能够满足海关监管要求的相关数据。（指定保税交割仓库，是指经期交所指定的、具有保税仓库资格、履行期货保税交割的地点）

保税交割货物应当堆放在交割仓库中的期交所指定位置，并设置明显标志。保税交割货物和普通保税货物应当分开存放。

（2）保税交割货物的进出境手续

期货保税交割完成后，如需提货出境的，交割仓库应当将期交所出具的销售凭证等作为随附单证，向海关办理货物出境申报手续；

如需提货至境内区外的，进口货物的收货人或者其代理人应当将期交所出具的销售凭证等作为随附单证，向海关办理货物进口申报手续，并缴纳进口环节税款。

（3）保税交割货物的仓单质押

保税标准仓单持有人（以下简称仓单持有人）经综合保税区主管海关（以下简称

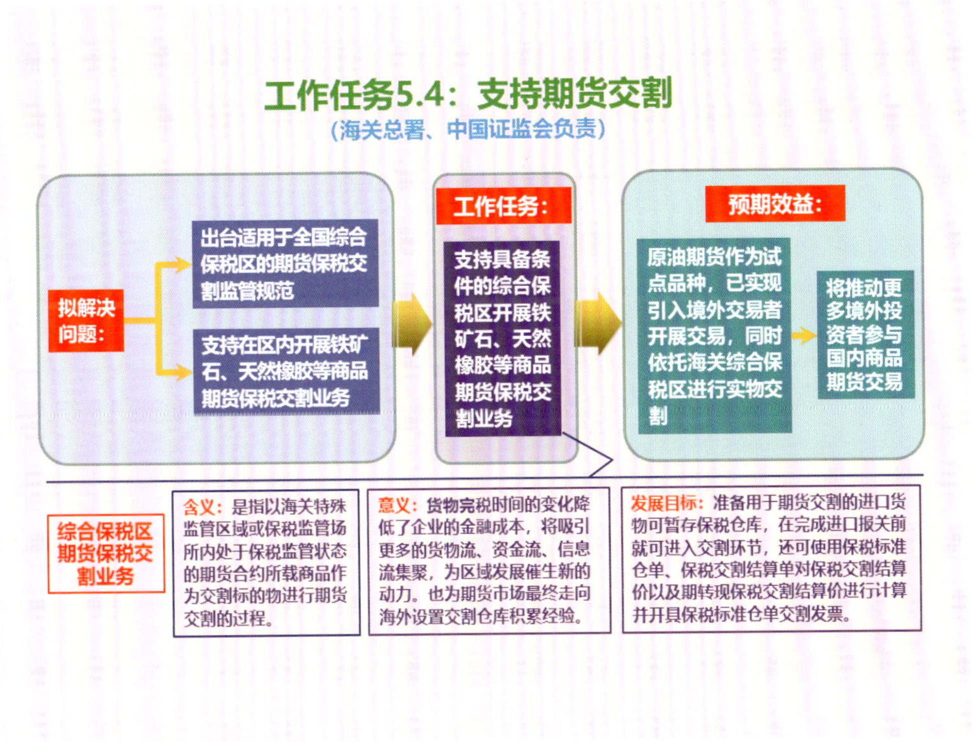
工作任务5.4：支持期货交割
（海关总署、中国证监会负责）
拟解决问题：
出台适用于全国综合保税区的期货保税交割监管规范
支持在区内开展铁矿石、天然橡胶等商品期货保税交割业务
工作任务：
支持具备条件的综合保税区开展铁矿石、天然橡胶等商品期货保税交割业务
预期效益：
原油期货作为试点品种，已实现引入境外交易者开展交易，同时依托海关综合保税区进行实物交割
将推动更多境外投资者参与国内商品期货交易
综合保税区期货保税交割业务
含义：是指以海关特殊监管区域或保税监管场所内处于保税监管状态的期货合约所载商品作为交割标的物进行期货交割的过程。
意义：货物完税时间的变化降低了企业的金融成本，将吸引更多的货物流、资金流、信息流集聚，为区域发展催生新的动力。也为期货市场最终走向海外设置交割仓库积累经验。
发展目标：准备用于期货交割的进口货物可暂存保税仓库，在完成进口报关前就可进入交割环节，还可使用保税标准仓单、保税交割结算单对保税交割结算价以及期转现保税交割结算价进行计算并开具保税标准仓单交割发票。

▲工作任务 5.4：支持期货交割

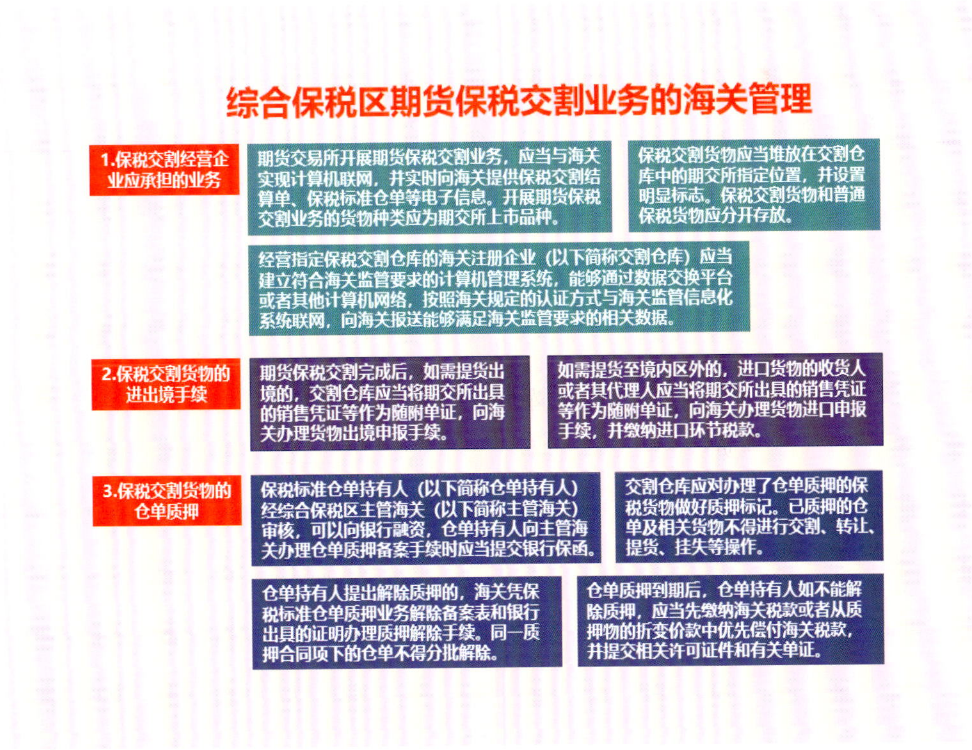
综合保税区期货保税交割业务的海关管理
1.保税交割经营企业应承担的业务
期货交易所开展期货保税交割业务，应当与海关实现计算机联网，并实时向海关提供保税交割结算单、保税标准仓单等电子信息。开展期货保税交割业务的货物种类应为期交所上市品种。
保税交割货物应当堆放在交割仓库中的期交所指定位置，并设置明显标志。保税交割货物和普通保税货物应分开存放。
经营指定保税交割仓库的海关注册企业（以下简称交割仓库）应当建立符合海关监管要求的计算机管理系统，能够通过数据交换平台或者其他计算机网络，按照海关规定的认证方式与海关监管信息化系统联网，向海关报送能够满足海关监管要求的相关数据。
2.保税交割货物的进出境手续
期货保税交割完成后，如需提货出境的，交割仓库应当将期交所出具的销售凭证等作为随附单证，向海关办理货物出境申报手续。
如需提货至境内区外的，进口货物的收货人或者其代理人应当将期交所出具的销售凭证等作为随附单证，向海关办理货物进口申报手续，并缴纳进口环节税款。
3.保税交割货物的仓单质押
保税标准仓单持有人（以下简称仓单持有人）经综合保税区主管海关（以下简称主管海关）审核，可以向银行融资，仓单持有人向主管海关办理仓单质押备案手续时应当提交银行保函。
交割仓库应对办理了仓单质押的保税货物做好质押标记。已质押的仓单及相关货物不得进行交割、转让、提货、挂失等操作。
仓单持有人提出解除质押的，海关凭保税标准仓单质押业务解除备案表和银行出具的证明办理质押解除手续。同一质押合同项下的仓单不得分批解除。
仓单质押到期后，仓单持有人如不能解除质押，应当先缴纳海关税款或者从质押物的折变价款中优先偿付海关税款，并提交相关许可证件和有关单证。

▲综合保税区期货保税交割业务的海关管理

主管海关）审核，可以向银行融资（以下简称仓单质押），仓单持有人向主管海关办理仓单质押备案手续时应当提交银行保函。

交割仓库应当对办理了仓单质押的保税货物做好质押标记。已质押的仓单及相关货物不得进行交割、转让、提货、挂失等操作。

仓单持有人提出解除质押的，海关凭仓单持有人出具的保税标准仓单质押业务解除备案表和银行出具的证明办理质押解除手续。同一质押合同项下的仓单不得分批解除。

仓单质押到期后，仓单持有人如不能解除质押，应当先缴纳海关税款或者从质押物的折变价款中优先偿付海关税款，并提交相关许可证件和有关单证。

5.5 推广创新制度（海关总署、商务部等有关部门负责）

5.5.1 工作任务

经政策评估后，支持综合保税区率先全面复制推广自贸试验区中与海关特殊监管区域相关的改革试点经验。

5.5.2 拟解决问题

海关将结合全国自贸试验区发展情况和海关工作实际，进一步解放思想，加大工作力度，积极推进自贸试验区海关工作，以钉钉子精神把相关的自贸试验区改革创新的制度复制推广至综合保税区。

5.5.3 预期效益

目前，国务院在全国分四批部署复制推广的自贸试验区 83 项改革试点经验中，来自新海关（含原检验检疫）的达 46 项，占 55.4%。

重点内容解读：培育贸易新业态新模式

习近平主席在十九大报告中强调“拓展对外贸易，培育贸易新业态新模式，推进贸易强国建设”。外贸新业态是外贸发展的新动能、新亮点。近年来，中国跨境电子商务等新业态新模式快速发展，已经形成了一定的产业集群和交易规模，为促进外贸回稳向好和创新发展发挥了积极作用。一大批企业通过跨境电商平台打造自主品牌，开拓国际市场。新业态已成为促进外贸供给侧结构性改革、培育竞争新优势、建设贸易强国的重要动力，推动大众创业、万众创新的重要平台，深入推进“一带一路”贸易合作、提升开放型经济水平的重要渠道。我国商务部等相关政府部门对此作了许多有益尝试，下一步将继续做好培育贸易新业态新模式，推进贸易强国建设工作。

（1）促进跨境电商健康快速发展

商务部会同相关部门和地方政府，在创新建立以“六体系两平台”（六体系：信息共享、金融服务、智能物流、电商信用、统计监测、风险防控。两平台：线上“单一窗口”，线下“综合园区”）为核心的政策框架，形成了成熟的经验做法的基础上，将坚持问题导向，加强顶层设计，面向全国复制推广成熟经验做法，积极探索新经验。围绕推动“一带一路”建设，鼓励建设覆盖重要国别、重点市场的“海外仓”。积极促进各综合试验区线上综合服务平台对接。推动跨境电商在更大范围发展。

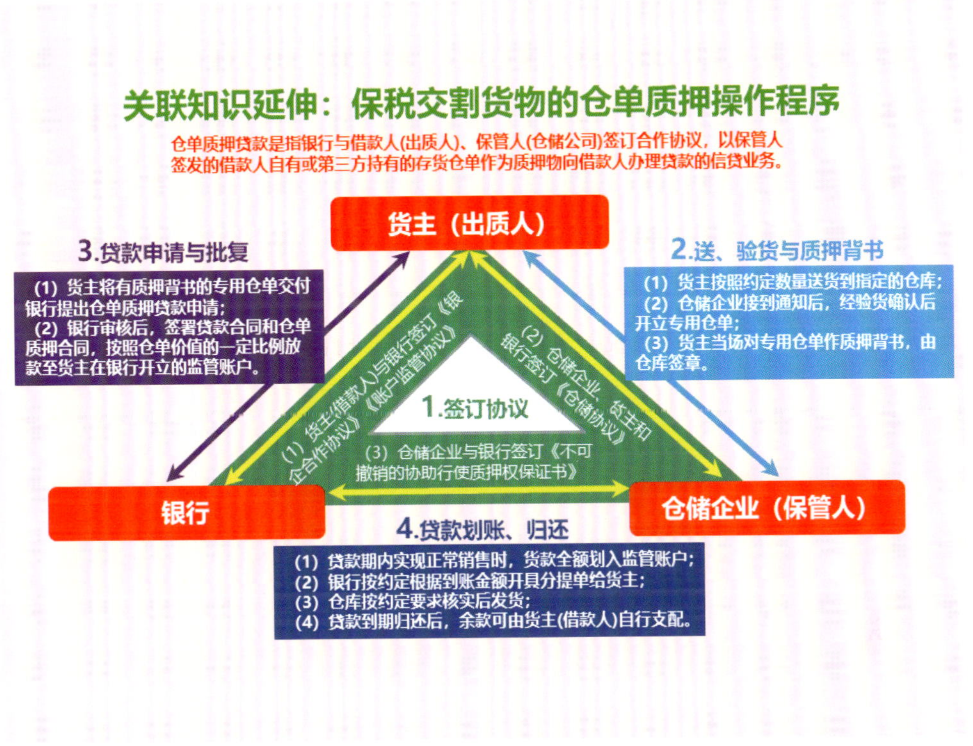
关联知识延伸：保税交割货物的仓单质押操作程序
仓单质押贷款是指银行与借款人(出质人)、保管人(仓储公司)签订合作协议，以保管人签发的借款人自有或第三方持有的存货仓单作为质押物向借款人办理贷款的信贷业务。
货主（出质人）
银行
仓储企业（保管人）
1.签订协议
(1) 货主(借款人)与银行签订《银企合作协议》《账户监管协议》
(2) 仓储企业、货主和银行签订《仓储协议》
(3) 仓储企业与银行签订《不可撤销的协助行使质押权保证书》
2.送、验货与质押背书
(1) 货主按照约定数量送货到指定的仓库;
(2) 仓储企业接到通知后，经验货确认后开立专用仓单;
(3) 货主当场对专用仓单作质押背书，由仓库签章。
3.贷款申请与批复
(1) 货主将有质押背书的专用仓单交付银行提出仓单质押贷款申请;
(2) 银行审核后，签署贷款合同和仓单质押合同，按照仓单价值的一定比例放款至货主在银行开立的监管账户。
4.贷款划账、归还
(1) 贷款期内实现正常销售时，货款全额划入监管账户;
(2) 银行按约定根据到账金额开具分提单给货主;
(3) 仓库按约定要求核实后发货;
(4) 贷款到期归还后，余款可由货主(借款人)自行支配。

▲关联知识延伸：保税交割货物的仓单质押操作程序

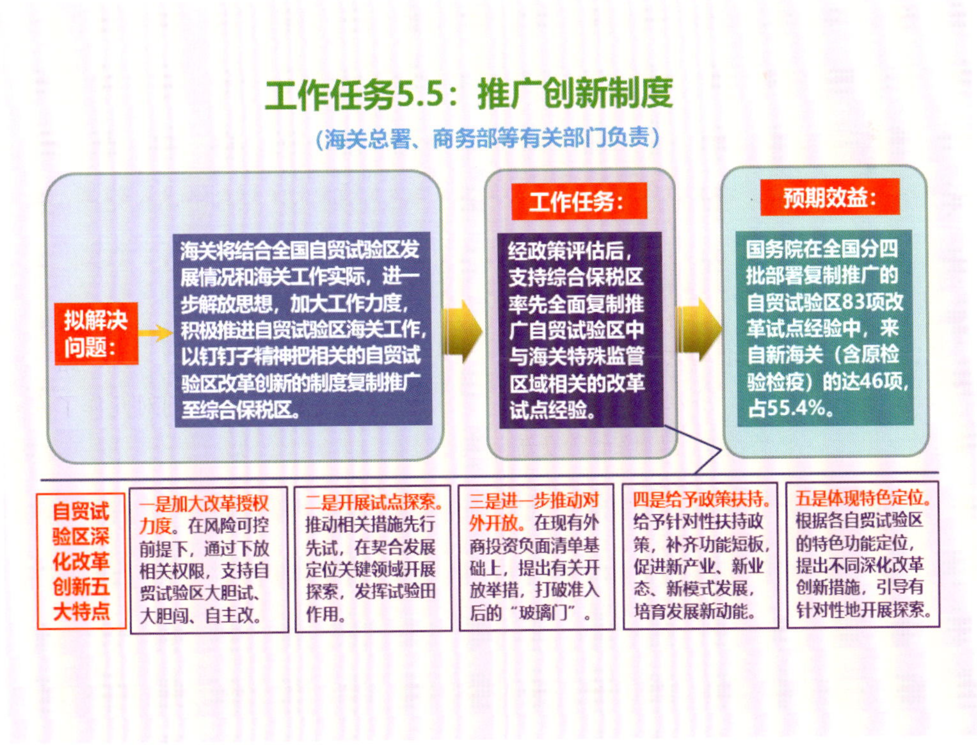
工作任务5.5：推广创新制度
（海关总署、商务部等有关部门负责）
拟解决问题：
海关将结合全国自贸试验区发展情况和海关工作实际，进一步解放思想，加大工作力度，积极推进自贸试验区海关工作，以钉钉子精神把相关的自贸试验区改革创新的制度复制推广至综合保税区。
工作任务：
经政策评估后，支持综合保税区率先全面复制推广自贸试验区中与海关特殊监管区域相关的改革试点经验。
预期效益：
国务院在全国分四批部署复制推广的自贸试验区83项改革试点经验中，来自新海关（含原检验检疫）的达46项，占55.4%。
自贸试验区深化改革创新五大特点
一是加大改革授权力度。在风险可控前提下，通过下放相关权限，支持自贸试验区大胆试、大胆闯、自主改。
二是开展试点探索。推动相关措施先行先试，在契合发展定位关键领域开展探索，发挥试验田作用。
三是进一步推动对外开放。在现有外商投资负面清单基础上，提出有关开放举措，打破准入后的“玻璃门”。
四是给予政策扶持。给予针对性扶持政策，补齐功能短板，促进新产业、新业态、新模式发展，培育发展新动能。
五是体现特色定位。根据各自贸试验区的特色功能定位，提出不同深化改革创新措施，引导有针对性地开展探索。

▲工作任务 5.5：推广创新制度

（2）稳步推进市场采购贸易方式试点

商务部将会同有关部门在实现了增值税“免征不退”、允许简化归类申报等四方面政策突破，基本实现了“风险可控、源头可溯、责任可究”的管理目标的基础上，进一步提升便利化水平，提高试点市场国际知名度。指导各试点市场结合自身特色，开展管理和服务创新，完善配套服务，探索形成新一批经验做法，及时总结推广。

（3）促进外贸综合服务企业发展

商务部将会同有关部门在明确了综合服务企业（以下简称“综服企业”）定义（主要向中小型生产企业提供代办报关报检、物流、退税、结算、信保等外贸相关服务的企业），并提出完善综服企业出口退（免）税等政策，有关部门积极出台支持举措，初步形成适应综服企业发展的政策框架的基础上，继续坚持问题导向，优化管理模式，明确主体责任，提升便利化水平，支持综服企业健康发展。

第三节　海关全力推动综合保税区高水平开放、高质量发展

1　海关如何推动综合保税区高水平开放、高质量发展，建设新时代全面深化改革开放的新高地？
——国务院正式印发《若干意见》后，海关总署第一时间部署动员与推进落实。

《若干意见》印发后，海关总署组织召开了促进综合保税区高水平开放高质量发展工作电视电话会议，海关总署署长倪岳峰对落实《若干意见》工作进行了部署动员，传达了中央领导指示精神和要求，海关总署自贸司在会上对《若干意见》中的 21 项任务做了政策解读。会后，组织召开部际座谈会，听取 14 个部委相关同志对落实《若干意见》涉及各部委的 17 项具体任务的意见、建议，根据会议情况，对 21 项任务进一步作了细化分解，明确具体举措和完成时限。截至目前，21 项任务已经完成 6 项，剩余 15 项任务有些已经部分完成、有些正在协调落实中、有些将长期不断推进。海关总署自贸司还将配合做好政策宣讲和新闻传播，扩大政策影响面，加深地方政府对《若干意见》的理解认识，进一步提振地方政府促进综合保税区发展的信心。同时，海关总署将责成自贸司继续发挥好牵头协调作用，会同相关部委和署内相关司局按照任务分工的具体要求做好推进落实。

2　海关如何推动综合保税区高水平开放、高质量发展，建设新时代全面深化改革开放的新高地？
——结合《关于促进综合保税区高水平开放高质量发展的若干意见》的颁发，海关在进一步落实“放管服”方面提出了一些新举措和新亮点。

在综合保税区内推行“四自一简”新型监管模式，允许综合保税区内的企业自主备案，结合盘点计划自主确定核销周期，自主开展账册的核销申报，自行办理货物补缴税款的申报缴税手续，无须提交内销补税联系单，简化业务资质核准手续，一次性赋予企

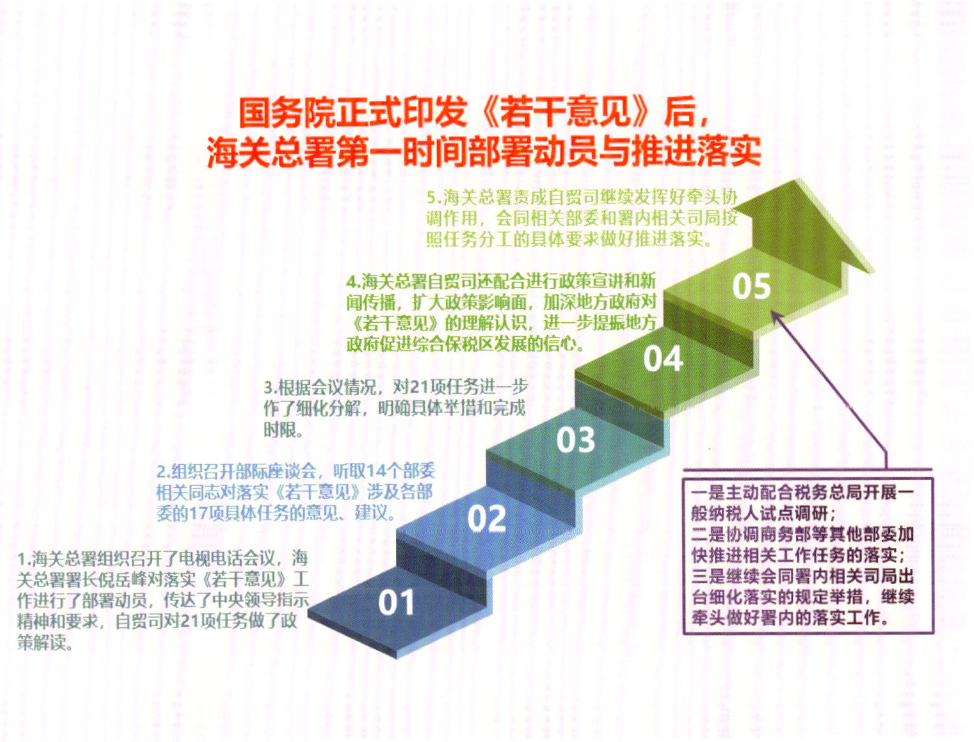
国务院正式印发《若干意见》后，
海关总署第一时间部署动员与推进落实
5.海关总署责成自贸司继续发挥好牵头协调作用，会同相关部委和署内相关司局按照任务分工的具体要求做好推进落实。
4.海关总署自贸司还配合进行政策宣讲和新闻传播，扩大政策影响面，加深地方政府对《若干意见》的理解认识，进一步提振地方政府促进综合保税区发展的信心。
3.根据会议情况，对21项任务进一步作了细化分解，明确具体举措和完成时限。
2.组织召开部际座谈会，听取14个部委相关同志对落实《若干意见》涉及各部委的17项具体任务的意见、建议。
1.海关总署组织召开了电视电话会议，海关总署署长倪岳峰对落实《若干意见》工作进行了部署动员，传达了中央领导指示精神和要求，自贸司对21项任务做了政策解读。
01
02
03
04
05
一是主动配合税务总局开展一般纳税人试点调研；
二是协调商务部等其他部委加快推进相关工作任务的落实；
三是继续会同署内相关司局出台细化落实的规定举措，继续牵头做好署内的落实工作。

▲国务院正式印发《若干意见》后，海关总署第一时间部署动员与推进落实

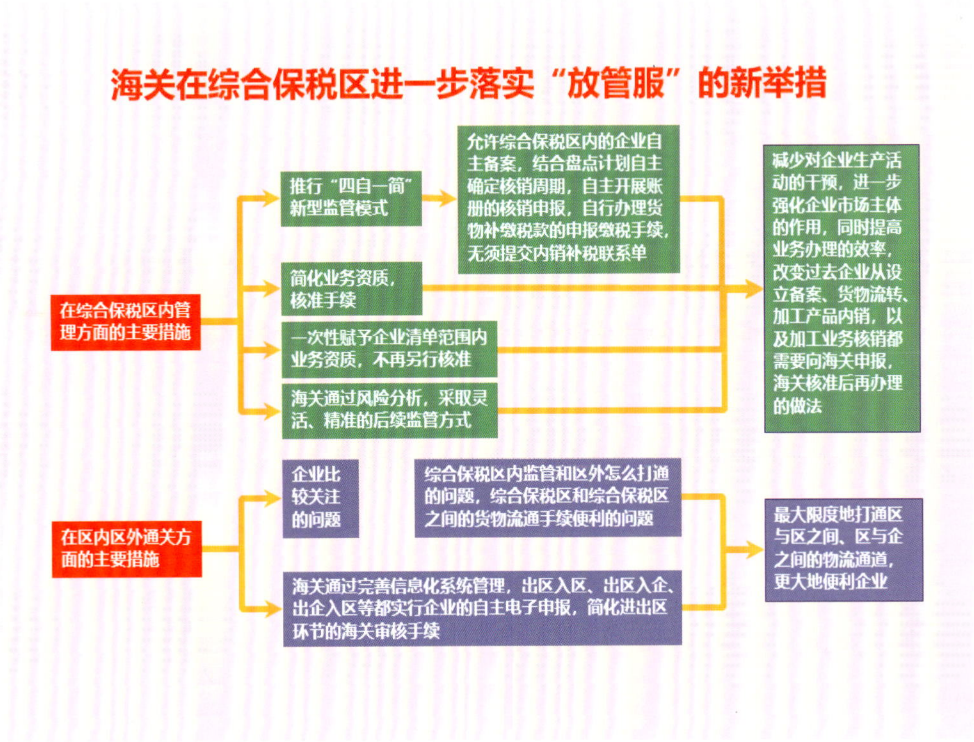
海关在综合保税区进一步落实“放管服”的新举措
在综合保税区内管理方面的主要措施
推行“四自一简”新型监管模式
允许综合保税区内的企业自主备案，结合盘点计划自主确定核销周期，自主开展账册的核销申报，自行办理货物补缴税款的申报缴税手续，无须提交内销补税联系单
简化业务资质，核准手续
一次性赋予企业清单范围内业务资质，不再另行核准
海关通过风险分析，采取灵活、精准的后续监管方式
减少对企业生产活动的干预，进一步强化企业市场主体的作用，同时提高业务办理的效率，改变过去企业从设立备案、货物流转、加工产品内销，以及加工业务核销都需要向海关申报，海关核准后再办理的做法
在区内区外通关方面的主要措施
企业比较关注的问题
综合保税区内监管和区外怎么打通的问题，综合保税区和综合保税区之间的货物流通手续便利的问题
海关通过完善信息化系统管理，出区入区、出区入企、出企入区等都实行企业的自主电子申报，简化进出区环节的海关审核手续
最大限度地打通区与区之间、区与企之间的物流通道，更大地便利企业

▲海关在综合保税区进一步落实“放管服”的新举措

业清单范围内业务资质，不再另行核准等。海关通过风险分析，加强后续监管，减少对企业生产活动的干预，进一步强化企业市场主体的作用，同时提高业务办理的效率。改变过去企业从设立备案、货物流转、加工产品内销，以及加工业务核销都需要向海关申报，海关核准后再办理的做法，海关根据风险分析，采取灵活、精准的后续监管方式，给企业最大的便利。在区内、区外的通关方面，企业比较关注综合保税区内监管和区外怎么打通的问题，综合保税区和综合保税区之间的货物流通手续便利的问题。特殊区域设立卡口，原来的进出区手续比较复杂，出区入区都要申报。现在海关通过完善信息化系统管理，出区入区、出区入企、出企入区等都实行企业的自主电子申报，简化进出区环节的海关审核手续。这样最大限度地打通区与区之间、区与企之间的物流通道，更大地便利企业。此外，海关在支持企业开展符合“五大中心”定位方面发展上也给予了更多的便利，例如对支持研发企业的消耗性材料可以据实核销，解决进出平衡的问题等。

3 如何推动原有海关特殊监管区域加快整合优化为综合保税区？——根据地方政府的整合意愿和意见建议，形成分类整合意见，加快推动转型升级为综合保税区。

目前，新设海关特殊监管区域统一命名为综合保税区，原有海关特殊监管区域正加快整合优化为综合保税区。2018年海关总署推动14个出口加工区转型为综合保税区，国务院另新批综合保税区6个。全国现有140个海关特殊监管区域中，综合保税区数量为96个，已占海关特殊监管区域总数的68.6%。《若干意见》出台后，44个其他类型海关特殊监管区域纷纷关注转型升级的问题，对转型后在本区域落实21项任务表达了强烈的愿望，海关将根据保税港区等海关特殊监管区域地方政府的整合意愿和意见建议，形成分类整合意见，加快推动转型升级为综合保税区，早日享受政策红利。

4 如何推进自贸试验区海关监管制度创新，做好改革试点经验的复制推广？——结合自贸试验区发展情况和海关工作实际，进一步解放思想，加大工作力度，积极发挥海关职能作用，把自贸试验区改革创新和复制推广工作做实做好。

促进综合保税区升级发展和自贸试验区监管制度创新是2019年全国海关全面深化理念模式创新、纵深推进改革强关的重点工作之一。海关将积极推进自贸试验区海关工作，指导相关海关做好制度创新。目前，国务院在全国分四批部署复制推广的自贸试验区83项改革试点经验中，来自新海关（含原检验检疫）的达46项，占55.4%。

海关将结合全国自贸试验区发展情况和海关工作实际，进一步解放思想，加大工作力度，以钉钉子精神把自贸试验区改革创新和复制推广工作做实做好，努力在自贸试验区建设中发出更多海关声音，作出海关更大贡献。

与此同时，举全国海关之力，支持海南全面深化改革开放是海关总署的明确要求。海关坚决按照党中央、国务院决策部署，积极发挥海关职能作用，支持海南全面深化

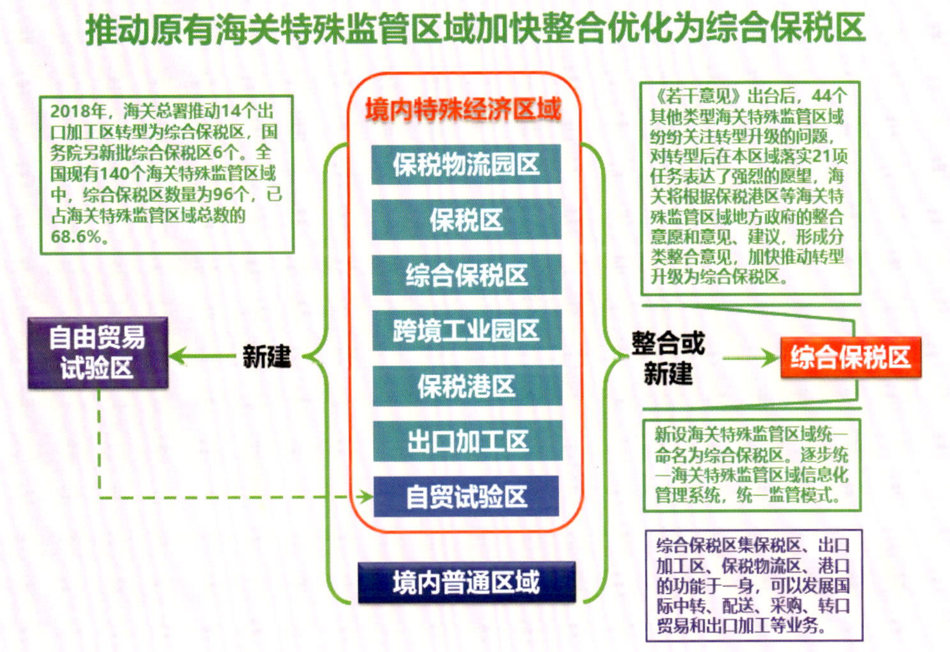
推动原有海关特殊监管区域加快整合优化为综合保税区
2018年，海关总署推动14个出口加工区转型为综合保税区，国务院另新批综合保税区6个。全国现有140个海关特殊监管区域中，综合保税区数量为96个，已占海关特殊监管区域总数的68.6%。
境内特殊经济区域
保税物流园区
保税区
综合保税区
跨境工业园区
保税港区
出口加工区
自贸试验区
境内普通区域
自由贸易试验区
新建
整合或新建
综合保税区
《若干意见》出台后，44个其他类型海关特殊监管区域纷纷关注转型升级的问题，对转型后在本区域落实21项任务表达了强烈的愿望，海关将根据保税港区等海关特殊监管区域地方政府的整合意愿和意见、建议，形成分类整合意见，加快推动转型升级为综合保税区。
新设海关特殊监管区域统一命名为综合保税区。逐步统一海关特殊监管区域信息化管理系统，统一监管模式。
综合保税区集保税区、出口加工区、保税物流区、港口的功能于一身，可以发展国际中转、配送、采购、转口贸易和出口加工等业务。

▲推动原有海关特殊监管区域加快整合优化为综合保税区

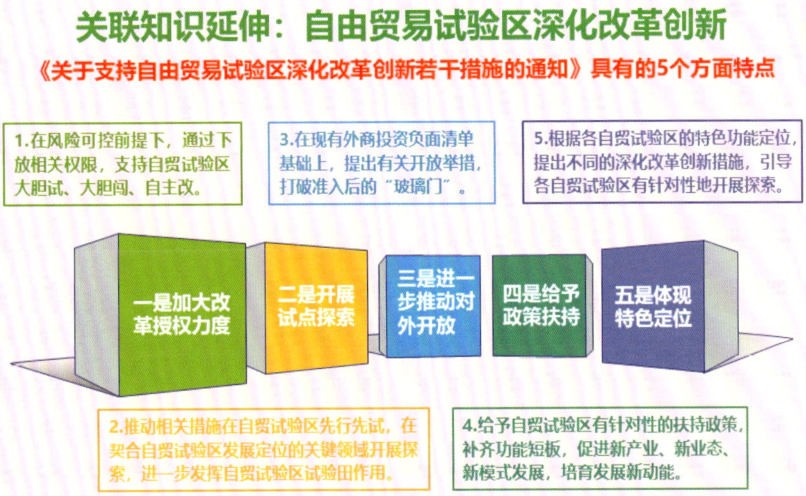
关联知识延伸：自由贸易试验区深化改革创新
《关于支持自由贸易试验区深化改革创新若干措施的通知》具有的5个方面特点
1.在风险可控前提下，通过下放相关权限，支持自贸试验区大胆试、大胆闯、自主改。
3.在现有外商投资负面清单基础上，提出有关开放举措，打破准入后的“玻璃门”。
5.根据各自贸试验区的特色功能定位，提出不同的深化改革创新措施，引导各自贸试验区有针对性地开展探索。
一是加大改革授权力度
二是开展试点探索
三是进一步推动对外开放
四是给予政策扶持
五是体现特色定位
2.推动相关措施在自贸试验区先行先试，在契合自贸试验区发展定位的关键领域开展探索，进一步发挥自贸试验区试验田作用。
4.给予自贸试验区有针对性的扶持政策，补齐功能短板，促进新产业、新业态、新模式发展，培育发展新动能。

▲关联知识延伸：自由贸易试验区深化改革创新

改革开放，加大力度推进洋浦保税港区、全球动植物种质基地建设、博鳌乐城国际医疗旅游先行区等海南自贸试验区重点项目发展，开展海南自由贸易港海关监管框架方案研究，主动参与顶层设计，做好支持海南“1+N”政策体系建设。

海关还将参与上海自贸试验区新片区改革创新相关工作，做好广东、天津、福建自贸试验区深化改革有关工作，开展拟新设自贸试验区规划的研究，指导开展复制推广自贸试验区海关监管创新制度工作。

5 为提升综合保税区贸易便利化水平，优化营商环境，海关以“海关总署公告2019年第28号”的形式颁布实施的监管新政是什么？——在综合保税区实施“四自一简”监管创新措施。

5.1 “四自一简”监管制度的内涵

海关在综合保税区内实施的“四自一简”监管制度是指，综合保税区内企业（以下简称“企业”）可自主备案、合理自定核销周期、自主核报、自主补缴税款，海关简化业务核准手续。其内涵分别是：

自主备案。企业设立电子账册时，可自主备案商品信息。除系统判别转由人工审核的，系统自动备案。

自定核销周期。企业可根据实际经营情况，自主确定核销周期。核销周期原则上不超过一年，企业核销盘点前应当告知海关。

自主核报。企业可自主核定保税货物耗用情况，并向海关如实申报，自主办理核销手续。企业对自主核报数据负责并承担相应法律责任。

自主补缴税款。企业可按照“自主申报、自行缴税（自报自缴）”方式对需要缴税的保税货物自主补缴税款。

海关简化业务核准手续。企业可一次性办理分送集报、设备检测、设备维修、模具外发等备案手续。需办理海关事务担保的业务，企业按照有关规定办理。

5.2 “四自一简”监管制度适用的企业

海关认定的企业信用状况为一般信用及以上的企业可适用“四自一简”模式。

5.3 暂停适用

企业有下列情形之一的，海关可暂停其适用“四自一简”模式：

不再符合本公告第二条所述业务开展条件的；涉嫌走私被立案调查、侦查的。

6 为促进综合保税区新贸易业态的发展，海关以“海关总署公告2019年第27号”的形式颁布实施的监管新政是什么？——实施支持综合保税区内企业在综合保税区开展保税研发业务的新规定。

6.1 适用保税研发业务的料件

综合保税区内企业（以下简称“区内企业”）以有形料件、试剂、耗材及样品（以

重庆自贸试验区“四自一简”模式在全国复制推广
“四自一简”，指的是自主备案、自定核销周期、自主核报、自主补缴税款和简化业务核准手续。
据统计，自主备案实施以来，仅西永海关就减少了150万个料号商品备案的人工审核，自动审核率达到98%。
在西永综合保税区，SK海力士通关经理告诉记者，改革前，进出综保区的料号商品必须人工造册，然后由专人送到海关申报备案。现在，企业在线自主备案，海关则可以利用后台大数据，实现自动审核。人工纸质备案审批时间从1~3天减缩至1个小时即可完成。
在国务院发布的全国11个自贸试验区，30项可复制推广改革事项的名单中，重庆海关推出的“四自一简”监管创新名列其中。这也是重庆自贸试验区第一个上升到国家层面的创新成果。
重庆海关加工贸易处加贸科科长介绍：他们每年可以减少海关核批手续4500余次，为海关特殊监管区内企业进出货物提升效率20%以上。这项举措可以实现作业单证无纸化、管理制度化、运行网络化、监管智能化，最大限度地优化海关监管和作业流程。
“四自一简改革”为自贸试验区加速发展创造了条件。重庆自贸试验区内的海关特殊监管区域进出口占同期全市进出口总值的55.3%；加工贸易进出口增长17.8%，高出全市外贸增幅6.8个百分点。也正因为如此，国务院在总结自贸试验区第四批改革试点经验时，把这项举措上升为国家政策进行复制推广。

▲重庆自贸试验区“四自一简”模式在全国复制推广

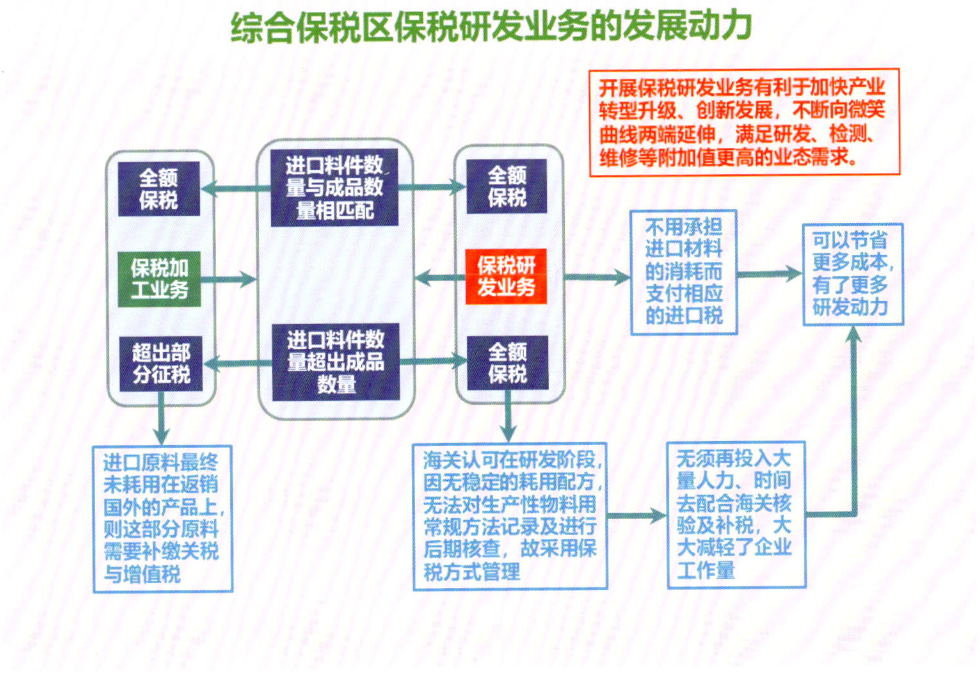
综合保税区保税研发业务的发展动力
开展保税研发业务有利于加快产业转型升级、创新发展，不断向微笑曲线两端延伸，满足研发、检测、维修等附加值更高的业态需求。
全额保税
保税加工业务
超出部分征税
进口料件数量与成品数量相匹配
进口料件数量超出成品数量
全额保税
保税研发业务
全额保税
不用承担进口材料的消耗而支付相应的进口税
可以节省更多成本，有了更多研发动力
进口原料最终未耗用在返销国外的产品上，则这部分原料需要补缴关税与增值税
海关认可在研发阶段，因无稳定的耗用配方，无法对生产性物料用常规方法记录及进行后期核查，故采用保税方式管理
无须再投入大量人力、时间去配合海关核验及补税，大大减轻了企业工作量

▲综合保税区保税研发业务的发展动力

下统称“研发料件”）等开展研发业务的可适用海关保税研发监管规定。

6.2 开展保税研发业务的条件

综合保税区内企业开展保税研发业务，应具备以下条件：

经国家有关部门或综合保税区行政管理机构批准开展保税研发业务的；

海关认定的企业信用状况为一般信用及以上的；

具备开展保税研发业务所需的场所和设备，能够对研发料件和研发成品实行专门管理。

6.3 保税研发业务的令行禁止

除法律、行政法规、国务院的规定或国务院有关部门依据法律、行政法规授权作出的规定准许外，不得开展国家禁止进出口货物的保税研发业务。区内企业开展保税研发业务不按照加工贸易禁止类目录执行。

6.4 保税研发业务的账册设置

区内企业开展保税研发业务，应当设立专门的保税研发电子账册，建立包含研发料件和研发成品等信息的电子底账。

6.5 保税研发货物报关单“监管方式”等栏目的填报

进出综合保税区的研发料件、研发成品及研发料件产生的边角料、坏件、废品等保税研发货物（以下简称“保税研发货物”），区内企业申报时，报关单“监管方式”等栏目应按照规定的方式填报（略）。

6.6 销往境内（区外）保税研发货物的申报、纳税

保税研发货物销往境内（区外）的，区外企业按照实际监管方式申报，“运输方式”栏目按照“综合保税区”（代码 Y）申报。企业应当按照实际报验状态申报纳税，完税价格按照《中华人民共和国海关审定内销保税货物完税价格办法》（海关总署令第 211 号）第九条、第十条的规定确定。

6.7 保税研发产生固体废物的出区手续

研发料件产生的边角料、坏件、废品运往境内（区外）的，区内企业按照综合保税区关于边角料、废品、残次品的有关规定办理出区手续。属于固体废物的，区内企业应当按照《固体废物进口管理办法》有关规定办理出区手续。

6.8 研发成品运往境内（区外）检测

区内企业可将研发成品运往境内（区外）进行检测。研发成品出区检测期间不得挪作他用，不得改变物理、化学形态，并应当自运出之日起 60 日内运回综合保税区。因特殊情况不能如期运回的，区内企业应当在期限届满前 7 日内向海关申请延期，延长期限不得超过 30 日。

综合保税区保税研发业务的经营形态及海关保税管理

综合保税区内企业以有形料件、试剂、耗材及样品等开展研发业务的可适用海关保税研发监管规定。

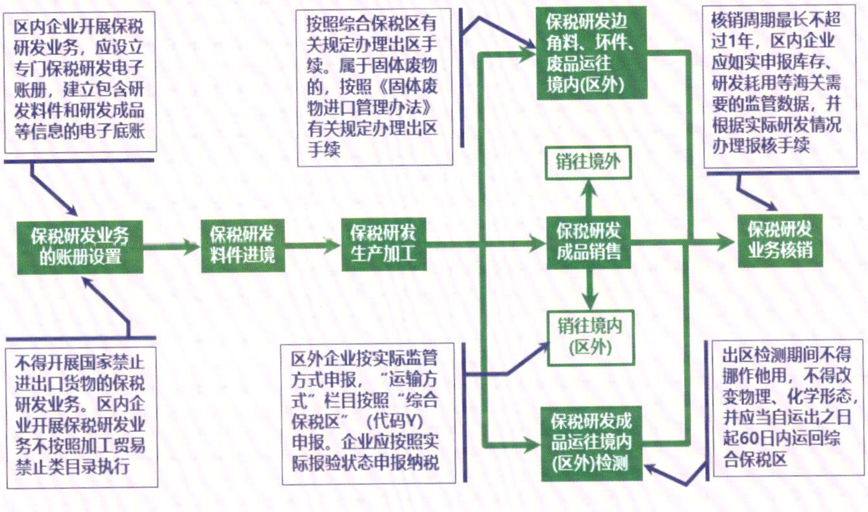

区内企业开展保税研发业务，应设立专门保税研发电子账册，建立包含研发料件和研发成品等信息的电子底账
保税研发业务的账册设置
不得开展国家禁止进出口货物的保税研发业务。区内企业开展保税研发业务不按照加工贸易禁止类目录执行
保税研发料件进境
保税研发生产加工
按照综合保税区有关规定办理出区手续。属于固体废物的，按照《固体废物进口管理办法》有关规定办理出区手续
区外企业按实际监管方式申报，“运输方式”栏目按照“综合保税区”（代码Y）申报。企业应按照实际报验状态申报纳税
保税研发边角料、坏件、废品运往境内(区外)
销往境外
保税研发成品销售
销往境内(区外)
保税研发成品运往境内(区外)检测
核销周期最长不超过1年，区内企业应如实申报库存、研发耗用等海关需要的监管数据，并根据实际研发情况办理报核手续
保税研发业务核销
出区检测期间不得挪作他用，不得改变物理、化学形态，并应当自运出之日起60日内运回综合保税区

▲综合保税区保税研发业务的经营形态及海关保税管理

关联知识延伸：促进保税研发业态发展

促进保税研发业态发展，是此次综合保税区升级的一个重点。海关总署为研发企业量身定制监管模式。公告显示，对以有形料件、试剂、耗材等研发料件等开展研发业务的综保区内企业，其研发料件、研发成品及研发料件产生的边角料、坏件、废品等保税研发货物在申报、核销等方面都给予便利。

根据政策规定，以前进口研发原材料只能以一般贸易方式申报，缴纳进口环节关税和增值税。自从开展“保税研发”监管试点，所有符合海关要求的进口研发原材料在进口环节免予纳税，可以为企业直接省下数额可观的成本，这部分资金又可用来扩大研发规模，形成良性循环。

“保税研发”带来的红利远不止免税这一点。从一般贸易到保税账册监管，企业可以按照海关规定享受更低的查验率、简化通关手续、解决审价困难等问题，通关时间压缩一半以上，通关时间的缩短，又可提升研发时效。

▲关联知识延伸：促进保税研发业态发展

6.9 保税研发业务的核销

保税研发电子账册核销周期最长不超过1年，区内企业应当如实申报库存、研发耗用等海关需要的监管数据，并根据实际研发情况办理报核手续。

6.10 暂停开展保税研发业务

区内企业有下列情形之一的，海关可暂停其保税研发业务：

不再符合前述“开展保税研发业务的条件”的；

未能将出区检测的研发成品按期运回综合保税区的；

未能在规定期限内（“规定期限”由海关根据研发合同和实际情况予以确定）将保税研发货物按照有关规定处置的；

涉嫌走私被立案调查、侦查的。

7 为支持综合保税区内企业统筹利用国际国内两个市场、两种资源，海关以“海关总署公告2019年第28号”的形式颁布实施的监管新政是什么？——支持在综合保税区内实施企业承接境内（区外）企业委托加工业务的新规定。

7.1 “委托加工”的含义及适用的货物

新规定所称承接境内（区外）企业“委托加工”，是指区内企业利用监管期限内的免税设备接受区外企业委托，对区外企业提供的入区货物进行加工，加工后的产品全部运往境内（区外），收取加工费，并向海关缴纳税款的行为。

委托加工货物包括委托加工的料件（包括来自境内区外的非保税料件和区内企业保税料件）、成品、残次品、废品、副产品和边角料。

7.2 “委托加工”业务的令行禁止

除法律、行政法规、国务院的规定或国务院有关部门依据法律、行政法规授权作出的规定准许外，区内企业不得开展国家禁止进出口货物的委托加工业务。

7.3 开展“委托加工”业务的条件

区内企业开展委托加工业务，应当具备以下条件：

海关认定的企业信用状况为一般信用及以上；

具备开展该项业务所需的场所和设备，对委托加工货物与其他保税货物分开管理、分别存放。

7.4 “委托加工”业务的账册设置

区内企业开展委托加工业务，应当设立专用的委托加工电子账册。

7.5 使用区内保税料件的报备

委托加工用料件原则上由区外企业提供，对需使用区内企业保税料件的，区内企业应当事先如实向海关报备。

综合保税区内企业承接境内（区外）企业“委托加工”的经营形态及海关管理

承接境内（区外）企业“委托加工”，是指区内企业利用监管期限内的免税设备接受区外企业委托，对区外企业提供的入区货物进行加工，加工后的产品全部运往境内（区外），收取加工费，并向海关缴纳税款的行为。

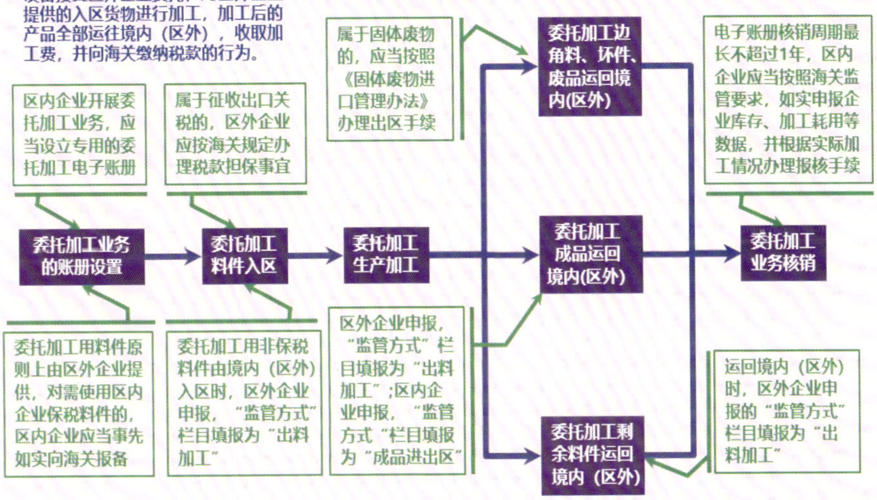
区内企业开展委托加工业务，应当设立专用的委托加工电子账册
属于征收出口关税的，区外企业应按海关规定办理税款担保事宜
属于固体废物的，应当按照《固体废物进口管理办法》办理出区手续
委托加工边角料、坏件、废品运回境内(区外)
电子账册核销周期最长不超过1年，区内企业应当按照海关监管要求，如实申报企业库存、加工耗用等数据，并根据实际加工情况办理报核手续
委托加工业务的账册设置
委托加工料件入区
委托加工生产加工
委托加工成品运回境内(区外)
委托加工业务核销
委托加工用料件原则上由区外企业提供，对需使用区内企业保税料件的，区内企业应当事先如实向海关报备
委托加工用非保税料件由境内（区外）入区时，区外企业申报，“监管方式”栏目填报为“出料加工”
区外企业申报，“监管方式”栏目填报为“出料加工”；区内企业申报，“监管方式”栏目填报为“成品进出区”
委托加工剩余料件运回境内（区外）
运回境内（区外）时，区外企业申报的“监管方式”栏目填报为“出料加工”

▲综合保税区内企业承接境内（区外）企业“委托加工”的经营形态及海关管理

关联知识延伸：境内（区外）委托加工业务落地综合保税区

开展境内（区外）委托加工业务、释放企业产能，是2019年国务院《关于促进综合保税区高水平开放高质量发展的若干意见》中所提出的21条任务之一。合理的支持政策和企业主动提升自身竞争力，使传统加工业保持生命力，并创新出更多新业态。

以往由于设备免税不允许承接国内加工业务，企业在淡季订单较少时，厂房、设备及人员会发生闲置，而区外企业却因产能不足无法承接更多业务，通过开展委托加工业务，二者之间就可以实现资源互补。

允许区内企业承接境内（区外）委托加工业务实际上是利用两个市场，利用两种资源，更好地解决企业目前面临的困难，更好地满足企业全方位对外开放的需要。

这项创新业务突破了以往海关特殊监管区域内企业只能承接境外加工业务的限制，区内企业能够进一步释放产能，扩大业务量，为区域经济发展服务，降低企业生产成本，提高企业生产效能。

▲关联知识延伸：境内（区外）委托加工业务落地综合保税区

7.6 进出区申报的“监管方式”

委托加工用非保税料件由境内（区外）入区时，区外企业申报，“监管方式”栏目填报为“出料加工”（代码 1427），“运输方式”栏目填报为“综合保税区”（代码 Y）；区内企业申报，“监管方式”栏目填报为“料件进出区”（代码 5000），“运输方式”填报为“其他”（代码 9）。

7.7 应税料件的税款缴纳

境内（区外）入区的委托加工用料件属于征收出口关税商品的，区外企业应当按照海关规定办理税款担保事宜。

7.8 委托加工成品运往境内（区外）的申报

区外企业申报，“监管方式”栏目填报为“出料加工”（代码 1427），“运输方式”填报为“综合保税区”（代码 Y）。委托加工成品和加工增值费用分列商品项，商品名称与商品编号栏目均按照委托加工成品的实际名称与编码填报；委托加工成品商品项“数量”为实际出区数量，“征减免税方式”为“全免”；加工增值费用商品项商品名称包含“加工增值费用”，法定数量为 0.1，“征减免税方式”为“照章征税”。

区内企业申报，“监管方式”栏目填报为“成品进出区”（代码 5100），“运输方式”填报为“其他”（代码 9），商品名称按照委托加工成品的实际名称填报。加工增值费用完税价格应当以区内发生的加工费和保税料件费为基础确定。其中，保税料件费是指委托加工过程中所耗用全部保税料件的金额，包括成品、残次品、废品、副产品、边角料等。

7.9 委托加工剩余料件运回境内（区外）的申报

由境内（区外）入区的委托加工剩余料件运回境内（区外）时，区外企业申报的“监管方式”栏目填报为“出料加工”（代码 1427），“运输方式”栏目填报为“综合保税区”（代码 Y）；区内企业申报的“监管方式”栏目填报为“料件进出区”（代码 5000），“运输方式”栏目填报为“其他”（代码 9）。

7.10 边角料、残次品、废品、副产品等的处置

委托加工产生的边角料、残次品、废品、副产品等应当运回境内（区外）。保税料件产生的边角料、残次品、废品、副产品属于固体废物的，应当按照《固体废物进口管理办法》办理出区手续。

7.11 委托加工业务的核销

委托加工电子账册核销周期最长不超过 1 年，区内企业应当按照海关监管要求，如实申报企业库存、加工耗用等数据，并根据实际加工情况办理报核手续。

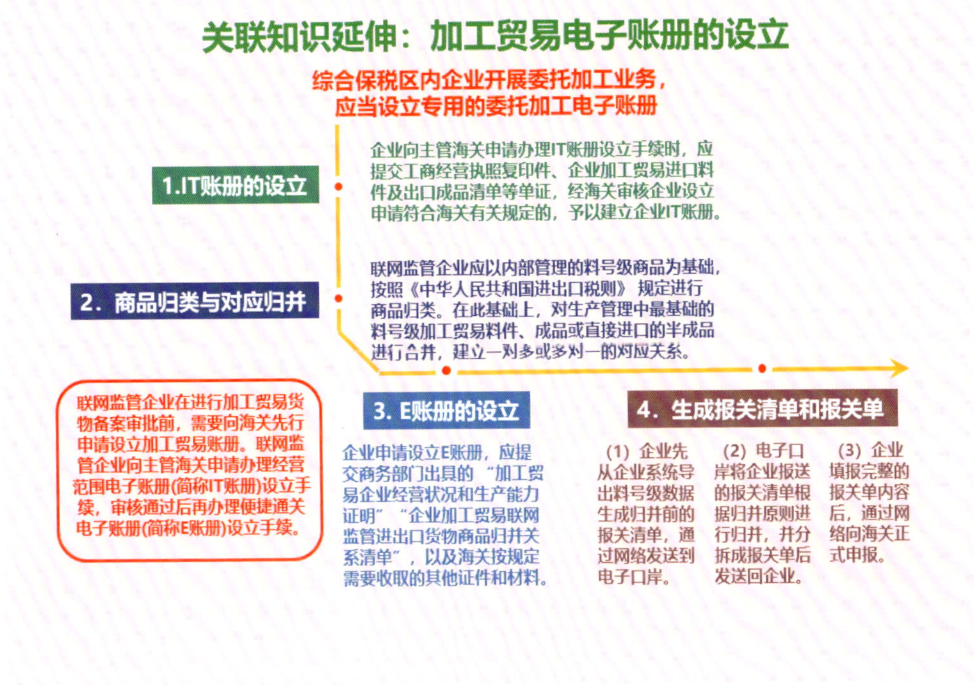
关联知识延伸：加工贸易电子账册的设立
综合保税区内企业开展委托加工业务，
应当设立专用的委托加工电子账册
1.IT账册的设立
企业向主管海关申请办理IT账册设立手续时，应提交工商经营执照复印件、企业加工贸易进口料件及出口成品清单等单证，经海关审核企业设立申请符合海关有关规定的，予以建立企业IT账册。
2. 商品归类与对应归并
联网监管企业应以内部管理的料号级商品为基础，按照《中华人民共和国进出口税则》规定进行商品归类。在此基础上，对生产管理中最基础的料号级加工贸易料件、成品或直接进口的半成品进行合并，建立一对多或多对一的对应关系。
联网监管企业在进行加工贸易货物备案审批前，需要向海关先行申请设立加工贸易账册。联网监管企业向主管海关申请办理经营范围电子账册(简称IT账册)设立手续，审核通过后再办理便捷通关电子账册(简称E账册)设立手续。
3. E账册的设立
企业申请设立E账册，应提交商务部门出具的“加工贸易企业经营状况和生产能力证明”“企业加工贸易联网监管进出口货物商品归并关系清单”，以及海关按规定需要收取的其他证件和材料。
4. 生成报关清单和报关单
(1) 企业先从企业系统导出料号级数据生成归并前的报关清单，通过网络发送到电子口岸。
(2) 电子口岸将企业报送的报关清单根据归并原则进行归并，并分拆报关单后发送回企业。
(3) 企业填报完整的报关单内容后，通过网络向海关正式申报。

▲关联知识延伸：加工贸易电子账册的设立

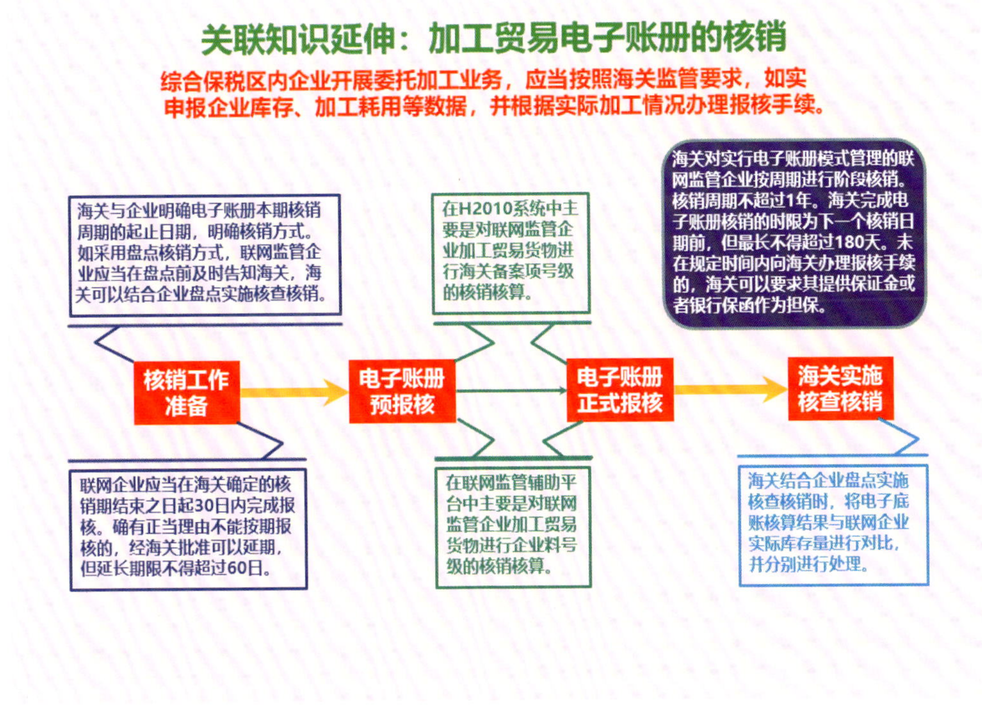
关联知识延伸：加工贸易电子账册的核销
综合保税区内企业开展委托加工业务，应当按照海关监管要求，如实申报企业库存、加工耗用等数据，并根据实际加工情况办理报核手续。
海关与企业明确电子账册本期核销周期的起止日期，明确核销方式。如采用盘点核销方式，联网监管企业应当在盘点前及时告知海关，海关可以结合企业盘点实施核查核销。
在H2010系统中主要是对联网监管企业加工贸易货物进行海关备案项号级的核销核算。
海关对实行电子账册模式管理的联网监管企业按周期进行阶段核销。核销周期不超过1年。海关完成电子账册核销的时限为下一个核销日期前，但最长不得超过180天。未在规定时间内向海关办理报核手续的，海关可以要求其提供保证金或者银行保函作为担保。
核销工作准备
电子账册预报核
电子账册正式报核
海关实施核查核销
联网企业应当在海关确定的核销期结束之日起30日内完成报核。确有正当理由不能按期报核的，经海关批准可以延期，但延长期限不得超过60日。
在联网监管辅助平台中主要是对联网监管企业加工贸易货物进行企业料号级的核销核算。
海关结合企业盘点实施核查核销时，将电子底账核算结果与联网企业实际库存量进行对比，并分别进行处理。

▲关联知识延伸：加工贸易电子账册的核销

7.12 暂停开展

区内企业有下列情形之一的，海关可暂停其委托加工业务：

不再符合上述“开展‘委托加工’业务的条件”的；

未能在规定期限内（“规定期限”由海关根据委托加工合同和实际情况予以确定）将委托加工产生的边角料、残次品、废品、副产品等按照有关规定处置的；

涉嫌走私被立案调查、侦查的。区内增值税一般纳税人资格企业，按照有关规定执行。

8 为贯彻落实《国务院关于促进综合保税区高水平开放高质量发展的若干意见》，海关对境外进入综合保税区的食品以“海关总署公告 2019 年第 29 号”的形式颁布实施的监管新政是什么？

——对境外进入综合保税区的食品实施“抽样后即放行”监管。

8.1 “抽样后即放行”的含义及条件

综合保税区内进口的食品，需要进入境内的，可在综合保税区进行合格评定，分批放行；凡需要进行实验室检测的，可在满足以下条件的基础上抽样后即予以放行：

进口商承诺进口食品符合我国食品安全国家标准和相关检验要求（包括包装要求和储存、运输温度要求等）；

进口商已建立完善的食品进口记录和销售记录制度并严格执行。

8.2 检测不合格的主动召回

经实验室检测发现安全卫生项目不合格的，进口商应按照《食品安全法》的规定采取主动召回措施，并承担相应的法律责任。

9 为贯彻落实《国务院关于促进综合保税区高水平开放高质量发展的若干意见》，海关对境外进入综合保税区的动植物产品以“海关总署公告 2019 年第 36 号”的形式颁布实施的监管新政是什么？

——对境外进入综合保税区的动植物产品的检验项目实行“先入区、后检测”监管模式。

9.1 适用“先入区、后检测”的动植物产品

是指从境外进入综合保税区后再运往境内区外及加工后再运往境内区外或出境，依据我国法律法规规定应当实施检验检疫的动植物产品（不包括食品）。

9.2 适用“先入区、后检测”的检验项目

包括动植物产品涉及的农（兽）药残留、环境污染物、生物毒素、重金属等安全卫生项目。

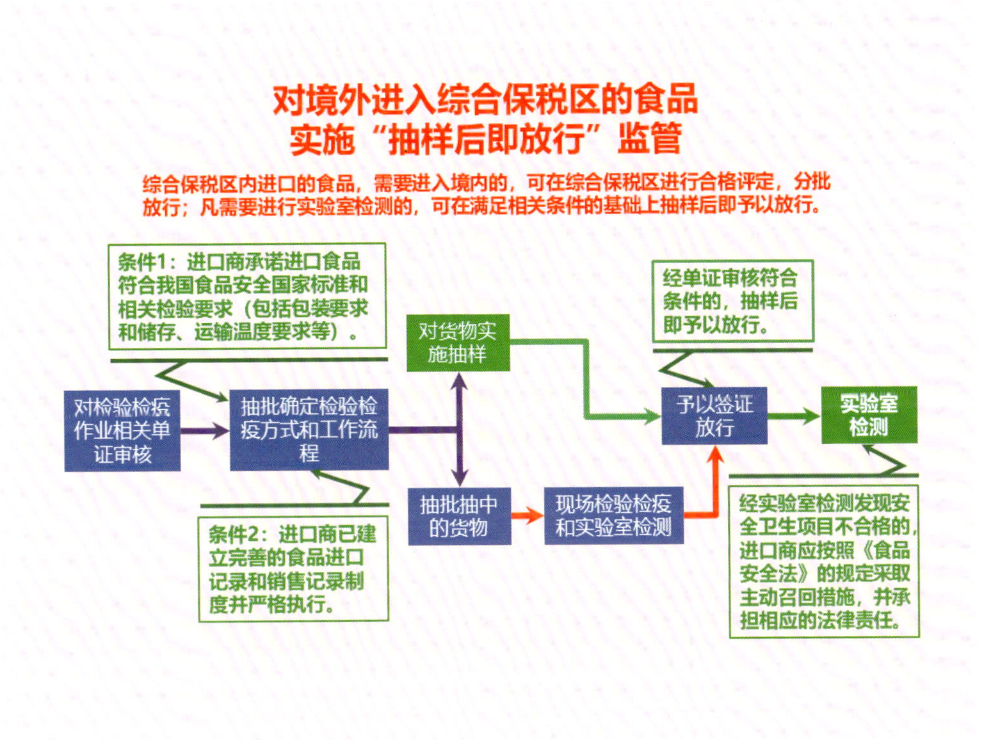
对境外进入综合保税区的食品
实施“抽样后即放行”监管
综合保税区内进口的食品，需要进入境内的，可在综合保税区进行合格评定，分批放行；凡需要进行实验室检测的，可在满足相关条件的基础上抽样后即予以放行。
条件1：进口商承诺进口食品符合我国食品安全国家标准和相关检验要求（包括包装要求和储存、运输温度要求等）。
对货物实施抽样
经单证审核符合条件的，抽样后即予以放行。
对检验检疫作业相关单证审核
抽批确定检验检疫方式和工作流程
予以签证放行
实验室检测
抽批抽中的货物
现场检验检疫和实验室检测
条件2：进口商已建立完善的食品进口记录和销售记录制度并严格执行。
经实验室检测发现安全卫生项目不合格的，进口商应按照《食品安全法》的规定采取主动召回措施，并承担相应的法律责任。

▲对境外进入综合保税区的食品实施“抽样后即放行”监管

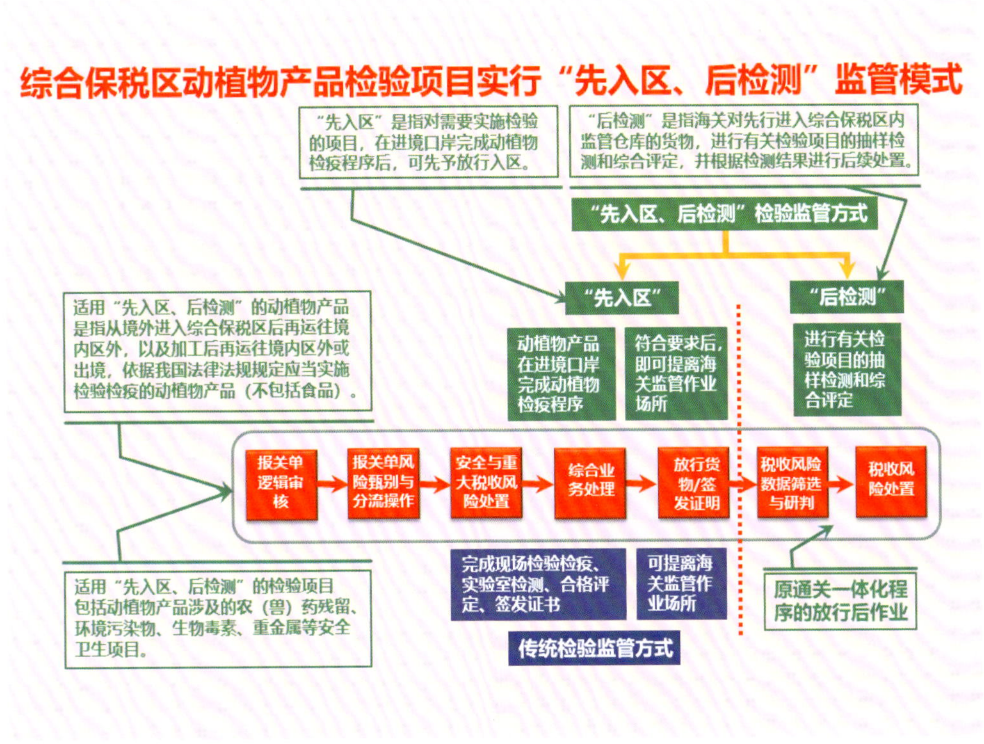
综合保税区动植物产品检验项目实行“先入区、后检测”监管模式
“先入区”是指对需要实施检验的项目，在进境口岸完成动植物检疫程序后，可先予放行入区。
“后检测”是指海关对先行进入综合保税区内监管仓库的货物，进行有关检验项目的抽样检测和综合评定，并根据检测结果进行后续处置。
“先入区、后检测”检验监管方式
“先入区”
“后检测”
适用“先入区、后检测”的动植物产品是指从境外进入综合保税区后再运往境内区外，以及加工后再运往境内区外或出境，依据我国法律法规规定应当实施检验检疫的动植物产品（不包括食品）。
动植物产品在进境口岸完成动植物检疫程序
符合要求后，即可提离海关监管作业场所
进行有关检验项目的抽样检测和综合评定
报关单逻辑审核
报关单风险甄别与分流操作
安全与重大税收风险处置
综合业务处理
放行货物/签发证明
税收风险数据筛选与研判
税收风险处置
完成现场检验检疫、实验室检测、合格评定、签发证书
可提离海关监管作业场所
原通关一体化程序的放行后作业
适用“先入区、后检测”的检验项目包括动植物产品涉及的农（兽）药残留、环境污染物、生物毒素、重金属等安全卫生项目。
传统检验监管方式

▲综合保税区动植物产品检验项目实行“先入区、后检测”监管模式

9.3 “先入区、后检测”的作业规则

“先入区、后检测”的监管模式按以下规则执行：动植物产品在进境口岸完成动植物检疫程序后，对需要实施检验的项目，可先行进入综合保税区内的监管仓库，海关再进行有关检验项目的抽样检测和综合评定，并根据检测结果进行后续处置。

10 为简化综合保税区货物、物品进出区管理，推进贸易便利化，海关以“海关总署公告 2019 年第 50 号”的形式颁布实施的监管新政是什么？——对境内入区的部分安全准入与税收风险较低的货物、物品，实施简化的进出区管理模式。

10.1 简化管理适用的货物、物品属性（含义）

海关允许对境内入区的不涉出口关税、不涉贸易管制证件、不要求退税且不纳入海关统计的货物、物品，实施便捷进出区管理模式。

10.2 简化管理适用的货物、物品具体范围

区内的基础设施、生产厂房、仓储设施建设过程中所需的机器、设备、基建物资；

区内企业和行政管理机构自用的办公用品；

区内企业所需的劳保用品；

区内企业用于生产加工及设备维护的少量、急用物料；

区内企业使用的包装物料；

区内企业使用的样品；

区内企业生产经营使用的仪器、工具、机器、设备；

区内人员所需的生活消费品。

10.3 简化管理的作业方式与要求

适用便捷进出区管理模式的货物、物品可不采用报关单、备案清单方式办理进区手续；如需出区，实行与进区相同的便捷管理模式。区内企业做好便捷进出区的日常记录，相关情况可追溯。

10.4 简化管理的暂停

区内企业有下列情形之一的，海关可暂停办理上述货物、物品简化进出区手续：

超出上述“简化管理适用的货物、物品具体范围”的，擅自通过便捷管理模式进出区的；

未如实办理货物、物品便捷进出区的；

涉嫌走私被立案调查、侦查的。区内增值税一般纳税人资格试点业务、区内企业承接境内（区外）企业委托加工业务、仓储货物按状态分类监管等业务，按照有关规定执行。

动植物产品检验项目的“后检测”
“先入区、后检测”监管模式按以下规则执行：动植物产品在进境口岸完成动植物检疫程序后，对需要实施检验的项目，可先行进入综合保税区内的监管仓库，海关再进行有关检验项目的抽样检测和综合评定，并根据检测结果进行后续处置。
抽采样品应按照抽采样国家或行业标准进行，一般在上、中、下三个不同层次和同一层次的五个不同点随机采取。
口岸现场查验抽取样品，根据国家标准、双边议定书、动植物检疫许可证等的要求，确定实验室检测项目，送实验室检测。
经现场查验和实验室检测后，根据疫病情况、有害生物情况、国家检疫法规等的检疫要求，做出检疫结论及检疫处理决定。
包括进境动植物限定在指定的隔离场（圃）内隔离检疫及对高风险的动植物产品指定生产、加工、存放企业的监管措施。
1.抽采样品
2.实验室检测
3.评定与签证
4.后续检疫监督
抽样后，现场应进行肉眼检查和过筛检查。
检出阳性结果或发现重要疫情应及时上报上级海关并通知采取进一步措施。
根据检疫结果出具相应的检疫证书。
实验室检验检疫，是指实验室根据检测项目要求对接收的样品进行检测，或者对需要确认的有害生物、可疑症状进行鉴定，并出具检测鉴定结果报告的过程。
综合评定，是指检验检疫机构根据合格评定程序，对出入境货物是否符合要求做出综合判定并拟制检验检疫证单证的过程。

▲动植物产品检验项目的“后检测”

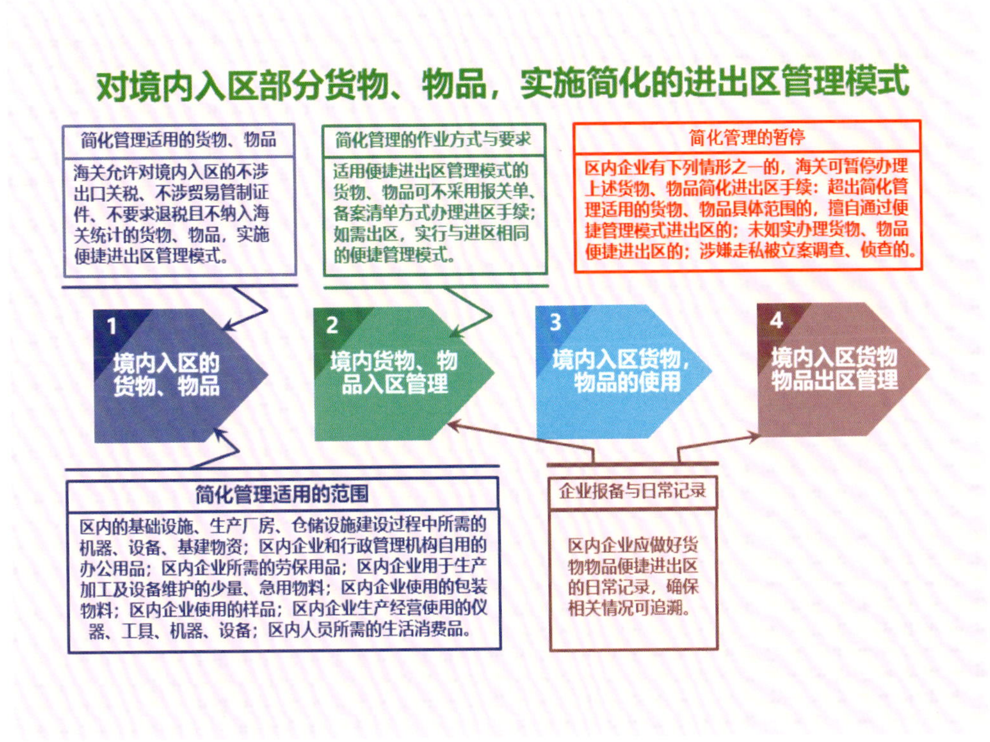
对境内入区部分货物、物品，实施简化的进出区管理模式
简化管理适用的货物、物品
海关允许对境内入区的不涉出口关税、不涉贸易管制证件、不要求退税且不纳入海关统计的货物、物品，实施便捷进出区管理模式。
简化管理的作业方式与要求
适用便捷进出区管理模式的货物、物品可不采用报关单、备案清单方式办理进区手续；如需出区，实行与进区相同的便捷管理模式。
简化管理的暂停
区内企业有下列情形之一的，海关可暂停办理上述货物、物品简化进出区手续：超出简化管理适用的货物、物品具体范围的，擅自通过便捷管理模式进出区的；未如实办理货物、物品便捷进出区的；涉嫌走私被立案调查、侦查的。
1 境内入区的货物、物品
2 境内货物、物品入区管理
3 境内入区货物，物品的使用
4 境内入区货物物品出区管理
简化管理适用的范围
区内的基础设施、生产厂房、仓储设施建设过程中所需的机器、设备、基建物资；区内企业和行政管理机构自用的办公用品；区内企业所需的劳保用品；区内企业用于生产加工及设备维护的少量、急用物料；区内企业使用的包装物料；区内企业使用的样品；区内企业生产经营使用的仪器、工具、机器、设备；区内人员所需的生活消费品。
企业报备与日常记录
区内企业应做好货物物品便捷进出区的日常记录，确保相关情况可追溯。

▲对境内入区部分货物、物品，实施简化的进出区管理模式